명리학의 심화 ③ 적천수이해

滴天髓理解

낭월 박주현 풀이

三命

국립중앙도서관 출판예정도서목록(CIP)

滴天髓理解 / 원저자: 京圖 ; 글쓴이: 박주현. -- 논산 : 삼명, 2016
    p. ;   cm. -- (명리학의 심화 ; 3)

ISBN 978-89-94107-14-1 04180 : ₩38000
ISBN 978-89-94107-10-3 (세트) 04180

명리학[命理學]

188.5-KDC6
133.3-DDC23   CIP2016004342

滴天髓理解 명리학의 심화③

원저자 | 宋代, 京圖 선생
편저자 | 낭월 박주현
1판1쇄 | 2016년 3월 8일
....
펴낸이 | 홍순란
디자인 | 박금휘
펴낸곳 | 삼명

주소 | 32906 충남 논산시 상월면 상월로 664번길 95호
등록 | 제2011-000001호
전화 | 041-734-2583
팩스 | 041-736-1583
http://www.sammyeong.com

ⓒ 박주현, 2016
ISBN 978-89-94107-14-1 04180
978-89-94107-10-3 (세트)
....

子平寶典滴天髓
珠玉玲瓏萬世傳
一字一句生瑞氣
修行學人得天機

자평학의 보물경전 적천수 한권이
주옥같은 영롱함을 세상에 전하니
글자한자 글귀한구 서기가 빛나고
수행하는 학자들이 천기를 깨닫네.

제3장 下篇 : 六親論

■ 들어가는 말

《滴天髓(적천수)》를 풀어보자.

《滴天髓(적천수)》를 풀이한다는 것은 실로 계획에 없던 것이었다. 《滴天髓(적천수)》에 대해서 오랜 시간을 완미(玩味)하기는 했지만 따로 원문(原文)을 풀이하려는 생각은 참으로 오랫동안 해보지 않았었다. 그런데 무슨 일이든 그렇지만, 순식간(瞬息間)에 일념(一念)이 일어나고 또 번개같이 결정(決定)을 해버리는 것이 또한 시절인연(時節因緣)이 아니겠는가 싶은 생각으로 자신의 무모(無謀)함을 합리화 시켜본다.

《滴天髓(적천수)》에 대해서는 이미 15년 전에 《滴天髓徵義(적천수징의)》를 풀이한 《적천수강의》세 권이 있다. 그리고 그것만으로도 스스로 나름 대견하다는 생각을 했었던 적도 없다고는 못하지 싶다. 그리고 또 시간이 적잖이 흘러갔다. 이제 이순(耳順)의 문턱에서 문득 한 마음이 일어났으니 아직 노망(老妄)은 아닐 테고 어쩌면 더 기억력이 나빠지기 전에 스스로 《滴天髓(적천수)》를 읽으면서 얻은 약간의 수확물(收穫物)들

《적천수이해》 1판 1쇄 정오표

24쪽 7줄. 깔아 놓은 벗어나지 않은 → 깔아 놓은
26쪽 5줄. 선생이 되었을 → 선생이 출판하게 되었을
89쪽 11줄. 의도(意圖)를 → 의도(意圖)까지
94쪽 2줄. 申酉金이다 → 申酉金을 만나더라도
97쪽 14줄. 甲은 양목(陽木)이므로 → 乙은 음목(陰木)이므로
175쪽 13줄. 64괘(卦)이고, → 64괘(卦)와 자백(紫白)을 쓰고
175쪽 13줄. 60甲子이다. → 60甲子를 쓴다.
181쪽 6줄. 일침(一針)한 → 일침(一針)을 가한
187쪽 15줄. 「지왕의정(地旺喜靜)」 → 「지왕희정(地旺喜靜)」
191쪽 11줄. 土金이 모두 → 土水가 모두
192쪽 20줄. 申金보다 → 여기인 乙木보다
211쪽 13줄. 하여 결실(結實)은 → 해도 결실(結實)은
217쪽 1줄. 無反履 → 無反覆
218쪽 4줄. 亥子丑의 → 申子辰의
222쪽 9줄. 투출(透出)하면 → 하나 투출(透出)하면
232쪽 12줄. 변화(變化)를 → 용신의 변화(變化)를
263쪽 7줄. 位 → 爲
307쪽 4줄. 진가참차난변론 → 진가참치난변론
311쪽 6줄. 그러니 → 그러나
347쪽 표. 우뢰 → 우레
360쪽 10줄. 같이 → 같은
412쪽 4줄. 선정원기후 → 성정원신후
414쪽 3줄, 5줄. 원기후(元氣厚) → 원신후(元神厚)
414쪽 10줄. 원기(元氣) → 원신(元神)
425쪽 14줄. 기정화평부도장 → 기정평화부도장
458쪽 4줄. 많을 → 없을
529쪽 20줄. 충천분지(沖天奔地)가 → 충천분지(沖天奔地)를
557쪽 3줄. 불면증(不眠症) → 불안증(不安症)
566쪽 7줄. 의학(醫學)은 의학에서 → 질병은 의학(醫學)에서
569쪽 13줄. 온도와 습토가 → 온도와 습도
609쪽 12줄. 610쪽 3줄. 일주(日主) → 일주(日柱)

계룡감로에서 낭월 두손모음

을 한 그릇에 담아 놓고 싶었을 수도 있겠다는 생각을 해 본다.

애초에는 수요화제관주(水繞花堤館主)의 《命學新義(명학신의)》에 포함된 「滴天髓新註(적천수신주)」를 직역(直譯)해서 후학(後學)의 사유(思惟)에 약간의 도움을 줬으면 싶은 것이 희망사항이었다. 그런데 한 학인(學人)에게 강의를 하면서 문득 그게 아니란 생각이 들었던 것이다. 이러한 것을 극대화(極大化)하면, 아마도 '신의 계시(啓示)'라고 호들갑을 떨 수도 있겠지 싶다. 그러나 그건 아니다. 다만 원문(原文)에 대해서 낭월(朗月)의 의견을 솔직담백(率直淡白)하게 정리하고 싶은 마음이 일어났다는 것이다. 따지고 보면 15년 전에는 임철초(任鐵樵) 선생의 숭배자로, 그 다음에는 반자단(潘子端) 선생의 추종자(追從者)로, 이제는 급기야 경도(京圖) 선생과 직접적인 소통을 하고 싶은 마음이 벼락같이 일어났다. 다만, 낭월이 또 하나의 역해서(譯解書)를 추가하지 않더라도 《滴天髓(적천수)》에 대한 고인들의 주석(註釋)은 이미 차고 넘친다.

명대(明代) 유백온(劉伯溫) 선생의 《三命奇談滴天髓(삼명기담적천수)》, 청대(淸代) 임철초(任鐵樵) 선생이 주해한 《誠意伯秘授天官五星玄澈通知滴天髓(성의백비수천관오성현철통지적천수)》라는 제목으로 되어 있는 책이니 어디까지가 제목인지는 구분을 하기가 어렵지만 통상 원수산(袁樹珊) 선생이 출판한 《滴天髓闡微(적천수천미)》와 서낙오(徐樂吾) 선생이 출판한 《滴天髓徵義(적천수징의)》가 있다. 또 청대(淸代) 진소암(陳素庵) 선생의 《滴天髓輯要(적천수집요)》, 민국(民國) 서낙오 선생의 《滴天髓補註(적천수보주)》, 반자단(潘子端) 선생의 《滴天髓新註(적천수신주)》를 위시하여 그 후로 많은 명학자(命學者)들의 사랑을 받고 주해(註解)를 한 것도 수십여 종에 이른다. 다만 그 대표적인 원본은 아마도 경도(京圖) → 유백온(劉伯溫) → 임철초(任鐵樵) → 원수산(袁樹珊)으로 이어지는 문맥을 따른다고 해도 과언이 아닐 것이다.

물론 낭월이 연구했던 것과 같이 서낙오(徐樂吾) 선생이 출판한 《滴天髓徵義(적천수징의)》를 바탕으로 삼는 학자도 있다. 다만 항상 그 시대에는 흐름의 대세(大勢)가 있는 법인가 싶다. 공식적인 기준은 천미(闡微)를 바탕으로 삼고 있으니 그 흐름을 따르는 것이 편리할 수도 있겠기 때문이다.

이제 앞서 '명리학의 심화 시리즈'로 《용신(用神)》과 《운세(運勢)》를 정리하고 난 다음에 무엇을 봐야 할 것인지에 대해서 문의하는 독자들에게 뭔가 공부가 될 만한 자료를 제공한다는 마음으로 그간의 연구과정에서 얻은 약간의 소식이나, 고인(古人)들의 지혜에서 얻은 부스러기를 뒤섞어서 《적천수이해(滴天髓理解)》를 쓰려고 하니 이러한 무모함이 누군가에게는 干支의 이치를 정리하는데, 미력(微力)이나마 보탬이 된다면 그것만으로도 충분히 감사할 일이기에 한 마음을 일으킨다.

이 책을 저술하는 의도는 딱 한 가지이다. '자평학(子平學)의 핵심(核心)은 강자의설(强者宜洩)하고 약자의부(弱者宜扶)한다.'에 있으며, 이것을 한 마디로 줄이면 '억부법(抑扶法)'이다. 그리고 억부법의 목적은 중화(中和)에 있는 것은 누구나 잘 알고 있을 것이다. 그러면서도 《滴天髓(적천수)》에 숨어서 연명(延命)하고 있는 이론들을 정리하고자 하는 희망을 갖고 있다. 후학(後學)들도 이로 인해서 혼란스러운 터널을 방황하지 않도록 해야 한다는 나름대로의 사명감(使命感)도 있지만 자평명리학(子平命理學)의 핵심(核心)은 여기에서 벗어나지 않아야 한다는 것을 목적(目的)으로 삼고 풀이를 할 것이다. 그러므로「종상(從象)」과「화상(化象)」에 대한 부분에서는 특히 집중적(集中的)으로 문제점을 찾아내어서 불합리(不合理)하다는 것을 강조할 요량이다. 그래서 책의 이름도《적천수이해(滴天髓理解)》이다. 물론 나름대로 새롭게 해석을 한 부분이 포함된 때문이기도 하고, 가능하면 반자단의《滴天髓新註(적천수신주)》에 가까운 이름을 붙이고 싶었는데 이해(理解)라고 하게 되면 가장 근사한 모방(模倣)이 되겠다는 생각으로 이렇게 정한 것이다. 우리말로 하면 그냥 '풀이'이다.

이쯤에서 미리 양해(諒解)를 구하고자 한다. 이미《왕초보사주학》을 위시하여 낭월의 저서를 읽어 본 독자는 짐작하겠지만 낭월의 수다는 타의 추종(追從)을 불허(不許)한다. 그리고 여기에서도 여지없이 그 본성(本性)은 드러나고 말 것이다. 그러므로 간결하고 깔끔한 풀이를 기대했다면 아마도 실망하고 책으로부터 십만팔천리(十萬八千里)는 달아나고 싶어질 수도 있음을 미리 선포(宣布)하는 바이다. 혹시라도 나중에 책을 손에 쥐게 된 것에 대해서 후회(後悔)할 일이 생기지 않도록 미리 안내하는 것이니 이점 각별히 유념(留念)하시도록~! 때론 황당무계(荒唐無稽)한 비약(飛躍)도 하게 될 것이고, 또 때로는 시시콜콜하게 글자 하나를 뜯어 먹느라고 아까운 지면을 마구 낭비(浪費)할 수도 있음을 미리 고백(告白)한다.

2015년 6월에 낭월 두손모음

■ 일러두기

1. 원문(原文)

경도(京圖) 선생이 쓴 것으로 전해지는 원문(原文)을 말한다. 여기에 인용(引用)한 원문은 원수산(袁樹珊) 선생이 편집(編輯)한 《滴天髓闡微(적천수천미)》를 따랐다. 그러므로 《滴天髓徵義(적천수징의)》를 읽은 독자에게는 순서(順序)에서 다소 혼란스러울 수도 있으니 부록으로 첨부한 차례를 참고하기 바란다. 《滴天髓闡微(적천수천미)》를 선택(選擇)한 이유는 반자단(潘子端) 선생의 《滴天髓新註(적천수신주)》에서 선택한 편집(編輯)을 기준(基準)으로 삼았기 때문이다. 왜냐하면 「소아(小兒)」편까지만 《滴天髓(적천수)》의 원문(原文)으로 간주(看做)하고 그 이후의 「재덕(才德)」편 부터는 후에 누군가 가필(加筆)을 했을 것이라고 보는 견해(見解)인데 여기에 대해서 낭월도 동의(同意)하는 입장(立場)이다. 이에 대해서 진소암(陳素庵) 선생의 《滴天髓輯要(적천수집요)》를 바탕으로 삼아서 《滴天髓徵義(적천수징의)》를 편집(編輯)한 서낙오(徐樂吾) 선생은 재덕(才德) 이후에 나오는 내용들을 다시 분해(分解)해서 내용(內容)의 흐름에 적절(適切)하다고 판단(判斷)되는 위치(位置)에 삽입(挿入)을 했는데 이것만 보더라도 이 부분의 내용은 경도의 작품(作品)이라고 보기 어렵다는 혐의(嫌疑)가 짙다.

반자단(潘子端) 선생은 「재덕(才德)」편 이후로는 아예 풀이도 하지 않았는데 이점에 대해서는 낭월의 견해(見解)는 약간 다르다. 이것은 마치 《장자(莊子)》와 같다고 할 수가 있는데, 장자는 3개의 편목(篇目)으로 나뉘어져 있다. 「내편(內篇)」, 「외편(外篇)」, 「잡편(雜篇)」이 그것이다. 후세(後世)의 학자(學者)들이 공통적(共通的)으로 결론(結論)을 내린 것은 장자의 직접적(直接的)인 영향(影響)으로 저술(著述)이 된 것은 내편(內篇)의 소요유(逍遙遊), 제물론(齊物論), 양생주(養生主), 인간세(人間世), 덕충부(德充符), 대종사(大宗師), 응제왕(應帝王)의 일곱 편이다.

그리고 외편(外篇)과 잡편(雜篇)에서는 거듭 내편(內篇)의 내용(內容)들이 재탕(再湯)되거나 각색(脚色)되어서 반복적(反復的)으로 거론되고 있음을 볼 수가 있는데 그중에서도 음미를 해 볼 만한 내용이 많기 때문에 위작(僞作)의 논란(論難)이 있음에도 불구하고 함께 연구하고 있는 것을 생각해 보면 《滴天髓(적천수)》도 마찬가지로 경도(京圖) 선생의 저술(著述)로 인정(認定)이 되는 「소아(小兒)」편까지는 그렇다고 하더라도 그 다음에 있는 「재덕(才德)」편부터의 내용도 없애버리기 보다는 뒤적여서 쓸 만한 내용이 있는 것은 또한 찾아내어서 갈고 닦아야 한다. 그래서 장자(莊子)의 잡편(雜篇)을 뒤지는 마음으로 정리하고자 하는 것을 밝힌다.

특히 「종화(從化)」편에 대한 부분이나, 「질병(疾病)」편에 대한 부분은 삭제(削除)를 하고 싶은 마음도 있지만 또한 그러한 이론이 있었다는 역사적(歷史的)인 의미(意味)도 중요(重要)한 것으로 봐서 후학(後學)의 학문적(學問的)인 연구에 안내판(案內板)을 하나 세우는 마음으로 정리하고자 한다.

참고로 한자에 약한 세대들을 고려하여 원문 아래에는 한자(漢字)의 우리말 발음(發音)을 표기(表記)했다.

2. 원주(原注)는 참고(參考)만 한다.

《滴天髓闡微(적천수천미)》에는 원주(原注)가 있다. 원문(原文)의 뒤에 붙어 있는 주석(註釋)이다. 이것을 쓴 사람은 유백온(劉伯溫) 선생일 것으로 추정(推定)하는 것이 거의 지배적(支配的)이다. 다만 낭월의 설명에서는 원주의 비중(比重)을 거의 두지 않고 살펴보려고 한다. 그러므로 감히 원주까지 무시하면서 맘대로 풀이를 했다는 비난(非難)을 받을 가능성(可能性)도 없진 않을 것이다. 그러나 원주도 경도(京圖) 선생의 의도는 아니다. 그래서 이 《적천수이해(滴天髓理解)》를 쓰는 목적이 '경도 선생의 의도가 어디에 있었는지에 대해서만 참구(參究)한다.'는 이유(理由)같지 않은 이유를 대면서 여기에 연연하지 않을 것이라는 점을 밝힌다.

3. 역해(譯解)가 수다스럽다.

　문장(文章) 속에 포함된 의미를 낭월(朗月)의 관점(觀點)으로 뜯어보고 분석하고 수다를 떤다. 여기에서 그동안 《滴天髓(적천수)》를 읽으면서 느꼈던 생각이나 일상의 상식, 일테면 방송(放送)의 다큐멘터리나 드라마에서 보고 들은 지식(知識)들을 동원해서 풀이를 할 참이다. 물론 과문(寡聞)하여 미처 모르고 있었던 부분에 대해서는 또 훗날을 기약해 보기로 한다. 때론 과감(果敢)하게 몰아 부칠 것이고 때론 조심스럽게 살얼음을 밟을 것이지만 낭월의 자평학(子平學) 연구에 몰입했던 지난 세월의 사유(思惟)를 여기에다가 쏟아 붓는다는 마음으로 손가락에 힘이 있을 적에 맘껏 풀어볼 요량이다.

　필요하다면 주석(註釋)을 단 선생들의 글도 인용(引用)할 것이고, 이치에 타당하지 않으면 과감히 본래의 뜻을 뒤집어 버릴 요량도 하고 있다. 그래서 때론 지루할 수도 있고 또 때론 황당할 수도 있음을 미리 알린다. 그러니까 이 책은 경도(京圖) 선생과 낭월의 대화(對話)라고 생각해도 된다. 유백온(劉伯溫) 선생에게 매이지 않고, 임철초(任鐵樵) 선생에게도 매이지 않은 채로 직접 원문에서의 느낌 그대로만 전하고자 하는 것이 목적이다.

4. 한글과 한자의 병용(併用)

모든 내용에서 오행(五行)이나 간지(干支) 등을 제외하고 가능하면 '한글(漢字)'의 형식(形式)으로 쓸 요량이다. 왜냐하면 한문(漢文)을 쓰자니 읽지 못할 독자가 걱정되고, 한글로 쓰자니 내용을 의미하는 것이 가벼워질까 염려되어서이다. 그래서 다소 어수선해지더라도 한글과 한자를 병기(併記)하여 최대한(最大限)의 이해(理解)를 돕고자 하니 사전(事前)에 학문(學問)이 깊은 독자께서는 이점 양해(諒解) 바란다.

[한자로만 표기되는 글자]

木(목), 火(화), 土(토), 金(금), 水(수),
甲(갑), 乙(을), 丙(병), 丁(정), 戊(무),
己(기), 庚(경), 辛(신), 壬(임), 癸(계),
子(자), 丑(축), 寅(인), 卯(묘), 辰(진), 巳(사),
午(오), 未(미), 申(신), 酉(유), 戌(술), 亥(해),
五行(오행), 天干(천간), 地支(지지), 干支(간지),
十干(십간), 十二支(십이지),
生(생), 剋(극), 合(합), 沖(충), 三合(삼합), 六合(육합),
年干(연간), 年支(연지), 月干(월간), 月支(월지),
日干(일간), 日支(일지), 時干(시간), 時支(시지).

5. 주로 참고하는 서적은 다음과 같다.

《滴天髓闡微(적천수천미)》임철초 저, 원수산 선집.
《滴天髓徵義(적천수징의)》임철초 저, 서낙오 편주.
《滴天髓補註(적천수보주)》서낙오 평주.
《滴天髓新註(적천수신주)》반자단 저.
《滴天髓輯要(적천수집요)》진소암 저.
《적천수강의》서낙오 편주, 박주현 강해.
《現代破譯滴天髓(현대파역적천수)》종의명 저.
《八字心理推命學(팔자심리추명학)》하건충 저.

제1장 서론(序論)

1. 滴天髓(적천수) 내력

서두(序頭)에서 《滴天髓(적천수)》의 내력(來歷)을 약간 언급하는 것이 타당할 것이니 말하자면 '滴天髓(적천수)'의 족보(族譜)'라고 해도 좋을 것이다. 그동안 학자들에 의해 어떻게 전승(傳承)되었는지에 대해서 약간의 맥락을 훑어보고 들어가는 것도 의미가 있을 것으로 생각되어서 이런저런 자료들을 찾아서 정리를 해 보는 장을 마련했다.

1) 경도(京圖) 선생 (송대)

《滴天髓(적천수)》라는 책은 송대(宋代)의 경도(京圖) 선생이 지은 것으로 전(傳)한다. 경도 선생에 대한 자료는 나름 찾아보려고 해도 연결되는 실마리가 없는데 그나마 최근에서야 송대(宋代)의 사람이라는 것으로 기록이 나온 것이 유일하다고 하겠다. 송대는 대략 잡아서 1천년 이전이다. 송대는 서기

960년에서 1279년까지이다. 북송(北宋)과 남송(南宋)이 있지만 대략 천 년의 세월이 흘렀다는 것으로 이해하는 정도로도 충분하지 않을까 싶다.

초기(初期)의 원저(原著)는 어땠는지 모르겠지만 현존(現存)하는 자료에서는 아마도 후대에서 첨삭(添削)이 된 내용이 있었을 것으로 추정하는 학자가 반자단(潘子端) 선생이고, 그 범위는 「소아장(小兒章)」까지를 원서(原書)로 보고 그 이후는 추가된 것으로 논하는데 일리가 있어서 낭월도 이 기준을 따르고자 한다. 다만 진위(眞僞)에 대해서는 알 수가 없으니 그것을 규명하려면 원래의 자료가 어딘가에서 나타나야 할 텐데 그러한 일이 기적적으로 일어나기만을 바라는 마음이다.

2) 유백온(劉伯溫) 선생 (1311~1375)

유백온(劉伯溫) 선생의 자료는 비교적 상세하다. 원말(元末)의 1311년에 태어나서 57세에 주원장을 도와서 명나라를 개국(開國)했으므로 역사적으로도 상당한 위치에 있기 때문이다. 명조(明朝)가 1368년에 세워졌고, 여기에서 일등 개국공신(開國功臣)으로 주원장(朱元璋)을 도와서 천하를 통일(統一)했으니 그 이전에는 때를 기다리면서 학문(學問)을 연마하고 술수(術數)에도 깊은 조예(造詣)가 있었을 것으로 짐작을 해 볼 수 있겠다.

그리고 연대를 따져보면 《滴天髓(적천수)》가 쓰여진지 대략

400여 년 후에 유백온 선생이 원주(原註)를 넣어서 편찬(編纂)했다는 것도 참고할 수가 있겠다. 그 이전에는 《滴天髓(적천수)》라는 책이 있는지도 알려지지 않았는데 유백온 선생에 의해서 발굴(發掘)된 자료라고 봐도 좋지 않을까 싶다. 그러니까 세상에 드러날 시절인연(時節因緣)이 도래하여 분량도 얼마 되지 않았던 《滴天髓(적천수)》가 혜안(慧眼)을 갖고 있던 유백온 선생을 만나게 되었으니, 자칫하면 세상에서 사라질 뻔했던 위기를 넘겼다고 해도 과언이 아닐 것으로 생각된다.

인터넷에서 검색되는 자료에 의하면 원대(元代)의 지순(至順-1330~1333)에 진사(進士)를 했으니 당시 나이는 19세가 된다. 주변 사람들이 그를 제갈공명(諸葛孔明)에 비유할 정도로 뛰어난 능력을 갖고 있었던 것으로 보인다. 그야말로 나름대로 파란만장(波瀾萬丈)한 삶을 살아간 인물로 봐도 되지 싶다. 더 자세한 자료는 우리의 목적과 무관하다고 봐서 생략한다.

《明史(명사)》의 「藝文志(예문지)」에 《滴天髓(적천수)》라는 이름이 등장하는데 제목이 《三命奇談滴天髓(삼명기담적천수)》이다. 여기에서 주(注)를 낸 사람의 이름이 유기(劉基)이니 기(基)는 이름이고 백온(伯溫)은 그의 호(號)이다. 이것이 문헌상(文獻上)에 나타난 최초(最初)의 《滴天髓(적천수)》에 대한 자료인 것으로 보인다.

3) 진소암(陳素庵) 선생 (청대 - 순치(順治) 15년)

진소암(陳素庵) 선생은 청대(淸代)의 순치(順治) 1658년에 예부상서(禮部尙書)를 지낸 인물이다. 그는 《滴天髓輯要(적천수집요)》를 편집하여 세상에 전했다. 다만 아쉬운 점은 당시의 유교적(儒敎的)인 풍토(風土)에서 벗어나지 못하고 엄숙(嚴肅)한 분위기로 이론을 전개했다는 것이다. 그러므로 삼강오륜(三綱五倫)을 바탕에 깔아 놓은 벗어나지 않은 상황에서 《滴天髓(적천수)》를 논하게 되었고 이러한 것은 또 다른 선생의 저서인 《命理約言(명리약언)》에서 더욱 두드러진다고 할 것이다. 그럼에도 불구하고 원본(原本)을 전해준 공덕은 말로 다 할 수가 없는 것은 그 명맥(命脈)을 이어받은 후학들이 있었기 때문이다.

강희(康熙) 시대(時代)에 천경당(千頃堂)에서 황우직(黃虞稷)이 목판(木板)으로 제작한 《命理須知滴天髓(명리수지적천수)》가 있는데, 이 판본(板本)을 보면 저자는 경도(京圖) 선생이고, 주석(註釋)은 유백온(劉伯溫) 선생으로 되어 있으며 도광(道光) 4년[1824]에 편자(編者)는 정지운(程芝雲) 선생의 교정(矯正)으로 나온 것을 백이한경제(百二漢鏡齊)에서 입수하여 4종의 총서중에 하나로 출판했다. 목판본(木板本)이다 보니까 아마도 세상에 널리 유행하게 된 최초(最初)의 자료일 것이다. 왜냐하면 목판으로 만들었다는 것은 인쇄를 위한 목적이었을 것이기 때문이다. 다만 현재 유통되는 자료는 보이지 않아서 이름만 전하는 것이 아닌가 싶은 생각을 해 본다. 일반적으로 유백온 선생이 짓고 주석까지 달았다고 생각하는데 진소암 선생의 견해에는 어느 명학자(命學者)가 쓰고 유백온 선생의 이름을 빌렸다고 보기도 한다.

4) 임철초(任鐵樵) 선생 (청대 도광13년 - 1833~불명)

뭐니 뭐니해도 《滴天髓(적천수)》를 논하면서 임철초(任鐵樵) 선생을 거론하지 않을 수는 없다. 그는 평생을 상담업(相談業)에 종사하면서 자평법(子平法)을 연구하였고 그 과정에서 나온 자신의 견해(見解)를 넣어서 완성한 것이기 때문이다. 대략적으로 추정(推定)하기에는 청대(淸代) 도광(道光) 28년[1848]경을 전후하여 저작(著作)이 된 것으로 보는데 그것은 내용에서 그 시기에 살았던 사람들의 사주가 등장하는 것을 바탕으로 하여 추측(推測)하는 학자(學者)들의 견해가 있기 때문이다.

5) 원수산(袁樹珊: 1881~1962)과 서낙오(徐樂吾: 1886~1949)

서낙오(徐樂吾) 선생이 《滴天髓徵義(적천수징의)》라는 이름으로 출판한 것이 민국(民國) 24년[1935]이고, 손형보(孫衡甫) 선생이 편집한 원고(原稿)를 원수산(袁樹珊) 선생이 《滴天髓闡微(적천수천미)》라는 이름으로 출판한 것이 민국

(民國) 22년[1933]이니 2년을 사이에 두고 같은 내용 다른 이름으로 출판하게 되었던 것도 묘하다면 참 묘한 인연이다.

처음에는 두 사람이 서로의 원고에 대해서는 몰랐을 것으로 생각된다. 그리고 나중에 《滴天髓闡微(적천수천미)》가 먼저 출판되고 나서 서낙오 선생이 되었을 것으로 보이는데, 두 책의 목록에 대한 내용은 부록(附錄)으로 첨부한다.

《滴天髓闡微(적천수천미)》의 목록은 「통신론(通神論)」과 「육친론(六親論)」으로 나뉘어서 편집이 되어 있는데, 이것은 원본(原本)의 배열을 그대로 따른 것으로 보인다. 왜냐하면 《滴天髓輯要(적천수집요)》의 배열도 이와 같이 되어 있기 때문이다.

《滴天髓徵義(적천수징의)》의 목록은 「통신송(通神頌)」, 「형상격국(形象格局)」, 「종화(從化)」, 「순역(順逆)」, 「체용정신(體用精神)」, 「징험(徵驗)」, 「부유(婦孺)」로 내용에 따라서 분류한 것으로 이렇게 나누어 놓은 것은 서낙오(徐樂吾) 선생이 가지고 있던 자료가 분산되어 다시 취합(聚合)을 하는 과정에서 생긴 일일 수도 있지만 이론적으로 봐서 이렇게 하는 것이 타당하다고 판단했을 것으로 보인다. 후학 중에서도 서낙오(徐樂吾) 선생의 방식을 좋다고 하는 학자도 있고, 원수산(袁樹珊) 선생 방식이 좋다고 하는 경우도 있으므로 각자의 취향이라고 봐도 되지 않을까 싶다.

낭월은 《滴天髓徵義(적천수징의)》를 바탕으로 공부했기 때문에 이 방식이 익숙하지만 이번에는 《滴天髓闡微(적천수천미)》의 목록대로 풀이를 하고자 한다. 그 이유는 무엇보다도 원전(原典)의 구조(構造)에 충실(充實)하자는 것이 가장 큰 이유이다.

6) 반자단(潘子端) 선생 (1902~1990)

원수산(袁樹珊) 선생과 서낙오(徐樂吾) 선생은 이미 임철초 (任鐵樵) 선생의 원고를 바탕으로 편집했기 때문에 특별히 거론을 할 필요가 없다고 하겠지만, 반자단(潘子端) 선생은 성격이 좀 다르다. 왜냐하면 기존의 원문 배열을 완전히 뜯어고쳐서 재편집을 했기 때문이다. 그리고 임철초(任鐵樵) 선생의 원고와는 전혀 무관하게 유백온(劉伯溫) 선생의 원주(原注)를 갖고서 풀이를 했기 때문에 색다른 관점으로 접근했다고 봐야 할 것이다.

그의 나이 30세인 1932년에 초판(初版)을 냈으니 젊은 혈기에 과감한 필력으로 휘두른 느낌도 없지 않은데, 특히 반자단(潘子端) 선생은 필명이 수요화제관주(水繞花堤館主)일 뿐만 아니라, 이미 그는 현대소설가로 문단에서 명성을 떨쳤던 반서조(潘序祖)이며, 문단에서는 다른 필명인 여차(予且)로 활동했다. 그리고 수요화제관주라는 필명은《命學新義(명학신의)》에서만 사용했던 것으로 보인다.

재미있는 것은 「滴天髓新註(적천수신주)」가 1932년에 나왔고, 《滴天髓闡微(적천수천미)》가 1933년, 《滴天髓徵義(적천수징의)》가 1935년에 나왔으니 불과 3년 사이에 적천수(滴天髓)의 걸작이 쏟아져 나왔다고 할 수가 있겠다. 그리고 임철초

(任鐵樵) 선생의 원본(原本)이 등장하기 전에 반자단(潘子端) 선생이 유백온(劉伯溫) 선생의 원서(原書)를 보고서 풀이했다는 것이므로 세 자료 중에서는 가장 앞선다고 할 수 있다. 그리고《命學新義(명학신의)》에서 원수산(袁樹珊) 선생이 서문(序文)을 쓴 것을 보면 서로 인연이 있었다고 하겠고, 이 서문을 쓴 다음에 손형보(孫衡甫) 선생이 임철초 선생의《滴天髓(적천수)》원고를 봤으니 당대의 대가들이 모두 사랑한《滴天髓(적천수)》라고 해도 되지 싶다.

반자단(潘子端) 선생은 원래의 원고를 정리하면서 부분적으로 과감(果敢)하게 생략을 했다. 특히「종화론(從化論)」과「질병론(疾病論)」에 대한 통찰력(統察力)은《滴天髓新註(적천수신주)》를 가장 값지게 만드는 부분이라고 해도 과언(誇言)이 아니다.

돌이켜 생각해 보면, 얼마나 많은 명리학자들이 결코 적지 않은 시간을 종화(從化)에 매달려서 시간을 허비했는지를 안다면 그 공덕(功德)은 실로 지대(至大)하다고 해도 될 정도이다. 이것은 필자(筆者)도 마찬가지로 겪은 나머지이다. 필자의 천성(天性)이 우둔한 탓도 있었겠지만,《滴天髓徵義(적천수징의)》를 공부한 다음에 접한 실제의 사주들이 모두 종격(從格)이나 화격(化格)으로 보이는 착시현상(錯視現象)으로 인해서 상당한 고충(苦衷)을 겪어야 했고, 그것을 정리하는데 최소 10여 년이 걸렸다고 해도 될 정도로 무척이나 긴 혼란의 터널을 방황했었던 것이다.

아울러서 본서(本書)는 낭월의 풀이가 될 것이니 내용에서도 어쩔 수 없이 자신의 견해(見解)를 집어넣을 수밖에 없는 일이다. 특히 「종화(從化)」편에 대한 이야기는 원문(原文)의 의미에 낭월의 견해를 덧붙이고자 한다. 그것은 이미 종격(從格)과 화격(化格)에 대해서는 논외(論外)로 해야 할 것이라는 나름대로의 판단이 있기 때문이다. 이점에 대해서는 독자의 관점(觀點)에 따라 입맛에 맞지 않아 불편할 수도 있음을 미리 참고 하기 바란다. 임철초(任鐵樵) 선생의 풀이에서 종화(從化)에 대한 의미를 지나치게 확대해석을 한 의미도 있었기 때문이고, 반자단(潘子端) 선생의 글을 보면, '종화(從化)는 어디에선가 근거 없는 내용이 묻어 들어온 것으로 본다.' 고 했는데 이러한 점에 공감(共感)을 하여 종화를 배제(排除)하고서 풀이 한다.

7) 《滴天髓(적천수)》의 뜻

보통은 책의 제목(題目)을 들으면 대략(大略) 그 의미를 이해하는데 도움이 되기 마련이지만 《滴天髓(적천수)》의 제목은 아무리 생각해 봐도 의미가 쉽게 와 닿지 않는다. 그래서 제목에서부터 초보자의 기를 팍 꺾어버리는 위력(威力)을 발휘하기도 하니 우선 이에 대해서부터 풀이를 해 보는 것이 타당하겠다.

'적(滴)'은 물방울 적이다. 극히 적은 분량(分量)의 물이라고 할 수 있을 것이다. 이것은 책의 분량이 물방울 만큼의 적은 것을 나타낼 수도 있고, 방울방울 맺혀 있는 진리(眞理)의 핵심(核心)이라는 의미로도 해석이 가능하다. 비유(譬喩)를 든다면 겨자씨가 매우 작지만 그 속에는 자연의 이치가 고스란히 들어 있는 것과 같다고도 할 수 있을 것이다.

'천(天)'은 하늘 천이다. 그래서 보통 하늘이라고 해석을 하는 것으로도 별 문제는 없을 것이다. 다만 하늘이라고 하고 나서 그 다음에 이어지는 것이 매우 어색하여 아무래도 푸른 하늘을 의미하는 것과는 다른 의미로 썼을 것이라는 생각으로 넘어가게 되는 것이 의미를 파악(把握)하는 순서이다. 그래서 다음으로 생각하게 되는 것이 천연(天然)이다. 천연의 의미는 자연(自然)과 통한다. 자연은 '저절로 그렇게 되는 것'을 의미한다. 그래서 정리를 하면 '자연적(自然的)'이라는 뜻이 된다.

'수(髓)'는 골수 수이다. 뼈 속에 들어 있는 골수(骨髓)를 의미한다. 여기에서 혈액(血液)을 생성하고 그 혈액이 끊임없이 공급되어서 인체의 삶이 유지(維持)되는 것이니 그야말로 혈액의 바다라고 할 수가 있을 것이다.

그러니까 수(髓)는 골수(骨髓)를 만드는 것과 같다고 하겠고, 그것은 인체의 중심이 되는 것과 마찬가지로 사물의 중심이기도 하다. 뼈 속에 들어 있는 골수와 같다는 의미는 이 책의 내용이 몸에서의 골수만큼이나 핵심적이고 중요한 내용을 포함하고 있다는 것으로 해석하게 된다. 그렇다면 이것을 이어서 의미를 요약하면 어떻게 되는가?

滴 알알이 맺혀 있는
天 자연의 이치를 담은
髓 골수와 같은 글

이렇게 풀이를 해 볼 수 있겠다. 뭔가 있어 보이는 글자를 세 개 모아서 제목으로 삼은 것부터가 경도(京圖) 선생의 범상치 않은 분위기가 느껴지는 것 같다. 이제 그러한 이치를 살펴보면서 내면(內面)의 정신세계(精神世界)로 흡수하여 영양소(營養素)로 만들 준비가 되었다면 공부를 시작할 준비도 다 되었다고 해도 되겠다.

제2장 上篇:通神論

1. 天道(천도)

欲識三元萬法宗 先觀帝載與神功

【直譯】

天道
천연(天然)의 도리(道理)

【意譯】

「천도(天道)」는 '천연(天然)의 도리(道理), 혹은 이치(理致)'라는 뜻이다. 천지(天地)와 자연(自然)의 이치이다. 天干의 이치(理致)라고 해도 된다. 그리고 넓게 나아가서 우주(宇宙)의 질서(秩序)라고도 할 수 있는 것은 땅 위에서 전개(展開)되고 있는 모든 이치가 바로 천도(天道)이기 때문이다.

欲識三元萬法宗 先觀帝載與神功
욕식 삼원 만법 종 선관 제 재 여 신 공

【直譯】

欲識三元萬法宗
세 가지의 으뜸이
모든 법(法)의 근본(根本)임을 알고자 하거든

先觀帝載與神功
먼저 오행(五行)의 기틀과
음양(陰陽)의 변화(變化)를 보라.

【意譯】

「욕식(欲識)」은 '알고자 하면'의 뜻이다. 알고 싶고, 깨닫고 싶은 것은 많지만 천도(天道)를 알고자 하는 마음이 가장 간절(懇切)하다고 할 수 있겠다. 왜냐하면 세상의 모든 이치의 근간(根幹)은 자연의 이치에 있기 때문이다. 이제 진리의 열차(列車)에 동승(同乘)하고 싶은 마음이 생겼으니 그 간절함이 저절로 발생(發生)하게 되는 것이다.

무릇 크게는 자연의 이치를 공부하거나, 작게는 사소한 기술(技術)을 배우려고 하거나 그것을 깨닫기 위해서는 동기(動

機)가 있어야 한다. 처음에 마음을 내게 되는 계기(契機)가 있기 마련인데 그것을 불가(佛家)에서는 초발심(初發心)이라고도 한다. 그러니까 알고자 하는 마음이 없다면 세상의 이치는 영원히 내 안으로 들어오지 않는다. 그냥 눈앞을 스쳐서 지나갈 뿐이다. 예를 들어 기차를 타기 위해서 플랫폼에 서 있는 사람에게는 그 기차를 탈 기회가 주어지겠지만 타고자 하는 마음이 없는 사람은 바로 옆에 서 있더라도 그냥 스쳐 지나가는 것과 같다고 하겠다. 이제 그 이치를 좀 알아 봐야 하겠다는 마음을 일으켰다. 얼마나 기특한 일인가! 부디 그 길에 진리(眞理)의 가호(加護)가 있기를 기원(祈願)한다. 신(神)을 믿는 사람은 신의 가호도 좋다.

「삼원(三元)」은 '세 가지의 으뜸'을 말한다. 이 용어(用語)는 여러 가지의 의미로 쓰인다. 특히 구성학(九星學)이나 기문둔갑(奇門遁甲)에서는 한 해의 12개월을 양둔(陽遁)과 음둔(陰遁)으로 6개월씩 크게 구분하고, 다시 각각의 6개월을 상원(上元), 중원(中元), 하원(下元)으로 대입하여 각각 두 달씩 배당하기도 한다. 그러니까 동지(冬至)부터 시작해서 하지(夏至)까지의 양둔(陽遁)이 6개월이고 이때 육십갑자(六十甲子)가 세 번 돌아가게 된다. 그렇게 처음 육십갑자가 돌아가는 기간을 상원이라고 하고 두 번째 갑자가 돌아가는 기간을 중원이라고 하며, 마지막으로 세 번째 갑자가 돌아가는 것을 하원이라고 하는 것이다.

다시 하지(夏至)부터 동지(冬至)까지를 음둔(陰遁)이라고 한다. 물론 여기에서도 6개월간 세 번의 육십갑자가 진행되므로 또한 상중하로 나눠서 대입하게 되는 것이다. 가령, 어느 책에서 '음둔(陰遁) 중원(中元) 갑자일(甲子日)'이라는 글귀를 접했다면 이 글의 의미는 하지로부터 두 달이 지난 무렵에 돌아오는 갑자일이라는 의미가 되는 것이고 그 날짜는 만세력(萬歲曆)을 보면 알 수가 있으니 이것이 역학(易學)에서 말하는 삼원(三元)이다.

다만 일반적으로 말하는 삼원(三元)은 천지인(天地人)이다. 무속인들이 사용하는 경문 중에 「축사문(逐邪文)」이라는 도교(道敎)의 글이 있는데 내용을 보면, '천개어무자지방(天開於戊子之方)'이라고 했으니 '子시에 생천(生天)하여 천도(天道)가 열린다.'는 뜻이겠고, '지벽어기축지방(地闢於己丑之方)'이라고 하여 '丑시에 생지(生地)하여 지리(地理)가 열린다.'는 의미이며, '인생어경인지방(人生於庚寅之方)'이라고 했으니, '寅시에 생인(生人)한다.'는 말도 있는데, 이것이야말로 제대로 삼원의 의미에 근접한 것으로 봐도 되지 싶다. 하늘, 땅, 사람이 천지자연(天地自然)의 으뜸이라고 한다면 훨씬 받아들이기가 쉬울 것이다. 그러므로 삼원(三元)을 자연(自然)이라고 이해하면 '자연(自然)의 이치(理致)가 모든 법(法)의 핵심(核心)이다.'라는 한줄 요약이 가능해진다.

가야 할 길도 먼데 서둘러서 가다가 지칠 수도 있으니 쉬엄쉬엄 가보도록 하자. 천지인(天地人)에 대한 구절(句節)이 있는 「축사문(逐邪文)」의 글귀가 재미있어서 조금 더 살펴보고자 한다.

적천수와는 아무런 관계가 없긴 하지만 삼원(三元)의 천지인(天地人)에 대한 이야기가 나온 김에 이에 대해서 조금 더

너스레를 떨어도 나쁘지 않을 듯 싶어서이다. 겸해서 독자의 상식을 추가하는 것이기도 하다.

'천개어무자지방(天開於戊子之方)'은 子시에 하늘이 열린다는 뜻은 알겠는데, 왜 하필이면 戊子일까? 이에 대해서 생각을 해 보면 또 재미있는 힌트가 그 속에 살아서 꿈틀대고 있다는 것이 보일 수도 있을 것이다. 물론 이것은 天干에 대한 이치를 알고 나면 자연스럽게 연결이 되니 독자의 천간론(天干論)에 대한 사전지식에 달렸다고 할 수 있겠다.

戊土는 중력(重力)이니 천도(天道)라고 할 만하다. 우주와 연결이 되어 있으니까 얼마든지 대입이 가능한 글자인 까닭이다. 그러니까 다섯 개의 子가 있는데 천원(天元)에 해당하는 것은 오직 戊子라야만 가능하다는 말이 되는 것이다. 이 의미에 대해서 바로 이해가 되었다면 다음의 문제는 일사천리(一瀉千里)이다.

己丑의 己는 무엇을 의미하는가? 그야 땅이다. 당연한 이야기라도 자꾸 반복하지 않으면 잊어버리게 된다. 戊는 하늘이고, 己는 땅이다. 그래서 戊己는 천지(天地)의 도(道)가 되는 것이다. 그리고 그 천지(天地)의 안에서 木火金水가 생왕성쇠(生旺盛衰)를 쉼 없이 반복(反復)하는 것이 이 땅의 흐름이다. 그런데 오묘(奧妙)하게도 六甲의 순서에서 戊子 다음에 己丑이 온다는 것이다. 그리고 「축사문(逐邪文)」을 쓴 사람도 이러한 이치를 알고 하필이면 戊子와 己丑에서 천지(天地)를 찾아내었을 것이라는 생각을 하면 새삼 경건(敬虔)한 마음이 들기도 한다.

이렇게 이치를 알고 나면 귓가를 스치고 지나가는 사소한 글귀에서도 우주의 이치를 보게 되는 법이다.

마지막으로 나온 干支는 庚寅이다. 寅時에는 생인(生人)이니 사람이 태어난다는 말이다. 하늘이 먼저 열리고 땅이 열리게 되면 비로소 사람이 생긴다는 것은 자연의 이치로 봐서도 무리가 없다. 시간적인 차이는 있을지라도 흐름의 단계는 분명히 틀림이 없기 때문이다. 물론 시간적으로 본다면 40억 년이 흘러갔을 수도 있을 것이지만 재미있는 것은 그러한 것을 매일마다 반복하고 있는 자연의 일상(日常)이라는 점이다. 왜 庚寅에서 사람이 생하는지에 대해서 고개를 끄덕인다면 기초가 탄탄한 고급의 독자이다. 물론 전혀 이해가 되지 않으면 차차 설명하게 된다는 말로 얼버무리고 슬쩍 넘어간다. 궁금한 것도 조금은 남겨 놓는 것이 더 좋을 수도 있기 때문이다.

《滴天髓(적천수)》의 해설서에는 天干의 열 글자를 천원(天元)이라고 하고, 地支의 열두 글자를 지원(地元)으로, 地支의 장간(藏干)을 인원(人元)으로 해서 삼원(三元)이라고도 하는데 여기에서 말하는 것도 이 의미로 보는 것이 타당(妥當)할 것이다. 다만 약간 억지라고 느껴지는 감도 없지 않다. 천원이야 그렇다고 하더라도 지원과 인원이 과연 그렇게 분리가 되는 것인지에 대해서는 의문(疑問)이 들기도 하는 까닭이다.

왜냐하면 地支에 포함된 것이 지장간(支藏干)인지 아니면 地支와 별도로 그 안에 들어 있는 것이 지장간인지에 따라서 의미는 달라지는 것으로 본다. 예를 들어 寅木과 지장간(支藏干)의 丙甲이 서로 같은 것으로 보게 되는 관점에서는 지원과 인원은 서로 섞여 있는 것으로 봐야 할 것이기 때문이다. 그래서 낭월의 소견(所見)으로는 干支를 묶어서 멋지게 표현한 것으로 삼원(三元)을 사용했다는 정도로만 이해한다면 문제는 없다고 본다.

「만법(萬法)」은 '모든 법'의 뜻이다. 여기에서 만(萬)은 숫자가 아닌 상징적인 의미로 쓰인 것으로 보면 될 것이다. '일만'은 '모든'의 의미가 되기 때문이다. 그러니까 만법(萬法)은 '모든 세상만물의 이치'라고 이해하면 무난할 것이다.

「종(宗)」은 '근본(根本)'의 뜻이다. 우두머리도 되고 핵심(核心)도 되지만 여기에서는 근본으로 보는 것을 취한다. 그래서 '만법종(萬法宗)'을 묶으면 '세상의 모든 이치의 근본'으로 정리를 할 수가 있을 것이다. 정리를 하면, '욕식삼원만법종(欲識三元萬法宗)'이란, '干支가 세상의 모든 이치의 중심이고 핵심이며 근본이 되는 이치를 알고자 하느냐.'는 뜻이다. "지금 그대가 알고 싶은 것이 이것이지?"

「선관(先觀)」은 '먼저 보라.'의 의미이다. 첫 구절과 묶으면 '알고자 하거든 먼저 보라.'가 된다. 이것이 한문(漢文)의 매력(魅力)이다. '욕식(欲識)커든 선관(先觀)하라.'이다. 그러니까 알고자 할 경우에 먼저 봐야 할 것을 알려 주겠다는 것이다. 별 다른 뜻은 없고 방향을 제시하는 것이니 실로 중요한 것은 뒤에 따라 나올 것이므로 다음에 집중하라는 의미이다.

「제재(帝載)」는 중국 사전에 '제왕적사업(帝王的事業)'이라고 풀이했다. 임금제(帝)와 실을재(載)로 되어 있으니 그렇

게 해석하는 것도 일리가 있다고 하겠다. 제왕(帝王)은 五行의
기운을 받아서 이뤄지는 것이다. 그렇기에 진시황(秦始皇)은
水의 기운을 받아서 흑포(黑袍)를 입고 천하를 다스렸고, 진국
(晉國)을 꺾고 한조(漢朝)를 세운 유방(劉邦)은 土剋水의 이
치로 왕이 되었으므로 土의 기운을 받아서 황포(黃袍)를 입었
다는 것을 보면 황제를 나타내는 의미로 五行이 포함된다는 것
은 근거가 된다고 하겠다.

임금을 싣는 것은 제왕의 마차가 될 수도 있겠다. 그리고 五
行이 되기도 한다. 즉 五行의 기운을 타는 자가 임금이 되는 것
이고 그 五行이 왕을 태우니 글자 그대로 풀이하여 제재(帝載)
가 아니고 무엇이랴. 그러므로 제재란 말은 五行을 의미하는
것으로 대입을 하게 되는 실마리가 되는 것이다. 이러한 이유
로 해서 五行이라고 하면 아무도 시비를 걸지 않았을 것을 괜
히 멋을 내느라고 제재라고 하는 바람에 후학들이 고생이다.

또 다른 견해로는 태극(太極)을 제재라고 해석하기도 한다.
물론 그것도 가능할 것이다. 태극은 주역(周易)의 제왕(帝王)
이라고 할 수 있겠으니 말이다. 그런데 이 책은 오행학(五行
學)을 깊이 다루는 책이며 주역(周易)을 논하는 책은 아니다.
그래서 과연 태극을 제재로 보는 것이 합당할 것인지에 대해
서는 또 두고 생각을 해 봐야 할 것이다. 원래의 뜻이야 어떻든
간에 기왕이면 우리의 공부에 조금 더 근접하게 해석하여 제재
를 五行으로 해석하고자 한다.

「여(與)」는 '함께'의 의미이다. 또는 '더불어' 정도이니 별
도의 해석을 할 필요가 없는 것으로 봐서 간단하게 정리한다.

「신공(神功)」은 '신령(神靈)한 공력(功力)'을 의미한다. 기도를 하여 신령이 가호(加護)를 베풀어 주는 것도 신공이라고 할 수 있겠지만 여기에서는 그러한 의미로 썼을리는 없다고 봐서 신령한 공덕으로 보는 것이 타당하겠는데, 이것을 앞의 제재와 함께 연결시키게 되면 음양(陰陽)의 변화로 대입을 할 수가 있을 것으로 본다. 그러니까 제재는 五行의 원리(原理)이고, 신공(神功)은 五行의 변화이니 즉 음양이 되는 것이다.

해설서에 따라서는 제재(帝載)를 음양으로 신공(神功)을 五行으로도 보는데 크게 문제가 될 것은 없겠지만 조금 더 관찰을 해 본다면, 자평학(子平學)에서는 음양이 먼저 나오는 것이 아니라, 五行이 있고 그 다음에 五行이 음양으로 나눠지는 것이 더 타당하다고 봐서 이와 같이 해석하는 것이다. 털끝만큼의 작은 차이가 하늘땅만큼이나 크게 벌어질 수 있다고 생각하기에 조금 더 생각을 해 보려고 노력하는 과정에서 얻게 된 소식이라고 하겠다. 그러므로 '음양오행(陰陽五行)'이라고 하지 말고 '五行의 음양(陰陽)'이라고 해야 한다.

그런데 음양(陰陽)이 뭐가 그리 대단해서 신령(神靈)한 공력(功力)이라고 까지 해야 하느냐는 생각을 할 수도 있을 것 같아서 한 마디 더 보탠다. 五行이 음양으로 작용하는 것이 十干이다. 十干이 작용하여 세상의 만물을 나타내고 설명하고 또 작용까지도 하게 된다. 그러니 음양이 없다면 단순하게 五行만 갖고서 세상의 모든 변화를 설명해야 할 뻔했는데, 음양의 신공으로 인해서 훨씬 다양한 상황의 변화를 이해하고 설명할 수가 있게 되었으니 이보다 더 고마울 것이 어디 있겠느냐고 생각한다면 신공(神功)에 가깝다고 할 수도 있을 것이다.

각각의 제왕(帝王)인 木火土金水가 저마다 자신의 능력을 발휘하는 것은 음양(陰陽)이다. 즉 木이 음양의 이치를 갖고 있기 때문에 거목(巨木)도 되고, 초목(草木)도 되는 것이고, 싹을 틔우기도 하고, 결실을 맺기도 하는 것인데 이러한 모든 것이 음양이 아니고서는 능력을 발휘할 수가 없으니, 이것은 마치 왕(王)이 있으면 신하들이 왕을 보필(輔弼)해서 백성을 다스리는데 도와야 하는 것인데 왕이 혼자서만 모든 것을 다하려고 한다면 그야말로 엉망진창이 될 수밖에 없음을 생각해 보면 능히 이해가 될 것이다.

이제 정리를 해 보자. 자연의 진리를 알고자 한다면 먼저 五行의 이치를 잘 이해한 다음에 그 五行이 변화하는 음양(陰陽)의 신기한 공력(功力)까지도 파악해야 하는 것이다. 책마다 제재(帝載)와 신공(神功)에 대해서 다양하게 풀이를 하고 또 어렵기도 해서 좀 상세하게 설명을 했으나 모쪼록 잘 이해가 되어 정리했다면 더 바랄 것이 없겠다.

2. 地道(지도)

坤元合德機緘通 五氣偏全定吉凶

【直譯】

地道
땅의 도리(道理)

【意譯】

「지도(地道)」는 '땅의 도리(道理), 혹은 이치(理致)'를 의미
한다. 그리고 땅의 도리는 앞의 「천도(天道)」편에서 논하는 것
과 상대적(相對的)으로 이해를 할 수가 있는 것이니 앞에서 양
(陽)의 이치(理致)를 논(論)했으므로 여기에서는 음(陰)의 이
치를 논하고자 하는 것이다. 천도를 이해하고 다음으로 지도를
이해하는 과정이다.

坤元合德機緘通 五氣偏全定吉凶
곤원합덕기함통 오기편전정길흉

【直譯】

坤元合德機緘通
땅이 음덕(陰德)에 부합(附合)하여
기틀을 닫히게도 하고 통하게도 하니

五氣偏全定吉凶
다섯 기운의 치우치고 온전함에 따라서
길(吉)함과 흉(凶)함이 결정(決定)된다.

【意譯】

「곤원(坤元)」은 '땅의 으뜸'이다. 이게 무슨 말인가? 앞에서
하늘의 으뜸에 대해서 따로 이야기를 했던가? 그런 기억이 없
는데? 왜 갑자기 건원(乾元)은 논하지 않고 곤원(坤元)을 이
야기 하는 것인지 의아하다. 문맥(文脈)에서 서로 맞지 않음
이 있다는 것을 상기(想起)해 보는 것이다. 자칫 곤(坤)은 땅
이고, 땅은 地支이므로 지금 곤원(坤元)의 의미는 地支에 대한
이야기라고 생각을 할 수도 있다. 그런데 짝을 찾아보니 짝이
없다. 있다면 천도(天道)가 앞에 있었다는 것만 의미가 있다.

그렇다면 천도(天道)는 건원(乾元)이었다는 의미로 이해를 해야 하겠다는 생각도 해 본다.

즉, 천도(天道)는 양(陽)의 이치이고 지도(地道)는 음(陰)의 이치를 논하는 것인데 삼원(三元)이라는 글귀에 현혹(眩惑)되어서 천도는 天干, 지도는 地支라고 단정(斷定)을 할 필요없이 유연(柔軟)한 관점(觀點)으로 살펴봐도 될 것이다. 어차피《滴天髓(적천수)》를 이렇게 자유롭게 생각을 해 보려고 설명을 시작한 것이기도 하다. 그러니까 곤원(坤元)은 地支를 포함할 수도 있지만 좀 더 넓은 의미로 이해를 하면 더 좋겠다는 의견을 첨부(添附)하니, 곤원은 땅의 이치로도 보고 음(陰)의 이치로도 보면서 궁리(窮理)하는 것이 타당할 듯 싶다.

「합덕(合德)」은 '덕(德)에 부합(附合)'하는 것이다. 그 덕이란 무엇일까? 아마도 천덕(天德)을 논하는 것이라고 이해를 해 본다. '하늘의 덕'은 양(陽)이 베푸는 큰 갈래를 말하는 것으로 봐도 좋을 것이다. 그러니까 하늘이 베풀고 땅이 수용하는 의미를 논하는 것이니, 하늘이 온기(溫氣)를 베풀면 땅이 이에 부응(副應)하여 만물(萬物)을 양육(養育)하고, 하늘이 냉기(冷氣)를 베풀면 이번에는 땅이 만물을 결실(結實)하게 돕는 이치인 것이니 이러한 작용이 덕에 부합하는 것이다.

「기함통(機緘通)」은 '닫아서 가두거나 열어서 통하게 하는 기틀'을 의미한다. 이것이 음(陰)인 곤원(坤元)이 하는 역할인 것이다. 앞의 구절인 합덕(合德)에 따라서 여닫는 음의 이치가 작용하는 것에 대한 부연설명이기도 하다. 근데 그것은 땅이

제멋대로 하는 것이 아니라 건원(乾元)의 작용에 부응해서 하는 것이고 그것이 하늘의 이치를 따라서 땅의 이치가 움직이는 것으로 보라는 뜻이다. '함(緘)'은 봉폐(封閉)한다는 의미이고, '통(通)'은 소통(疏通)한다는 것이며, '기(機)'는 그렇게 작용하도록 하는 기계(機械)라는 의미이다.

가령, 인천공항에서 외국으로 가려고 할 적에 반드시 세관(稅關)을 거쳐야 하는데 여권(旅券)을 제출하고 그 자리에 서 있는 상태가 '함(緘)'이 된다. 직원이 여권을 검사하고 본인 여부를 확인하고 과거에 어떤 이력을 갖고 있는지도 조사를 하는 동안 심사(心思)는 약간 복잡해지기도 한다. 자신도 모르는 사이에 이름이 도용되어서 출국금지나 당하지 않을지 모르겠다는 생각도 그 순간에 해본다. 그러다가 마침내 아무런 문제가 없다고 판단이 되면 출국허가서를 준다. 여권에 나가도 좋다는 관인을 팡~! 찍는 것이다. 이것이 '통(通)'이다. 그리고 이러한 시스템이 바로 '기(機)'인 것이다.

그런데, 인천공항에 가보지 않은 사람도 있겠다. 그런 경우를 대비해서 은행으로 비유를 들어보자. 은행 문이 닫히면 아무리 통장에 잔고가 많아도 소용없다. 물론 현금인출기도 포함해서이다. 인출기를 포함한 출금을 도와주는 직원은 모두 기구(機具)에 해당하니 '기(機)'라고 할 수 있다. 은행의 문이 열리고 인출기가 작동하고 직원이 자리에 앉아 있으면 '통(通)'이다. 그리고 영업이 끝나서 문이 닫히면 '함(緘)'이다. 문이 닫힌 곳에서 아무리 내 돈 달라고 해봐야 소용없다. 자칫 경찰만 출동할 뿐이다. 만사는 때에 맞춰서 진행해야 하는데 곤원(坤元)의 덕(德)이 이와 같다는 의미이다. 때에 따라서 문도 열어주고 또 닫아주니 말이다.

자연에서는 어떻게 작용이 될까? 하늘이 따뜻해지면 닫힌 문을 열라는 메시지로 받아들이고 만물을 소생(甦生)하도록 땅이 열린다. 그렇게 되면 두꺼운 땅 속에서 잠을 자고 있던 씨앗들이 저마다 고개를 들고 하늘을 향해서 솟아오른다. 그리고 지난 가을에 떨어졌던 호두와 은행도 마찬가지로 하늘의 소식을 듣는다. 그러면 그렇게도 단단한 곤원(坤元), 즉 음의 껍질이 저절로 열리게 되어 활짝 벌어지면 그 안에 기다리고 있던 싹들이 머리를 내밀고 밖으로 나오는 이치이니 이러한 것이 '기함통(機緘通)'의 의미이다. 참으로 단 세 글자이지만 그 의미를 생각해 보면 자연의 모든 모습을 포함하고 있는 것처럼 해석이 가능하니 '글이 참 맛있다.'고 해야 하겠다.

「오기(五氣)」는 '다섯 가지의 기운'이다. 다섯 가지는 五行을 말하는 것이 분명하겠고, 작용하는 것은 기운(氣運)이라고 하겠는데 이것을 五行이라고 하지 않고 '오기(五氣)'라고 한 것은 본질적인 의미에서의 木火土金水는 五行이고, 五行이 움직여서 변화(變化)를 일으키는 에너지를 오기(五氣)라고 이해하게 된다. 마치 제갈공명이 기문진(奇門陣)을 펼쳐놔도 그것을 작동시키기 전에는 그냥 평범한 돌무더기이고 막대기들이다. 그런데 일단 그 진법(陣法)이 발동하게 되면 삽시간에 돌무더기는 암벽으로 변하고 막대기는 숲속으로 작용한다. 이렇게 작용하는 상태를 기운(氣運), 즉 '기가 움직이는 것'이다.

「편전(偏全)」은 '편중(偏重)되거나 온전(溫全)한 것'을 말한다. 생선을 예로 들면 대가리부터 꼬리까지 다 붙어 있을 적에는 온전한 것이고, 대가리만 두 개고 몸통이 없거나, 몸통만 둘이고 대가리와 꽁지가 없으면 편중(偏重)이다. 사주(四柱)에서 편전(偏全)은 木火土金水가 골고루 있으면 온전한 것이고, 木만 다섯 개이고 火水가 없거나, 혹은 金만 일곱 개이고 水火가 없는 것을 일러서 편중이라고 한다. 이렇게 해 놓고 고인들은 여기에다가 한 마디만 추가한다. '나머지도 미뤄서 짐작하면 되느니~!'

「정길흉(定吉凶)」은 '길(吉)함과 흉(凶)함이 정(定)해진다.'는 뜻이다. 무엇이 길흉(吉凶)인지는 설명하지 않아도 되지 싶다. 다만 정해진다는 것에 대해서만 조금 언급한다. 이것은 결과(結果)라는 의미로 보면 될 것이다. 원인(原因)은 편전(偏全)에서 발생하는 것이고, 편전의 결과는 이렇게 길흉으로 나타난다는 것을 말한다.

참고로《滴天髓徵義(적천수징의)》에서는 「논길흉(論吉凶)」으로 표기했다. 논(論)하는 것이나, 정(定)하는 것이나 큰 차이는 없지만 논하는 것이 토론(討論)의 의미가 있다면, 정하는 것은 고정불변(固定不變)의 느낌이 있어서 정이 더 타당하다고 하겠다. 다만 큰 차이는 아니므로 같이 봐도 문제가 없다.

지도(地道)에 대해서 정리를 한다면, 땅의 이치는 하늘의 뜻을 받들어 때에 맞춰서 열어 주고 닫아 줘서 만물이 생장(生長)하고 숙성(熟成)하도록 도와주는 역할을 하는데, 그 과정에서 五行의 기운이 잘 갖춰진 경우에는 길(吉)함으로 결과를 보여주고, 또 갖추지 못했을 경우에는 흉(凶)으로 결과를 보여주게 된다는 의미로 요약한다. 그러니까 여름에는 만물(萬物)이 잘 자라도록 열어주겠지만 가뭄이 심하면 도리어 초목(草木)이 말라죽게 되기도 하니 이것은 흉이 되는 것이고 수시(隨時)로 촉촉하게 비가 내려준다면 이것은 길이 되는 것과 같은 이치이다.

3. 人道(인도)

戴天履地人爲貴 順則吉兮凶則悖

【直譯】

人道
인간(人間)의 도리(道理)

【意譯】

「인도(人道)」는 '사람이 살아가는 과정에서의 운명(運命)이 작용하는 이치(理致)'를 의미한다. 세상의 만물 중에서 사람이 가장 존귀(尊貴)하다고 한 것도, 만물(萬物)의 영장(靈長)이라는 말도 모두 인간의 존재가 五行의 기운을 받고 태어났으므로 '인도(人道)'에서는 이에 대한 이치를 알아야 한다는 뜻으로 해석하게 된다.

【原文】

戴天履地人爲貴 順則吉兮凶則悖
대천이지인위귀 순즉길혜흉즉패

【直譯】

戴天履地人爲貴
하늘을 머리에 이고 땅을 밟는 존재 중에
사람이 가장 귀하지만

順則吉兮凶則悖
이치(理致)를 따르면 길(吉)하고
순리(順理)를 어기면 흉(凶)하다.

【意譯】

「대천이지(戴天履地)」는 '하늘과 땅 사이'라는 뜻이니, 지
상(地上)의 대기권(大氣圈)을 의미하는 것으로 해석을 할 수
있다. 만물(萬物)을 설명할 적에 종종 인용(引用)이 되곤 하는
숙어(熟語)이다.

「인위귀(人爲貴)」는 '사람이 귀(貴)하다.'는 뜻이다. 물론
부처는 이 말에 대해서 거부권(拒否權)을 행사(行事)하고 싶
다. 그렇지만 유교(儒敎)의 관점이나 기독교(基督敎)의 관점

에서는 당연하다고 생각할 수도 있겠다. 부처는 개유불성(皆有佛性)의 차원(次元)에서 만물(萬物)이 동등(同等)하다고 했기 때문인데 그럼에도 불구하고 능력조차도 같다고 주장한 것은 아니다. 왜냐하면 사람으로 태어났을 적에 열심히 도(道)를 닦지 않으면 다시 어느 때를 기다리겠느냐[人身難得]고 한 것을 보면 또한 사람이 아무래도 가장 귀하다는 의미에는 동의(同意)를 해야 하지 싶다.

「순(順)」은 '순응(順應)한다'는 뜻이다. 자연(自然)에 순응하고, 계절(季節)에 순응하고, 왕명(王命)에 순응하고, 부모(父母)에 순응하는 것을 말한다. 더 나아가서 五行에 순응하고 음양의 이치에도 순응해야 한다는 의미까지도 포함되어 있다. 아마도 '사주팔자(四柱八字)에 순응하라.'는 뜻도 포함되었을 수도 있겠다. 물론 이렇게 말하면 숙명론자(宿命論者)이다. 낭월도 100% 숙명론자는 아니지만 어느 정도의 숙명적인 요소는 피할 수가 없다는 것을 생각해야 한다는 것에는 동의(同意)한다. 다만 아직은 사주에 연연(戀戀)하지 않아도 된다. 그냥 사람으로 해야 할 일에 대해서 설명하는 정도로 가볍게 봐도 될 것이기 때문이다. 봄에는 씨앗을 뿌리고, 여름에는 거름을 줘서 가꾸고, 가을에는 결실을 거둬서 겨울에는 휴식을 취하는 자연의 이치에 순응한다는 것으로 이해를 해도 충분하다.

「즉(則)」은 '즉(卽)'과 통한다. 그래서 때로는 법칙(法則)과 같을 경우에는 '칙'으로 읽어야 한다. 규칙(規則), 원칙(原則), 회칙(會則) 등으로 쓰이는 경우이다. 이와 다르게 '즉'으로 읽을 적에는 '즉시(卽時)'와 같이 '곧'으로 해석하게 된다. 그러므로 넓은 의미에서 이 경우의 칙(則)은 즉(卽)으로 바꿔도 되지 싶다. 다만 그럼에도 불구하고 이렇게 칙(則)으로 쓴 것은 어쩌면 마음대로 바꿀 수가 없는 고정(固定)된 이치(理致)를 느끼게 하고자 함이 아닐까 싶은 생각을 해 본다. 해석은 다 같은 '곧'이 되지만 의미하는 바를 본다면 이론적인 것에는 칙(則)을 쓰고, 활동적인 것에는 즉(卽)을 쓰는 것이 아닌가 싶기도 하다. 여하튼 법칙(法則)과 같은 의미가 아닐 적에는 '즉'으로 읽으면 된다.

「길(吉)」은 '좋다'는 뜻이다. 글자를 뜯어보면 '선비의 입'이다. 선비의 입이 왜 좋을까? 그야 옳고 바른 말을 하기 때문이다. 물론 글을 읽고서도 옳고 바르지 않은 말을 하는 선비는 제외이다. 그렇다면 왜 선비는 올바른 말을 할까? 그것은 사(士)이기 때문이다. 사(士)는 '十 + 一'로 구성된 글자이다. 십(十)은 도(道)를 의미한다. 왜냐하면 일음일양(一陰一陽)이기 때문이다. 일음일양이 무슨 도이냐고 물을 독자를 위해서 권위(權威)가 당당(堂堂)한 주역(周易)을 들고 나온다.

《周易(주역)》의 「계사전(繫辭傳)」에 이르기를, '일음일양지위도(一陰一陽之謂道)'라고 했기 때문이다. '음(陰) 하나와 양(陽) 하나를 도(道)라고 하네.'라고 하였으니 틀림없다고 믿어도 좋다.

그러니까 음[一]과 양[丨]이 겹쳐지면 이것이 도[十]가 된다는 말이다. 여기에다가 십(十)을 숫자인 10으로 본다면 또한 一은 5이고, 丨도 5가 되어서 十이 되는 것이다. 그래서 '5

×2=10'이 되는 것이다. 그리고 10도 있음[1]과 없음[0]으로 구성이 되어 있으니 아라비아 사람들도 음양관(陰陽觀)이 있었던 것이 아닐까 싶은 생각도 든다. 나아가서 이것을 조금 더 확장하면, 甲丙戊庚壬에 乙丁己辛癸를 더하면 간(干)이 된다는 의미로 해석이 되기도 한다. 그야말로 사통팔달(四通八達)이다.

말이 길어졌지만, 선비는 '도(道)를 드러낸 사람'을 말하는 것이라는 설명을 하려고 장황하게 늘어 벌렸을 뿐이다. 그렇다면 간(干)은? 선비사(士)를 뒤집어 놓은 것이다. 이것은 말이 없다는 뜻이다. 즉 말은 없지만 내면에 존재하는 도(道)가 되는 것으로 이해를 한다. 아울러서 사(士)는 도가 겉으로 드러난 것이니 행도(行道)라는 이야기가 된다. 아래의 일(一)은 기준선(基準線)이다. 마치 상하(上下)의 글자들에게 쓰인 것과 같은 의미가 된다. 간(干)의 윗선도 마찬가지의 의미이다.

그러니까 도를 말하는 사람의 입이니 얼마나 길(吉)하겠느냐는 풀이까지는 하지 않아도 되지 싶다. 그래가면서도 해야 할 말은 다하는 것은 이렇게 써놓지 않으면 빼먹었다고 나중에 따지고 드는 독자들이 두려워서이다. 공부를 하는 학인들 중에서도 다양한 성향이 있기 때문에 그 모두를 만족시킬 수는 없겠지만 그래도 하는데 까지는 해봐야 하는 것이 필자의 책임이라고 생각하기에 좀 지루하다는 생각을 하고 있을 총명(聰明)한 독자들은 약간의 희생(犠牲)이 필요하다.

「혜(兮)」는 '어조사(語助辭)'이다. 별다른 뜻은 없고 그냥 빈 틈새나 메꾸는 용도(用度)라고 이해를 하면 되겠다. 이 글자가 수시로 등장하기 때문에 앞으로 만나더라도 전혀 신경 쓰지 말라는 의미로 별도의 설명을 한 것 뿐이다. 이러한 형태의 글자들을 허사(虛辭)라고도 부른다. 헛된 말이라는 뜻인가 싶기도 하다. 우리말로 하면 '거시기'와 비슷하다고 하겠다. 없어도 말은 되지만 빼먹으면 섭섭한 존재라고나 할까?

「흉즉패(凶則悖)」는 '흉(凶)한 즉 일그러진다.'는 뜻이다. 여기에서 경도(京圖) 선생의 문장(文章) 스타일이 느껴진다. 구조(構造)와 규칙(規則)에는 전혀 관심(關心)이 없어 보인다는 것이다. 앞에서도 언급했지만 「천도(天道)」편에서는 삼원(三元)이라고 했다가 「지도(地道)」편에서는 곤원(坤元)이라고 하는 등 문장의 통일감에는 전혀 신경을 쓰지 않고, 생각이 이끄는 대로 글을 쓰고 있다는 것이다. 여기에서도 마찬가지의 현상이 등장한다. 그렇다면 제대로 규격화 한다면 어떻게 해야 하는지 살펴보자.

'순즉길혜흉즉패(順則吉兮凶則悖)'라고 쓸 경우에 앞뒤로 격식(格式) 갖춘다면, '순즉길혜패즉흉(順則吉兮悖則凶)'으로 쓰면 문제없이 매끈한 문장이 될 것이다. 이렇게 하는 것이 그리 어려운 것도 아니다. 그러니까 순(順)과 짝을 이루는 패(悖)를 앞에 배치(配置)하고, 길(吉)과 짝을 이루는 흉(凶)을 뒤에 배치하면 간단하게 해결이 된다. 그럼에도 이렇게 한 것은 두 가지의 이유로 생각을 해 볼 수 있겠다.

하나는 격식에 신경을 쓰지 않고 뜻에만 관심을 둔 탈속(脫俗)의 의미가 되고, 또 하나는 너무 격식을 잘 알아서 일부러 그것을 비틀어서 썼을 수도 있겠다는 것이다. 어느 것이든 우리의 목적은 뜻에 있으므로 이러한 지엽적(枝葉的)인 문제를 놓고 신경을 쓸 필요는 없겠지만 공부의 수준이 제법 향상(向上)되었을 경우에 이러한 것이 눈에 들어오면 어떻게 해야 할지를 고민할까봐 미리 예방약을 깔아 놓는 낭월이다.

그럼 풀이로 들어가서 '패즉흉(悖則凶)'으로 적어 놓고 해석한다. 패(悖)는 '어그러지다'라는 뜻을 갖고 있다. 이것은 순패(順悖)로 짝을 이루게 되는데, 앞에서 순(順)을 잘 이해했다면 그 반대(反對)로 대입하면 간단하게 풀린다. 즉 자연의 질서(秩序)를 따르지 않으면 그것이 패(悖)인 것이다. 패역(悖逆), 패륜(悖倫)과 같이 사용되는 글자이기도 하다. 그렇게 되면 흉(凶)하게 된다는 이야기이니 흉(凶)은 또 어떻게 만들어진 글자일까?

우선 감(凵)자의 의미를 보면, '입 벌릴 감'이다. 입을 벌리고 있는 모습이라고 봐도 되겠다. 그런가 하면 '위 터진 그릇'으로도 사용한다. 그릇의 위가 터진 것을 나타낸다고 하겠다. 그럼 안에 든 ╳는 무슨 뜻일까? 한자로는 예(乂)를 닮았지만 그것은 아니다. 그래서 독립적인 한자에는 없는 글자로 봐야 하겠는데, 고서(古書)에서는 다섯을 나타내는 오(五)를 이렇게 쓰기도 했던 흔적을 찾을 수가 있다. 또 爻와 같이 쓰이기도 한다.

그렇다면 이것은 다섯으로 보자. 왜냐하면 길(吉)에서는 열을 나타내는 글자가 있었기 때문이다. 다섯은 열의 반(半)이다. 아직 도(道)가 제대로 되려면 오래 더 기다려야 한다는 것이다. 그래서 부지런히 성숙(成熟)시켜야 하는데 이것은 입에 넣고 먹을 수가 없다. 원래 입[口]은 위가 덮여 있어야 한다.

그런데 윗입술이 없는 상태로, 혹은 윗니가 없는 상태로 입에 넣고 있는 모습이다. 먹을 수도 없고, 뱉을 수도 없으니 이것이 야말로 최대(最大)의 흉(凶)이다. 마치 호랑이 목에 뼈가 박혀서 아무것도 먹을 수 없는 상태와 같기 때문이다. 그래서 흉(凶)이다. 아마도 그대로 둔다면 필시(必是) 죽는 수밖에 없는 상황이다. 그래서 흉인 것이다. 흉(凶)자에는 도[十]가 보이지 않는다. 아직 미숙(未熟)한 어린 도를 입에 넣고 삼키지도 못하고 뱉어버리지도 못하는 상황이다. 물론 억지(抑止)의 해석(解釋)인 감은 있지만 그래도 말이 되지 않는가? 한자는 이렇게 뜯어먹으면서 공부하는 것이 제격이다.

그럼 이제 정리한다. 사람의 이치란 태어날 적에는 귀(貴)하게 태어났지만 스스로 자연의 도리(道理)에 순응(順應)하면 길(吉)할 것이고, 패역(悖逆)한다면 흉(凶)하게 된다는 이야기이다. 여기에서 干支니 지장간(支藏干)이니 하는 이야기는 발을 붙일 곳이 없음을 알겠다. 이로 미루어서 天干, 地支, 지장간의 의미로 천도(天道), 지도(地道), 인도(人道)를 논하지 말고 넓은 의미의 자연적인 이치로 관(觀)하는 것이 타당하다고 하겠다.

4. 知命(지명)

要與人間開聾瞶 順逆之機須理會

【直譯】

知命
운명(運命)을 알다.

【意譯】

「지명(知命)」은 '태어날 적에 주어진 선천적인 숙명(宿命)을 일아야 한다.'는 뜻이다. 이것은 자평명리학(子平命理學)이 추구하는 학문적인 이치(理致)가 모두 이에 해당한다는 의미이기도 하다. 나아가서 천지인(天地人)의 이치를 알고 나서 인간의 운명(運命)을 논하는 것이 흐름상으로도 매우 타당하다고 볼 수 있다.

【原文】

要與人間開聾瞶 順逆之機須理會
요여인간개농외 순역지기수리회

【直譯】

要與人間開聾瞶
귀머거리 인간의 귀를 열어주고자 한다면

順逆之機須理會
순역(順逆)의 기틀을 모름지기 잘 알아야 한다.

【意譯】

「요여(要與)」는 '함께 하기를 요(要)한다.'라는 뜻이다. 글
자를 따로 떼어서 설명할까도 생각해 봤는데 붙여서 하더라
도 이해에 어렵지 않을 것으로 보여서 그대로 이해하도록 한
다. 더불여(與)는 너와 내가 함께 한다는 의미이다. 누구와 함
께 하는 것이니 여기에서는 귀머거리와 함께 한다는 의미가 되
겠다. 그래서 '누구와 더불어서 함께 하고자 한다면'의 뜻으로
이해를 하면 된다.

「인간(人間)」은 '사람들'이다. 뭐 해석이 필요할까? 그래도
서운하다면, 사람에 제한(制限)한다는 의미(意味) 정도는 생

각해도 되지 싶다. 개나 소는 논하지 않는다는 정도이다.

「개농외(開聾聵)」는 '귀머거리의 귓구멍을 열어주는 것'이다. 귀머거리농(聾)에 귀머거리외(聵)이다. 같은 귀머거리를 두 글자나 쓴 것은 일단 글자 수를 맞추려는 의도였다고 생각이 된다. 그리고 성의를 봐서 초긍정적(超肯定的)으로 봐준다면, 농(聾)은 원래 태어날 적에는 귀가 밝았는데 살면서 들리지 않게 된것이고, 외(聵)는 애초에 태어날 때부터 들리지 않았던 선천성(先天性)을 의미하는 정도로 해석이 가능하다.

그러니까 정리를 하면, '날 때부터 멍청하거나 살아가면서 바보가 되었거나 모두 귀머거리와 같으니 그들의 귀를 열어서 지혜롭게 하려거든…….' 이라고 정리를 하면 된다. 그런데 눈이 있는데 왜 하필이면 귀냐고 할 수도 있겠다. 그러한 경우에는 귀는 水에 속하고, 水는 지(智)에 속하니 지혜(智慧)가 부족한 사람을 은유(隱喩)하고 있다고 설명한다. 아직 뒷 문장이 끝나지 않았으니 여기에서 마무리를 지을 일은 아니다. 다음 구절로 넘어가서 정리해야 하는 이유이다.

「순역지기(順逆之機)」는 '순응(順應)하거나 거역(拒逆)하는 기미(機微)'를 말한다. 자연의 이치를 어떻게 하면 순응하는 것이고 또 어떻게 하면 거역하는 것인지를 알아야 하고 그것을 이해하는 데는 일정한 기틀이 있다는 말이기도 하다.

참고로 《滴天髓徵義(적천수징의)》에서는 「순패지기(順悖之機)」라고 했는데 순역이나 순패나 의미하는 바는 같아서 차이가 없다. 아마도 서낙오(徐樂吾) 선생이 벌레가 파먹은 자리에 적당히 어울리는 글자를 채워 넣은 것이 '패(悖)'가 아닐까 싶기도 하다. 그래도 아무런 문제는 없는 것으로 보고 사소한 것으로 싸울 필요는 없다고 하겠다.

「수리회(須理會)」는 '모름지기 이치(理致)를 깨달아 잘 알아야 하는 것'으로 풀이한다. '이회(理會)'에는 깨달아 안다는 의미가 있으므로 앞에 모름지기수(須)가 있으니 이와 같이 풀이하면 된다. 물론 그냥 깨달아 아는 것도 되지만 이치를 깨달아 안다고 풀이하는 것이 조금 더 친절해 보인다.

어리석은 인간에게 모르는 것을 깨닫게 해 주려고 한다면, 모름지기 五行의 이치와 음양(陰陽)의 변화를 이해하고 순응(順應)과 거역(拒逆)의 조짐을 알아야만 가능하다는 뜻으로 정리한다. 그러니까 길을 잃고 방황하는 사람들에게 올바른 길을 제시해 주기 위해서는 순역(順逆)의 이치를 잘 알아야만 가능하다는 의미로 이해하면 충분하다. 이것이 지명(知命)이다. 사람이라면 모름지기 이 정도는 알고 있어야 남의 삶에 대해서 안내(案內)하고 조언(助言)할 수가 있다는 의미로 본다.

5. 理氣(이기)

理乘氣行豈有常 進兮退兮宜抑揚

【直譯】

理氣
이치(理致)와 기운(氣運)

【意譯】

「이기(理氣)」는 '본체(本體)와 작용(作用)'을 말한다. 가령 봄을 이(理)로 본다면 만물(萬物)이 소생(甦生)하는 것은 기(氣)가 된다. '이기(理氣)'는 무형(無形)이지만 반드시 존재하는 것이고, 그 존재를 받아서 실제로 만물(萬物)이 영향을 받는 것으로 대입한다.

【原文】

理乘氣行豈有常 進兮退兮宜抑揚
이승기행기유상 진혜퇴혜의억양

【直譯】

理乘氣行豈有常
이치(理致)를 타고 기운(氣運)이 흐르니
어찌 항상(恒常)함이 있으랴.

進兮退兮宜抑揚
전진(前進)하고 후퇴(後退)함에 따라
눌러주거나 드날려 준다.

【意譯】

「이승기행(理乘氣行)」은 '이치(理致)를 바탕에 깔고서 변화
하여 가는 것'으로 이해한다. 앞에서 예를 들었듯이 봄은 계절
(季節)에서 오는 이치이고, 만물(萬物)이 다시 삶을 맞이하는
것은 봄의 기운(氣運)을 받아서 움직이는 물질이 되는 것이다.
마치 마음이 움직이면 몸이 따르는 것과도 같다고 할 수 있다.
마음이 움직이는 것은 이치이고, 그것을 받아서 작용하는 것은
기운이라고 하게 된다. 그리고 이것은 둘이 아니라 소리에 메
아리가 응답(應答)하는 것과 같은 한 세트이다.

다른 말로 하면 '심승신행(心乘身行)'으로 마음을 타고 몸이 다닌다고 할 수 있기 때문이다. 심신(心身)을 둘이라고 할 수 없듯이 이기(理氣)도 둘이라고 할 수가 없는 것이다. 그리고 이음기양(理陰氣陽)이기도 하다. 이치를 바탕에 두니 음이 되고, 그 바탕에서 기운이 발생하여 흐르게 되니 양이 되는 까닭이다. 그리고 자평학에서는 '干支를 타고 운명(運命)이 흐른다.'고 해도 된다. 빌려오는 어구(語句)는 달라도 그 속에 흐르는 이치는 같기 때문이다.

원문(原文)에서는 '승(乘)'과 '승(承)'으로 각각 표기가 되어 있어서 다소 혼란스러움이 생길 수도 있다. 앞의 설명을 통해서 낭월은 탈승(乘)을 취했다는 것을 알겠지만 이을승(承)으로 해도 말이 안되는 것은 아니다. 잇는다는 의미로 본다면 나열(羅列)의 느낌이 생길 수가 있는데, 이것은 '이치(理致)와 기운(氣運)'을 말하는 것처럼 느껴질 수도 있어서 조금 꺼려지는 것 뿐이다. '이치(理致)를 기운(氣運)이'라고 해 보면 그 차이가 드러난다.

즉 같이 가느냐 뒤를 따라 가느냐 정도의 차이라고 보면 될 것이다. 동시(同時)에 움직이면 승객이 차를 타고 가는 것이고[乘], 시간(時間)의 차이(差異)를 두고 뒤따른다면 앞을 따라 가는 것이니[承], 어느 것을 사용해도 큰 차이는 없지만 뭔가 모를 미세한 느낌에 의해서 타고 가는 것으로 생각되어서 승(乘)을 지지(支持)했지만 독자의 견해에 따라서 어느 것을 취하더라도 모두 통한다는 여지(餘地)를 남겨 놓는다.

「기유상(豈有常)」은 '어찌 항상(恒常)하겠는가!'로 풀이한다. 그러니까 항상 변화(變化)한다는 의미가 되는 것이다. 세상천지(世上天地)에 가만히 있는 것은 아무것도 없다. 그러므로 변화무쌍(變化無雙)이 되는 것이다. 오직 변하지 않는 것이 있다면, '변한다는 말' 뿐이라고 할 정도로 모든 것은 쉼 없이 변화하고 있는 것이다. 태어날 적에 타고난 사주는 가만히 있다지만 매분(每分), 매시간(每時間), 매년(每年)의 변화에 의해서 늘 움직이고 있는 것이다. 그래서 '어찌 항상 함이 있겠는가!'이다.

「진혜퇴혜(進兮退兮)」는 '나아가고 물러난다.'는 뜻이다. 진퇴(進退)의 의미와 같지만 조금 길게 늘여서 읽어보는 느낌의 차이로 혜(兮)가 붙어 있다고 해도 되겠다. '나아가기도 하고 물러나기도 하는구나!' 정도의 느낌으로 읽어보면 조금 더 맛이 살아나지 싶다. 다만 결론은 진퇴(進退)이다. 이치도 흐르고 기운도 흐른다. 시간(時間)도 흐르고 공간(空間)도 흐른다. 그 틈바구니에서 인생도 쉼 없이 흐르고 흐른다. 그것이 왕성(旺盛)하면 나아가고 쇠약(衰弱)하면 물러난다. 나아가서 공을 세우고 공을 이루면 물러난다. 이것이 이기(理氣)의 진퇴에 대한 근본적(根本的)인 작용이다.

이 대목에 빗대어서 한 마디 한다면, 공을 이루지도 못하고 머뭇거리는 모습의 군상(群像)들을 늘 접하게 된다. 아울러서 공을 이루고서도 머뭇거리는 경우도 있다. 이러한 것은 자연의 진혜퇴혜(進兮退兮)를 잘 몰라서이다. 그리고 그것을 알더라도 실행하기가 어려워서이다. 왜냐하면 세상이 욕망(慾望)으로 이루어져 있기 때문에 물러나면 왠지 손해를 본 것 같고 삶이 끝난 것처럼 생각이 되기 때문이다.

특히 나이 60세가 되어 직장에서 퇴직(退職)을 한 다음에 이러한 문제는 더욱 극명(克明)하게 드러난다. 얼마간의 퇴직금(退職金)을 싸들고 삶의 끝자락을 부여잡으려고 안간힘을 쓰는 모습이기도 하다. 상담실(相談室)에 찾아와서 어디에 투자(投資)하면 자신의 남은 노후(老後)를 편안하게 보낼 묘수(妙手)가 될 것인지를 묻는다. 안타까운 모습들이다. 사주의 암시 이전에 자연의 이치를 먼저 생각해야 하는데 그것이 여의(如意)치 못한 까닭이다. 퇴직을 한 다음에 그것이 걱정이었다면 그 이전에는 그것이 오게 될 줄을 몰랐단 말인가? 물론 저마다의 사정이 있으니 상담은 당연히 해야 한다. 다만 자연의 이치로 봤을 적에 안타깝다는 것이다.

「의억양(宜抑揚)」은 '누르거나 추켜 주는 것이 마땅하다.'라는 뜻이다. 무엇을 눌러주는가? 일을 다하고 물러나려는 자를 눌러주는 것이다. 쉬어야 할 때이니 쉬도록 해줘야 하는 까닭이다. 무엇을 추켜 주는가? 일을 하고자 하는 자를 추켜 줘야 한다. 힘들게 일을 하고 기진맥진(氣盡脈盡)한 사람에게는 편안하게 쉴 수 있도록 해 주는 것이고, 그렇게 푹 쉰 다음에 다시 자신의 일을 하기 위해서 나온 자에게는 기운을 북돋아 주고 힘을 내도록 격려해야 하는 것이 억양(抑揚)인 것이다.

말을 할 적에도 억양(抑揚)이 있다. 소리를 낮게 해야 할 적에는 퇴음(退音)을 써야 하고, 높게 해야 할 경우에는 진음(進音)을 써야 한다. 이것을 잘 하면 '억양이 좋다.'라는 칭찬을 듣지만, 잘 하지 못하면 상대방이 내 말을 잘 알아듣지 못할 수도 있다. 특히 외국어(外國語)를 배울 적에는 이러한 것이 큰 문제로 떠오르기도 한다. 결국은 억양(抑揚)도 음양(陰陽)이다. 억(抑)은 음(陰)이요, 양(揚)은 양(陽)이다. 나아가는 자는 양(陽)의 기운이 넘치는 자이고, 물러나는 자는 양의 기운이 쇠(衰)하여 음(陰)의 기운으로 전환된 상태(狀態)이니 이런 때에는 물러나서 쉬도록 해야 하는 것이다.

아침에 출근(出勤)을 하는 사람은 의기(意氣)가 양양(揚揚)하여 어려운 일들도 척척 처리하지만, 퇴근(退勤)을 할 때가 다가오면 기운(氣運)도 쇠잔(衰殘)해져서 말을 할 힘도 없을 정도이다. 이렇게 된 사람을 붙잡고 야근(夜勤)을 시킨다면 아무래도 능률(能率)도 오르지 않을 뿐더러 자칫하면 재해(災害)가 발생할 위험마저 높아지는 것이다. 그러니까 진퇴에 따라서 억양(抑揚)을 하듯이 흐름에 따라서 사람이 할 수 있는 것을 한다는 뜻으로 이해를 하면 되는 것이다.

이기(理氣)를 정리해 보면, 이(理)가 바탕이 되고, 기(氣)가 작용(作用)이나 변화(變化)가 되는데, 자연의 진퇴(進退)를 따라서 이치(理致)를 타고 기운(氣運)이 흘러가니 나아가는 자는 뒤에서 밀어주고 물러나는 자는 앞에서 끌어내려 주는 역할을 해 주는 것이 자연과 하나가 되는 것이라고 이해를 하면 되겠다.

6. 配合(배합)

配合干支仔細詳 定人禍福與災祥

【直譯】

配合
짝을 지어 결합(結合)한다.

【意譯】

「배합(配合)」은 '干支의 상하(上下)와 좌우(左右)에 대한 배합(配合)'을 말한다. 天干의 열 글자가 地支의 열두 글자와 결합하여 60干支가 완성이 된 다음에는 각각의 干支와 干支가 다시 만나는 과정이 연월일시(年月日時)로 이뤄지니 이에 대한 배합(配合)을 잘 알아야 하는 것이다.

【原文】

配合干支仔細詳 定人禍福與災祥
배합간지자세상 정인화복여재상

【直譯】

配合干支仔細詳
천간(天干)과 지지(地支)의 배합(配合)인
육십갑자(六十甲子)를 자세(仔細)히 알면

定人禍福與災祥
사람의 화복(禍福)과 길흉(吉凶)이
이로 말미암아서 정해지게 되나니.

【意譯】

「배합간지(配合干支)」는 '干支의 배합(配合)'을 뜻한다. 배
합간지의 뜻이 간지배합이라니 무슨 뜻이 그러냐고 할 수도 있
지만 실로 다른 뜻은 없다. 干支는 十干과 十二支이니 이를 결
합하면 60개가 나오고 그것을 육갑(六甲)이라고 한다. 그리
고 그 60개의 干支가 연월일시(年月日時)에 나열되어 좌우(左
右)에 배합이 된 干支와 干支의 상황(狀況)을 말하는 것이다.

「자세상(仔細詳)」은 '자세(仔細)하고 상세(詳細)하다.'는

뜻이다. 干支의 배합을 자세하고 상세하게 알아야 한다. 왜 그래야 하는가? 그야 천변만화(千變萬化)가 그 干支의 배합(配合)에서 일어나고 소멸(消滅)되는 까닭이다. 그러므로 干支를 살피는 것 외에 달리 무엇을 대입하여 풀이를 하려고 끙끙댈 필요가 없다는 의미이고 그래서도 안된다는 뜻이다.

「정인화복여재상(定人禍福與災祥)」은 '사람의 화복(禍福)과 길흉(吉凶)이 정해진다.'는 뜻이다. 그러니까 干支의 배합(配合)에 따라서 모든 것은 정(定)해진다는 의미이다. 이렇게 干支의 배합이 얼마나 중요한지를 다시 강조하는 것이기도 하다. 그래서 제목(題目)도 배합이다. 배합을 잘 봐야 한다는 가르침이다.

낭월이 웬만하면 원문의 해설(解說)에 대해서는 언급을 하지 않으려고 했는데 이 대목에서 만큼은 그냥 넘어갈 수가 없어서 인용한다. 干支의 배합을 살펴서 길흉화복(吉凶禍福)을 판단하면 되지만 기기묘묘(奇奇妙妙)한 해석(解釋)을 하고 싶은 마음에 干支와는 무관(無關)한 부분에서 해답을 얻으려고 노력하는 학자들을 보면 안타까움이 앞선다. 물론 그렇게 해서 스스로 얻을 것이 있다면 또한 다행스러운 일이기는 하겠지만 모든 이치는 干支의 배합(配合)으로 통한다는 것을 조금은 귀를 기울여서 마음에 새겨야 하지 않을까 싶은 마음이다. 그야 말로 '개농외(開聾聵)'이다.

[임철초(任鐵樵)의 주해(註解)]

此關謬之要領也. 禍福災祥. 必須詳推干支配合. 與衰旺喜忌
之理. 不可將四柱干支置之勿論. 專從奇格神殺妄譚. 以致吉凶
無驗. 命中至理. 只存用神. 不拘財官印綬比劫食傷梟殺. 皆可爲
用. 勿以名之美者爲佳. 惡者爲憎. 果能審日主之衰旺. 用神之喜
忌. 當抑則抑. 當扶則扶. 所謂去留舒配. 則運途否泰. 顯然明白.
禍福災祥. 無不驗矣.

[해석(解釋)]

이것이 잘못된 것을 바로 잡는 요령이다. 화복(禍福)이나 재
상(災祥)은 필수적(必須的)으로 干支의 배합(配合)과 五行의
쇠왕(衰旺)과 좋아하고 꺼려하는 이치(理致)를 자세히 살피는
것에 있다. 사주(四柱)의 干支를 내버려 두고서 오로지 기이한
격국(格局)이나 신살(神殺)등을 따르면서 허황(虛荒)하게 논
하는 것은 길흉(吉凶)이 하나도 맞지 않을 것이니 이러한 것
을 대입하는 것은 불가(不可)하다. 운명(運命)의 지극(至極)
한 이치(理致)는 다만 용신(用神)에 있으니, 재관(財官)이나
인수(印綬), 비겁(比劫)이나 식상(食傷), 혹은 편인(偏印)과
편관(偏官)이라도 모두 용신으로 삼을 수가 있는 것이니 명칭
(名稱)이 아름답다고 해서 좋은 것도 아니므로 흉(凶)하다고
해서 미워하지도 말라. 과연(果然), 일주(日柱)의 쇠왕(衰旺)
을 살피고 용신이 좋아하고 꺼리는 것을 살펴서 눌러야 할 것
은 억제(抑制)하고, 부지(扶持)해야 할 것은 당연(當然)히 도
우니 이른바 보낼 것은 보내고 머물러야 할 것은 머무르게 하

고 흩어지게 할 것은 흩어지고 배합을 해야 할 것은 배합하는 것이다. 그래서 운로(運路)의 좋고 나쁜 것을 살펴보면 그렇게 명백(明白)한 재앙(災殃)과 길상(吉祥)이 그대로 드러나니 맞지 않는 것이 없다.

원문(原文)의 독음(讀音)은 생략(省略)한다 더 관심이 있으면 찾아보기 바란다. 다만 그 의미를 풀어놓은 것은 배합간지의 의미가 이렇다는 것을 강조(强調)하기 위해서이다. 干支의 배합(配合)을 자세히 살피는 것 이외에 또 다른 법은 없기 때문이다.

사실은 최근에 《玉井奧訣(옥정오결)》을 번역(飜譯)하다가 포기를 했다. 왜냐하면 《命學新義(명학신의)》를 출간(出刊)할 요량으로 정리하다가 보니, 내용에서 간간히 옥정오결 이야기를 하는 바람에 나름대로 기대감이 있어서인데 막상 작정을 하고 들어가 보니 오결(奧訣)이라는 말은 맞겠더라만 이야기들이 대부분 신살(神殺)로 연결되어져 있었다. 그래서 처음에는 반신반의(半信半疑)하다가 점점 흥미(興味)가 식어지면서 급기야는 《命學新義(명학신의)》를 풀이하는 것 조차도 마음이 식어져서 지금 이렇게 직접 《滴天髓(적천수)》를 풀어보겠다고 나선 동기(動機)이기도 한 까닭이다. 혹시 도통한 스승을 만나서 깊은 뜻을 전수라도 받으면 몰라도 책만 읽어서는 안개 속이라는 것만 파악했다. 그래서 마지막으로 한 마디 남긴다.

"옥정오결은 도사버전이었구먼~!"

7. 天干(천간)

五陽皆陽丙爲最　五陰皆陰癸爲至
五陽從氣不從勢　五陰從勢無情義

甲木參天　脫胎要火　春不容金　秋不容土
火熾乘龍　水蕩騎虎　地潤天和　植立千古

乙木雖柔　刲羊解牛　懷丁抱丙　跨鳳乘猴
虛濕之地　騎馬亦憂　藤蘿繫甲　可春可秋

丙火猛烈　欺霜侮雪　能煅庚金　逢辛反怯
土衆成慈　水猖顯節　虎馬犬鄕　甲來成滅

丁火柔中　內性昭融　抱乙而孝　合壬而忠
旺而不烈　衰而不窮　如有嫡母　可秋可冬

戊土固重　旣中且正　靜翕動闢　萬物司命
水潤物生　火燥物病　若在艮坤　怕沖宜靜

己土卑濕　中正蓄藏　不愁木盛　不畏水狂
火少火晦　金多金光　若要物旺　宜助宜幫

庚金帶殺　剛健爲最　得水而清　得火而銳
土潤則生　土乾則脆　能嬴甲兄　輸於乙妹

辛金軟弱　溫潤而淸　畏土之疊　樂水之盈
能扶社稷　能救生靈　熱則喜母　寒則喜丁

壬水通河　能洩金氣　剛中之德　周流不滯
通根透癸　沖天奔地　化則有情　從則相濟

癸水至弱　達於天津　得龍而潤　功化斯神
不愁火土　不論庚辛　合戊見火　化象斯眞

【原文】

天干
천간

【直譯】

天干
오행(五行)의 음양(陰陽)

【意譯】

「천간(天干)」은 '五行의 음양(陰陽)'을 말한다. 木의 음양인
甲乙, 火의 음양인 丙丁, 土의 음양인 戊己, 金의 음양인 庚辛,
水의 음양인 壬癸가 그것이다.

【原文】

五陽皆陽丙爲最　五陰皆陰癸爲至
五陽從氣不從勢　五陰從勢無情義
오양개양병위최　오음개음계위지
오양종기부종세　오음종세무정의

【直譯】

五陽皆陽丙爲最
다섯 양(陽)이 모두 양(陽)이지만
병(丙)이 그중에 으뜸이고

五陰皆陰癸爲至
다섯 음(陰)이 모두 음(陰)이지만
계(癸)가 지극(至極)하다.

五陽從氣不從勢
오양(五陽)은 기(氣)를 따르고
세(勢)는 따르지 않으며

五陰從勢無情義
오음(五陰)은 세(勢)를 따름에
인정(人情)과 의리(義理)가 없다.

【意譯】

「오양개양(五陽皆陽)」은 '甲丙戊庚壬이 모두 양간(陽干)이다.'라는 뜻이다. 긴 설명은 하지 않아도 되지 싶다.

「병위최(丙爲最)」는 '丙이 으뜸이 된다.'는 뜻이다. 그것은 五行에서 火가 가장 폭발력(爆發力)이 강하다고 하겠는데 특히 양중지양(陽中之陽)이 丙이니 으뜸이 된다.

「오음개음(五陰皆陰)」은 '乙丁己辛癸가 모두 음간(陰干)이다.'라는 뜻이다. 또한 설명은 필요 없겠다.

「계위지(癸爲至)」는 '癸가 지극(至極)하다.'는 뜻이다. 五行에서 水가 가장 부드럽고 응축(凝縮)하는 성분인데 癸는 음중지음(陰中之陰)이므로 가장 지극하다는 말을 할 수가 있는 것이다.

丙과 癸는 양극(兩極)을 이루고 있다. 수직(垂直)으로 十干을 음양순으로 세워 놓는다면, 맨 위에는 丙이 자리하고 맨 아래에는 癸가 자리하게 된다는 의미이다. 그렇다면 나머지는? 그렇다. 이렇게 하나를 알게 되면 두 가지가 궁금해져야 학인(學人)이다. 그리고 그 정도는 스스로 찾아서 빈 칸을 메울 수가 있어야 한다. 그럼에도 불구하고 낭월은 매우 친절한 가이드이다. 그래서 이렇게 나열을 해 놓는다. 먼저 생각해 보고 살펴봐도 좋지만 그냥 봐도 되지 싶다.

① ② ③ ④ ⑤ ⑥ ⑦ ⑧ ⑨ ⑩
丙 甲 戊 庚 壬 丁 乙 己 辛 癸

　간단한 이야기이다. 이 정도야 식은 죽을 먹는 셈이다. 그렇다면 이것은 무엇을 기준으로 배열한 것인가? 양음(陽陰)을 기준으로 하여 火水의 순서로 배열한 것이다. 水火는 음양의 대표(代表)이므로 그렇게 한 것이다.

　「오양종기(五陽從氣)」는 '오양(五陽)은 기운(氣運)을 따른다.'는 뜻이다. 기운(氣運)은 눈에 보이지 않지만 분위기(雰圍氣)가 있는 존재이다. 그러니까 분위기에 약하다는 말도 되겠다. 그것이 오양의 특성(特性)이다.

　「부종세(不從勢)」는 '세력(勢力)을 따르지 않는다.'는 뜻이니 강압적(强壓的)으로 나에게 무력행사(武力行事)를 하는 것에 대해서는 저항(抵抗)한다는 의미이다. 물론 착각(錯覺)은 하지 말아야 한다. 그냥 오양(五陽)이 그렇다는 이야기이지 사주(四柱)의 주인공이 양간(陽干)이라면 모두 그렇다고 해석하는 것은 아니다.

　「오음종세(五陰從勢)」는 '오음(五陰)은 세력(勢力)을 따른다.'는 뜻이다. 강압적으로 행사하면 수용(受容)하고 따른다는 의미이다. 앞의 구절이 없었다면 그런가보다 하겠는데 앞의 구절이 있는 이상, 선입견(先入見)은 발생하기 마련이다. '오음으로 태어난 사람은 가까이 해서는 안되겠구먼…….' 그러나 또한 말이 그렇다는 이야기이다. 이러한 이야기에 집착(執着)해서 자신이 음간(陰干)으로 태어난 것에 대해서 슬퍼하는 일이 있어서는 안 될 것인데 실제로 그러한 경우도 간혹 있는 것을 보면 또한 농담(弄談)과 진담(眞談)을 구분하지 못하는 것에서 일어난 오류라고 해야 할 것이다.

「무정의(無情義)」는 '자신의 마음속에서 말하고 있는 옳음을 주장하지 않는다.'는 뜻이다. 그러니까 '마음 따로 행동 따로'라는 이야기인 셈이다. 온정(溫情)과 의리(義理)가 없으니 차갑고 계산적인 사람이란 뜻인가 싶기도 하다. 그러나 음일간(陰日干)들이여 또한 기죽지 말라. 그냥 말이 그러하다는 이야기일 뿐이다.

어쩌면 경도(京圖) 선생의 선입견이나 주관적인 생각이 드러난 부분인가 싶기도 하다. 강개(慷慨)하고 양강(陽强)함을 추구하고 비열(鄙劣)함과 추세망은(趨勢忘恩)하는 소인배(小人輩)를 배척(排斥)하는 마음이 느껴져서이다. 누구나 그러한 것을 지지(支持)하지 않겠는가만 그것을 글로 드러낸다는 것은 그만큼 소신이 있었기 때문일 것이다. 이러한 느낌은 앞으로도 종종 접하게 된다. 그러니까 글쓴이의 특성에 대해서 약간 이해를 하고 진행하면 참고가 될 것으로 본다.

양간(陽干) 중에는 丙이 가장 양(陽)답고, 음간(陰干) 중에는 癸가 가장 음(陰)답다. 양기(陽氣)는 강강(剛强)하고 불굴(不屈)하지만 음기(陰氣)는 유연(柔軟)하고 복종(服從)한다.

【原文】

甲木參天 脫胎要火 春不容金 秋不容土
火熾乘龍 水蕩騎虎 地潤天和 植立千古
갑목참천 탈태요화 춘불용금 추불용토
화치승룡 수탕기호 지윤천화 식립천고

【直譯】

甲木參天 脫胎要火
갑목(甲木)은 하늘로 향해 솟아나지만
태반(胎盤)을 벗어날 때에는 火가 필요하다.

春不容金 秋不容土
춘절(春節)에는 金을 수용(受容)하지 않고
추절(秋節)에는 土를 용납(容納)하지 않는다.

火熾乘龍 水蕩騎虎
화세(火勢)가 치열(熾烈)하면 용(龍)을 타고
수세(水勢)가 넘칠 때에는 호랑이를 탄다.

地潤天和 植立千古
땅은 윤택(潤澤)하고 하늘이 온화(溫和)하면
곧게 심어져서 천년(千年)을 자란다.

【意譯】

뭐니 뭐니 해도 《滴天髓(적천수)》의 백미(白眉)는 「십간론(十干論)」이다. 여기에서 얻을 것이 상당히 많은 까닭이다. 그래서 더욱 집중(集中)해서 관찰하게 된다. 따지고 보면 사주를 본다는 것도 十干을 보는 것에 지나지 않기 때문이다. 그래서 다소 장황(張皇)하다 싶게 설명을 할 수도 있음을 미리 환기(喚起)시키는 것이기도 하다. 잘 생각해 보자. 어제 알고 있던 十干이 오늘은 또 다르게 보일지 누가 알겠는가.

「갑목(甲木)」은 '양목(陽木)'이라는 뜻이다. 그걸 누가 모르겠느냐고 하지 싶다. 그렇다면 양목의 의미를 또 생각해 보라는 의미로 받아들여도 괜찮다. 아무리 생각하고 또 생각해도 넘치지 않는 것이 十干인 까닭이다. 고서(古書)에서는 甲을 거목(巨木)이라고도 했으니 일리가 있다. 다만 '여기에 매이지 말라.'는 말을 해야 하는 것이 낭월의 역할(役割)이다. 甲은 가만히 머물지 않고 상방(上方)이나 전방(前方)으로 움직이는 성질(性質)로 이해를 한다. 전진(前進)의 성향(性向)을 갖고 있다고 해도 되겠다. 하건충(何建忠) 선생은 동물(動物)이라고 했다. '돌아다니는 물질'이라는 뜻이다. 그런데 이것도 정확(精確)한 말은 아니다. '물질이 돌아다니는 모습'이라고 해야 더 적절하게 부합(附合)이 될 것이기 때문이다.

왜냐하면 동물이라고 해버리면 개나 고양이를 甲으로 보게 될 가능성이 있기 때문이다. 그러나 실은 그것이 아니고, 개가 돌아다니는 모습이고, 고양이가 뛰어다니는 모습인 것이다. 이것을 착각(錯覺)하면 자칫 달을 보라는데 손가락만 보는 결과(結果)가 나올 것이 빤하기 때문에 다시 강조(强調)하는 것이다. '甲은 동물이 아니라 식물(植物)이 움직이는 상태' 혹은, '움직이게 하는 것'이다. 고양이가 가만히 누워서 졸고 있을 적에는 甲이 아니었다가 어슬렁거리고 돌아다니면 비로소 甲의 기능이 활성화(活性化)된 것으로 이해를 하자.

참, 동물이라고 해서 네발짐승만 생각하면 곤란하다. 자동차나 비행기가 모두 동물이라는 것도 포함시켜야 하기 때문이다. 더 크게는 지구도 포함되겠다. 물론 우주도 같겠지만 十干이 지구 내의 소식인 것으로 간주(看做)하고 그 밖으로는 나가지 말자. 이것만으로도 궁리꺼리는 충분하다. 그러니까 움직이는 것을 동물(動物)로 보는데 일반적(一般的)인 의미에서 말하는 동물로만 제한하지 말고, 생명의 존재 유무는 논외(論外)로 한다. 물론 자동차가 굴러가는 것은 생명이 있다고 할 수 있듯이 생물학적인 동물을 생각하지 말고 철학적인 동물을 생각하라는 의미로 정리한다.

「참천(參天)」은 '하늘에 섞인다.'는 뜻이다. 그러니까 하늘로 솟아오른다는 해석을 유발(誘發)시키는 문구가 되어서 甲은 거목(巨木)이라는 등식(等式)을 발생시키게 되었던 것으로 보인다. 물론 그렇게 봐도 된다. 다만 누구나 그렇게 본 것을 또 부연(敷衍)하는 것은 의미가 없을 것으로 생각되어서 다른 관점으로도 관찰이 가능하다는 것을 생각해 보자는 것이다.

참고로《滴天髓(적천수)》의 십간론(十干論)은 이미 여러 번 풀이를 했다.《적천수강의》에서도 당연히 풀이를 했고, 시시콜

콜명리학시리즈의《간지(干支)》에서도 상세하게 설명을 했으니 어쩌면 십간론은 생략해도 되지 않을까 싶다. 그래서 다시 책을 살펴봤는데 그 당시에는 그 책의 구조에 어울리는 풀이를 한 것이라는 점을 느껴서 이번에는《적천수이해(滴天髓理解)》에 맞는 방향으로 설명이 될 수밖에 없겠다는 생각이 들었다. 말하자면 삼세번의 설명을 하겠다는 이야기이다. 일없는 독자께서는 서로 비교해 가면서 어떻게 설명이 달라지거나 같은지도 참고하면 재미있을지 모르겠다.

참천(參天)을 단순하게 하늘을 향해서 우뚝 솟은 나무만 생각해서는《滴天髓(적천수)》를 너무 과소평가(過小評價)한 것이라고 봐야 할 것이다. 하늘에 섞인다는 것은 간여(干與)한다는 말도 된다. 그러니까 '하늘에 참견(參見)한다.'고 해석을 해 볼 수도 있다는 이야기이다. 참견한다는 것은 남의 일에 끼어드는 것을 말한다. 놀랍게도 그 참견에도 참(參)이 들어 있었다는 것이다. 그렇다면 왜 참견인가? 허공을 가로지르면서 중력(重力)의 작용도 무시하고 질주(疾走)하기 때문이다. 이런 말을 하고 싶어서 틈을 보고 있었는데 속이 다 시원하다. '甲木의 질주(疾走)'라니~~!!

왜 甲의 성질이 질주본능일까? 이렇게 물음표를 붙이는 것은 독자의 심정으로 생각을 해 본 까닭이다. 아마도 그런 생각이 들지 않을까 싶어서이다. 당연하다고 생각을 했을 정도라면 이 글을 읽고 있을 까닭이 없기 때문이다.

甲은 움직이는 것이다. 그리고 움직인다는 것은 중력(重力)을 어기고 있는 것이기도 하다. 그러므로 甲은 중력에 참견하게 되는 것이다. 말이 되지 않는가? 그렇다. 너무도 당연히 참견하는 것이다. 그러니까 '참천(參天)'이라는 말은, '천연(天然)의 이치(理致)에 참견(參見)한다.'로 해석해도 되겠다는 이야기이기도 하다. 이러한 생각을 하면서 짜릿~!한 느낌이 발생한다. 그야말로 학문(學問)을 하는 자만이 느끼는 희열(喜悅)일 게다.

이제 참천에 대한 해석을 1천년의 역사 이래로 제대로 설명을 하지 않았을까 싶기도 하다. 이렇게 우쭐대면서 생각을 하는 것도 저자의 특권(特權)이라고 할 수 있을 것이다. 그러니 다소 마음이 불편하더라도 독자의 양해를 바란다. 글은 지식(知識)으로도 쓰지만 때로는 감정(感情)으로도 쓰기 때문이다. 이렇게 뭔가 느낌이 뇌리(腦裡)를 훑고 지나갈 적에는 아무도 말릴 수가 없는 것이다. 그래서 내달린다고 할 수 있을 정도로 손가락이 키보드에서 춤을 추게 되는 것이다. 이 얼마나 흥겨운 순간인가 말이다.

「탈태요화(脫胎要火)」는 '태어날 때에는 화기(火氣)가 필요하다.'는 뜻으로 씨앗에서 싹이 날 적에는 따뜻해야 한다는 의미가 된다. 그러니까 봄날에 땅에서 온기(溫氣)를 받아서 삐죽삐죽 올라오는 새싹을 생각했을 것으로 짐작해도 되겠다. 甲은 또한 나무로 볼 수도 있기 때문이다. 그리고 어쩌면 여태까지 그렇게 해석하고 이해하였을 학자도 많았을 것이다. 물론 낭월은 이에 대해서 조금 다른 관점으로도 해석이 가능하다고 봐서 또 엉뚱한 소리를 하고 싶어서 안달이 난다.

한국 사람은 나로호를 기억할 것이다. 하늘을 향해서 세 번이나 쏜 로켓이기 때문이다. 그 나로호가 카운트다운에 들어가게 되었을 적에 낭월은 문득 점화(點火)의 장면에서 탈태요화(脫胎要火)를 봤다. 하얀 연기를 뿜으면서 불꽃이 일어나는 그 순간을 말하는 것이다. "그래! 맞아~! 이게 탈태요화로구나~!"라고 무릎을 쳤다. 땅에서 솟아오르는 새싹도 탈태요화지만 로켓이 우주를 향해서 날아가기 위한 카운트다운에서 점화가 되는 순간도 여전히 탈태요화였던 것이다. 그리고는 하늘에 참견하게 되는 것은 발사가 된 다음의 甲이 해야 할 일이다. 허공을 향해서 날아가면서 중력을 파괴(破壞)하고 우주 궤도(軌道)에 진입(進入)하게 되는 과정이다. 이렇게 하늘에 참견을 할 수가 있는 것은 甲 뿐이라는 이야기이다. 그래서 참천(參天)이기도 하다.

탈태요화(脫胎要火)가 먼저 나오고 참천(參天)이 나왔더라면 순서가 맞았을 것이라는 생각도 해 본다. 왜냐하면 탈태요화가 없이는 참천도 할 수가 없기 때문이다. 또 다른 예를 들어서 생각해 보자. 육상경기(陸上競技)에서 100m 달리기를 본 적이 있을 것이다. 1000분의 1초를 다투는 경기이고, 육상 중에서 가장 짧은 순간에 끝나는 경기이기도 하다. 그들이 출발선(出發線)에서 어떻게 하고 있는가를 살펴보면 또 그 곳에서도 여전히 탈태요화를 발견하게 된다. 진리(眞理)는 모르면 안보이고, 알면 도처(到處)에서 그 모습을 드러내고 있는 것이다. 그래서 고승(高僧)의 노래에도 '처처(處處)에 부처 아닌 것이 없다.'고 했던 말이 어렴풋이나마 이해가 된다.

출발신호가 터지기 전까지 온 몸에 있는 열기(熱氣)를 모두 끌어 모아서 두 다리에 집중시킨다. 스타트가 중요하다는 것을 그들은 너무도 잘 알고 있기 때문이다. 그리고 '탕!' 하고 신호가 떨어지면 그 순간에 바로 탈태요화가 일어나게 되는 것이다. 상황만 다를 뿐 로켓의 발사(發射)와 새싹의 발아(發芽)는 완전히 같은 이치이다. 그리고 자동차가 발동(發動)하거나 노인이 앉았다가 '끙~' 하고 일어나는 순간에도 항상 탈태요화는 필요한 것이고 그것이 없으면 참천(參天)은 불가능한 것이다.

「춘불용금(春不容金)」은 '봄에는 金을 받아들이지 않는다.'는 뜻이다. '용납(容納)하지 않는다.'고 해도 의미는 크게 다르지 않다. 다만 받아들이지 않는 것은 소극적(消極的)이고 수동적(受動的)인 느낌이 있는데, 용납하지 않는 것은 적극적(積極的)이며 능동적(能動的)이다. 그런데 아무리 쉽게 생각하려고 해도 金헌木을 떠올리지 않을 수가 없다. '木이 金에게 감히 용납을 하지 않겠다는 말을 한단 말이지?' 라고 반발하는 느낌이 조금 들어서 께름칙한 것이다. 흡사(恰似) 신하(臣下)가 왕명(王命)에 따를 수가 없다고 외치는 것과 무엇이 다르겠느냐는 생각을 할 수 있겠다.

그렇다면, 다소곳하게 머리를 숙이고, 안된다는 말은 못하지만 그렇다고 해서 받아들일 수도 없는 상황의 모습을 떠올려 본다. 아무래도 이것이 더 실질적인 느낌이 든다. 木은 金 앞에서 작아지기만 하는 까닭이다. 다만 말은 하지 않아도 자신의 뜻을 굽힐 수는 없다. 그래서 '묵묵부답(黙黙不答)'인 것이다. 답을 하지 않는다는 것은 긍정(肯定)일 수도 있지만 부정(否定)일 수도 있는 것이다. 그리고 金이 아무리 강하다고 한들 봄에 태어난 木에게 '이래라 저래라'를 하면 당하는 木이야 뭐라고 말은 못해도 물러날 마음도 없는 입장임을 생각해 보면 상황의 설명이 그럴싸하게 들릴 것이다.

　간단히 말하면, '봄에는 金을 용신(用神)으로 삼지 말고, 火를 찾아라.' 라는 의미가 된다. 그런데 왜 金을 용납하지 않는다고 했을까? 그것은 경도(京圖) 선생의 관점에서 본다면 그 당시(當時) 많은 사람들은 관성(官星)을 용신으로 삼고 관직(官職)을 구하고자 하는 조류(潮流)가 있었을 것이다. 그렇지만 사람들의 요구사항을 그대로 자평학에서 받아들여서 덩달아 어느 계절에 태어나더라도 관성만 찾는다는 편협(偏狹)한 사고력(思考力)에 경종(警鐘)을 울리고자 하는 마음이었을 것이라는 생각을 해 본다. 그리고 반드시 정관(正官)을 용신으로 삼아야만 벼슬을 하는 것도 아닌데 대부분의 학자들은 이름에 매여서 상관(傷官)은 위험하고 정관은 안전하다는 편견(偏見)을 갖고 있어서 이러한 구절을 쓰게 되었을 것이다.

　「추불용토(秋不容土)」는 '가을에는 土를 용납(容納)하지 않는다.' 는 뜻이다. 이번에는 용납하지 않는다고 해도 될 것이다. 왜냐하면 木剋土가 가능하기 때문이다. 金은 마음대로 용납을 하고 말고의 선택사항이 없었지만 土는 내가 공격을 할 수가 있기 때문에 용납하지 않으려면 그렇게 해도 되는 까닭이다. 가을에는 금왕절(金旺節)이기 때문에 土는 허탈(虛脫)한 상황이라고 봐서 甲의 뿌리를 배근(培根)할 능력이 없으므로 용납하지 않는다는 것으로 봐도 무방할 것이다. 그래서 가을에는 土를 용신(用神)으로 삼을 수가 없다는 암시(暗示)가 되기도 한다. 이점을 참고하고 가을 土라도 두둑한 세력을 갖고 있다면 뭐 못쓸 이유는 없겠다는 정도로 이해하면 무리가 없을 것으로 본다.

어쩌면 간단하게 '봄에는 火를 쓰고, 가을에는 金을 쓴다.'고 했으면 공부하는 후학(後學)의 입장에서는 더욱 편안하게 정리를 할 수가 있었을 것이다. 그럼에도 불구하고 이렇게 비틀어서 설명하고자 하는 것은 좁은 공간에 많은 메시지를 전달하려는 욕심에서 나온 것으로 이해를 할 수 있겠다. 가을에 金을 쓴다는 것만 말하면 그것으로 끝나지만, 土는 쓸 수가 없다는 것을 말함으로 해서 '金은 당연하지만, 土를 쓸 생각은 하지 말라.'는 의미까지 추가하고 싶었을 것이다. 그러니까 부정적(否定的)인 필법(筆法)을 사용함에는 독자로 하여금 조금이라도 더 생각하게 만들려는 의도(意圖)를 포함했다는 생각을 해 보는 것이다.

「화치승룡(火熾乘龍)」은 '불이 치열(熾烈)하면 용(龍)을 탄다.'는 뜻이다. 이것은 地支의 상황을 생각해 보라는 뜻이니 巳午戌未와 같은 열기가 많은 地支가 치열할 경우에는 甲이 버텨내기가 무척이나 힘든 경우가 된다. 이때에는 辰을 깔고 있는 甲, 그러니까 甲辰만이 살아남을 수가 있다는 의미가 된다. 왜냐하면 辰은 습토(濕土)가 되어서 열기를 흡수하고 수분을 유지해 주는 까닭이다. 물론 용(龍)이 辰을 의미한다는 것은 두말할 나위도 없고, 앞으로도 동물이 나오면 모두 地支의 띠에 대한 비유라는 것으로 이해하면 될 것이다.

그럼 승서(乘鼠)는 어떨까? 그러니까 甲辰도 좋겠지만 아예물을 깔고 있는 甲子는 더 좋지 않겠느냐는 생각도 해봄직 해서이다. 왜 그런 말은 하지 않았을까? 그 이유는 아마도 수화상전(水火相戰)을 꺼려한 까닭이 아니었을까 싶다. 地支에 이미 열기가 넘쳐난다면 巳午가 있을 가능성은 다분하다. 그 상황에서 子가 있다면 水生木도 하면서 水剋火를 하기 때문에 싸움을 좋아하는 투쟁(鬪爭)의 신이라면 매우 좋아할지 모르겠지만 평화를 좋아하는 조화(調和)의 신은 절대로 그러한 것을 선호(選好)할 이치(理致)가 없을 것이다. 그래서 子는 피하고 조용하게 안정을 누릴 수 있는 甲辰을 생각한 것이다.

「수탕기호(水蕩騎虎)」는 '물이 넘쳐나면 호랑이를 탄다.'는 뜻이다. 甲이 地支에 亥子丑辰이 모여서 수렁을 이루고 있으면 뿌리를 제대로 세울 수가 없어서 위태로워진다. 이러한 경우에는 甲寅이 가장 유리(有利)하다는 뜻이니 나머지 오갑(五甲)에 대해서도 곰곰이 생각을 해 본다면 왜 그런지를 이해 할 수 있을 것이다. 물론 앞의 '화치승룡(火熾乘龍)'도 마찬가지이다. 왜 불구덩이를 만난 경우에는 甲辰이 최선(最善)인지를 이해할 수 있어야 《滴天髓(적천수)》를 읽을 준비가 되었다고 할 것이다.

甲寅과 비교해서 甲戌은 어떻겠느냐는 생각도 해 보자. 기왕이면 甲戌이 좋다. 왜냐하면 재성(財星)인 편재(偏財)를 깔고 있으니까 말이다. 그런데 왜 하필이면 甲寅을 거론했느냐는 의문을 가져봄직도 한 것이다. 여기에는 土剋水의 소란(騷亂)을 피해야 한다는 경도(京圖) 선생의 용의주도(用意周到)함이 그 안에 있었을 것이라는 짐작을 해 본다. 그러니까 무정(無情)보다는 유정(有情)을 선택하고, 무력(武力)보다는 평화(平和)를 선호(選好)하는 조화(調和)의 신을 이해한다면 이러한 결론은 당연하다.

「지윤천화(地潤天和)」는 '땅이 윤택(潤澤)하고 하늘이 온화 (溫和)하다.'는 뜻이다. 윤택해야 하는 이유는 적당한 습기가 나무의 생존(生存)에 절대적(絶對的)이기 때문이다. 물론 이 것은 비유(譬喩)이다. 산천의 나무야 그렇다고 하더라도 인간 으로 태어난 甲이야 뭔 상관이겠느냐는 생각을 했다면 상당한 관찰력이다. 그래서 비유임을 생각하고 의미만 이해하면 되는 것이다. 땅이 윤택하다는 것은 地支의 구조가 조화롭다는 의미 이고, 하늘이 온화하다는 것은 춥지도 않고 덥지도 않은 봄이 나 가을 같은 기후를 말하는 것이니 水火의 조화(調和)가 적절 하다는 것으로 이해하면 된다.

「식립천고(植立千古)」는 '심어져서 천년(千年)동안 곧게 서 있다.'는 뜻이다. 나무는 서 있어야 하는데 살아서 천년을 서 있으려면 바위암벽에서 자라는 상황은 쉽지 않을 것이다. 그래 서 '지윤천화(地潤天和)'한 환경이 되면 비로소 천년을 살 수 가 있는 것이니 아마도 甲의 유토피아가 될 것이다. 그리고 저 마다의 이상향(理想鄕)은 있기 마련이다. 그중에서도 甲이 원 하는 것이 이와 같음을 능히 헤아리라는 뜻이다. 끝의 두 구절 은 없어도 되는 내용이다. 어쩌면 군더더기라고 해도 될 것이 다. 다만, 글자의 수를 맞추기 위해서 적당한 구절을 끼워넣었 다고 보면 크게 흠 잡을 정도는 아니니 그냥 넘어간다.

【原文】

乙木雖柔 刲羊解牛 懷丁抱丙 跨鳳乘猴
虛濕之地 騎馬亦憂 藤羅繫甲 可春可秋
을목수유 규양해우 회정포병 과봉승후
허습지지 기마역우 등라계갑 가춘가추

【直譯】

乙木雖柔 刲羊解牛
을목(乙木)은 비록 유연(柔軟)하지만
양도 찌르고 소도 해체(解體)한다.

懷丁抱丙 跨鳳乘猴
정(丁)이 품고 병(丙)이 감싸면
봉황(鳳凰)도 걸터앉고 원숭이도 올라탄다.

虛濕之地 騎馬亦憂
땅이 허약(虛弱)하고 과습(過濕)하면
말을 타더라도 또한 근심스럽다.

藤蘿繫甲 可春可秋
등넝쿨과 담쟁이넝쿨이 갑(甲)에 얽히니
봄이나 가을이나 다 편안(便安)하다.

【意譯】

「을목수유(乙木雖柔)」는 '乙木이 비록 유연(柔軟)하지만'
의 뜻이다. 왜 유연하다고 했을까? 그것은 살아 있는 생명체
(生命體)이기 때문이다. 살아 있는 것이 아니면 경직(硬直)되
어서 딱딱하게 굳어지게 되는데 살아 있는 생명체는 기(氣)가
통(通)하고 혈액(血液)이 순행(順行)하기 때문에 유연한 것이
다. 그런데 왜 '비록'이라고 했을까? 뭔가 남들이 우습게 볼까
봐 주의(注意)를 환기(喚起)시켰을 수도 있겠다. 乙을 잡초(雜
草)로 보면 안된다는 경계(警戒)의 마음이 그 안에 포함되었
던 것은 아닐까 싶다. 그러니까 乙이라도 '우습게 보지 말라.'
는 메시지이다.

「규양해우(刲羊解牛)」는 '丑未에 뿌리를 내릴 수 있다.'는
의미이다. 표현이 좀 과격(過激)한 것은 아마도 乙을 당시의
사람들이 하찮게 여기는 풍조(風調)가 있어서였을 가능성도
생각해 본다. '얕보지 말란 말이다~!'라는 느낌이 좌악~ 전달
되는 듯하다. 乙丑은 丑中癸水에 통근(通根)하고, 乙未는 고근
(庫根)으로 未中乙木에 통근하므로 능히 의지처가 될 수 있다.

「회정포병(懷丁抱丙)」은 '丁이 품고 丙이 감싸준다.'는 의
미이거나 '丙丁이 있으면'의 뜻이기도 하다. 어떻게 해석을 하
더라도 火의 도움이 필요하다는 것을 의미하는 것이니 어쩌면
경도(京圖) 선생의 생각도 乙을 유약(柔弱)하게 본 것은 아닐
까 싶기도 하다. 조건이 붙는다는 것은 자력(自力)으로 해결하

는 것에는 제약(制約)이 따른다는 의미이기도 한 까닭이다.

「과봉승후(跨鳳乘猴)」는 '申酉金이다.'를 의미한다. 그냥 申酉가 있으면 부담스럽겠지만 丙丁이 있어준다면 능히 맘대로 할 수가 있다. 그러니까 乙酉의 경우에도 丙丁이 있으면 감당이 되고, 申월이라도 또한 丙丁이 있으면 밟고 지나갈 수가 있다는 의미인데 이것은 조금 과용(過用)을 한 느낌이 있다. 丙丁이 있거나 말거나 乙은 水의 도움을 받아야 할 텐데 그것은 도외시(度外視)하고서 火剋金으로 어떻게 해 볼 수가 있다는 이야기이니 이것은 참작(參酌)하여 乙을 조금 추켜준다는 정도로 수용(受容)하면 무리가 없지 싶다. 어쩌면 水生木이야 너무도 당연한 이야기이니 그것을 꼭 말로 해야 하느냐는 생각이 드러나는 장면일 수도 있겠다.

「허습지지(虛濕之地)」는 '허약(虛弱)하고 과습(過濕)한 地支'라는 뜻이다. 地支에 土金水가 깔려 있을 경우에 해당한다고 봐도 될 것이다. 허약한 것은 戊未申酉의 강력한 세력이 모여 있는 상황이고, 과습한 것은 亥子丑辰이 깔려 있는 상황을 의미한다. 地支의 상황(狀況)이 이와 같다면……

「기마역우(騎馬亦憂)」는 '午가 있어도 또한 근심스럽다.'라는 뜻이다. 이것은 상징적(象徵的)인 의미로 이해하는 것이 타당할 것이다. 왜냐하면 干支의 조합(組合)에서 乙午가 없는 까닭이다. 그래서 土金水가 왕성한 상황에서는 午가 도움을 준다고 하더라도 근심이 사라지지 않는다는 의미가 되는데 좀 어색하기는 하다. 아마도 '온기(溫氣)가 필요하기도 하다.'라는 정도로 이해를 하면 어떨까 싶다. 아니면 차라리 甲에서 논하듯이 '허습승토(虛濕乘兎)'라고 했으면 오히려 통일감이 있었을 것이라는 생각도 든다. 애매(曖昧)하게 말을 타도 근심스럽다는 말보다는 오히려 토끼를 타면 된다는 이야기가 더 이해가 빠르지 않을까 싶어서이다. 이것은 甲寅과 완전히 대응하는 乙卯를 대입하자는 것인데 물론 甲寅의 寅中丙火를 얻을 수가 없는 안타까움은 있겠지만 이나저나 午인들 안정된 뿌리가 되어줄 수도 없으니 조금 바꾸어도 되지 않을까 싶어서 사족(蛇足)을 붙여 본다.

「등라계갑(藤蘿繫甲)」은 '乙의 등라(藤蘿)가 甲의 송백(松柏)에 얽히다.'는 뜻으로 해석을 하는 것이 일반적이다. 다만 甲을 상투적(常套的)인 관점(觀點)으로 대입했다는 것에서는 아쉬움이 있다고도 하겠다. 이런 글귀로 인해서 후학(後學)은 乙을 유약(柔弱)하다고 얕보게 될 수도 있기 때문이다. 자력(自力)으로 생활(生活)하기에 무슨 문제가 있단 말인가? 왜甲이 옆에 있어야만 하지? 그래서 '甲에 칭칭 감겨서 자신만 살겠다는 이기적인 성향'이라고 해석을 하도록 유도(誘導)를 한단 말인가?

「가춘가추(可春可秋)」는 '언제나 편안(便安)하다.'라는 뜻이다. 여기에서 말하는 춘추(春秋)는 봄과 가을을 말하는 것이 아니라 세월(歲月)을 말하는 것이기 때문이다. 어르신을 만나서 나이를 묻고 싶으면, '어르신 춘추가 어떻게 되십니까?'

라고 하는 이치이다. 멋진 문구(文句)를 사용했다고 생각해도 좋을 것이다. 그러니까 더욱더 甲의 존재(存在)가 신경 쓰이는 것이다. 이렇게 글을 쓰면 지혜(智慧)가 부족한 후학(後學)은 반드시 선입견(先入見)으로 乙을 빈대와 같은 존재로 인식하게 될 가능성이 있는 것이다. 그럼, 甲이 없으면 어쩌지?

그렇다면 다른 관점으로 甲을 살펴보자. 그야말로 활동력(活動力)으로 보자는 말이다. 乙은 이미 송백(松柏)이다. 그러므로 甲이 함께 한다는 것은 계속해서 하늘로 치솟는다는 의미로 이해를 하면 된다. 소나무나 잣나무가 甲의 힘을 받아서 꾸준하게 자라고 있으니 끄떡없이 甲처럼 천년(千年)을 살아갈 수가 있는 것이다. 甲을 식립천고(植立千古)라고 했으니 乙도 가춘가추(可春可秋)인 것이다. 그리고 이 둘은 같은 五行의 음양(陰陽)이다. 서로 보완하는 것이야 당연하다고 하겠으니 乙에게만 부담감을 주는 것은 다시 생각해봐야 할 점이라고 본다.

甲은 乙을 떠날 수 없고, 乙도 甲을 떠날 수 없는 것은 동체(同體)이기 때문이다. 홀로 존재할 수가 없기에 五行의 음양(陰陽)인 것이다. 이러한 관점으로 十干을 보게 된다면 상호보완(相互補完)이 필요한 것으로 정리가 가능하고 또 그래야 하는 것이다. 그러면 乙에게 돌아가던 혐의(嫌疑)도 풀리게 될 것이니 덜 억울(抑鬱)하지 싶다.

甲은 기(氣)가 되고, 乙은 질(質)이 된다. 세상 만물은 기질(氣質)로 이루어져 있는데 질을 제외하고 논할 수도 없는 것이고, 기를 떠나서도 존재할 수가 없는 것이다. 만약에 甲만 있고 乙이 없다면 이것은 스쳐가는 바람에 불과할 것이다.《주역(周易)》에서 木을 풍(風)으로 보는 견해는 여기에서 비롯된 것으로 이해를 해도 될 것이다.

乙은 식물(植物)이고 甲은 동물(動物)이다. 그러므로 식물은 움직이는 에너지를 함께 해야 하므로 앞으로 나아가는 힘에 탑승(搭乘)을 해야 하는 것이니, 그것을 옛날에는 등라계갑(藤蘿繫甲)이라는 말로 이해를 시켰을 테지만 등라(藤蘿)를 乙로 정의(定義)한 이상, 계갑(繫甲)으로 받을 수밖에 없는 구조이다. 다만 이해(理解)하라고 인용(引用)한 구절(句節)이 자칫 오해(誤解)를 불러일으킬까 염려하는 것이다. 乙은 식물이므로 물체(物體)가 되고, 甲은 물체를 움직이게 만드는 에너지 즉 바람이므로 비로소 이동(移動)이 가능하다는 관점은 하건충(何建忠) 선생의 가르침이 아니었으면 쉽게 깨닫지 못했을 것이니 다시 감사(感謝)하는 마음이 사무친다.

앞의 「이기(理氣)」편에서 '이치(理致)를 타고 기운(氣運)이 흐른다.[理乘氣行]'고 했다. 특히 木인 甲은 양목(陽木)이므로 이(理)가 되는데 고서(古書)에서는 풍목(風木)이라고 하니 팔괘(八卦)에서 손괘(巽卦)에 해당한다. 목질(木質)인 乙은 물질(物質)이기 때문에 목기인 甲을 타고 움직이니 이것을 등라계갑(藤蘿繫甲)이라고 설명한다면 매우 멋진 비유(譬喩)라고 할 수가 있을 것이다. 그런데 문제는 넝쿨식물로 한정(限定)한 것이 고착화(固着化) 되어서 뇌리(腦裡)에 터를 잡아버리는 것에서부터 오류(誤謬)가 발생하는 것이다.

이(理)는 음(陰)이고 기(氣)는 양(陽)이며, 다시 기(氣)는 음(陰)이고 질(質)은 양(陽)이 된다. 이것이 음양(陰陽)의 무한변신(無限變身)이다. 이러한 이치를 알고 나면 어느 것이 음인지 양인지를 묻는 일은 자연스럽게 사라진다. 이것이 甲乙의 소식(消息)이다. 그럼 사주풀이를 할 적에는 어떻게 대입하느냐고 묻지 않아도 된다. 이제 시작이다. 그야말로 十干의 속성(屬性)에 대해서만 생각하는 것이 정신건강(精神健康)에 좋을 것으로 본다.

【原文】

丙火猛烈 欺霜侮雪 能煅庚金 逢辛反怯
土衆成慈 水猖顯節 虎馬犬鄕 甲來成滅
병화맹렬 기상모설 능단경금 봉신반겁
토중성자 수창현절 호마견향 갑래성멸

【直譯】

丙火猛烈 欺霜侮雪
병화(丙火)는 맹렬(猛烈)하여
서리를 속이고 눈을 업신여긴다.

能煅庚金 逢辛反怯
경금(庚金)을 능히 단련(煅煉)시키지만
신(辛)을 만나면 도리어 두려워한다.

土衆成慈 水猖顯節
土가 무리를 지어도 자애심(自愛心)으로 감싸 주고
水가 창궐(猖獗)해도 절개(節槪)가 드러난다.

虎馬犬鄕 甲來成滅
인오술(寅午戌)이 모여 있을 적에
갑(甲)이 오면 소멸(燒滅)하게 된다.

【意譯】

「병화맹렬(丙火猛烈)」은 '丙火는 사납고 극렬(劇烈)하다.' 는 뜻이다. 너무나 강렬(强烈)하여 흉폭(凶暴)한 느낌까지 들게 하는 문구(文句)이니 이것은 일리(一理)가 있다. 십성(十星)으로 가장 두려운 대상(對象)인 편관(偏官)에 해당하는 丙이기 때문이다. 거칠 것도 없고 두려울 것도 없는 편관의 성향을 갖고 있는 존재이기 때문에 이러한 글자를 조합하지 않았을까 싶다. 丙의 실체(實體)는 광선(光線)으로 논한다. 그러므로 사정(私情) 없이 쏘아대는 폭염(暴炎)과 자외선(紫外線)을 떠올린다면 맹렬(猛烈)하다는 말에 완전(完全)히 공감(共感)을 하고도 남는다.

「기상모설(欺霜侮雪)」은 '서리를 속이고 눈을 업신여긴다.' 는 뜻이다. 앞의 뜻을 이어서 본다면, 맹렬하기 때문에 상설(霜雪)에 해당하는 壬癸도 두려워하지 않는다는 의미로 해석이 된다. 다만 여기에서 오해의 소지도 있음을 간과(看過)하지 않아야 할 것이다. 비록 그렇다고는 하지만 상황에 따라서는 눈과 서리를 두려워 할 수도 있다는 것까지도 생각해 둔 상황에서 이해한다면 큰 오류에 빠지지는 않을 것이다. 이러한 구절은 좀 지나치다는 생각이 살짝 든다. 어쩌면 '병화예찬(丙火禮讚)'이라고 할 수 있겠다.

「능단경금(能煅庚金)」은 '능히 庚金을 단련(煅煉)시킨다.' 는 뜻이다. 단(煅)은 쇠를 달궈서 단단하게 만들기도 한다는 이야기이기도 하다. 좀 더 확대해석(擴大解釋)을 하면, 정신 (精神)을 강하게 단련(煅煉)시킨다는 말도 된다. 왜냐하면 庚 은 주체(主體)가 되고 자아(自我)가 되고 또 자존(自尊)이 되 는데, 그 존재를 강하게 하고 단련시키고 날카롭게 하는 것으 로는 丙이 적격(適格)이니 이러한 의미가 그 속에 들어 있는 것으로 이해한다. 비록 日干이 庚金이라는 생각을 한 사람은 하건충(何建忠) 선생이지만《滴天髓(적천수)》에서 언급한 의 미까지도 확대해서 적용해 보면 그 둘 사이에 흐르는 밝은 지 혜(智慧)가 번득이는 것을 느낄 수가 있다. 이것이 학문(學問) 의 위력(威力)이 아닐까?

地支의 巳中庚金에 대해서 약간 언급하면, 巳는 金生支이다. 왜 그런가? 干支를 궁리할 적에 어디에도 답(答)이 없어서 처 음에는 외인구단(外人球團)인가 싶었다. 자투리들을 모아 놓 은 것 같은 느낌이었다는 말이다. 그렇게 많은 시간을 골몰(汩 沒)하면서 궁리의 시간을 보낸 다음에서야 비로소 의미를 깨 닫게 되었다. 巳는 어린 정신(精神)인 庚이 그 안에서 엄격(嚴 格)하고 혹독(酷毒)하기까지 한 스승인 丙에게 단련(煅煉)을 받고 있는 모습이라는 것을 알게 되기까지 많은 시간이 흐른 것을 보면 낭월이 둔재(鈍才)인 것은 분명하다.

「봉신반겁(逢辛反怯)」은 '辛金을 만나면 도리어 두려워한 다.'는 뜻이다. 이것은 어쩌면 丙辛合水에 대한 언급(言及)일 수도 있겠다. '丙이 辛을 만나서 합을 하게 되면 水로 변하니 두려워하게 된다.'는 이야기라면 일리가 있어 보이기도 한다. 그러나 화수(化水)에 대해서는 동의(同意)를 할 수 없다. 왜냐하면 丙辛이 合을 이루기는 할망정, 그것이 合하여 물이 된다는 것에 대해서는 의문이 되는 까닭이다. 이에 대한 상세한 이야기는 뒤로 미루거니와 적어도 丙이 물이 된다면 두려워 할 수도 있겠지만 十干은 그렇게 허약(虛弱)하지 않기에 다시 생각해 봐야 할 부분도 있는 것이다.

앞에서 추켜세웠던 丙을 갑자기 퍽 낮추어버리는 느낌도 들어서 이건 또 무슨 변덕(變德)인가 싶기조차 하다. 그럼에도 불구하고 또한 '천하의《滴天髓(적천수)》가 아닌가! 그래서 그 의미를 생각해 봐야만 하는 것이다.《적천수이해(滴天髓理解)》는 이러한 것을 설명하려고 생겨난 것이기 때문이다. 丙은 광선(光線)이고, 辛은 흑체(黑體)라고도 했다. 물체가 검게 보이는 이치는 빛과 연관(聯關)된 문제이기 때문에 그 해답(解答)을 광학(光學)에서 찾아야 한다. 빛을 받은 물체가 빛을 전부(全部) 반사(反射)하면 희게 보인다. 반대로 아무것도 반사하지 않으면 검게 보인다. 반사하지 않든 흡수하든 결과는 같은 말이다. 그러니까 빛인 丙이 흡수만 하는 辛을 만나면 자신의 존재(存在)가 소멸(消滅)하게 될 것이므로 도리어 두려워 할 것이다. 존재감의 상실(喪失)보다 더 두려운 일이 있겠느냔 생각을 해보면 바로 알아들을 이야기라고 하겠다. 어떤가? 훨씬 낫지 않은가?

「토중성자(土衆成慈)」는 '土가 무리를 지어도 자애(慈愛)로움으로 감싸 준다.'는 뜻이다. 丙은 빛이고 土는 토양(土壤)이다. 그러므로 빛으로 인하여 토양의 만물을 자라게 해주니 '자애로움으로 토양(土壤)을 도와서 만물(萬物)을 길러주는 공

(功)을 이룬다.'고 해도 되지 싶다. 태양계(太陽系)는 태양(太陽)의 빛이 없으면 죽음이 될 것이고, 거창하게 나가지 않아도 지구의 모든 생명체(生命體)는 빛의 존재 없이는 살아남을 수 있는 것이 얼마 되지 않으니 많은 土에게 에너지를 줘서 자신의 목표(目標)를 성취(成就)할 수가 있도록 하는 자애(慈愛)로움이 있는 것이다. 공룡의 멸종에도 빛의 영향력이 가장 컸을 것으로 보는데, 외계(外界)에서 유성(流星)이 충돌을 일으키더라도 가장 걱정하는 것이 태양빛을 가리게 되는 먼지인 것만 봐도 그 존재감(存在感)은 분명하다고 하겠으니, 이로 미루어 丙을 빛으로 본다는 의미는 살아난다.

그러나 조금 애매한 것이 있다. 土가 무리를 이뤄도 자애로워진다는 것은 역(逆)으로 '土가 무리를 이룰 정도로 많으면 火는 자애롭지 않을 수도 있다.'는 말도 있었을 것이다. 만약에 그렇다면 넉넉한 모습이 쪼그라드는 느낌이 든다. 어쩌면 火生土를 하게 되면 화기(火氣)가 설기(洩氣)되어 버리는데 土가 많으면 丙이 허약(虛弱)해질 것이므로 보통의 生剋에 대한 관점으로 본다면 당연히 자애심(自愛心)이 소멸(消滅)하고 대신에 냉혹(冷酷)함이 그 자리를 대신할 수가 있지 않겠느냐는 전제(前提)가 있었을 것이라는 점에 대해서 착안(着眼)을 해보면 이러한 글귀는 납득(納得)이 된다.

이러한 생각은 낭월의 상상이 아니다. 그 이야기의 출처(出處)는 서승(徐升) 선생의 「오행전도론(五行顚倒論)」에서 찾을 수가 있기 때문이다. '화능생토(火能生土) 토다화회(土多火晦)'라는 구절이 그 원인일 것으로 추정(推定)된다. '火가 능히 土를 生하지만 土가 많으면 火는 어두워진다.'는 내용으로 인해서 土가 많으면 火가 어두워질 것이므로 당연히 자애심(自愛心)이 사라지고 까칠해질 가능성(可能性)이 있을 것이라는 유추(類推)를 하는 것은 인간적(人間的)이라고 할 수 있을 것이다. 그러나 丙은 태양(太陽)에 비유하는 빛이므로 이러한 견해(見解)는 타당하지 않음을 경도(京圖) 선생이 간파(看破)했다. 그래서 '土가 많아도 자애심으로 모든 것을 이루어 준다.'는 확실(確實)한 대못을 박아 놓은 것이다. 그러니까 오행전도론(五行顚倒論)은 중학생의 관점이고, 적천수(滴天髓)의 '병화론(丙火論)'은 고등학생의 수준인 셈이다.

「수창현절(水猖顯節)」은 '水가 창궐(猖獗)해도 절개(節槪)를 나타낸다.'는 뜻이다. 水剋火는 시련(試鍊)이 되겠지만 그럼에도 불구하고 외압(外壓)에 굴(屈)하지 않고 의연하게 자신의 뜻을 굽히지 않는 모습으로 그려졌다. 다시 丙의 우월함을 나타내는 구절이라고 하겠다. 물론 이것도 정도(程度)의 문제를 고려(考慮)해야 하는 것은 당연하다. 제아무리 천하의 丙이라도 수세(水勢)가 너무 지나쳐서 감당이 되지 않으면 머리를 숙이는 것이 자연의 이치인 까닭이다. 그럼에도 불구하고 기본적으로 이렇게 버틸 수가 있는 것은 그의 존재가 광선(光線)이기 때문이다. '광선이 노도(怒濤)를 두려워하겠느냐!'는 관점도 가능하다. 丙의 양강(陽强)한 성향을 나타낸 말로는 적절(適切)하다고 하겠다.

「호마견향(虎馬犬鄉)」은 '寅午戌이 모여 있으면'의 뜻이 된다. 풀이는 하지 않아도 될 것이다.

「갑래성멸(甲來成滅)」은 '甲이 오면 불타버린다.'는 뜻이다. 혹은 '갑래분멸(甲來焚滅)'이라고도 하는데 오히려 이쪽이 부정적(否定的)인 작용에 대한 암시로는 어울린다고 하겠다. 큰 차이는 없지만 의미가 조금 더 명료(明瞭)한 쪽으로 답을 구한다면 '성멸(成滅)'보다는 '분멸(焚滅)'이 훨씬 적합하기 때문이다. 왜냐하면, 성멸은 뭔가 바람직한 방향으로 이루어지는 것을 의미하는데 甲이 불타버린다는 것이 뭔가 바람직한 결과라고 보기는 어려운 느낌이 포함되어 있어서이다. 그래서 '갑래성멸(甲來成滅)'이라고 쓰고 '갑래분멸(甲來焚滅)'로 해석하는 것이다.

그런데, 왜 이 구절이 붙어 있느냐는 생각이 불쑥 든다. 丙의 기능 중에는 이러한 것도 있다는 의미인가? 아니면 '열을 받으면 조상도 몰라본다.'는 암시를 포함하고 싶어서였을까? 그 뜻을 다 헤아릴 수는 없겠지만 없어도 되는 구절이 붙어 있다는 것은 십간론(十干論)이 사언절구(四言節句) 8세트로 구성되어 있다는 것에 의해서 채워 넣은 것 같은 느낌도 든다. 그러므로 이러한 의미는 생략(省略)해도 된다는 풀이로 마무리 한다.

【原文】

丁火柔中 內性昭融 抱乙而孝 合壬而忠
旺而不烈 衰而不窮 如有嫡母 可秋可冬
정화유중 내성소융 포을이효 합임이충
왕이블렬 쇠이블궁 여유적모 가추가동

【直譯】

丁火柔中 內性昭融
정화(丁火)는 유연(柔軟)하고 중심이 있으며
내성적(內省的)인 성향(性向)이 뚜렷하고 밝다.

抱乙而孝 合壬而忠
을(乙)을 감싸서 효도(孝道)하고
임(壬)과 결합(結合)하여 충성(忠誠)한다.

旺而不烈 衰而不窮
왕성(旺盛)해도 치열(熾烈)하지 않고
쇠약(衰弱)해도 궁색(窮塞)하지 않다.

如有嫡母 可秋可冬
적모(嫡母)와 함께 있다면
가을과 겨울도 모두 문제없다.

【意譯】

「정화유중(丁火柔中)」은 '丁火는 유연(柔軟)하면서도 중심(中心)이 있다.'는 뜻이다. 乙의 수유(雖柔)는 단지 유약(柔弱)하거나 유연(柔軟)하다는 의미인데 반해서 중(中)이 있는 것은 중심(中心)의 의미를 포함하고 있는 것으로 봐야 할 것으로 생각된다. 그렇다면 이게 무슨 의미인가? 丁의 중심(中心)이 무엇을 의미하는지를 생각해 본다.

무엇보다도 이 땅에서 丁은 지열(地熱)이다. 왜냐하면 丁은 열(熱)이기 때문이다. 丙은 광(光)이고 丁은 열(熱)이다. 그렇다면 열의 중심은 어디일까? 그야 지구의 내부로 들어가 보면 된다. 지핵(地核)이나 지심(地心)이 이에 해당한다는 것을 지구과학(地球科學)에서 밝히고 있으니 그것을 믿도록 하자. 지심을 지중(地中)이라고 해도 문제가 있어 보이지 않으니 유중(柔中)의 의미를 이렇게 본다. '유연하고 중심이 있다.'를 '유연하고 중심에 있다.'로 해석하면 된다. 중(中)자 하나를 가지고 너무 확대해석하는 것이 아니냐고 할 수도 있겠지만 그것이 중요한 것이 아니라 그렇게 유추(類推)를 할 합리적인 근거가 있다는 것이 중요하다. 그 외에 어떤 의미를 부여하더라도 이보다 더 명료(明瞭)할 수는 없기 때문이다. 거듭 말하지만 고인들이 이러한 것을 어찌 알았겠느냐는 생각은 어리석은 단견(短見)이다. 그것은 아무도 알 수가 없는 일이고 이렇게 글자로 중(中)을 박아 놨다면 고인들이 분명하게 알고 있었다고 믿어도 해롭지 않을 것이라는 점만 확인한다.

「내성소융(內性昭融)」은 '안으로 성질(性質)이 뚜렷하고 밝다.'는 뜻이다. 융(融)은 '녹인다'는 의미도 있다. 열(熱)로 녹인다는 뜻으로 보면 될 것이다. 丙은 녹이는 성질은 없고 단련만 시키는데 반해서 丁은 녹이는 성질이 있다는 차이점에서 고열(高熱)의 의미로 해석되어도 무방(無妨)하다. 이것이야말로 용광로(鎔鑛爐)의 이치로 활용(活用)하는 것이다. 지표(地表)의 여기저기에서 활화산(活火山)이 있고 그 안에 이글대는 융액(融液)이 넘실대고 있으니 이를 참고하여 이해한다.

「포을이효(抱乙而孝)」는 '乙木을 감싸서 효도(孝道)한다.'는 뜻이다. 乙은 辛을 만나면 꼼짝을 못하는데 丁이 그 중간에서 丁剋辛을 하여 나를 낳아 준 乙을 보호하게 된다. 그런데 통상적(通常的)으로 丁을 낳은 정인(正印)은 甲인데 왜 乙을 거론하느냐는 의문을 제기할 수도 있겠다. 이것은 기질론(氣質論)으로 이해를 하자. 丁의 열원(熱源)은 연료(燃料)인 乙이지 甲이 아니라는 것으로 생각이 미친다면 간단히 해결이 될 것이다. 십성(十星)의 논리로도 대입할 수 없는 것이 있기 마련인데 이런 경우에 확대해석하면 괜한 혼란(混亂)이 생길 수도 있을 것이다.

「합임이충(合壬而忠)」은 '壬水와 합하여 충성(忠誠)한다.'는 뜻이다. 왜 충성을 한다고 했을까? 십간론(十干論)에서는 干合의 의미를 상당히 비중(比重)있게 논하고 있음을 알 수가 있는데 여기에서도 그 이야기를 하는 것이다. 아마도 丁壬合木의 의미를 생각해야 하지 않을까 싶다. 물론 화목(化木)이라는 논리는 이 책에서 생각하지 않을 것이므로 과장된 것으로 이해하는 것이 타당하다고 보는 것은 낭월의 소견(所見)이다. 미리 말하지만 낭월은 간합론(干合論)은 수용(受容)하고 합화론(合化論)은 불용(不容)한다. 그것은 아마도 오운육기(五運六氣)에서 유입(流入)이 된 것으로 보이는데 이것이 간지학(干支學)에서 기생(寄生)을 해야 할 만한 합리적인 근거(根據)가 없다고 봐서이다. 물론 독자의 생각을 강요하지는 않는다. 다만 임상과정에서 느낀 소회(所懷)를 이렇게 피력(披瀝)하는 것임을 양지(諒知)바란다. 합화론(合化論)에 대해서는 해당 항목에서 좀 더 상세하게 거론을 할 기회가 있을 것이다.

「왕이불렬(旺而不烈)」은 '왕성(旺盛)해도 치열(熾烈)하지 않다.'는 뜻이다. 음화(陰火)는 맹렬(猛烈)하지 않기 때문이라고 이해를 해도 무방하다. 좀 더 논리적으로 풀어본다면, 지표(地表)의 열기(熱氣)는 올라봐야 100℃ 미만(未滿)이다. 이것은 장작불이 타오르듯이 그렇게 뜨거워지지 않는다는 의미로 이해를 한다. 태양(太陽)의 표면온도는 6,000℃ 정도라고 추정(推定)을 하지만 지표(地表)는 100℃ 미만이므로 한 여름이 아무리 더워도 불타오르지는 않는 것으로 정리할 수 있다.

「쇠이불궁(衰而不窮)」은 '쇠약(衰弱)해도 궁색(窮塞)하지 않다.'는 의미이다. 즉 한 겨울의 맹추위가 기승을 부려서 온 산천이 꽁꽁 얼어붙어도 丁의 기운은 다하지 않는다는 의미로 해석을 한다. 한 겨울의 날씨는 극지(極地)에서 본다면 대략 영하 100℃로 보면 될 것으로 생각된다. 대부분은 그보다 높겠지만 극적인 효과를 위해서 100년 만의 저온을 생각해 보는 것이다. 그렇다면 지상(地上)에서는 온기(溫氣)가 완전히 사라졌다고 해도 좋을 것이다. 그러나 지하에서는 여전히 따뜻한 기운이 감돌고 있는 것을 보면서 '쇠이불궁(衰而不窮)'의 의미를 이해하는 것이다. 나아가서 열기(熱氣)가 완전히 사라졌다고 생각된다면 절대(絶對)의 영도를 생각해도 될 것이다. 실험실에서 측정한 절대영도는 영하 273℃라는 수치가 있으므로 지상이 아무리 추워도 영하 100℃ 이하로는 내려가지 않을 것이므로 오히려 173℃가 되는 丁은 여전히 존재한다고 봐서 충분히 논리적인 근거가 된다고 하겠다.

「여유적모(如有嫡母)」는 '부친(父親)의 본처(本妻)와 함께 있다.'의 뜻이다. 부친의 본처를 적모(嫡母)라고 하는 것은 丁은 측실(側室)의 소생(所生)이라는 의미가 함축(含蓄)되어 있다. 자신의 어머니를 적모라고 하지는 않기 때문이다. 그 말은 아무리 해석을 해 봐도 乙을 의미한다고 해야 할 모양이다. 앞에서도 '포을이효(抱乙而孝)'라고 했는데 여기에서 또 乙을 논한다. 이것이 편인(偏印)이므로 계모(繼母)와 같은 선상에서 놓고 본다는 의미이지만 이것도 이름에 얽매일 필요는 없다. 이름은 이름일 뿐이기 때문이다. 丁은 甲이 아니라 乙이 필요하다는 뜻이라고만 알면 그만이다. 干支에 본처 소생이 어디 있고 서자(庶子)가 어디 있으랴. 옛적의 풍습을 예로 들었을 뿐이라는 것만 알아두면 된다.
　그렇다면 왜 적모(嫡母)가 있어야 丁이 편안할 것인지에 대해서는 간단히 정리할 수가 있을 것이다. 甲은 목기(木氣)이므로 움직이는 성분은 되지만 열기(熱氣)를 生하는 능력은 없다. 그러나 乙은 목질(木質)이므로 자신을 연소(燃燒)하여 열기(熱氣)를 키워주게 되는 성질(性質)을 애초에 갖고 있는 것이다. 이것을 경도(京圖) 선생이 어떻게 살폈는지 오묘(奧妙)하게도 적모(嫡母)라는 어려운 단어를 사용했지만 결국은 기질론(氣質論)으로 마침표를 찍었다고 이해하게 된다.

「가추가동(可秋可冬)」은 '가을도 괜찮고 겨울도 괜찮다.'는 뜻이다. 확대하면 금기(金氣)가 넘치거나 수기(水氣)가 범람(泛濫)을 해도 乙만 있으면 걱정 없다는 의미도 된다. 이것이야말로 이름에 매이지 말고 실질적(實質的)인 작용에 관심을 두는 《滴天髓(적천수)》의 위력이 아니고 무엇이겠는가. 물론 전체적인 《滴天髓(적천수)》를 놓고 본다면 부분적으로 수정(修整)해야 할 이론(理論)이 없는 것은 아니지만 그럼에도 불구하고 놓아버릴 수가 없는 마력(魔力)이 있는 한 권의 작은 보서(寶書)임에 분명하다.

戊土固重 旣中且正 靜翕動闢 萬物司命
水潤物生 火燥物病 若在艮坤 怕沖宜靜
무토고중 기중차정 정흡동벽 만물사명
수윤물생 화조물병 약재간곤 파충의정

【直譯】

戊土固重 旣中且正
무토(戊土)는 견고(堅固)하고 중후(重厚)하여
이미 중심(中心)을 이루었으니 또한 바르기조차 하다.

靜翕動闢 萬物司命
고요하면 닫고 움직이면 열어서
만물의 생명(生命)을 관리(管理)한다.

水潤物生 火燥物病
수기(水氣)가 윤택(潤澤)하면 만물이 소생(所生)하고
화기(火氣)가 조열(燥熱)하면 만물은 득병(得病)한다.

若在艮坤 怕沖宜靜
무토(戊土)가 진술축미(辰戌丑未)에 있으면
충돌(衝突)이 두려우니 안정(安靜)해야 한다.

【意譯】

「무토고중(戊土固重)」은 '戊土는 견고(堅固)하고 중후(重厚)하다.'는 뜻이다. 견고한 것은 부스러뜨릴 수가 없음을 의미하고 중후(重厚)한 것은 무겁고도 두터운 것으로 중력(重力)을 뜻하니, 이 모든 것은 戊가 중력장(重力場)임을 나타내고 있는 것으로 유추(類推)할 수가 있는 단서(端緒)가 된다. 고(固)는 방비(防備)와 수비(守備)의 의미가 있다. 그것은 지구의 생명체를 지키기 위해서 밖에서 자외선(紫外線)과 같은 유해(有害)한 물질(物質)을 차단(遮斷)시키고 있는 것을 의미하기도 한다. 그것도 고집(固執)스럽게 지키는 것이다.

글자로 보는 '고(固)'의 바깥 네모는 중력장(重力場)을 의미하고 안의 네모는 지구(地球)를 의미한다. 즉 하늘과 땅의 의미가 된다. 그리고 그 중간에 십(十)은 생명체들이다. 음양(陰陽)을 모두 갖추고 두루두루 빈틈없이 가득하다는 뜻의 십(十)으로 표기했을 것이다. 여기에다가 중력(重力)을 가미하여 지구의 생명체를 지키고 관리하는 의미가 되니 단 네 개의 글자로 이러한 의미를 유추할 수가 있다는 것이 참으로 놀라운 일이다.

「기중차정(旣中且正)」은 '이미 중심(中心)을 이루고 또 바르다.'는 뜻이다. 또차(且)는 그러한 의미이다. 중(中)과 정(正)의 뜻이 서로 같기 때문이다. 그렇다면 중심(中心)을 이루고 있다는 것은 지구의 핵(核)으로 중심을 잡고 있다는 의미이고 모든 만물은 그렇게 중심을 잡고 있어서 지구가 뱅글뱅

글 돌아도 밖으로 튕겨 나가지 않고 반듯하게 붙어 있는 것이며 바르다는 것은 그렇게 공정(公正)하다는 의미로 해석이 된다. 이 의미는 다음의 '만물사명(萬物司命)'에서 다시 되살아난다.

「정흡동벽(靜翕動闢)」은 '고요하면 닫고 움직이면 열어서'의 뜻이다. 동정론(動靜論)에 대한 언급(言及)이다. 戊는 천기(天機)라고 할 수 있으니 만물의 생살권(生殺權)을 쥐고 있다고 해도 될 정도의 비중이 있는 의미가 된다. 단순하게 '戊는 양토(陽土)이므로 산(山)'이라고 해석한다면 이러한 관점은 납득불가(納得不可)가 될 뿐이다. 춘하(春夏)에는 천지(天地)의 기운이 요동(搖動)을 하므로 戊가 기운을 열어서 만물이 소생(所生)하게 하고, 추동(秋冬)에는 천지의 기운이 안정(安靜)을 취하므로 戊가 이에 맞추어서 만물이 휴식(休息)을 취하도록 하는 것이다. 이것은 여름에는 뜨겁고 겨울에 추운 것과도 또 다른 별개의 시스템으로 작동하고 있다는 것이다.

말하자면 일종의 통관(通關)인 셈이다. 봄이 문턱에 다가오면 戊의 허락을 기다려서 비로소 활동을 하게 되는 느낌이다. 마찬가지로 가을에는 금기(金氣)가 다가와서 대기하고 있다가 戊가 문을 열어주면 들어와서 숙살지기(肅殺之氣)를 발휘하여 만물이 결실을 이루게 만들어서 고요한 상황으로 이끌고 가는 자연의 이치가 돌아가도록 숨어서 활동하고 있는 것이다. 원래 土는 보이지 않는 곳에서 움직이는 성분이다. 그러한 기밀(機密)의 열쇠를 쥐고 있는 戊의 작용을 단 네 글자로 표현하였으니 대단한 필력(筆力)이고 통찰력(洞察力)이다.

「만물사명(萬物司命)」은 '만물의 생명을 관리(管理)한다.'는 뜻이다. 이미 앞 구절의 '정흡동벽(靜翕動闢)'에서 대부분 설명이 된 셈이니 이 땅위에 존재하는 온갖 생명체(生命體)들의 생사(生死)를 관리한다. 정흡동벽(靜翕動闢)은 「지도(地道)」편의 '기함통(機咸通)'과도 서로 통한다. 처음에 《滴天髓(적천수)》를 공부하면서 이러한 구절에서 참으로 난감(難堪)했던 기억이 새록새록 떠오른다. 戊는 지리산(智異山)이라고 배웠고, 그래서 그렇겠거니 했는데 갑자기 만물의 생명을 관리한다는 구절이 불쑥 튀어나와 버린 것이다. 누군들 이러한 구절을 보고 놀라지 않을 수가 있으랴~!

하건충(何建忠) 선생의 '戊는 중력(重力)'이라는 가르침이 없었다면 아직도 그렇게 생각하고 우물쭈물 얼버무릴 수밖에 없었을지도 모를 일이다. 이렇게 이치를 알고 보니 명명백백(明明白白)하게 드러나는 戊의 면목(面目)이 참으로 위대(偉大)하다는 생각을 할 수가 있는 것이다. 낭월은 하건충 선생이야말로 자평학의 중시조(中始祖)라고 생각하고 있다. 명필(名筆)은 몇 개의 글자만으로도 충분(充分)히 인정(認定)을 받는 것이고, 화가(畫家)는 그림 한 폭으로도 인정을 받을 수가 있으니 오래 살아서 많은 저작(著作)을 남기지 않아도 단 두 권의 책으로 자연의 이치를 깊숙하게 파고 들어간 하건충 선생은 이미 지워지지 않을 업적(業績)을 남기게 된 것이다.

「수윤물생(水潤物生)」은 '수기(水氣)가 윤택(潤澤)하면 만물(萬物)이 생성(生成)한다.'는 뜻이다. 이것은 대기(大氣) 중의 습도(濕度)와 온도(溫度)로 봐도 될 것이다. 왜냐하면 윤택

(潤澤)하다는 의미 속에는 얼어붙어 있다는 것을 생각하기가 어려운 까닭이다. 그래서 적당한 온도(溫度)와 습도(濕度)가 되면 만물이 태어나고 성장한다는 의미가 분명하다고 하겠으니 그래서 '만물사명(萬物司命)'이라는 부연 설명도 되는 셈이다.

「화조물병(火燥物病)」은 '화기(火氣)가 치성(熾盛)하면 조열(燥熱)하여 만물이 병든다.'는 뜻이다. 초목(草木)이든 동물(動物)이든 폭염(暴炎)에는 장사가 없다. 발이 있는 짐승은 물을 찾아서 이동을 할 것이고, 움직이지 못하는 식물은 그 자리에서 애타게 물을 기다리다가 말라죽게 되는 것이 자연의 운명이라고 해야 할 것이다. 이러한 것이 화조(火燥)이니 만물은 병들게 될 수밖에 없으므로 수윤(水潤)과 화조(火燥)를 대비해서 설명한 것이다.

「약재간곤(若在艮坤)」은 '만약 간곤(艮坤)에 있다면'의 뜻이다. 여기에서 간곤이 의미하는 것이 무엇인지에 대한 의견이 좀 다른 것 같다. 임철초(任鐵樵) 선생은 寅申沖을 말하는 것으로 해석한다. 寅월에는 戊가 剋을 받아서 약하고, 申월에는 설기(洩氣)가 되어서 허한 상황이기 때문에 다음 구절로 이어져서 沖을 만나는 것은 두렵다고 하는 것이다.

그런데 이러한 이론을 그대로 수용하기에는 의문이 남는다. 왜냐하면 간(艮)은 간괘(艮卦)를 말하는 것이고, 간괘는 칠간산(七艮山)이 되니 물상(物像)은 산(山)을 의미한다. 그리고 五行으로는 양토(陽土)이므로 辰戌이거나 戊도 포함이 된다.

다만 戊를 논외(論外)로 하는 것은 이미 日干이 戊이기 때문에 戊가 다시 거론되는 것은 아니라고 봐서 제외한다. 또한 곤(坤)은 팔곤지(八坤地)로 음토(陰土)가 된다. 그래서 양토는 辰戌을 말하고 음토는 丑未를 말하는 것으로 이해를 하는 것이 타당하지 않겠느냐는 의견을 제시한다. 이렇게 보는 것이 寅申을 의미한다고 대입하는 것보다 훨씬 합리적(合理的)으로 보여서 생각해 보는 것이다. 그 이유는 다음 구절에서 드러난다.

「파충의정(怕沖宜靜)」은 '충돌(衝突)이 두려우니 안정(安靜)이 마땅하다.'는 뜻이다. 충돌을 설명하면서 辰戌沖과 丑未沖으로 이해를 하는 것이 타당하지 않을까? 왜 寅申沖을 논해야 하는지에 대해서 의문을 갖게 되는 이유이다. 원래 간방(艮方)에는 丑寅이 있다는 것과 곤방(坤方)에는 未申이 있다는 것으로 인해서 寅申沖이 나온 것으로 짐작은 된다. 그렇지만 그것은 풍수학(風水學)에서나 논하는 이야기인데 얼떨결에 자평법(子平法)으로 따라 들어와서 학자를 혼란스럽게 할 이치는 없는 것임을 생각해 볼 적에 넘겨짚은 감이 있는 듯하다. 土가 沖이 되면 속에 들어 있는 장간(藏干)의 글자들이 손상을 입게 된다. 그래서 다치게 되므로 沖이 되지 않도록 해야 한다는 것과 沖이 되면 두렵다고 하는 것이므로 주의하라는 의미로 정리하면 무난할 것이다.

경도(京圖) 선생은 명료(明瞭)하게 간(艮)의 辰戌과 곤(坤)의 丑未를 말했는데 임철초(任鐵樵) 선생이 그것을 寅申沖으로 이해하여 戊는 寅申을 만나면 안된다는 의미로 변형이 된 것이다. 다만 土沖으로 인해서 심각한 문제로 볼 수 있는 것은 지진(地震)과 같은 경우를 생각해 볼 수 있기 때문이다. 전 지구적으로 도처에서 심각한 지진의 발생으로 수 많은 생명이 죽어가고 있다. 이보다 더 두려운 일이 있겠는가? 그러므로 파충((怕沖)은 寅申이 아니라 지진으로 봐야 한다. 사주에서도 마찬가지로 辰戌沖이나 丑未沖으로 인해서 지장간(支藏干)의 天干들이 손상(損傷)을 입게 될까 염려하는 것으로 정리하는 것이 타당할 것이니 어느 것이 논리적(論理的)인지는 독자의 판단에 맡겨도 되지 싶다.

【原文】

己土卑濕 中正蓄藏 不愁木盛 不畏水狂
火少火晦 金多金光 若要物旺 宜助宜幫
기토비습 중정축장 불수목성 불외수광
화소화회 금다금광 약요물왕 의조의방

【直譯】

己土卑濕 中正蓄藏
기토(己土)는 낮고 습(濕)하며
중심(中心)에 바름을 축적(蓄積)하여 내장(內藏)한다.

不愁木盛 不畏水狂
木이 왕성(旺盛)해도 근심하지 않고
水가 발광(發狂)해도 두렵지 않다.

火少火晦 金多金光
火가 적으면 어두워지게 하고
金은 많아도 빛나게 한다.

若要物旺 宜助宜幫
만물(萬物)을 왕성(旺盛)하게 하려거든
조력(助力)하고 협력(協力)함이 옳다.

【意譯】

「기토비습(己土卑濕)」은 '己土는 낮은 곳에 존재하면서 축축하다.'는 뜻이다. 낮은 곳에 존재한다는 것은 발아래에 있음을 의미한다. 비록 백두산(白頭山)의 정상(頂上)이라고 하더라도 또한 발아래에 있는 것이므로 토양(土壤)은 모두 낮은 것임을 알려 주고 있다. 물론 사주의 조합(組合)에 따라서 마른 땅도 있고, 얼어붙은 땅도 있다. 그러나 기본적인 己의 본질(本質)은 비습(卑濕)이다. 이것이 戊와의 차이점이다. 戊는 고중(固重)한데 己는 비습하다. 土의 음양(陰陽)은 이런 것이다. 戊는 중력장이 되어서 己를 보호하고 己는 토양이 되어서 만물의 삶을 이어가게 한다. 이것이 戊己가 지구에서 부여받은 임무(任務)이다.

「중정축장(中正蓄藏)」은 '중심(中心)에 바름을 저장(貯藏)한다.'는 뜻이다. 戊는 저장을 하고 말고가 없지만 己는 저장을 한다. 그리고 내부에 중심을 갖고 있다. 이것은 인력(引力)을 의미한다. 戊는 위에서 내리누르니 중력(重力)이 되고 己는 아래에서 끌어당기니 인력(引力)이 된다. 이 둘은 서로 밀고 당기면서 지구의 살림살이를 맡아서 꾸려가고 있다. 그 중심은 지구의 핵(核)이다. 丁은 유중(柔中)으로 지핵(地核)에 닿아있고 己는 중정(中正)으로 지핵에 닿아있으니 지상(地上)의 모든 생명체는 그 이치를 따라서 중심을 지심(地心)에 두게 되는 것이다. 중정(中正)의 정(正)은 바르다는 뜻이다. 지구의 어디에 붙어 있더라도 바르게 존재할 수 있으니 이것이 바름이다. 남자가 소변을 보고 있을 적의 모습을 생각해 보자. 지면이 평평하면 두 다리를 꼿꼿하게 서서 일을 보지만, 산비탈과 같이 경사진 곳에서 수평이 맞지 않으면 다리로 그것을 조정하여 수평으로 만드는 것을 본능적으로 실행하고 있다. 이것이 땅의 바름과 동행하는 것이 아니고 무엇이겠는가. 지핵(地核)의 중심(中心)과 정확(正確)하게 일직선(一直線)으로 되어 있는 것이 중정(中正)이다.

「불수목성(不愁木盛)」은 '木이 아무리 왕성(旺盛)해도 근심하지 않는다.'는 뜻이다. 그것은 '거대한 지표(地表)에 제깟 나무가 왕성해 본들~!'이라는 느낌으로 정리하면 된다. 나무가 1천년을 자라서 하늘을 찌를 듯하다고 해봐야 지표에서 불과 얼마간의 뿌리를 내렸을 뿐이다. 그러니 아무리 왕성한 木이라도 토양이 그것을 근심할 이치는 없는 것이다. 물론 사주에서도 마찬가지이다. 혹시라도 己가 허약하여 木을 따라서 종살(從殺)을 한다는 관점을 갖게 될까봐 미리 예방주사(豫防注射)를 놓는 낭월이다. 그 정도로 토양이 木을 따라간다는 식의 단견(短見)을 갖는다면 五行을 궁리하는 기본적인 공부가 부족하다고 해야 할 것이다. 己는 거대한 지구이고 이것이 본질(本質)이다.

「불외수광(不畏水狂)」은 '水가 범람(泛濫)을 해도 두려워하지 않는다.'는 뜻이다. 태평양이 넓다고 한들 지구에서 보면 계란의 껍질보다도 더 얇을 뿐이다. 하물며 壬癸가 많다고 한들 잠시 기다리면 모두 바다로 모여들 것이고 땅은 여전히 땅이고 모든 지표(地表)의 물은 땅 위에 고이는 것에 불과한 것이니 '두려워하지 않는다.'는 표현은 깊은 의미를 함축하고 있는 것으로 보인다. 그런데 왜 이러한 구절이 포함되었을까?

그것은 '수다토류(水多土流)'라는 구절을 쓴 서승(徐升) 선생의 「오행전도론(五行顚倒論)」이 원인이다. 水가 많으면 土가 떠내려간다는 이야기이다. 이러한 견해로 인해서 후학들이 그렇게 고정관념(固定觀念)에 사로잡히게 되는 것이 문제이다. 그래서 경도(京圖) 선생이 이러한 오류(誤謬)를 바로 잡으려고 써놓은 것인데 그럼에도 불구하고 여전히 '허약한 토양은 물을 따라서 흘러가버린다.'는 식의 망발(妄發)을 일삼는다. 그렇게 가면 어떻게 되는지도 생각해 보면 바로 알 것인데 거기까지는 지력(智力)이 미치지 못한 까닭이라고 해야 할까? 결국 물에 휩쓸려 간다고 하더라도 도달하는 곳은 땅이다. 이동했다고 해서 뭔가 크게 달라진 것도 없다. 원래 땅은 그렇게 이동하면서 흘러왔다는 것은 '대륙이동설(大陸移動說)'을 보면 명확하게 나와 있으니 무슨 긴 말이 더 필요하랴만 그럼에도 불구하고 고정화(固定化)된 관념(觀念)을 고친다는 것은 참으로 어렵고도 어려운 일이다.

「화소화회(火少火晦)」는 '火가 적으면 어두워진다.'는 뜻이다. 토양은 만물을 키우기 위해서 상당한 열량(熱量)이 필요하다. 그러니 화기(火氣)가 부족하다면 땅은 식게 될 것이고, 만물은 움츠러든다. 그렇게 되어서는 땅의 임무를 수행(遂行)할 수가 없는 것이다. 그래서 火가 부족한 것을 염려한다. 사실 지구에 만물이 생존하는 것은 오로지 火의 공덕을 받아서 己가

실어준 결과물이다. 그러므로 木水는 아무런 걱정이 없는데 유독(惟獨) 火에 대해서 만큼은 욕심을 부릴 수밖에 없는 것을 잘 이해하라는 뜻이다. 그러니까 己에게 오직 중요한 것은 火뿐이다. 다른 것이야 다 마음대로 할 수가 있지만 火는 외부에서 태양이 들어와야만 하는 까닭에 어쩔 수가 없는 것이다. 물론 지하(地下)에는 丁의 열이 있지만 외부의 태양이 없다면 그 것만으로는 만물을 생육(生育)시킬 수가 없다는 것을 우리는 빙하기를 겪은 지구를 통해서 너무도 잘 알고 있는 사실이며, 멀리 갈 것도 없이 겨울이 되면 지상의 만물이 모두 얼어붙는 것만 봐도 '화소화회(火少火晦)'의 의미는 충분히 공감(共感)이 되고도 남는다.

「금다금광(金多金光)」은 '金이 많아도 빛나게 한다.'는 뜻이다. 지하의 모든 보석은 땅이 품어주고 있다. 아무리 많아도 많다고 하지 않고 저마다의 광채(光彩)를 뿜어내도록 해주는 능력자가 또한 토양이다. '많으면'이라고 해야 할지, 아니면 '많아도'라고 해야 할지는 구분이 쉽지 않지만 큰 의미에서 보면 별반 다르지 않으니 참고만 한다. '많으면'이라는 어감(語感)에는 '적으면'이 포함되어서 조금 걸리긴 한다. 즉 '적으면 금광을 내지 않겠느냐?'는 반문(反問)을 받을 가능성이 있는 까닭이다. 그래서 '많아도'라고 해 놓으면 많건 적건 상관없이 빛나게 해 준다는 의미로 합의를 볼 수가 있겠다.

그런데 왜 이런 구절이 필요할까? 오히려 이것이 의문(疑問)이다. 혹 金 그러니까 식상(食傷)이 많으면 허약한 토양이 힘을 발휘하지 못하고 生金을 못할 것이라는 선입견(先入見)이 그 당시의 명리학계 분위기였을까? 그렇지 않고서야, '불수목성(不愁木盛) 불외수광(不畏水狂)'은 또 무엇이란 말인가? 사람들이 土를 다른 사행(四行)과 마찬가지로 '5분의 1'로 보고 있기 때문에 土는 다르다는 것을 강조하기 위해서 이러한 문장(文章)을 준비하게 된 것은 아니었을까? 五行은 분명히 '土+木火金水'이다. 비록 편의상 木火土金水라고 하지만 실은 金木水火土이다. 金木水火가 土를 바탕으로 연극을 펼치고 있다는 뜻이다. 고인들은 그렇게 말했는데 후학이 오행상생의 구조로 바꾸는 바람에 土가 중간에 끼여서 그 비중을 20%로 착각(錯覺)하게 만드는 부작용(不作用)이 발생한 것은 아닐까 싶다. 비록 사주를 풀이할 적에는 20%로 대입하더라도 이렇게 본질을 논하는 장에서는 분명히 그 차이가 있음을 인식(認識)해야 한다는 의미이다.

「약요물왕(若要物旺)」은 '만약에 만물을 왕성하게 하려거든'의 뜻이다. 己는 자신을 생각하는 것이 아니라 만물을 생각한다. 어머니와 같은 심성(心性)이기 때문이다.

「의조의방(宜助宜幫)」은 '도와주고 곁들어 주는 것이 마땅하다.'는 뜻이다. 그래서 자식들을 위해서 밥을 먹어야만 하는 것처럼 만물을 기르기 위해서 많은 에너지를 필요로 하게 된다. 그러니까 만물을 왕성하게 하려고 하는 상황임을 전제하고 판단하는 것이다.

그런데 이것은 누구에게 하는 말인지 아리송하기도 하다. 己를 도와주란 말인지, 己가 도와준단 말인지…… 구분이 모호

(模糊)하게 느껴질 수도 있기 때문이다. 아마도 다른 사행(四行)에게 당부(當付)하는 뜻으로 보는 것이 그래도 본론(本論)에 가깝지 않을까 싶다. 그러니까 木은 토양을 보호해 주고, 火는 토양을 데워 주고, 金은 토양을 장식해 주고, 水는 토양을 적셔주라는 의미로 이해를 한다. 이것은 꿀벌의 세계에서 여왕이 역사(役事)를 하려면 주변에서 일벌이나 병정벌들이 달려들어서 협력(協力)하는 것과 같은 의미이다. 만물을 왕성하게 만들기 위해서는 이렇게 己가 홀로 하는 것이 아니라 서로서로 도와가면서 힘을 합할 적에 비로소 가능하다는 암시로 정리를 하면 될 것이다.

庚金帶殺 剛健爲最 得水而淸 得火而銳
土潤則生 土乾則脆 能嬴甲兄 輸於乙妹
경금대살 강건위최 득수이청 득화이예
토윤즉생 토건즉취 능영갑형 수어을매

【直譯】

庚金帶殺 剛健爲最
경금(庚金)은 살기(殺氣)를 띠며
강건(剛健)하기가 으뜸이 된다.

得水而淸 得火而銳
水를 얻으면 맑아지고
火를 얻으면 예리(銳利)해진다.

土潤則生 土乾則脆
土가 윤택(潤澤)하면 생성(生成)하나
土가 건조(乾燥)하면 부스러진다.

能嬴甲兄 輸於乙妹
갑(甲)은 능히 이기지만
을(乙)에게는 정(情)을 준다.

【意譯】

「경금대살(庚金帶殺)」은 '庚金은 살기(殺氣)를 띤다.'는 뜻이다. 왜 살기를 띨까? 그것은 생명력(生命力)인 甲을 剋하기 때문이라고 이해를 한다. 어느 수행자가 행운(幸運)의 여신을 만나게 해 달라고 기도를 열심히 했더니 여신이 짠~ 나타났다. 그런데 뒤에 검은 옷을 입은 여인이 또 하나 있다. 그 분은 누구냐고 물으니 행운의 신 동생인 불행의 신이란다. 이 수행자는 불행의 신에게는 볼일이 없었던지라 그냥 돌아가셔도 된다고 했더니 둘은 자매간이라서 둘 중에 하나를 포기할 수는 없다고 하더란다. 여섯 번째는 己이니 甲己合이 되어 아름다운 사랑이 되는데 그 뒤에 따라오는 일곱 번째는 庚이니 庚剋甲이라 甲에게는 죽음의 신이다. 이 또한 세상의 이치이겠지만 기묘(奇妙)한 조합(組合)이다.

「강건위최(剛健爲最)」는 '강건(剛健)함이 으뜸이다.'라는 뜻이다. 통상적으로 庚이 최고(最高)이다. 강건한 것이 강철(鋼鐵)이라서 그렇다고도 한다. 물론 틀린 말은 아니지만, 조금 더 확장하면 강철은 불에 들어가면 녹는다. 그렇다면 과연 강건한가에 대한 의문점이 남는다. 그래서 궁리를 하다가 발견하게 된 명언(名言)은 '庚은 자아(自我)이다.'라는 것이다. 세상에서 가장 강건한 것은 자아를 제외하고는 존재할 수가 없다는 것을 알고 나서야 강건의 의미를 제대로 깨닫고 마음이 편해졌기 때문이다. '금강불괴심(金剛不壞心)'은 그 무엇으로도 무너뜨릴 수가 없고 그래서 세상의 무엇보다 단단한 것 그것이

자존감(自尊感)이고 주체성(主體性)이니 이것이 庚이다. 무협지(武俠誌)를 보면 외공(外功)의 절정(絶頂)에 도달(到達)하면 금강불괴신(金剛不壞身)이 되는데, 그렇게 되고 난 다음에는 만독불침(萬毒不侵)에 도검(刀劍)도 침입을 할 수가 없는 몸이 된다는 것이다. 그런데도 급소가 한 군데 남아있으니 그것은 발바닥의 용천혈(湧泉穴)이다. 아무리 금강불괴가 되더라도 용천까지는 막을 수가 없다는 이야기이다. 그런데 마음은 다르다. 그 무엇으로도 무너뜨릴 수가 없는 것이기 때문이다.

「득수이청(得水而淸)」은 '물을 얻으면 맑아진다.'는 뜻이다. 水는 강력(强力)한 주체(主體)의 에너지를 연마(鍊磨)하여 지혜(智慧)로운 정신력(精神力)으로 거듭난다. 그래서 水는 지혜(智慧)이다. 水를 얻으면 정신세계(精神世界)가 맑아지는 것이니 이것은 내면의 잠재력(潛在力)을 겉으로 드러낼 수가 있는 하나의 수단(手段)인 '생각하는 주체'가 되는 것이다. 庚으로 태어난 사주가 壬癸를 만난 구조라고 한다면 흐름을 얻어서 맑아진다는 이야기를 할 수가 있다. 그리고 水를 보지 못한 庚이라면 느낌에서부터 답답하다는 생각을 하게 되는 것도 경험에서 나오는 인상(印象)이다.

「득화이예(得火而銳)」는 '火를 얻으면 예리(銳利)하다.'는 뜻이다. 혹 庚은 강철이기 때문에 불에 넣고 달구게 되면 날카로운 칼이 된다고 해석을 할 수도 있고, 정신적인 주체로 놓고 봐도 해석은 별반 다르지 않다. 주체를 물로 연마하는 것은 학문을 연구하여 학자(學者)가 되는 것과 같으므로 문과(文科)

라고 한다면, 火로 단련(鍛煉)하는 것은 시련을 겪으면서 그릇을 만들어 가는 투사(鬪士)와 같은 삶을 살아가는 것이니 이것은 무과(武科)라고 이해를 할 수 있다.

그러니까 강력한 훈련을 통해서 강인(强忍)한 정신력을 함양(涵養)한 다음에 공무(公務)에 투입(投入)하여 초인적(超人的)인 힘으로 봉사를 할 수가 있으니 이러한 경우에는 날카로운 판단력(判斷力)을 갖게 되고 그로 인해서 일을 처리하는 수단이 뛰어나게 되므로 예리(銳利)하다고 하는 것이다. 이것은 巳火가 金生支라는 의미와도 서로 일치(一致)한다. 정신력은 丙火가 연마해 주는 것이고, 이것은 시련을 통해서 강화(强化)되는 것을 의미한다. 시련(試鍊)을 겪지 못한 주체는 나약(懦弱)할 수밖에 없기 때문이다.

「토윤즉생(土潤則生)」은 '토양(土壤)이 윤택(潤澤)하면 생기(生氣)를 받는다.'는 뜻이다. 이것은 己土편의 '금다금광(金多金光)'과 서로 통하는 의미이기도 하다. 습토(濕土)도 아니고 조토(燥土)는 더더욱 아니다. 윤토(潤土)는 水火의 균형(均衡)을 이룬 土를 의미한다. 水로 치우치면 습토가 되고 더 심하면 과습(過濕)이 되니 金은 그러한 것을 싫어한다.

「토건즉취(土乾則脆)」는 '土가 건조(乾燥)하면 부스러진다.'는 뜻이다. 혹은 '취(脆)'를 '무르다'로 풀이를 해도 된다. 아마도 납과 같은 금속(金屬)을 대입할 수 있겠다. 강강(剛强)한 庚金의 본질이 납처럼 물러지거나 부스러지거나 물렁해지든 이 모두는 올바른 상태가 아닌 것으로 이해한다. 이것을 확

대(擴大)하면 '조토(燥土)는 생금(生金)이 불능(不能)하다.'
는 이야기가 나오게 된다. 물론 조토라는 것의 정의는 별도로
하더라도 여하튼 윤택한 것은 좋아도 과습(過濕)하거나 건조
(乾燥)한 것은 나쁘다는 것만 확실하다는 점을 분명히 하면 될
것이다. 이렇게 네 글자를 조합한 것은 무조건적인 土生金은
아니라는 점을 강조(强調)하고자 한 것으로 보는 것이 타당할
것이다. 土의 상태(狀態)에 따라서 生金이 되기도 하고 취금
(脆金)이 되기도 하는 것이니 干支의 상황에 따라서 판단해야
한다는 여운(餘韻)을 남겨 놓는다.

「능영갑형(能贏甲兄)」은 '甲을 능히 이긴다.'는 뜻이다. 영
(贏)은 책에 따라서 영(嬴)으로 되어 있기도 한데 '이길영
(贏)'과 '가득찰영(嬴)'의 뜻이 분명하므로 영(嬴)은 영(贏)
의 오식(誤植)으로 보는 것이 타당할 것이다. 甲을 형(兄)이라
고 한 것은 아마도 순서(順序)에서 甲乙丙丁戊己庚辛壬癸로
되어 있으므로 앞에 있으니 형이라고 한 것이 아닌가 싶다. 甲
을 이기는 것은 金剋木의 의미이고 그래서 甲을 이긴다는 말인
데, 문제는 이렇게 빤한 이야기를 써놔야 하느냐 이야기이다.
어쩌면 글자 수를 맞추기 위해서 덤으로 끼워 넣은 느낌도 있
다. 아무리 「적천수십간론(滴天髓十干論)」이라고 하더라도 의
미가 크지 않으면 그냥 넘어가도 되는 것이다.

「수어을매(輸於乙妹)」는 '乙의 누이동생에게는 정성(精誠)
을 다 한다.'는 뜻이다. '수(輸)'는 물건을 나른다는 의미도 있
지만 마음을 옮긴다는 의미로 해석을 해도 된다. 그러니까 앞

의 '능영갑형(能嬴甲兄)'이라는 빤한 글을 왜 썼는가 했더니 바로 이 '수어을매(輸於乙妹)'를 쓰려고 희생타(犧牲打)를 날린 것임을 알겠다. 그렇다면 왜 을매(乙妹)에게 정을 주는가? 통상적으로는 乙庚合을 떠올린다. 합이 되었으니 정이 있을 것은 당연하다고 하겠고 또한 그렇게 본다고 한 들 문제가 있다고는 할 수 없다. 그러나 또 다른 관점으로 살펴볼 수도 있다면 이러한 관찰(觀察)로 인해서 또 새로운 사유(思惟)를 할 수 있는 영감(靈感)을 얻어 낼 수도 있는 것이다.

庚이 정신(精神)이라고 했으니 乙은 신체(身體)가 되고 이 둘을 합하면 '심신(心身)'이 된다. 이 둘이 분리될 수도 있다. 그렇게 되면 정신은 귀신(鬼神)이 되고, 육체는 시신(屍身)이 되는 것이다. 그리고 분리가 되기 전까지는 사람이 되는 것이다. 아울러서 乙庚合이라고도 한다. 그러니 나 자신이 나를 담고 다닐 육체에게 마음을 주는 것은 당연한 이야기가 되고 그래서 여기에 한 구절로 삽입을 시켜 놓았을 것으로 짐작이 된다. 단순하게 '乙庚은 합이 된다.'는 의미를 설명하기 위해서 이러한 구절을 넣었다는 생각이 들지 않아서 다른 의미가 있을 것이라는 생각으로 궁리하다가 보니 영육(靈肉)의 관계까지도 생각을 해 볼 수가 있었던 것이다.

그리고 '매(妹)'에도 나름 의미가 있다. 만약에 갑형(甲兄)이라고 했으면 을자(乙姉)라고 했어야 한다는 것이다. 乙도 庚의 앞에 있으니까 누나뻘이기 때문이다. 甲이 형님이면 乙은 누님인 것인데 왜 乙에게는 여동생을 의미하는 매(妹)를 썼느냔 것이다. 그리고 누님이라고 할 수 없는 것은 내 몸이기 때문이다. 아무리 몸이 소중해도 정신보다 위에 있을 수는 없는 것이다. 그러므로 甲은 형이라고 하고 乙은 누이동생이라고 한 것으로 보면 될 것이다. '수어을매(輸於乙妹)'가 없었다면 '능영갑형(能贏甲兄)'은 군소리가 되었을 텐데 이 구절로 마무리를 함으로 인해서 능영갑형의 의미도 그 자리를 찾았다고 할수 있겠다. 하건충(何建忠) 선생의 연구에 힘 입어서 이렇게 구구절절(句句節節)마다 멋진 통찰력(統察力)으로 干支의 이치(理致)를 생각할 수 있게 되었으니 참으로 위대(偉大)한 선각자(先覺者)임이 분명(分明)하다. 하건충 선생이 아니었으면 庚을 자아(自我)로 보고 乙을 신체(身體)로 보는 관점은 얻기어려웠을 것이기 때문이다. 그래서 배우고 또 배우는 것이다.

【原文】

辛金軟弱 溫潤而淸 畏土之疊 樂水之盈
能扶社稷 能救生靈 熱則喜母 寒則喜丁
신금연약 온윤이청 외토지첩 요수지영
능부사직 능구생령 열즉희모 한즉희정

【直譯】

辛金軟弱 溫潤而淸
신금(辛金)은 연약(軟弱)하지만
따뜻하고 윤택(潤澤)하면 맑아진다.

畏土之疊 樂水之盈
土가 많이 쌓이는 것은 두려워하고
水는 넘치는 것을 좋아한다.

能扶社稷 能救生靈
능히 농사(農事)의 신(神)을 도와서
백성의 생명(生命)을 구원(救援)한다.

熱則喜母 寒則喜丁
더우면 어머니를 기뻐하고
추우면 정(丁)을 기뻐한다.

【意譯】

「신금연약(辛金軟弱)」은 '辛金은 연약(軟弱)하다.'는 뜻이다. 매우 유연(柔軟)하여 허약(虛弱)한 것으로 보이기조차 한다. 이것이 辛의 특성(特性)이다. 그래서 모든 것들로부터 에너지를 흡수하게 되는 것이다. 강강(剛强)한 庚은 에너지를 흡수하지 않지만 연약한 辛은 모든 에너지를 전체적(全體的)으로 흡수한다. 그래서 연약한 것처럼 보인다. 문득 성룡의 영화《취권》이 생각난다. 매우 약해 보이는 모습으로 상대방으로 하여금 방심(放心)하게 만드는 권법(拳法)이다. 이와 같이 남의 기운을 흡입(吸入)하는 기능으로 인해서 빛도 빠져나가지 못하여 자체(自體)가 검게 보인다. 그래서 하건충(何建忠) 선생은 흑체(黑體)라고 이름을 붙였다.

「온윤이청(溫潤而淸)」은 '火의 기운이 온난(溫暖)하고, 水의 기운이 윤택(潤澤)하면 맑아진다.'는 뜻이다. 그렇게 되면 흡입하는 능력이 극대화(極大化)된다. 너무 추우면 웅크려 들어서 흡입을 할 수가 없고, 너무 더우면 발산(發散)이 되어서 흡입이 되지 않는다. 그래서 적당한 온기(溫氣)와 습기(濕氣)가 있는 것을 가장 좋아하니 이렇게 되면 저장을 잘 할 수가 있어서 맑아진다. 모든 것을 다 흡수하여 내면에 충만(充滿)하게 되면 탐욕(貪慾)이 사라진다. 마치 배부르게 먹은 아기가 잠을 자듯이 만족(滿足)이 되는 까닭이다. 그렇다면 욕망(慾望)의 소용돌이가 사라지게 되면 맑아지는 것으로 이해한다.

그러나 탐욕(貪慾)은 끝이 없다. 경도(京圖) 선생이 흑체(黑

體)에 대한 소식을 조금 더 이해했더라면 청(淸)을 쓰진 않았을 것이다. 오히려 탐(貪)자를 썼으면 더 정곡(正鵠)을 찌르는 것이 되었을 수도 있겠다는 생각을 해 본다. 金生水에 비중을 둔 나머지 본연(本然)의 흡광력(吸光力)에 대해서는 간과(看過)한 것이 아닌가 싶은 생각도 해 본다. 그래서 이렇게 하건충(何建忠) 선생의 이야기로 부족한 부분을 보충하여 이해를 돕도록 하는 것이다.

「외토지첩(畏土之疊)」은 '土가 너무 많이 쌓여 있는 것을 두려워한다.'는 뜻이다. 土生金으로 가득가득 채워 놓으면 더 이상 흡수할 여지(餘地)가 없다. 이것은 기계(機械)에 기름이 너무 끼어서 기능(機能)이 제대로 작동(作動)하지 않는 것을 의미한다. 밥을 너무 많이 먹어서 자신에게 주어진 일을 못하게 되는 것을 의미하는 것이기도 하다. 마치 문어의 흡반(吸盤)에 무엇인가를 덮어놔서 접착(接着)의 힘이 없는 것과도 유사(類似)하다. 火水를 흡수해야 하는데 土가 덮어버리면 제 능력을 발휘할 수가 없으니 두려워하지 않을 수가 없는 것이다. 다만 辛은 작은 보석(寶石)과 같아서 흙에 묻히게 되는 것을 싫어한다는 해석은 아름답지 않아서 버린다. 辛과 보석(寶石)은 실로 큰 관계가 없는데도 이러한 관점으로 辛을 바라보게 된다면 그 능력을 너무 축소(縮小)시키게 되는 것이다.

다만, 경도(京圖) 선생이 의미하는 '외토지첩(畏土之疊)'이 혹시라도 서승(徐升) 선생의 '토다금매(土多金埋)'에서 왔다면 이것은 좀 무리라고 봐야 할 것이다. 작은 보석이 흙이 많아서 파묻히게 된다는 관점으로 辛을 볼 것은 아니기 때문이다.

묻히는 것과 흡광력이 떨어지는 것의 사이에는 한강만큼이나 넓은 거리가 있는 까닭이다. 그래서 비슷한 것처럼 생각되지만 의미가 많이 다른 것에 대해서 구분을 하면서 관찰하는 것도 필요하다.

「요수지영(樂水之盈)」은 '水가 넘쳐나는 것은 좋아한다.'는 뜻이다. 水는 辛이 모아 놓은 에너지를 의미하기 때문이다. 마치 꿀벌이 봉밀(蜂蜜)을 모아 놓은 것과 같다고 할 수 있으니 많이 쌓일수록 부지런히 일을 했다는 의미이기도 하여 바라보는 것만으로도 흐뭇하다. 그러나 '보석은 물을 좋아한다.'는 생각은 많이 어색하다. 오히려 보석은 광채(光彩)를 뿜기 위해서라도 빛을 좋아한다고 해야 할 것이고, 오히려 丙辛合은 보석과 빛의 관계라고 하는 것이, 누가 듣더라도 더 자연스럽지 않을까 싶다. 물론 辛을 보석이라고 단정(斷定)하는 것도 타당하지는 않지만 굳이 말하자면 그렇다는 것이다.

「능부사직(能扶社稷)」은 '능히 사직(社稷)을 돕는다.'는 뜻이다. 사직은 농작물(農作物)이 잘 자라서 결실이 되도록 지켜주는 신령(神靈)이고 그 신을 모시는 사당(祠堂)이 사직단(社稷壇)이다. 그러니까 농사의 신께서 일을 하는 것은 여름 내내 태양의 열기를 받아서 곡식(穀食)이 무럭무럭 자라게 하는데 여기에 辛이 큰 부조(扶助)를 한다는 이야기이다. 왜냐하면 태양의 기운을 丙辛合으로 흡수(吸收)하여 농작물(農作物)에게 에너지를 축적(蓄積)하도록 해 주는 일을 하기 때문이다.

그러니까 사직은 辛의 도움 없이는 결실을 거둘 수가 없다는 말도 되는 셈이다. 더구나 辛의 월령(月令)은 酉월이 아닌가? 추석(秋夕)이 있는 酉월이 되면 모든 만물이 결실을 이루게 되는 것이니 또한 辛이 땅에서 큰 공사(公事)를 진행하고 있음을 의미하는 것이다. 중추절(仲秋節)은 가을의 한 가운데에 해당하고 그 무렵이면 오곡(五穀)과 백과(百果)가 결실을 이루는데 여기에서 辛의 역할이 있었다는 것을 경도(京圖) 선생이 알았다는 것은 참으로 놀라울 뿐이다. 丙을 끌어당겨서 곡식에 그 에너지를 축적하는 능력을 알지 않고서야 어찌 농사의 신을 돕는다는 생각이나 했겠느냔 말이다. 그래서 고인(古人)의 지혜(智慧)로움에 감탄(感歎)에 감탄을 연발(連發)한다.

이러한 정황을 정확히 이해하지 않은 상태에서 丙辛合으로 임금인 丙에게 간청(懇請)하여 合을 함으로써 물을 발생하여 木을 기른다는 식의 해석을 하는 임철초(任鐵樵) 선생은 한참 하수(下手)라고 해야 할 모양이다. 항상 큰 스승으로 받들어 모시는 임철초 선생이지만 이 대목과 같은 경우에는 냉소(冷笑)를 날리게 된다. 물론 이렇게 생각하는 데는 논리적인 근거(根據)가 있음을 독자(讀者)도 짐작할 수 있으리라. 나아가서 甲은 辛의 백성인지라 화수(化水)하여 백성을 구한다는 뜻이 다음 구절의 '능구생령(能救生靈)'이라고 해석하는 대목은 소설에 가깝다고 해야 할 모양이다. 그래선지 몰라도 예전에《滴天髓徵義(적천수징의)》를 공부하면서도 이 대목에서는 왜 그렇게도 이해가 되지 않았던가 싶기도 하다. 아무리 궁리를 해도 뭔가 어색했었기 때문이다.

「능구생령(能救生靈)」은 '능히 생령(生靈)을 구한다.'는 뜻이다. 생령은 '살아 있는 영혼(靈魂)'이란 말이니 말 그대로 살아 있는 사람을 이르는 말이다. 그러니까 사람들이라고 하면 될 것이다. 이제 앞의 '능부사직(能扶社稷)'에 대한 뜻을 잘 이해한 독자라면 이 구절은 자동으로 풀릴 것으로 기대해도 되겠다. 그것은 바로 결실(結實)을 거둔 곡식으로 세상의 사람들이 먹고 살 수가 있을 것이기 때문이다.

그렇게 해서 인간을 구원(救援)하는 것이니 배고픈 것을 해결(解決)하는 것이야 말로 가장 큰 구원이라고 해야 할 것이다. 이렇게 앞뒤가 척척 맞아 떨어지는 의미를 분석하면서 흥이 절로 나는 것은 학문(學問)을 하는 즐거움이다. 그냥 '능구인간(能救人間)'이라고 하면 쉬울 것을 폼 나게 하느라고 어렵기조차 한 '능구생령(能救生靈)'을 써놓는 바람에 임철초(任鐵樵) 선생도 헷갈렸을 것으로 이해하면 되겠는데 생령(生靈)은 '살아 있는 귀신'이라는 뜻이고 그것은 귀신이 육체를 갖고 있는 상태가 인간을 포함한 동물에 모두 해당한다고 보면 '능구인간(能救人間)'이라고 하지 않은 의미가 오히려 더 타당했다는 것을 짐작할 수도 있다. 만약에 인간으로 제한했으면 오곡백과를 날짐승 들짐승이 모두 먹고 살아간다는 뜻이 제외되는 것으로도 해석이 될 수 있기 때문이다. 이렇게 해서 辛이 결실을 해주기 때문에 사직에서의 신의 뜻과도 부합하고 생명들의 목숨도 이어 주는 의미도 살릴 수가 있으니 원문의 뜻이 타당하겠다.

「열즉희모(熱則喜母)」는 '뜨거우면 어머니를 기뻐한다.'는 뜻이다. 이미 원문(原文)에서 희기(喜己)라고 하지 않은 것을 봐서 戊己辰戌丑未를 모두 기뻐한다고 이해하는데 아무런 제약(制約)이 없을 것이다. 왜냐하면 만약에 습토(濕土)만 기뻐한다고 할 요량이었다면 애시당초에 희모(喜母)라고 하지 않고 희기(喜己)라고 썼을 것이기 때문이다.

「한즉희정(寒則喜丁)」은 '추우면 丁을 기뻐한다.'는 뜻이다. 혹 丙을 떠올릴까봐 丁이라고 못을 박아 뒀을 것이다. 추우면 왜 丁인가? 그것은 따뜻함이 필요하기 때문이다. 춥다는 것은 동절(冬節)이라는 뜻일 것이고, 겨울이라면 너무도 짧은 해는 이내 서산으로 기울고 만다. 그렇게 되면 오로지 따뜻한 화로(火爐)를 의지하여 긴 겨울밤을 보내야 하는 것이다. 행여 丙辛合으로 물이 되기 때문에 丙은 안된다는 생각은 하지 않아도 될 것이다. 그것과는 아무런 상관도 없이 온기(溫氣)는 丁에 있는 까닭이다. 앞에서 왜 '희기(喜己)'라고 하지 않았음을 적시(摘示)했는지는 이 대목의 '희정(喜丁)'에서 분명한 의미가 존재하기 때문이다. 여기에서는 희정(喜丁)이라고 하면서 앞에서는 희모(喜母)라고 한 것에 대한 것을 구분하여 살필 수가 있다면 의미는 명백(明白)해지는 것이다.

壬水通河 能洩金氣 剛中之德 周流不滯
通根透癸 沖天奔地 化則有情 從則相濟
임수통하 능설금기 강중지덕 주류불체
통근투계 충천분지 화즉유정 종즉상제

【直譯】

壬水通河 能洩金氣
임수(壬水)는 은하(銀河)에 통하고
능히 금기(金氣)를 설(洩)하니

剛中之德 周流不滯
강강(剛强)한 가운데 공덕(功德)이 있으며
두루 흘러 막힘이 없다.

通根透癸 沖天奔地
뿌리에 통하고 계수(癸水)가 투출(透出)하면
하늘과 땅을 휩쓸고 다닌다.

化則有情 從則相濟
변화(變化)하면 유정(有情)하고
순종(順從)하면 상제(相濟)한다.

【意譯】

「임수통하(壬水通河)」는 '壬水는 하(河)에 통(通)한다.'는 뜻이다. 문제는 '하(河)'가 의미하는 것이 무엇이냐는 점이다. 임철초(任鐵樵) 선생은 천하(天河)라고 했다. 천하는 은하수(銀河水)이다. 이렇게 판단을 한 것은 대단하다. 다만 실제로 왜 壬이 천하였는지는 이해하지 못했던 것으로 생각된다. 그 이유는 다음 구절에서 드러난다. '壬이 申에서 生을 받는 것은 申이 하구(河口)이기 때문이다.'라는 등등의 허언(虛言)이다. 뭔가 연결이 되지 않으므로 이렇게라도 끌어다 붙인 것이려니 하면서 그의 고민을 조금은 이해 할 수 있겠다.

壬을 물로 봤을 적에는 무슨 황당한 주장인가 했는데 하건충(何建忠) 선생의 주장을 따라서 공기(空氣)로 대입을 하니 그보다 적절(適切)한 표현이 없겠다는 생각에 고개를 끄덕인다. 壬은 戊의 견제(牽制)를 받지 않고 우주로 뻗어간다. 태양이 무엇인가를 향해서 돌고 있다면 그 중간은 분명히 진공(眞空)의 상태는 아닐 것이라는 추측(推測)을 하게 된다. 戊의 중력(重力)조차도 벗어나서 우주(宇宙)로 나갈 수가 있는 壬인 기체(氣體)는 산소(酸素)나 질소(窒素)를 포함하고 또 다른 무엇일 수도 있음을 암시(暗示)하기도 한다.

그래서 '황하(黃河)'니 '곤륜산(崑崙山)의 물'이니 하는 이야기들은 일소(一笑)에 붙이고 우주로 통하는 공기로 본다. 癸는 戊를 벗어날 수가 없는데 壬은 아무런 거침없이 은하수까지 도달한다는 이야기와 무중력(無重力), 정확히는 무중량(無重量)의 상태라고 해도 진공(眞空)이 아니라 기체가 존재한다는 이야기에다가 '임수통하(壬水通河)'를 연결시키게 되면 고인의 지혜로움이 그 안에서 번득임을 느낄 수 있다.

「능설금기(能洩金氣)」는 '능히 금기(金氣)를 설(洩)한다.'는 뜻이다. 금질(金質)은 辛이고 금기(金氣)는 庚이니 庚의 기운을 설한다는 의미로 해석이 가능하다. 庚의 강강(剛强)함을 설할 수가 있다는 것은 金生水로 유통시켜서 지혜로 이어지도록 할 수 있음을 의미한다. '대살(帶殺)'의 강한 金이라서 금기를 설하는 것이 강조된다고 하겠다. 세상의 무엇으로도 무너뜨릴 수가 없는 강력한 주체(主體)를 유연하게 만드는 것은 지혜로움 밖에 없으니 무한정(無限定)으로 확장(擴張)이 가능한 壬이야말로 지식(知識)의 안내자(案內者)이다.

「강중지덕(剛中之德)」은 '강건(剛健)하면서도 음덕(陰德)이 있다.'는 뜻이다. 강건한 것은 양수(陽水)인 까닭이고 음덕(陰德)이 있는 것은 양중지음(陽中之陰)이기 때문이다. 그 공덕(功德)은 앞의 구절인 '능설금기(能洩金氣)'를 두고 하는 말이니 긴 설명은 필요치 않겠다.

「주류불체(周流不滯)」는 '두루 흘러 막힘이 없다.'는 뜻이다. 이러한 구절로 인해서 壬은 물이 아니라 기체(氣體)라는 것을 짐작케 하고, 그래서 경도(京圖) 선생이 이러한 소식을 알았다는 결론에 도달하게 된다. 만약에 물이라고 한다면 토양(土壤)을 만나면 막히게 될 것이니 어찌 '불체(不滯)'가 가당키나 하겠는가를 생각해 보면 더욱 명백하다. 지구(地球)에서 두루 막힘없이 흐르는 존재는 기체뿐이다. 볼펜심의 구멍에서부터 우주 밖까지 두루 흘러 다니면서 막힘이 없는 존재이니 과연 '주류불체(周流不滯)'의 네 글자는 적절한 표현이라고 하겠다.

「통근투계(通根透癸)」는 '地支에 申酉나 亥子가 있고 天干에 癸를 만나면'이란 뜻이다. '壬癸가 막강(莫强)한 세력으로 뭉친다.'는 느낌이다. 이것은 공기와 물이 함께 어우러진다는 것이니 문득 폭풍우(暴風雨)가 연상(聯想)된다. 공기와 비구름이 만나면 무엇이 될 것인지를 생각해 보는 것이다.

「충천분지(沖天奔地)」는 '하늘을 찌르고 땅을 휩쓴다.'는 뜻이다. 그냥 단순하게 파도(波濤)로 대입한다면 '하늘을 찌른다.'는 말은 어울리지 않는다는 생각을 하게 되는데, 폭풍우를 떠올려 보면 과연 천지를 휩쓸고 다닐만한 위력(威力)이 느껴진다고 하겠다. '戊己의 제방(堤防)으로도 막을 수가 없다.'고 해석하는 것은 너무 평면적으로 이해를 한 것이라고 해도 되겠다. '분지(奔地)'는 어떻게든 감당한다고 하겠지만 '충천(沖天)'에 대한 해석이 난감(難堪)한 까닭이다.

여기에서 다시 '통하(通河)'를 대입하게 되면 그럴싸한 해석이 나오기도 한다. 은하의 우주로 이어져 나가는 기체를 戊로서도 어떻게 막아 볼 방법이 없다는 의미로 볼 수도 있기 때문이다. 제방을 대기권(大氣圈)으로 치환(置換)하면 또한 재미있는 관점이 되기도 하니까 글자를 뜯어먹는 재미가 참으로 무궁무진(無窮無盡)하다.

「화즉유정(化則有情)」은 '화(化)하면 유정(有情)하다.'는 뜻이다. '화(化)'자를 보면, 합화(合化)를 떠올리는 것도 무리는 아니다.《滴天髓(적천수)》의 해설에서는 늘 그러한 형식으로 설명을 이끌어 가고 있기 때문이다. 그래서 낭월은 좀 다른 관점으로 이해를 해 보려고 한다.

종화론(從化論)을 배제(排除)하고서《滴天髓(적천수)》를 읽어보려고 하는 목적을 바탕에 깔고 있는 까닭이다. 왜냐하면 많은 독자들이《滴天髓(적천수)》의 종격(從格)과 화격(化格)에서 길을 잃고 헤매는 시간을 너무도 안타깝게 바라본 탓이다. 이점에 대해서 다소 불편한 느낌이 들더라도 양해(諒解) 바란다. 적어도 종격병(從格病)에는 빠지지 않도록 해야 하겠다는 나름대로의 사명감(使命感)이다. 물론 종화격(從化格)을 인정하고자 하는 독자는 또한 그에 대한 많은《滴天髓(적천수)》해설서를 접하게 될 것이므로 전혀 문제가 될 것이 없다는 것도 나름대로 고려해 본 사안(事案)이다.

'화(化)한다.'는 것은 丁의 열기(熱氣)를 만나는 것을 의미한다. 그렇게 되면 공기(空氣)는 따뜻하게 데워져서 온기류(溫氣流)를 형성하게 되니 이것이 열과 공기가 변화한 것으로 합했다고 할 수 있을 것이다. 만약에 '丁壬이 합해서 화목(化木)이 되었다.'는 것으로 생각한다면 丁도 없어지고 壬도 없어지고 그 자리에 木만 존재해야 하는 것이다. 그러나 이러한 일은 일어나지 않는다. 단지 잠시 결합(結合)했다가 또 인연이 다하면 분리되는 과정의 반복일 뿐이다. 화(化)는 모양이 바뀌는 의미도 있지만 따른다는 의미도 있음을 잊지 않아야 한다. 丁壬이 서로 자연의 이치에 따라서 결합하는 것도 분명히 변화

하는 것임을 이해하는 것이 어렵진 않을 것이다.

'유정(有情)'이란 무엇인가? 그렇게 온기(溫氣)로 변화(變化)한 것은 이동(移動)을 하면서 따뜻한 기운을 전한다. 가령 겨울밤의 난로(煖爐)를 생각해 보자. 날이 추워서 난로를 피웠다. 그러면 난로의 열기(熱氣)인 丁이 공기(空氣)인 壬과 결합을 하여 방을 떠돌게 되니, 이른바 대류(對流)가 형성된다. 이렇게 됨으로 해서 방 안은 따뜻한 공기로 감싸게 되고 사람은 동상(凍傷)에 걸리지 않고 안락(安樂)한 밤을 보낼 수가 있는 것이다. 그러니 유정(有情)이 아니고 무엇이랴! 만약에 壬이 없다면 대류(對流)도 없을 것이고, 그렇게 되면 아무리 불을 땐다고 해도 온기(溫氣)는 없을 것이니 정말 추워서 난로에 몸을 바짝 대야만 비로소 전달을 받을 수가 있을 것이다. 물론 엄청난 화상(火傷)을 피할 길이 없으리란 것은 삼척동자(三尺童子)도 능히 알 수 있는 일이다. 이것을 좀 더 확장하면 계절풍이 되고 자연풍이 되어서 만물을 키우는 작용을 할 것이니 농작물이라고 하더라도 열기를 받아 자라기 위해서는 반드시 공기의 분포가 필요한 것이다. 이것을 '丁壬合의 변화 작용'이라고 한다. 丁壬合의 화목(化木) 작용이 아닌 것임을 주의해서 관찰(觀察)한다.

아, 화목(化木)의 의미를 긍정적으로 논한다면 온기(溫氣)가 이동(移動)하면서 바람을 만들어 낸다. 그것은 甲이라고 할 수 있을 것이다. 이러한 관점으로 화목(化木)을 논하는 것은 충분히 논리적으로 타당성이 있으므로 수용할 수 있는 내용이다. 다만 화목(化木)의 의미 속에는 丁壬이 사라지고 木이 존재하게 된다는 논리(論理)에 현혹(眩惑)되지 않기를 바라는 것이다. 이러한 관점은 앞으로도 계속 다루게 될 것이다.

「종즉상제(從則相濟)」는 '따른 즉 서로 돕는다.' 는 뜻이다. 임철초(任鐵樵) 선생은 '여름에 태어난 壬이 무력한 상황에서 화기(火氣)가 왕성(旺盛)하면 火를 따라서 종(從)하고, 토기(土氣)가 왕성하면 土를 따라서 종(從)한다.' 고 하였으니 정도(正道)를 버리고 편법(便法)을 취한 것이라고 해야 할 것이다. 왜냐하면 五行이 치우치면 중화(中和)의 사상(思想)을 잃은 것이라고 하면서도 五行이 치우치면 치우친 흐름을 따라서 그 세력(勢力)을 좇는다는 이야기를 하니 이것은 자연의 순도(順道)가 아니라 정복(征服)과 복종(服從)의 패도(覇道)를 논하는 것으로 이것이야말로 자평법(子平法)에서 자평(子平)이라는 글귀가 무색(無色)하게 하는 이론(理論)이다.

자평(子平)이 무엇인가? 균형(均衡)과 조화(調和)의 도(道)가 아니던가? 그러한 도를 논하는 《滴天髓(적천수)》에서 어찌 치우친 법을 인정(認定)하고 수용하라고 강요(强要)를 한단 말인가? 그래서 낭월은 이것이 《滴天髓(적천수)》에서 나타나고 있는 가장 큰 오류(誤謬)로 간주(看做)하고 차근차근 살피면서 그 논리를 제거하고서도 풀이가 가능한 것인지를 실험하고자 하는 것이다. 어찌 보면 무모(無謀)할 수도 있겠지만 이렇게 논리적인 변화를 추구하는 것도 자평법과 《滴天髓(적천수)》의 이해를 넓히는 계기가 될 수도 있을 것이라는 확신을 품는다.

【原文】

癸水至弱 達於天津 得龍而潤 功化斯神
不愁火土 不論庚辛 合戊見火 化象斯眞
계수지약 달어천진 득룡이윤 공화사신
불수화토 불론경신 합무견화 화상사진

【直譯】

癸水至弱 達於天津
계수(癸水)는 지극(至極)히 유약(柔弱)하지만
하늘 나루터에 도달(到達)한다.

得龍而潤 功化斯神
용(龍)을 얻어 윤택(潤澤)하면
공덕(功德)이 신(神)과 같다.

不愁火土 不論庚辛
火土를 근심하지 않고
경신(庚辛)을 논(論)하지 않는다.

合戊見火 化象斯眞
무(戊)와 합(合)하고 火를 보면
변화(變化)의 형상(形象)이 진실(眞實)하다.

【意譯】

「계수지약(癸水至弱)」은 '癸水는 지극(至極)히 유약하다.' 는 뜻이다. 이것은 천간론(天干論)의 서두(序頭)에서도 언급 (言及)을 한 것이니 丙을 최양(最陽)이라고 했고, 癸를 지음 (至陰)이라고 한 것이 그것이다. 음중지음(陰中之陰)이기 때 문에 이러한 관점(觀點)으로 살펴보는 것도 타당하다고 할 것 이다. 그리고 이러한 존재(存在), 즉 지극(至極)히 유약(柔弱) 한 것이 도대체 뭘까? 이제부터 여기에 대해서 생각의 가닥을 따라가 보도록 한다. 이 의미는 다음 구절로 넘어가서 논한다.

「달어천진(達於天津)」은 '천진(天津)에 도달한다.'는 뜻이 다. 과연 천진(天津)은 무엇을 말하는가? 천진은 '천연(天然) 의 나루터'를 말한다. 천연의 나루터는 인위적으로 강이나 바 다를 건너기 위해서 만든 것이 아니란 뜻이다. 그렇다면 천연 의 나루란 무엇인가? 반드시 나루터에서 만나야 하는 의미를 그 안에 포함하고 있음을 생각해 본다. 그리고 수태(受胎)의 상황(狀況)과 서로 연결을 시켜서 유추(類推)하게 되면 비로 소 무릎을 치면서 감탄(感歎)하게 되는 경지(境地)를 맛 볼 수 가 있다. 그것은 바로 정자(精子)와 난자(卵子)가 만나는 곳을 의미하기 때문이다.

지극(至極)히 약(弱)하고 약한 존재(存在) 그것은 난자일까 정자일까? 나루터라는 것은 그렇다면 뭘 의미하는 것일까? 아 마도 나루에서 만난다면 자궁구(子宮口)가 될 것이다. 정자와 난자가 나루터에서 수태(受胎)를 하는 것, 이것을 위해서 천연

(天然)의 나루터까지 여행을 하는 것이다. 난자는 난소(卵巢)에서 출발(出發)하고 정자는 고환(睾丸)에서 출발하여 험난한 여행을 한 다음에 단 하나의 정자가 살아서 나루에 도달할 즈음에 난자도 자신의 난관(卵管)을 거쳐서 자궁을 향해서 이동(移動)하게 된다. 이것은 인위적(人爲的)으로 하는 것이 아니라 자연적(自然的)으로 일어나는 현상(現象)이다.

약하고 또 약하여 지약(至弱)이라니, 길이가 60㎛(마이크로미터)에 불과한 정자(精子)를 생각해 보면 이것보다 더 지약일 수는 없을 것이다. 그럼에도 나루터에서 만나서 음양합일(陰陽合一)이 되어 도[十]를 완성한 다음에 착상(着床)을 한다. 실제 거리는 불과 몇 cm 밖에 되지 않지만 대략 2억분의 1이라는 경쟁률(競爭率)을 뚫고 나름대로 목숨을 걸고 수천km에 비교되는 산성(酸性)의 독액(毒液)이 가득한 바다를 유영(遊泳)하여 도달한 강력한 정자(精子)가 수태(受胎)의 도(道)를 이룬다. 이렇게 관하는 것이 '계수지약(癸水至弱)'과 '달어천진(達於天津)'에 대한 올바른 해석이다. 대략 1천년의 세월이 흐른 다음에 다시 봐도 완벽(完璧)하게 맞아 떨어지는 논리이다. 참 아름답다.

「득룡이윤(得龍而潤)」은 '용(龍)을 얻어 윤택(潤澤)하다면'의 뜻이다. 이 구절에는 문제가 있다.《滴天髓闡微(적천수천미)》와《滴天髓徵義(적천수징의)》에서 모두 '득룡이운(得龍而運)'으로 되어 있는 글로 인해서 하염없는 혼란(混亂)을 발생시켰다는 것을 말한다. 실은 징의(徵義)에서 앞의 원문부분에는 '득룡이윤(得龍而潤)'으로 써놓고 정작 풀이의 내용에서는 '득룡이운(得龍而運)'으로 되어 있으니 서낙오(徐樂吾) 선생도 헷갈렸던 것이 아닌가 싶다. 그러나 아무리 풀이를 해봐도 아귀가 맞질 않아서 오랜 시간동안 물음표를 붙여 놓은 부분이다. 그러다가 반자단(潘子端) 선생의 《滴天髓新註(적천수신주)》에 운(運)이 아니라 윤(潤)이라는 것을 발견하고서야 비로소 의혹(疑惑)이 풀렸다.

'용을 얻는다.'는 것은 辰을 만난다는 뜻이다. 辰은 수고(水庫)이다. 습기(濕氣)가 적당(的當)한 곳으로 수정란(受精卵)이 안정(安靜)하기에는 최적(最適)의 명당(明堂)이다. 그러므로 辰戌丑未 중에서 오로지 辰만 그 자리에 적합하고 다른 地支는 제외(除外)한다. 이것은 癸의 고(庫)이자 궁(宮)이다. 그래서 癸를 地支로 바꾸면 子가 되니 자궁(子宮)은 바로 辰을 말하는 것이다. '이윤(而潤)'은 '윤택(潤澤)하다면'의 뜻이다. 그러니까 辰을 만나서 윤택하게 되어야 함을 의미한다. 얼마나 용의주도(用意周到)한가? 단순하게 辰을 만나기만 해서는 안된다는 의미가 그 안에 생생하게 살아 있는 한 글자가 바로 '윤(潤)'이다. 그러니까 辰을 얻었더라도 조열(燥熱)하거나 戌을 만나서 沖을 만나게 된다면 잉태(孕胎)는 불가능(不可能)하다는 이야기를 그 안에서 큰 소리로 외치고 있음이다. 그렇게 되면 유산이 되고 만다는 의미이다. 이렇게도 지약(至弱)한 癸가 뭔가를 하려는 과정은 복잡하고도 미묘(微妙)한 절차와 조건이 있는 것이다.

「공화사신(功化斯神)」은 '공력(功力)의 조화(造化)가 신령(神靈)과 같다.'는 뜻이다. 지약(至弱)한 癸가 신(神)과 같은 능력(能力)을 발휘한다면 이것은 분명히 창조자(創造者)의 영역(領域)을 오가는 것이라고 해석하는 것이 타당할 것이다. 그리고 이미 우리는 앞서 이에 대한 의미를 이해하게 되었으니 비로소 '공화사신(功化斯神)'의 의미에 깊숙이 도달(到達)했음을 알게 된다. 이것은 인간에만 국한(局限)되는 이야기라고 생각하면 그것도 단견(短見)이다. 모든 만물의 동식물(動植物)과 미생물(微生物)도 포함하여 모두 같은 의미를 부여(附與)해야만 천지(天地)의 공사(公事)에 부합되는 의미일 것이기 때문이다.

「불수화토(不愁火土)」는 '火土를 근심하지 않는다.'는 뜻이다. 근는 '불수목성(不愁木盛)'하더니 癸는 '불수화토(不愁火土)'인가 보다. 물론 '너무 허약(虛弱)한 癸라서 火土를 만나면 종화(從化)하기 때문에 근심조차 하지 않는다.'는 임철초(任鐵樵) 선생의 논리는 무슨 이유인지 몰라도 종화(從化)에 꽂혀서 다른 것은 보이지 않았다고 밖에 생각을 할 수가 없다. 앞의 壬에서 '통근투계(通根透癸)'를 생각해 보면 그렇게 허약하기만 한 癸라고 단정(斷定)을 할 수밖에 없다는 느낌조차 없었던가 싶다. 상황에 따라서는 엄청난 위력(威力)을 발휘하는 것도 또한 癸인 것을 그도 몰랐을 리는 없겠건만, 허약(虛弱)하고 무력(無力)한 癸로 몰아가는 이치를 짐작할 수 없다.

사실, '불수화토(不愁火土)'에서 이미 '허약해서 종화(從化)를 하지 않을 수가 없는 癸로 보지 말라.'는 암시가 내재(內在)되어 있음을 느껴야 한다. 그런데 오해(誤解)가 다시 오류(誤謬)를 낳고서 완전히 이슬과 같은 癸로 만들어 버리니 달을 가리키는데 손가락만 보고 있는 우(愚)를 항상 범하지는 않는 지를 고민해야 하는 것이 학자의 길이다. 그럴 리는 없겠지만, 이렇게 말한다고 해서 낭월의 견해가 완벽하다고 생각하는 것으로 본다면 그것도 또한 엄청난 오해이다. 사실 항상 느끼는 것이지만 언제나 생각하는 것이 오류투성이임을 너무도 잘 알고 있기에 이 대목에 대해서 현재의 낭월은 이렇게 생각한다는 정도로만 수용해 주길 바라는 마음이다.

癸는 당연히 火土를 근심하지 않는다. 火를 만나면 증발(蒸發)을 하여 허공(虛空)을 자유롭게 유영(遊泳)할 텐데 왜 근심을 할 것이며, 물이 흘러가다가 土를 만나도 근심하지 않으니, 잠시 기다렸다가 세력을 불려서 계속 앞으로 나아가면 되는 까닭이다. 이렇게 자유로운 癸를 무기력(無氣力)한 癸로 만든 허물은 아마도 임철초(任鐵樵) 선생이 져야 할 것 같다.

「불론경신(不論庚辛)」은 '庚辛金을 논하지 않는다.'는 뜻이다. 金은 金生水의 의미로 논한 것일 텐데 왜 불론(不論)이라고 했을까? 혹자는 '癸는 너무 허약하여 생조(生助)를 해봐야 금기(金氣)를 흡수할 능력도 안되어서…….'라는 이야기도 한다. 그렇다면 金生水의 이치는 엿 바꿔 먹겠단 말인가? 아무리 글귀가 그렇게 밖에 볼 수가 없다고 할지라도 엄연히 배후에 버티고 있는 五行生剋의 이치를 믿는다면 이러한 해석은 할수가 없는 것인데 말이다. 그러나 다시 '불론경신(不論庚辛)'을 대하고 보면 참으로 고민스럽기는 하다. 어떻게 해석해야 五行의 이치에도 벗어나지 않으면서 불론(不論)이라는 두 글자를 해결하게 될 것인지…….

'癸는 너무나 약하기 때문에 庚辛의 生을 받아야만 한다.'는 논리(論理)를 부정(否定)하고 있는 의미로 보면 어떨까? 아마도 이것이 정답(正答)에 가까울 것으로 판단하고 결론을 내린다. 마마보이처럼 엄마의 치마꼬리를 부여잡고 있어야 하는 나약(懦弱)한 癸로만 생각하지 말라는 의미이다. '火土도 근심하지 않거늘 庚辛이 없음을 왜 논하는가?'라는 말로 바꾸면 되지 싶다. 더구나 바위에서 물이 生한다는 논리를 밟아 뭉개버리는 것도 있지 않을까 싶다. 혹 이러한 의미 이외에 더 멋진 답을 제시하는 독자에게 찬사(讚辭)를 보낸다.

「합무견화(合戊見火)」는 '戊土와 합하고 火를 보게 된다면'의 뜻이다. 아마도 독자가 《滴天髓(적천수)》에 대한 사전(事前)의 지식(知識)이 있었다면 얼른 떠올리는 장면은 '戊癸合火'일 가능성이 십중팔구(十中八九)일 것이다. 그리고 이러한 선입견(先入見)의 고정관념(固定觀念)이 깔려 있음에도 불구하고 어떻게 해석을 할 수가 있는지를 두고 보자는 마음도 있을 법하다. 낭월도 사실 그러한 점이 고민(苦悶)이기는 하다. 종화(從化)를 부정할 것이면서 이러한 분위기(雰圍氣)는 어찌한단 말인가. 그러나 또한 장고(長考)를 하다가 보면 악수(惡手)가 대부분이지만 아주 가끔은 기발한 묘수(妙手)도 보이는 법이다.

癸가 戊와 합하는 것은 수분(水分)이 중력(重力)과 하나가 된다는 뜻이다. 그 목적은 구름을 만들어야 하는 것에 있고, 구름을 만드는 목적은 다시 만물에게 단비가 되어야 하기 때문이다. 그런데 단순하게 중력(重力)을 만나서는 하늘로 떠오를 수

가 없다. 여기에는 절대적으로 필요한 것이 火이다. 그것이 丁
이겠지만 여하튼 丁도 丙이 있어야 발생(發生)하는 것임을 생
각한다면 묶어서 火를 만나야 하는 것이 맞다. 그렇다면 戊를
만나지 않으면 안되나? 안된다. 왜냐하면 중력으로 눌러주는
戊를 만나지 못한다면 다시 초목(草木)을 위해서 하강(下降)
을 할 방법이 없기 때문이다. 자연의 이치를 이렇게 밝혀 놓은
것이 천간론(天干論)이다. 구름이 되어서 수분(水分)을 축적
(蓄積)하다가 무게가 점점 무거워진다. 그러면 癸는 戊를 만나
서 땅으로 내려온다. 이때에도 당연히 火가 필요하다.

  만약에 구름이 戊를 만나서 하강할 준비가 다 되었는데, 화
기(火氣)가 없다면 필시 내려온 결과물은 우박(雨雹)으로 변
하거나 백설(白雪)이 되어버릴 것이다. 이것으로는 만물을 죽
이는 일 밖에는 할 수가 없기 때문에 반드시 '견화(見火)'를
해야만 하는 이유는 이렇게도 명명백백(明明白白)한 것을 미
쳐 모르고 있다가 이제야 비로소 '합무견화(合戊見火)'의 참
의미를 짐작할 수가 있을 것 같다. 결코 무력한 癸여서가 아니
었다는 것을 말이다.

  「화상사진(化象斯眞)」은 '변화(變化)하는 형상(形象)이 진
실(眞實)하다.'는 뜻이다. 앞의 설명으로 이해가 잘되었다면
이 구절은 별도의 풀이를 필요로 하지 않을 것이다. 따뜻한 기
온에서 감우(甘雨)가 되어 중력(重力)을 받고 땅으로 춤추면
서 내려오는 癸를 상상(想像)하는 것으로 충분하겠고, 이러한
힌트를 1천년 전에 써놓은 경도(京圖) 선생에게 삼배(三拜)를
올린다.

8. 地支(지지)

陽支動且强 速達顯災祥
陰支靜且專 否泰每經年

生方怕動庫宜開 敗地逢沖仔細推
支神只以沖爲重 刑與穿兮動不動

暗沖暗會尤爲喜 我沖彼沖皆沖起
旺者沖衰衰者拔 衰神沖旺旺神發

【直譯】

地支
지지(地支)에 대해서 논(論)함.

【意譯】

「지지(地支)」는 '子丑寅卯辰巳午未申酉戌亥'를 말한다. 天干에 대해서 설명을 한 다음에는 순서(順序)에 의해서 地支를 논(論)하게 된다. 地支의 의미는 十干의 이합집산(離合集散)이라고도 할 수 있으니 특히 地支를 이해함에 있어서는 지장간(支藏干)의 구조를 명료하게 숙지(熟知)하는 것이 중요하다.

陽支動且强 速達顯災祥
陰支靜且專 否泰每經年
양지동차강 속달현재상
음지정차전 비태매경년

【直譯】

陽支動且强 速達顯災祥
양지(陽支)는 활동(活動)적이며 강(强)하니
재앙(災殃)과 길상(吉祥)이 신속(迅速)히 나타난다.

陰支靜且專 否泰每經年
음지(陰支)는 안정(安靜)적이고 오롯하니
좋고 나쁜 것이 나타남에 매양 시간이 걸린다.

【意譯】

「양지동차강(陽支動且强)」은 '양(陽)의 地支는 활동적(活動的)이고 또 강강(剛强)하다.'는 뜻이다. 양지(陽支)는 子寅辰午申戌을 말하는데, 이것은 地支의 체(體)를 논하는 것이니 일반론(一般論)이다. 자평법(子平法)은 용(用)을 중시(重視)하는 학문(學問)이므로 지장간(支藏干)을 논하니 양지의 개념(槪念)도 달라야 할 것은 당연하다. 자평법에서의 양지는 寅申

巳亥辰戌이다. 이들은 급진적(急進的)이고 강력(强力)하며 충동적인 성향(性向)을 띠고 있는 성분이다. 그래서 寅申巳亥는 沖을 두려워하는 것이고, 辰戌도 마찬가지로 沖이 되지 않기를 바라는 것은 이것이 양지인 까닭이다. 구태의연(舊態依然)하게 일반론(一般論)을 적용시켜서 대입하다가 보면 또 어디에선가는 어색한 해석을 만나게 될 수도 있는 것이니 다음 항목에서 바로 증거(證據)를 발견하게 된다.

「속달현재상(速達顯災祥)」은 '재앙(災殃)이든 서상(瑞祥)이든 신속(迅速)히 나타난다.'는 뜻이다. 가장 빨리 나타나는 것은 寅申巳亥임을 자평학자는 직관적(直觀的)으로 알고 있다. 그렇다면 寅申만 빨리 나타나고 巳亥는 그렇지 않다는 말을 해야 하는가? 왜냐하면 地支의 체(體)로 본다면 巳亥는 음지(陰支)이기 때문이다. 이러한 점으로 볼 적에 양지(陽支)는 분명(分明)히 寅申巳亥辰戌로 보는 것이 이치로 보나 뜻으로 보나 합당(合當)하다.

「음지정차전(陰支靜且專)」은 '음(陰)의 地支는 안정적(安定的)이고 전일(專一)하다.'는 뜻이다. 음지(陰支)는 子午卯酉丑未를 말한다. 체(體)로 볼 적에는 巳亥卯酉丑未가 되지만 앞에서도 언급을 했듯이 자평법에서는 지장간(支藏干)으로 논하기 때문에 이렇게 대입을 하는 것이다. 더구나 정(靜)한 것은 子午卯酉이다. 왜냐하면 내부적으로 한 가지의 五行으로만 되어 있기 때문이다. 더구나 전일(專一)하기 조차 한 것이니 이 '음지정차전(陰支靜且專)'에 맞추어서 해석하려면 이렇게 밖에 볼 방법이 없는 것이다.

「비태매경년(否泰每經年)」은 '좋거나 나쁜 것이 매양 더디게 나타난다.'는 뜻이다. 비태(否泰)는 주역(周易)의 괘명(卦名)으로 천지비(天地否)와 지천태(地天泰)를 말하는 것인데, 비괘(否卦)는 일이 되지 않는 것을 의미하고, 태괘(泰卦)는 일이 잘 이루어짐을 의미하여 비유(譬喩)로 하는 말이다. 비(否)는 보통 부(否)로 읽는데 주역의 괘명으로 쓰였을 때만은 비괘(否卦)로 읽는다는 사족(蛇足)을 붙여 놓는다. 매양 시간이 걸린다는 것은 음양(陰陽)의 특성(特性)을 말하는 것이다. 寅申巳亥는 신속(迅速)하게 변화(變化)가 일어나지만 子午卯酉는 변화가 천천히 나타난다는 의미이다.

항상 干支를 살필 적에는 五行과 음양의 이치를 벗어나지 않고서 해답(解答)을 찾으려고 노력하는 것이 무엇보다도 중요하고 그러한 관점으로 살피는 것이 타당(妥當)하다. 그러니까 五行으로 중심의 기둥을 삼고, 음양을 주변의 상황으로 삼아서 판단하게 된다면 해결되지 않는 이치가 없다고 생각하고 접근하는 것이 옳다고 본다.

그런데 좀 이상하다. 天干을 논하면서 그렇게도 상세(詳細)하고 심오(深奧)한 설명을 했던 것과 비교하여 地支에 대한 설명을 보면 푸대접도 이런 푸대접이 없어 보인다. 왜일까? 그 이유는 간단하다. 地支도 天干의 이합집산(離合集散)에 다름이 없기 때문이다. 다시 부연설명을 할 필요를 느끼지 못한 것이다. 그래서 풀어쓰면 보면 다 알 수가 있는 것이니 긴 설명은 생략하고, 단지 地支 자체의 특성(特性)에 대해서만 언급한다는 느낌이다. 「천간(天干)」편과 달리 양지(陽支)와 음지(陰支) 정도로 논하는 것을 보면 五行으로 일일이 논할 필요가 없다는 분위기이다.

【原文】

生方怕動庫宜開 敗地逢沖仔細推
支神只以沖爲重 刑與穿兮動不動
생 방 파 동 고 의 개　패 지 봉 충 자 세 추
지 신 지 이 충 위 중　형 여 천 혜 동 부 동

【直譯】

生方怕動庫宜開
생방(生方)은 충동(衝動)을 두려워하고
고(庫)는 열리는 것이 옳다.

敗地逢沖仔細推
패지(敗地)가 충돌(衝突)을 만나면
자세하게 추론(推論)해야 한다.

支神只以沖爲重
지지(地支)는 다만 충돌(衝突)이 중요(重要)하고

刑與穿兮動不動
형(刑)이나 천(穿)은 동(動)하는 듯 마는 듯하다.

【意譯】

「생방파동고의개(生方怕動庫宜開)」는 '寅申巳亥가 요동(搖動)치는 것은 두렵지만 辰戌丑未의 창고(倉庫)는 열리는 것이 옳다.'는 뜻이다. 생방(生方)은 생지(生支)라고 해야 옳을 것이다. 방(方)은 또한 풍수학(風水學)에나 방위학(方位學)에서 사용하는 글자이기 때문이다. 이러한 글자를 쓴다고 해서 뜻을 모르거나 안될 것은 없지만 꺼림칙하다는 것이다. 기왕이면 혐의(嫌疑)를 살 글자도 피하는 것이 좋지 싶어서이다.

寅申巳亥는 모두가 임신부(姙娠婦)이다. 아기 하나씩을 품고 있기 때문이다. 그래서 생지(生支)라고 한다. '낳는 地支'란 뜻이다. 뭘 낳는가? 寅은 丙을 낳고, 巳는 庚을 낳고, 申은 壬을 낳고, 亥는 甲을 낳는다. 그리고 현재 낳기 위해서 자궁에서 잘 자라고 있다는 말도 된다. 이러한 상황이므로 임신한 여인을 힘들게 하는 것은 자칫 태아(胎兒)에게 해로울 수가 있으므로 요동치지 않도록 안정(安靜)이 필요하다는 이야기인 것이다. 그럼에도 寅申沖을 만나든지 巳亥沖을 만나게 되면 양쪽 모두다 태아에게 매우 안 좋은 영향을 미칠 것이므로 동요(動搖)는 두려운 것이다. 버스나 전철에 임신부를 위한 자리를 별도로 마련해 주는 것과 같은 이치로 보면 될 것이다.

'고(庫)는 열려야 옳다.'는 뜻은 辰戌丑未를 말하는 것이다. 辰은 수고(水庫), 戌은 화고(火庫), 丑은 금고(金庫), 未는 목고(木庫)라는 것을 모르는 독자는 없지 싶지만 그래도 혹시나 하고 언급한다. 고(庫)를 어떻게 여는가? 보통 떠도는 말로는 '충(沖)'으로 연다고 한다. 수고(水庫)인 辰은 화고(火庫)인

戌로 열고, 금고(金庫)인 丑은 목고(木庫)인 未로 연다고 하니 이게 말이 되는 이야기인가? 들이 받아서 열리길 바라는 것도 말이 안되지만, 이러한 이야기가 전하고 전해져서 이어진다는 것도 참으로 안타까운 이야기이다. 생각을 해 보면 알 일이다. 하나의 창고를 열기 위해서 다른 창고로 들이 받는다는 이야기는 그렇게 해서 창고가 무너지면 그 안에 든 것을 꺼내겠다는 이야기가 아니고 무엇인가? 이러한 이야기를 하고 있으면 지식인(知識人)들이 뭐라고 할 것인지 모골(毛骨)이 송연(悚然)하다.

그렇다면 창고를 어떻게 여는가? 그야 창고 주인이 연다. 왜냐하면 창고 주인이 열쇠를 갖고 있기 때문이다. 수고(水庫)는 누가 여는가? 물 창고 주인이 연다. 그 주인이 누구인가? 壬癸이고 亥子이다. 그들이 열쇠이고 주인이다. 그리고 화고(火庫)는 丙丁과 巳午가 열 수 있다. 그 외에는 아무도 열 수가 없다. 이렇게 주인이 열지 않으면 제대로 사용을 할 수가 없는 안타까운 상황이 되므로 언제쯤 주인이 운(運)에서라도 들어와 활성화(活性化)가 될 것인지 운을 살펴야 하는 것이다. 다만 자동으로 열리는 干支가 있으니, 丙戌, 壬辰, 辛丑, 乙未이다. 이들은 따로 열쇠가진 이를 기다릴 필요가 없다. 이미 열쇠를 가지고 있기 때문이다. 마치 최신형의 자동차는 열쇠를 몸에 지니고 차 옆으로 가는 것만으로 문이 열리는 것과 같다고 할 수 있겠다.

「패지봉충자세추(敗地逢沖仔細推)」는 '子午卯酉가 충돌(衝突)하면 자세히 추론(推論)하여 판단(判斷)해야 한다.'는 뜻이다. 子午卯酉는 모두가 한 방면의 장수(將帥)들이다. 그러니 싸움이 나면 그 피해는 피차에게 엄청 클 것임은 자명(自明)하다. 그래서 자세히 봐야 한다는 말이고 주변의 상황을 참작하여 판단해야 한다는 뜻이다. 물론 生剋의 이치 안에서 계산이 되는 것이므로 자세히 본다고 해서 특별한 방법이 필요한 것은 아니다. 다만 너무 쉽게 생각하지 말라는 정도로 이해하면 충분하겠다. 그런데 패지(敗地)라고 써놓은 바람에 괜히 어려운 느낌이 들도록 한 허물은 있을 것이다. 그냥 왕지(旺支)라고 했으면 얼마나 간단하고 명료할 것이냐는 생각을 해 본 까닭이다. 이렇게 쉽게 써도 될 것을 비틀어 놓은 것은 뭔가 있어 보이게 할 의도였거나 약간은 어렵게 해놓고서 더 파고들어가려고 노력하는 분발심(奮發心)을 유발시키려는 의도(意圖)가 있었을 수도 있겠다.

「지신지이충위중(支神只以沖爲重)」은 '地支에서는 다만 충돌(衝突)이 엄중(嚴重)하다.'는 뜻이다. 여기에 이미 답이 나와 있다고 해도 되리라고 본다. 근데 지신(支神)이라고 할 것이 아니라 그냥 地支라고 했으면 간단할 것을 또 괜히 어렵게 빙빙 돌려놨다는 점도 걸고 넘어져 본다. 뜻은 같지만 이해하는 것에서 차이가 난다면 쉬운 것으로 선택하는 것이 타당하다고 생각하는 낭월은 괜히 있어 보이려고 어렵게 써놓은 것에는 반대하는 것이다. 결국 沖만 잘 이해하면 地支에 대한 이해(理解)는 끝난 것이나 마찬가지라는 의미이다. 충돌에 대한 이치만 알고 나면 그 나머지는 크게 신경을 쓰지 않아도 된다는 말이니 그대로 믿어도 될 것으로 본다. 이에 대해서 긴 설명은 필요 없으니 생략(省略)한다. 실은 다음 구절에서 할 말이 많아서이기도 하다.

「형여천혜동부동(刑與穿兮動不動)」은 '삼형(三刑)이니 상천(相穿)이니 하는 것은 동(動)하는 듯 마는 듯하다.'는 뜻이다. 신경을 쓸 것이 없다는 이야기인 셈이다. 아울러서 地支에 붙어 있는 200여 가지의 신살(神殺)도 모두 털어내고 生剋으로만 궁구(窮究)하라는 의미이기도 하다. 역마살(驛馬殺), 도화살(桃花殺)을 운운(云云)하면서 사주(四柱)를 감명(鑑命)하지만 그러한 것은 모두 시간낭비에 불과(不過)하므로 논하지 말라는 이야기에 전적(全的)으로 동감(同感)이다.

【原文】

暗沖暗會尤爲喜 我沖彼沖皆沖起
旺者沖衰衰者拔 衰神沖旺旺神發
암충암회우위희 아충피충개충기
왕자충쇠쇠자발 쇠신충왕왕신발

【直譯】

暗沖暗會尤爲喜
운(運)에서 충(沖)하거나 합(合)하는 것은
더욱 기쁘다.

我沖彼沖皆沖起
내가 충(沖)하거나 상대(相對)가 충(沖)하거나
모두 충(沖)이 일어난다.

旺者沖衰衰者拔
왕성(旺盛)한 자가 충(沖)을 가하면
쇠약(衰弱)한 자는 뿌리가 뽑히고

衰神沖旺旺神發
쇠약(衰弱)한 지지(地支)가 왕성(旺盛)한 글자를
충(沖)하면 왕(旺)한 자가 발동(發動)한다.

【意譯】

「암충암회우위희(暗沖暗會尤爲喜)」는 '운(運)에서 沖하거나 合하면 더욱 기쁘다.' 는 뜻이다. 여기에서의 암(暗)은 '몰래'의 의미 보다는 원국에 없는 沖이 발생하거나 合이 발생하는 것을 말한다. 회(會)는 合과도 통(通)한다. 그런데 왜 더욱 기쁘다고 했을까? 이것은 변화(變化)가 생겨서 좋다는 의미로는 타당할지 모르겠으나 그렇게도 충돌(衝突)에 대해서 경계(警戒)를 하던 앞의 구절과 이어서 생각해 본다면 뭔가 어색한 느낌도 없지 않다.

임철초(任鐵樵) 선생의 주(註)를 보면, '원국에서 문제가 있는 부분, 즉 흉(凶)한 작용을 하게 되는 것이 있을 적에 운(運)에서 그 글자를 제거하게 되면 기뻐한다.' 는 설명인데, 낭월이 설명을 해도 이보다 더 나은 답은 찾지 못하겠어서 그대로 수용(受容)을 한다. 다만 원문에 없는 것을 증가(增加)시켜서 풀이를 한 감은 있지만 이러한 상황이 아니고서는 '기쁠' 이치가 없는 것으로 봐서 얼마든지 타당하다고 하겠다. 물론 반대로 원국에서 균형을 이루고 있는데 운에서 들어온 글자가 그 균형을 무너뜨린다면 이번에는 '더욱 슬퍼질' 것도 당연한 이치임을 생각해 보는 것으로 정리를 할 수가 있겠다. 원국의 문제점을 운에서 해소해 준다면 合沖의 작용이 기쁘기만 할 것은 당연한 것이다.

「아충피충개충기(我沖彼沖皆沖起)」는 '내가 沖하든 상대가 沖하든 모두 沖이 일어난다.' 는 뜻이다. 원문(原文)을 외울 적에 이 구절은 묘하게 여운이 남아서 얼른 외웠던 기억이 난다. 왜 이런 구절이 있는가를 생각해 보면, 혹 내가 沖하는 것은 沖이 되지만 상대가 沖하는 것은 沖이 안된다는 설이라도 있었던 것이 아닐까 싶은 생각을 해 보기도 한다. 그렇지 않고서야 이렇게 당연한 이야기를 굳이 써놓은 의미가 있겠느냐는 생각이 들어서이다. 결론은 사주에 沖이 있으면 어떤 조건이든 발동(發動)하는 것으로 정리한다. 여기에서 나라고 하는 것은 日干의 입장이 되고 저라고 하는 것은 日干의 뜻에 위배되는 글자를 의미하는 것으로 보면 된다. 그러니까 日干이 좋아하면 내 편이고 아군(我軍)이 되는 것이고, 상대는 적군(敵軍)으로 기구신(忌仇神)을 놓고서 논하는 것이다.

「왕자충쇠쇠자발(旺者沖衰衰者拔)」은 '왕성(旺盛)한 자가 쇠약한 글자를 충돌(衝突)하면 쇠약한 자는 뿌리가 뽑힌다.'는 뜻이다. 추가설명은 생략한다.

「쇠신충왕왕신발(衰神沖旺旺神發)」은 '쇠약(衰弱)한 地支와 왕성(旺盛)한 地支가 충돌(衝突)하면 왕성한 地支는 발동(發動)한다.'는 뜻으로 위의 구절과 짝을 이룬다. 이 대목이 원문에 들어 있었던 구절이라면 아마도 경도(京圖) 선생이 충돌(衝突)에 대해서 좀 더 자세하게 이야기를 하고 싶었을 것이고, 그렇지 않으면 누군가 나중에 첨부(添附)했을 수도 있지 않을까 싶기도 하다. 왜냐하면 팽팽(膨膨)한 긴장감(緊張感)이 갑자기 사라지면서 힘이 쭉 빠지는 느낌조차 들어서이다. 비록 그렇더라도 낭월은 일단 해석(解釋)은 해 놓고 본다. 원문이 아무리 변변찮아 보이더라도 그 글자는 남겨두어야 다음에 눈이 밝은 후학(後學)이 또 그 안에서 깊은 이치를 발견할 수 있기 때문이다. 다만 더 이상 풀어볼 흥미(興味)는 동(動)하지 않는다.

9. 干支總論(간지총론)

陰陽順逆之說 洛書流行之用
其理信有之也 其法不可執一

故天地順遂而精粹者昌
天地乖悖而混亂者亡
不論有根無根 俱要天覆地載

天全一氣 不可使 地德莫之載
地全三物 不可使 天道莫之容

陽乘陽位陽氣昌 最要行程安頓
陰乘陰位陰氣盛 還須道路光亨

地生天者 天衰怕沖
天合地者 地旺喜靜

甲申 戊寅 眞爲殺印相生
庚寅 癸丑 也坐兩神興旺

上下貴乎情協 左右貴乎同志

始其所始 終其所終
富貴福壽 永乎無窮

干支總論
간지총론

【直譯】

干支總論
천간(天干)과 지지(地支)를 함께 논(論)함

【意譯】

「간지총론(干支總論)」은 '天干도 논(論)했고, 地支도 논했
으니 이제 묶어서 함께 논한다.'는 뜻이니, 결국은 배합(配合)
을 조금 더 세분화(細分化)하여 설명하고자 하는 내용이다.

陰陽順逆之說 洛書流行之用
其理信有之也 其法不可執一
음양순역지설 낙서유행지용
기리신유지야 기법불가집일

【直譯】

陰陽順逆之說
음양(陰陽)이 순역(順逆)하는 이야기는

洛書流行之用
낙서(洛書)에서 유행(流行)되어서 쓰게 되었다.

其理信有之也
그 이치(理致)는 믿을 만한 것은 있으나

其法不可執一
그 방법을 오로지 집착(執着)하는 것은 불가(不可)하다.

【意譯】

　「음양순역지설(陰陽順逆之說)」은 ‘포태법(胞胎法)에 대한
이야기’ 라는 뜻이다. 포태법은 다른 말로 십이운성(十二運星)

이라고도 한다. 포태법을 왜 '음양순역지설(陰陽順逆之說)'이라고 하는가? 음생양사(陰生陽死)의 논리가 그 근저(根底)에 자리 잡고 있어서이다. 그러니까 '음(陰)이 生하는 곳에서 양(陽)은 사(死)한다.'는 음양론(陰陽論)인데 이것을 干支에 대입하게 되면 큰 문제에 부딪치게 된다. 그렇다면 음양을 극단적(極端的)인 생사(生死)의 문제로 대입하는 것이 자평법에서 타당한지를 알기 위해서 기본적인 구조를 이해하는 것이 순서이니 쓸데없는 일도 가끔은 해야 하는 것도 학문의 길이다.

포태법(胞胎法)은 地支를 펼쳐 놓고 天干이 진행(進行)하는 과정(過程)을 나타낸 것인데, 모두 열두 가지의 단계(段階)가 있다. ① 절(絶) 혹은 포(胞), ② 태(胎), ③ 양(養), ④ 생(生), ⑤ 목욕(沐浴), ⑥ 관대(冠帶), ⑦ 건록(建祿), ⑧ 제왕(帝旺), ⑨ 쇠(衰), ⑩ 병(病), ⑪ 사(死), ⑫ 묘(墓)의 순서로 나열된다.

포태법의 명칭은 순서(順序)의 처음 두 글자에서 따왔다는 것을 알 수 있겠다. 여기에다가 甲丙戊庚壬의 양일간(陽日干)은 순행(順行)을 하고, 乙丁己辛癸의 음일간(陰日干)은 역행(逆行)을 하게 된다. 이것이 순역지설(順逆之說)이다. 가령, 甲을 예로 들어서 설명하면, 木生地인 亥에서 生하는 것으로 시작한다.

亥-생(生), 子-목욕(沐浴), 丑-관대(冠帶),
寅-건록(建祿), 卯-제왕(帝旺), 辰-쇠(衰), 巳-병(病),
午-사(死), 未-묘(墓), 申-절(絶), 酉-태(胎), 戌-양(養).

대체로 봐서 큰 무리는 없어 보인다. 다만 목욕(沐浴)이 그 자리에 들어갈 정도로 비중이 있는 것인지를 생각해 본다면 인생(人生)의 역정(歷程)을 12가지로 나누기 위해서 끼워 넣은 듯한 감(感)도 없진 않지만 그냥 그 정도 이해는 된다. 문제는 음간(陰干)에서 크게 발생한다. 乙로 예를 들어보자. 乙은 음목(陰木)이기 때문에 甲이 生하는 곳에서 사(死)하고 사(死)하는 곳에서 生하는 이치로 대입하게 된다.

이것을 일목요연(一目瞭然)하게 표로 정리를 해 본다.

포태법(胞胎法)의 甲乙 비교		
甲	地支	乙
절(絶)	申	태(胎)
태(胎)	酉	절(絶)
양(養)	戌	묘(墓)
생(生)	亥	사(死)
목욕(沐浴)	子	병(病)
관대(冠帶)	丑	쇠(衰)
건록(建祿)	寅	제왕(帝旺)
제왕(帝旺)	卯	건록(建祿)
쇠(衰)	辰	관대(冠帶)
병(病)	巳	목욕(沐浴)
사(死)	午	생(生)
묘(墓)	未	양(養)

이 논리의 문제점이 무엇인지는 五行의 기초만 있으면 바로 파악을 할 수가 있을 것이다. '亥를 만난 乙은 죽음'이라는 이야기를 보면 될 것이다. 다른 부분이야 논해서 무엇하겠는가 싶다. 아마도 음양(陰陽)의 논리를 天干에다 억지로 대입하니

이러한 말도 안되는 이야기가 생겨나게 된 것으로 짐작을 해 본다. 그래서 편법(便法)으로 '五行은 동생동사(同生同死)' 한다는 보완(補完)도 해 보지만, 무슨 말을 하더라도 버려두는 것만 못하다. 문제는 이러한 이치에 맞지 않는 이야기조차도 고법(古法)이라고 하면서 존중(尊重)하고 대입(代入)하기도 한다는 점이다. 이치적으로 잘 생각해서 판단하지 않으면 자신도 속고 남도 속이는 결과(結果)가 기다리고 있다는 것을 신중(愼重)하게 생각해야 할 것이다. 경도(京圖) 선생이 간지총론 (干支總論)의 맨 처음에 이 문제를 들고 나온 것만 봐도 얼마나 답답했을지를 짐작케 한다.

「낙서유행지용(洛書流行之用)」은 '낙서(洛書)에서 발생(發生)하여 유행(流行)하게 된 것을 쓴다.'는 뜻이다. 그렇다면 낙서(洛書)에서는 어떻게 논하고 있는 것인지를 잠시 살펴보는 것도 원문(原文)에 충실(充實)한 것이지 않겠나 싶다. 낙서는 구궁(九宮)이라고도 한다. 아홉 칸의 구조에 숫자를 채워 넣은 것이기 때문이다. 또 다른 말로는 마방진(魔方陣)이라고도 한다. 아마도 한두 번은 보았을 가능성도 있지 싶다.

四	九	二
三	五	七
八	一	六

이것이 낙서(洛書)의 구궁도(九宮圖)이다. 재미있는 것은 가로, 세로, 대각선의 합(合)이 모두 15가 되는 구조를 하고 있

다는 점이다. 이것은 기문둔갑(奇門遁甲)과 구성학(九星學)에서 그대로 사용하는 것이기도 하다. 현공풍수(玄空風水)에서도 매우 중요하게 논한다. 동지(冬至)부터 하지(夏至)까지 6개월의 180일은 양둔(陽遁)이라고 하고, 하지(夏至)부터 동지(冬至)까지의 6개월은 음둔(陰遁)이라고 하여 '음양(陰陽)의 순역지설(順逆之說)'이라는 말이 나오게 된 것이다. 변화(變化)하는 표(表)를 보자.

순행(順行)			역행(逆行)		
4	9	2	6	1	8
3	5	7	7	5	3
8	1	6	2	9	4

이렇게 숫자가 순역(順逆)하는 과정을 나타내고 있는데 기문둔갑(奇門遁甲)이나 구성학(九星學)에 바탕을 둔 모든 역학(易學)에서는 이러한 공식(公式)을 그대로 대입(代入)하여 활용(活用)하게 된다. 다만 자평법(子平法)은 간지학(干支學)이다. 그러므로 구성(九星)의 논리와 干支의 논리는 기본적으로 서로 다르다. 구성(九星)은 64괘(卦)이고, 干支는 60甲子이다. 이렇게 태생부터가 다른데 이것을 서로 끌어다가 활용하려고 하니 견강부회(牽强附會)가 일어나고 무리수(無理數)가 발생(發生)할 수밖에 없는 것이다. 그러므로 이러한 논리는 원래의 자리인 구성학(九星學)으로 돌려보낸 다음에 괜한 욕심(慾心)을 부리지 말고 干支의 변화(變化)에서 해답(解答)을 찾아야 할 것이다.

「기리신유지야(其理信有之也)」는 '그 이치는 믿을 만하다.' 는 뜻이다. 앞의 설명을 참고하면 무시(無視)할 논리가 아닌 것은 분명하다. 그래서 이치적(理致的)으로는 믿을 만하다는 이야기이다.

「기법불가집일(其法不可執一)」은 '그 적용(適用)하는 방법 (方法)에 있어서 집착(執着)하는 것은 옳지 않다.' 는 뜻이다. '불가(不可)' 하다고 했으니 이렇게 풀이하는 것이 타당할할 듯 싶다. 왜 불가한지에 대해서는 이미 앞의 설명을 통해서 충 분히 이해가 되었으리라고 생각한다.

【原文】

故天地順遂而精粹者昌
天地乖悖而混亂者亡
不論有根無根 俱要天覆地載
고천지순수이정수자창
천지괴패이혼란자망
불론유근무근 구요천복지재

【直譯】

故天地順遂而精粹者昌
천간(天干)과 지지(地支)가 순응(順應)하여 따르면
정신(精神)이 순수(純粹)하고 번창(繁昌)한다.

天地乖悖而混亂者亡
간지(干支)가 일그러지고 순리(順理)를 거스른다면
혼잡(混雜)되고 산란(散亂)하여 패망(敗亡)한다.

不論有根無根
뿌리가 있고 말고는 논하지 않더라도

俱要天覆地載
하늘은 덮어 주고 땅은 실어 주기를 요(要)한다.

【意譯】

「고천지순수이정수자창(故天地順遂而精粹者昌)」은 ‘天干
에서 부르면 地支에서 응답(應答)하듯이 조화(調和)롭다면 정
신(精神)도 순수(純粹)하여 나날이 번창(繁昌)하게 된다.’는
뜻이다. 干支가 조화(調和)롭게 잘 배합(配合)되어 있으면 좋
다는 말은 하나마나일 수도 있다. 그러나 이러한 구절(句節)이
있음으로 해서 잠시 숨고르기를 할 수가 있으니 쓸모없는 것은
아니다. 지나는 길에 한 번 읽어 볼 정도는 된다는 뜻이다.

「천지괴패이혼란자망(天地乖悖而混亂者亡)」은 ‘사주(四
柱)의 干支가 혼란스럽게 뒤엉켜 있어서 풀어낼 방법이 없는
상황이라면 망(亡)한다.’는 뜻이다. 다시 또 하나마나한 이야
기를 하고 있다고 해야 할 모양이다. 지당(至當)한 말씀이다.

「불론유근무근(不論有根無根)」은 ‘뿌리가 있고 말고는 논하
지 않는다.’는 뜻이다. 이 말은 뿌리가 그만큼 중요(重要)하다
는 의미이기도 하다. 그 다음에 더 중요한 것은 그것만이 최선
(最善)은 아니라는 것을 알아야 한다는 뜻이다. 뿌리가 있는지
없는지를 살피는 것도 중요하지만 그것에만 집착(執着)해서도
안된다는 뜻이다. 그렇다면 더 중요한 것은 무엇인가?

「구요천복지재(俱要天覆地載)」는 ‘천복지재(天覆地載)가
갖추어지기를 요망(要望)한다.’는 뜻이다. 이게 무슨 뜻인가?
地支에서 사정상 天干이 도와주기를 바란다면 그 요구(要求)

에 부응(副應)하여 天干이 덮어 줘야 하며, 天干에서 뿌리가 없는 상황이어서 地支가 그것을 받쳐 주길 바란다면 이번에는 地支에서 그렇게 天干을 실어 주고 받쳐 주는 것이 '천복지재 (天覆地載)'이다. 그러니까 干支가 유정(有情)하고 협력(協力)하는 것이 뿌리가 있고 없는 것을 논하는 것보다 더 중요하다는 의미가 된다.

【原文】

天全一氣 不可使地德莫之載
地全三物 不可使天道莫之容
천전일기 불가사지덕막지재
지전삼물 불가사천도막지용

【直譯】

天全一氣 不可使地德莫之載
천간(天干)이 모두 한가지의 기운(氣運)이라도
지지(地支)에서 음덕(陰德)으로 감싸주지 않으면 안된다.

地全三物 不可使天道莫之容
지지(地支)에 삼물(三物)이 온전(溫全)하더라도
천간(天干)에서 용납(容納)하지 않으면 안된다.

【意譯】

「천전일기(天全一氣)」는 '天干의 네 글자가 모두 한 가지로
되어 있다.'는 뜻이다. 연월일시(年月日時)의 天干이 모두 甲
甲甲甲이거나, 乙乙乙乙과 같은 경우를 말한다. 고서(古書)에
는 이러한 구조를 '천원일기격(天元一氣格)'이라고 하여 특별
한 것으로 보는 관점이 있다.

「불가사지덕막지재(不可使地德莫之載)」는 '地支에서 음덕(陰德)으로 받쳐주지 않으면 소용이 없다.'는 뜻이다. 그러니까 기본적으로 '천전일기(天全一氣)'는 좋은 사주라는 암시(暗示)가 그 속에 포함되어 있음을 생각할 수가 있겠는데, 원국(原局)에서 조화(調和)가 이뤄지지 않으면 다 쓸데없는 허언(虛言)이라고 일침(一針)한 것으로 봐서 은근슬쩍 고서의 허구(虛構)를 질타(叱咤)하고 있는 모습이다.

그럼 地支에서 받쳐준다는 것은 무엇인가? 天干에서 生을 원할 경우에는 地支에 인성(印星)이 있어서 天干을 도와주고, 반대로 설(洩)을 원할 경우에는 또 地支에 식상(食傷)이 있어서 天干을 받아 주게 되면 비로소 지덕(地德)이 있는 것이라고 할 수가 있을 것이니 이와 같은 경우라면 삶의 길도 행복한 나날이 가능하지만, 天干에서 生을 원하는데 地支에서는 관살(官殺)이 퀠을 하고 있거나, 설(洩)을 원하는데 地支에서는 인성이 진(陣)을 치고 있다면 또한 지덕이 없다고 하게 된다.

「지전삼물(地全三物)」은 '地支에 세 가지가 갖추어져 있다.'는 뜻이다. 세 가지 물건(物件)은 무엇인가? 주해(註解)에서는 寅卯辰, 巳午未, 申酉戌, 亥子丑이 모여 있는 방합(方合)을 의미한다. 그러니까 같은 기운으로 모여 있음을 의미하는 것으로 보면 된다. 아마도 집중(集中)된 한 가지의 五行이 있으면 또한 좋은 사주라고 하는 전설(傳說)이 있었던가 보다.

「불가사천도막지용(不可使天道莫之容)」은 '天干에서 용납(容納)하지 않으면 소용이 없다.'는 뜻이다. 결국은 地支에 오롯하게 한 가지의 기운으로 잘 뭉쳐 있더라도 天干에서 그것을 수용(受容)하지 않으면 쓸모가 없다는 의미이다. 가령 地支에 寅卯辰이 갖추어져 있더라도 天干에 丙丁이 있어서 목기(木氣)를 설(洩)하여 주면 용납(容納)을 하는 것인데, 오히려 庚辛이 진(陣)을 치고 있다면 이것은 불용(不容)하는 것이니 이렇게 되어서는 아무런 쓸모가 없음을 의미한다. 그러니 干支가 유정(有情)한 것이 중요하고, 개별적(個別的)으로 좋은 구조라고 하는 것은 실제로는 의미가 없다.

그런데 표현(表現)이 재미있다. '지덕(地德)'과 '천도(天道)'로 구분한 것을 보면서 글자를 대충 쓴 것이 아니라는 느낌을 받게 된다. 이 둘을 합하면 도덕(道德)이 된다. 하늘은 도(道)가 되고 땅은 덕(德)이 된다. 그래서 도와 덕이 하나로 호흡을 맞춰주는 사주야말로 참으로 좋은 사주라고 하겠고, 도와 덕이 따로 논다면 또한 이미 도덕이 아니라는 말이니 干支를 살펴볼 적에는 도덕의 이치에 부합(附合)을 하는지부터 생각해 보는 것이 중요하다. 그렇다고 해서 대단한 의미를 찾아보라는 것은 아니다. 그저 자연스러우면 도(道)인 것이고, 도움을 주고 있으면 덕(德)인 것이다. 이렇게 간단하고 쉬운 방법으로 깊은 이치를 드러내는 것이야말로 흡입력(吸入力)을 갖게 되는 것이고, 단순(單純)한 표현(表現)인데도 이렇게 멋진 것이 《滴天髓(적천수)》의 매력(魅力)인 것이다.

【原文】

陽乘陽位陽氣昌　最要行程安頓
陰乘陰位陰氣盛　還須道路光亨
양승양위양기창　최요행정안돈
음승음위음기성　환수도로광형

【直譯】

陽乘陽位陽氣昌
양기(陽氣)의 천간(天干)이 양지(陽支)를 타고
양기(陽氣)가 창성(昌盛)한 상황이라면

最要行程安頓
가장 중요한 것은 음기(陰氣)의 운을 만나야 한다.

陰乘陰位陰氣盛
음간(陰干)이 음지(陰支)를 타고 음기(陰氣)가 왕성하면

還須道路光亨
도리어 행운(行運)에서는 양기(陽氣)의 운을 만나야 한다.

【意譯】

「양승양위양기창(陽乘陽位陽氣昌)」은 '양기(陽氣)의 天干

이 양지(陽支)를 탔으니 양기(陽氣)가 창성(昌盛)하다.'는 뜻이다. 양기(陽氣)에 해당하는 天干은 丙丁甲乙戊이고 巳午未가 양위(陽位)이다. 이 대목은 음양(陰陽)의 기운(氣運)에 대한 조화(調和)를 논하는 것이다. 특히 음양의 기준(基準)을 水火로 놓고 살핀다는 점도 참고한다. 그러니까 양간(陽干)을 甲丙戊庚壬으로 보는 것은 十干의 양간이며, 甲乙丙丁戊로 보는 것은 水火를 기준으로 삼는 양간으로 여기에서는 丙丁을 위주로 논하는 것으로 이해하게 된다. 이러한 天干이 地支에서 巳午未를 만나게 되면 양기(陽氣)가 넘치는 상황(狀況)으로 보게 되는 것이다. 임철초(任鐵樵) 선생의 설명(說明)을 읽다가 혼란(混亂)이 발생(發生)하기도 했었는데 이러한 의미를 분류(分類)하지 않아서임을 나중에서야 알게 되었으니 독자는 참고 바란다. 거듭 강조(强調)하지만 甲丙戊庚壬이 子寅辰午申戌을 만난 것이 아니란 것이다.

「최요행정안돈(最要行程安頓)」은 '가장 중요한 것은 행운(行運)에서 안정(安靜)을 시켜야 한다.'는 뜻이다. 원국(原局)이 木火의 기운으로 가득 차 있는 경우에는 자칫하면 폭발(爆發)을 하게 될지도 모른다는 염려를 해 볼 수 있을 것이다. 이러한 위험물(危險物)은 모쪼록 무진동(無振動)의 차량(車輛)으로 이동(移動)을 해야만 안전(安全)하다. 그러한 느낌으로 이 구절을 이해하면 충분할 것이다. 원국(原局)에 양기(陽氣)가 넘치면 행운(行運)에서 음기(陰氣)로 조화(調和)를 이루는 것이 중요(重要)하다는 의미이니 달리 해석할 필요는 없다고 하겠다. 결국은 음양(陰陽)의 균형(均衡)이다.

「음승음위음기성(陰乘陰位陰氣盛)」은 '음기(陰氣)의 天干이 음기(陰氣)의 地支를 만나서 음기가 왕성(旺盛)하다.'는 뜻이다. 壬癸庚辛己가 음기(陰氣)이고 亥子丑이 음위(陰位)이다. 壬癸가 亥子에 앉아 있으면 음기가 얼마나 왕성하겠는지를 생각해 보면 왜 이러한 구절이 필요했는지도 짐작을 할 수가 있을 것이다. 원국(原局)이 이렇게 음습(陰濕)한 구조(構造)로 되어 있다면 침체(沈滯)되는 분위기(雰圍氣)를 어쩔 거냐 말이다. 이 구절은 사주의 구조가 너무 한 방향으로 치우치게 된 허물을 논하는 것이다.

「환수도로광형(還須道路光亨)」은 '도리어 행운(行運)에서는 광명(光明)하고 형통(亨通)한 기운을 받아야 한다.'는 뜻이다. 그러니까 사주가 음기(陰氣)로 가득하다면 행운은 양기(陽氣)의 운을 만나서 음양(陰陽)의 조화(調和)를 이루어야 발달(發達)하게 된다는 의미이다. 앞의 구절과 대구(對句)로 되어 있으니 이해에는 어려움이 없으리라고 본다.

【原文】

地生天者 天衰怕沖
天合地者 地旺喜靜
지생천자 천쇠파충
천합지자 지왕희정

【直譯】

地生天者 天衰怕沖
지지(地支)에서 천간(天干)을 생조(生助)하면
천간(天干)은 쇠약(衰弱)하거나 충(沖)됨이 두렵다.

天合地者 地旺喜靜
천간(天干)이 지지(地支)와 합(合)이 되면
지지(地支)가 왕성(旺盛)하고 안정(安靜)됨이 기쁘다.

【意譯】

「지생천자(地生天者)」는 '地支에서 天干을 생조(生助)하면'을 뜻한다. 일주(日柱)가 甲子인데 干支에 식재관(食財官)만 가득하여 日支에 의존(依存)해야 하는 상황을 생각할 수 있겠다. 또는 丙寅 일주(日柱)가 干支에 식재관(食財官)이 있어도 마찬가지로 日支의 寅을 의지하는 형국(形局)이 된다. 이외에도 乙亥, 丁卯, 戊午, 己巳, 庚辰, 庚戌, 辛丑, 辛未, 壬申, 癸

酉 등도 같은 경우이다. 이러한 干支들은 주변에서 전혀 도움을 주는 인겁(印劫)이 없는 경우에는 부득이(不得已)하게 日干은 日支의 인성(印星)에게만 의존을 할 수밖에 없는 것이다.

「천쇠파충(天衰怕沖)」은 '日干이 쇠약(衰弱)하므로 地支의 충돌(衝突)을 두려워한다.'는 뜻이다. 당연히 日干이 약하므로 日支에 모든 것을 걸고 있는데 충돌(衝突)이라도 발생하게 되면 참으로 큰 일이 아닐 수 없다. 甲子가 午를 만나거나 丙寅이 申을 만나는 것이 이에 해당하는 경우이다. 기본적으로는 子午 沖이 일어나더라도 日支의 子가 水剋火로 午를 공격(攻擊)할 수는 있겠지만 주변이 녹록치 않으니 그 점이 걱정인 것이다. 그래서 沖이 되는지를 잘 살펴야 한다.

「천합지자(天合地者)」는 '日干이 日支와 합이 되면'을 뜻한다. 다만 이러한 경우는 얼마 되지 않는다. 丁亥, 戊子, 辛巳, 壬午의 네 干支만 이에 해당하기 때문이다.

「지왕의정(地旺喜靜)」은 '地支가 왕성(旺盛)하니 안정(安靜)되는 것을 기뻐한다.'는 뜻이다. 앞의 '지생천자(地生天者)'의 변형(變形)이라고 생각하면 될 것이다. 이나저나 日干은 약한 상황에서 다시 干支와 합이 된 것을 논한다. 이러한 경우에도 地支는 안정(安靜)이 되어야 한다는 의미로 정리를 하는데, 실은 '지생천자(地生天者)'든 '천합지자(天合地者)'든 다를 바가 없으니 모두 地支에서 안정(安靜)이 되는 것이 중요(重要)하다는 의미로 정리를 하면 될 것이다. 그런데 日支와 합이 된 것을 특별히 강조(强調)할 필요가 있었는지는 약간 의문(疑問)이 든다. 왜냐하면 약한 日干은 인겁(印劫)을 찾아야 하는 것이 목적이고, 유독(惟獨) 干支가 합된 경우라고 해서 별다른 방법(方法)이 있는 것은 아니기 때문이다. 이러한 부분에 대해서는 크게 신경을 쓸 필요가 없을 것으로 보인다.

【原文】

甲申 戊寅 眞爲殺印相生
庚寅 癸丑 也坐兩神興旺
갑신 무인 진위살인상생
경인 계축 야좌양신흥왕

【直譯】

甲申 戊寅 眞爲殺印相生
갑신(甲申)과 무인(戊寅)은
진정(眞正)한 살인상생(殺印相生)이고

庚寅 癸丑 也坐兩神興旺
경인(庚寅)과 계축(癸丑)은
앉은 자리와 함께 두 오행(五行)이 흥왕(興旺)하다.

【意譯】

「갑신무인진위살인상생(甲申戊寅眞爲殺印相生)」은 '甲申
과 戊寅은 진실(眞實)로 살인상생(殺印相生)의 구조(構造)이
다.'라는 뜻이다. 살인상생은 무엇인가? 편관(偏官)이 인성(印
星)을 生하고 그 인성(印星)이 日干을 生하는 구조(構造)를
말한다. 甲申은 申中庚金이 申中壬水를 生하고, 다시 申中壬水
가 日干인 甲을 生하기 때문에 살인상생이 가능(可能)한 干支

이다.

戊寅도 마찬가지로 寅中甲木이 寅中丙火를 生하고, 寅中丙火가 다시 戊를 生하여 성립(成立)되는 구조이다. 그렇다면 60가지의 干支에서 유독(惟獨) 이 두 干支를 선택(選擇)해서 말하는 이유를 생각해 보면, 日支의 편관(偏官)으로 인해서 극제(剋制)를 받아서 日干이 무력(無力)하다고 해석하게 될 가능성이 있음을 염려한 나머지 그렇게만 생각하면 안된다는 의미를 전하고자 한 것으로 보인다. 그 외에도 살인상생(殺印相生)에 해당하는 경우가 있다면 찾아봐야 하는데, 丁亥와 壬戌 정도이다. 언뜻 생각하면 제법 있을 것 같지만 막상 따져보면 이 외에는 모두가 살인상생의 구조라고 할 수 없다.

그런데 丁亥는 정관(正官)이라서 편관(偏官)이어야 할 조건에서 제외(除外)된다. 壬戌은 편관이므로 해당이 되는데 인성(印星)인 戌中辛金이 戌中丁火로 인해서 너무나 허약(虛弱)한 구조가 되는 바람에 제외된다. 이로 인해서 결국에는 甲申과 戊寅만이 해당(該當)한다는 것을 알게 된다. 물론 癸丑도 살인상생(殺印相生)의 구조는 되는데 다음의 항목에서 따로 언급이 되므로 여기에서 논하지 않는다.

「경인계축야좌양신흥왕(庚寅癸丑也坐兩神興旺)」은 '庚寅과 癸丑은 干支가 모두 왕성(旺盛)하다.'는 뜻이다. 庚寅은 金剋木으로 庚이 이기는 관계지만 寅木도 地支에 丙을 의지하여 밀리지 않으니 이 둘은 세력(勢力)이 비슷하다고 본다. 그래서 金木의 두 五行이 모두 흥왕(興旺)하다고 해석(解釋)하는 것이다. 다만 자세히 생각을 해 보면, 뿌리를 얻지 못한 庚이 약간 기우는 듯한 느낌도 없진 않다. 뭐랄까 '庚46:寅54'라고 할까? 그런 느낌으로 사주(四柱)를 관찰(觀察)하게 되기도 한다. 庚과 寅을 모두 흥왕(興旺)하다고 하였던 것은 어쩌면 寅中戊土를 고려해서 그렇게 나온 것이 아닌가 싶기도 하다. 그렇게 된다면 두 세력은 비슷하다고 해도 되지 싶다. 다만 낭월은 지장간(支藏干)을 논함에 있어서 寅中戊土는 제외(除外)하기 때문에 이로 인해서 약간의 관점(觀點)에 대한 차이(差異)가 발생(發生)하게 된 것으로 본다.

癸丑은 겉으로는 土剋水의 구조이지만 내부적으로 丑은 금고(金庫)인데다가 辛癸의 50%로 인해서 굽히지 않아도 될 뿌리가 되기 때문에 또한 土金이 모두 왕성(旺盛)하다고 표현하는 것이다. 그래서 앉은 자리와 日干이 같은 힘을 받고 있다고 해석하는 것이다. 이쯤에서 지장간(支藏干)의 비율(比率)에 대한 표(表)를 소개(紹介)한다.

지장간(支藏干)과 비율(比率)											
寅	卯	辰	巳	午	未	申	酉	戌	亥	子	丑
丙 0.3		癸 0.3	庚 0.3		乙 0.3	壬 0.3		丁 0.3	甲 0.3		辛 0.3
甲 0.7	乙 1.0	乙 0.2	丙 0.7	丁 1.0	丁 0.2	庚 0.7	辛 1.0	辛 0.2	壬 0.7	癸 1.0	癸 0.2
		戊 0.5			己 0.5			戊 0.5			己 0.5

이 표는 하건충(何建忠) 선생의 이론을 낭월이 수정(修整)한 것이다. 월률분야(月律分野)의 표와 비교한다면, 子午卯酉

는 본기(本氣)만 논하고, 寅申巳亥는 여기(餘氣)를 제외(除外)한다. 그리고 辰戌丑未는 모두 수용(受容)한다. 고서(古書)를 살펴보면 지장간(支藏干)의 모습이 모두 일치하는 것은 아니다. 크게 나누면 월률분야에 해당하는 여기(餘氣)와 중기(中期)와 본기(本氣)의 구조로 되어 있는 것과, 인원용사(人元用事)에 해당하는 표로 나뉘는데 지장간(支藏干)을 인원(人元)이라고 통신송(通神頌)에서 의미를 분명히 했으니 자평법에서는 인원(人元)에 해당하는 인원용사(人元用事)를 사용하는 것이 타당하다고 보겠다.

그리고 월률분야는 환경(環境)의 변화(變化)에 대한 참고사항(參考事項)으로 본다면 구분이 분명하게 나뉜다. 이것을 혼용(混用)하여 월률분야를 위주로 해서 사주만을 논하게 되니까 또 그로 인한 부작용이 발생하는 것인데, 분명하게 해야 할 것은 지장간의 도리(道理)는 인원용사(人元用事)에 있고, 인원용사에서는 여기(餘氣)를 불론(不論)한다는 점이다. 이것만 정리하고 비율에 대해서는 비교적 간편(簡便)한 하건충(何建忠) 선생의 논리를 바탕으로 삼고 辰戌丑未의 고기(庫氣)와 중기(中氣)의 비율을 낭월의 관점으로 바꾸었다는 것을 이해하면 된다. 왜 그랬느냐면 가령 辰土에서 수고(水庫)의 주인인 癸水가 辛金보다 비율(比率)이 조금 높은 것이 타당하지 않겠느냐는 생각을 하였기 때문이다. 참고로 하건충 선생의 의견을 첨부한다.

지장간(支藏干)과 비율(比率) - [하건충 설]											
寅	卯	辰	巳	午	未	申	酉	戌	亥	子	丑
丙 0.3		癸 0.2	庚 0.3		乙 0.2	壬 0.3		丁 0.2	甲 0.3		辛 0.2
	乙 1.0	乙 0.3		丁 1.0	丁 0.3		辛 1.0	辛 0.3		癸 1.0	癸 0.3
甲 0.7		戊 0.5	丙 0.7		己 0.5	庚 0.7		戊 0.5	壬 0.7		己 0.5

하건충(何建忠) 선생의 견해(見解)에서 수정(修整)을 하게 된 부분만 밝게 했으니 참고하기 바란다.

【原文】

上下貴乎情協 左右貴乎同志
상하귀호정협 좌우귀호동지

【直譯】

上下貴乎情協
위와 아래가 귀(貴)한 것은
애정(愛情)으로 협력(協力)하는 까닭이다.

左右貴乎同志
좌우(左右)가 귀(貴)한 것은
같은 마음으로 협력(協力)하는 까닭이다.

【意譯】

「상하귀호정협(上下貴乎情協)」은 '天干과 地支가 애정(愛情)으로 협력(協力)하면 귀(貴)하다.'는 뜻이다. 하나의 사주에서 위와 아래의 구조는 네 개의 干支를 말하니 서로 배려(配慮)하고 협력(協力)하면서 조합(組合)을 잘 이루게 되면 유정(有情)하고 그렇지 않으면 무정(無情)한 구조가 된다. 가령 乙酉나 丙子는 무정한 조합이니 귀하다고 하지 않는다. 乙亥나 庚子는 유정한 조합이 되어 귀하다고 할 수 있다. 물론 이것만으로 결론을 내리는 것은 아니지만 일단 이와 같이 되어 있으면 유정(有情)하게 될 가능성이 많음을 생각하라는 뜻으로 보면 이치에 타당하다.

「좌우귀호동지(左右貴乎同志)」는 '좌우(左右)에서 같은 뜻으로 협조(協助)하면 귀(貴)하다.'는 뜻이다. 결국 귀하게 될 암시(暗示)는 상하좌우(上下左右)가 유정(有情)하고 단결(團結)되어야 한다는 것으로 정리를 할 수 있다. 干支와 干支의 관계가 충돌(衝突)이 일어나지 않고 상생(相生)으로 연결되어서 생생불식(生生不息)하는 사주야말로 최상(最上)의 삶을 살아갈 암시가 된다고 하겠으나 이러한 것은 이론적으로 그렇다는 이야기이다. 실제로 그런 사주가 얼마나 있겠는가만 기본적인 이치는 이와 같다는 의미이다.

【原文】

始其所始 終其所終
富貴福壽 永乎無窮
시기소시 종기소종
부귀복수 영호무궁

【直譯】

始其所始 終其所終
시작(始作)이 될 곳에서 시작하고
끝낼 곳에서 끝난다면

富貴福壽 永乎無窮
부유(富裕)와 고귀(高貴)함과 복수(福壽)가
영원(永遠)토록 다함이 없다.

【意譯】

「시기소시(始其所始)」는 '시작해야 할 곳에서 시작한다.'는
뜻이다. 가령 日干이 火인데 木이 필요한 상황(狀況)이라고 할
경우, 마침 月干에 木이 있고, 다시 木은 水가 필요한데 月支나
年干에 水가 있으면 바로 시작할 곳에서 시작한 것이다. 그런
데 木은 있으나 木이 水를 얻지 못한다면 시작할 곳에서 시작
하지 못한 셈이 된다.

「종기소종(終其所終)」은 '끝을 내야 할 곳에서 마무리를 짓는다.'는 뜻이다. 가령 日干이 강왕(强旺)하여 식상(食傷)을 용신(用神)으로 삼았는데 재성(財星)이 식상 뒤에 붙어 있으면 끝내야 할 자리에서 제대로 끝을 만난 것이다. 그런데 옆에 다시 관살(官殺)이 붙어 있다면 아무래도 끝내야 할 곳에서 끝내질 못하고 계속 끌려가는 형상(形象)이 되는 것이다. 여기에서 관살이 다시 인성(印星)이라도 만났다면 완전히 망친 그림이 되는 것이다.

「부귀복수(富貴福壽)」는 '물질적(物質的)으로는 부유(富裕)하고, 사회적(社會的)으로는 신분(身分)이 고귀(高貴)하며, 환경적(環境的)으로는 자손(子孫)이 넘치고, 신체적(身體的)으로는 장수(長壽)하는 것'을 말한다. 이런 사람이 얼마나 되겠는가만 여하튼 그런 사람이 있다면 그는 참으로 모든 것을 다 갖추고 나날이 행복이 넘치는 삶을 살아갈 것으로 보인다. 물론 이렇게 되는 것은 사주의 이상향(理想郷)이다. 이렇게 '시기소시(始其所始) 종기소종(終其所終)'하는 사주도 희귀(稀貴)하듯이, 현실적으로는 물질이 갖추어지면 가족이 힘들게 하거나, 가족이 화목(和睦)하면 물질적으로 갖추어지지 못해서 뭔가 갈구(渴求)하면서 살아가는 것이 지극(至極)히 자연스러운 삶의 모습일 것이다.

「영호무궁(永乎無窮)」은 '오래도록 다함이 없다.'는 뜻이다. 뭘 더 원하겠는가. 干支의 변화(變化)는 이러한 것을 읽어내는 것에서 모두 발견하게 되는 것이니 많은 사주를 보고 임상하고 궁리하는 과정에서 처음에는 따로 놀던 干支들이 나중에는 한 덩어리로 어우러져서 제각각의 모습으로 실상(實相)을 보여준다. 이러한 것을 살피는 기준을 「간지총론(干支總論)」편에서 상세하게 설명을 하니 이치를 잘 헤아려서 자신의 마음에 담아두기만 한다면 처음에는 힘들겠지만 점차로 干支의 변화가 보이게 될 것이다. 사주를 공부하기 위해서는 10년이 걸리지만 실제로 사주를 보는 시간은 3초도 긴 시간이다. 그러기 위해서는 부단(不斷)히 정진(精進)해야 할 것이다.

이 구절은 사주를 보는 것만이 아니라 인생의 귀감(龜鑑)으로 삼아도 좋을 구절이라서 다시 생각해 보곤 한다. '시작할 곳에서 시작하고, 끝낼 곳에서 끝내니 부귀복수(富貴福壽)가 영호무궁(永乎無窮)이라.'고 하니 인생은 어떠한가를 생각해 보자. 시작은 누구나 잘 한다. 그래서 시작할 곳에서 시작한다는 말은 누구나 그렇게 한다고 생각을 할 수도 있지 싶다. 그러나 실은 시작할 곳에서 시작을 못하고 시작하지 않아야 할 곳에서 시작하는 경우도 너무 많다고 하면 어떻게 생각할지……

가령, 사업을 시작하려고 한다면 시작을 해야 할 곳은 어디일까? 좀 막연할까? 그렇다면 번호를 붙여보자.

※ 최우선(最優先)으로 해야 할 것
① 가게 자리를 알아보는 것
② 상권(商圈)을 살펴보는 것
③ 대출(貸出)을 받는 것
④ 사업에 대한 속성(屬性)을 공부하는 것

이 중에서 어느 것을 가장 먼저 시작해야 할 것인지를 생각해 보자. 그리고 독자(讀者)는 이러한 경우에 어떤 선택(選擇)을 하게 될 것인지도 생각해 보는 것이다. 아마도 ④번으로 시작을 삼는 사람은 ③번으로 시작을 삼는 사람에 비해서 실패(失敗)할 가능성이 줄어들 것이고, 그만큼의 성공(成功)할 가능성이 높아질 것이라고 할 수 있겠다. 이렇게 시작을 할 곳이 어디인지를 잘 알아야 한다는 것을 예로 들어 봤지만 과연 우리는 살아가는 모든 과정에서 제대로 '시기소시(始其所始)'를 하고 있는지를 곰곰 생각해 보면 느낌이 많을 것이다.

'종기소종(終其所終)'도 마찬가지이다. 끝내야 할 곳에서 끝내야 한다는 이야기이다. 그것이 언제인가? 직장(職場)을 다니다가 그만두고 싶어질 수도 있을 것이다. 그렇다면 언제 끝을 내는 것이 끝낼 곳에서 끝내는 것일까? 내일부터 출근하지 않겠다고 하는 것도 끝내는 것이고, 두 달의 여유(餘裕)를 드릴 테니 후임자(後任者)를 찾아봐 달라고 사장(社長)에게 이야기 하는 것 또한 끝내는 것이다. 그리고 그 일을 마친 다음에 회사의 사장은 나에 대해서 어떻게 끝을 냈을 적에 한 번 더 생각할까? 아니면 원망(怨望)을 할까? 조금만 생각을 해 보면 결과는 너무도 명료(明瞭)하게 드러난다.

이렇게 '시종(始終)'의 이치(理致)를 잘 안다면 그는 매우 이성적(理性的)인 사람이라고 할 것이고, 그러한 사람에게 비로소 '부귀복수(富貴福壽)'가 대가로 주어진다는 것이다. 물론 그렇게 한다고 해도 맘대로 안되는 경우가 더 많을 것이다. 그럼에도 불구하고 이러한 구절이 뒤에 붙어 있다는 것은 이렇게라도 하지 않으면 그나마도 기대를 할 것이 없지 않겠느냐는 가르침으로 수용(受容)하라는 의미이다. 이러한 것은 처세술(處世術)이라고도 하고 처세훈(處世訓)이라고도 한다. 중요한 것은 사주의 이야기만이 아니라 세상을 살아가는 이치도 마찬가지라는 것이다. 하물며 사주에서도 시작을 할 곳에서 시작하고 끝낼 곳에서 끝내면 또한 삶의 모습이 아름다울 가능성이 많다고 보는 것이다.

가령 일강(日強)하다면 시작(始作)은 인성(印星)일 것이다. 인성과 비겁(比劫)이 많음으로 인해서 일강이 된 것은 당연(當然)하다. 그러면 끝내야 할 곳은 어디일지를 생각해 보아라. 식상(食傷)일까? 재성(財星)일까? 아니면 관살(官殺)일까? 여기에서 독자의 수준이 여실(如實)히 드러나게 된다. 정답(正答)은 당연히 재성이다. 왜냐하면 식상에서 끝내면 마무리가 되지 않은 상태에서 끝내는 것이니 여운(餘韻)이 많이 남을 것이다. 그래서 재성에서 끝내야 하는 것이고 이것은 재물을 얻으면 그걸로 일단락(一段落)이 되는 것임을 의미한다.

그런데 재물이 쌓이게 되면 끝내야 할 곳을 잠시 망각(妄覺)하게 될 수도 있다. 그것은 권력(權力)까지도 넘보게 되는 것을 의미한다. 재벌(財閥)의 총수(總帥)가 대통령(大統領)에 출마(出馬)하는 것이 일례(一例)가 될 수 있겠다. 그리고 결과는 잘 될 수도 있고 잘못 될 수도 있다. 그러나 중요한 것은 끝내야 할 곳을 지나쳐 버렸다는 점이다. 하지만《滴天髓(적천수)》를 읽은 학자(學者)라면 그곳은 끝내야 할 곳이 아님을 잘 알고 조언을 해 줄 수가 있을 것이다.

또 일약(日弱)하다면 이번에는 재성(財星)이 시작일 가능성이 많다. 관살(官殺)이 많아도 일약이 될 수 있고, 식상(食傷)

부터 많을 수도 있다. 이러한 십성(十星)들이 일약의 원인이 되는 까닭이다. 그렇다면 어디에서 멈춰야 할까? 이때에는 日干에서 멈춰야 한다. 만약에 日干을 거쳐서 다시 식상으로 이어진다면 이것은 끝내야 할 곳을 지나쳐 버린 것이다. 이치는 매우 간단한 것이다. 문제는 감정(感情)이 개입(介入)해서 순탄(順坦)치 않을 가능성이 많다는 것이다. 그래서 사주에 따라 시작해야 할 곳이 있고 끝내야 할 곳이 있는 것이고, 그것은 五行으로 관찰(觀察)을 하면 된다.

원국(原局)의 상황(狀況)에 따라서 日干이 강한 경우에는 관살(官殺)로 끝나는 사주도 있는데 이때에는 '재관격(財官格)'이나 '재자약살격(財滋弱殺格)'이라고 할 것이다. 그러면 인성(印星)은 없어야 하는 것이 원칙(原則)이다. 그런데 관살이 다시 인성을 생조하고 있다면 이것은 멈춰야 할 곳을 지나치게 되는 것이다. 사주에서 이와 같이 나타나 있으면 그 사람도 그렇게 될 가능성이 많은 것은 숙명(宿命)이다. 그렇지만 그것을 본인(本人)이 명료(明瞭)하게 인지(認知)하고 노력(努力)을 통해서 감정(感情)을 조절(調節)할 수가 있다면 분명히 무언가는 나아질 가능성이 있는 것이다. 이렇게도 간단한 구절에 멋진 인생철학(人生哲學)의 깊은 맛을 볼 수 있도록 한 경도(京圖) 선생의 심지(心地)에 감동(感動)을 해도 되지 않을까 싶다. 다시 한 번 강조(强調)하자.

'시기소시 종기소종(始其所始 終其所終)'

10. 形象(형상)

兩氣合而成象 象不可破也
五氣聚而成形 形不可害也

獨象喜行化地 而化神要昌
全象喜行財地 而財神要旺

形全者宜損其有餘
形缺者宜補其不足

【直譯】

形象
형체(形體)의 상징(象徵)

【意譯】

「형상(形象)」은 '형체(形體)의 상징(象徵)'을 말한다. 「간지총론(干支總論)」편에서 전체적으로 보는 방법을 익혔으면 이제는 그러한 관찰(觀察)로 인해서 주어진 형태(形態)를 살펴야 하는 법을 이해하고 그러한 글자의 조합(組合)으로 인해서 떠오르는 어떤 상징성(象徵性)을 찾는다.

兩氣合而成象 象不可破也
五氣聚而成形 形不可害也
양기합이성상 상불가파야
오기취이성형 형불가해야

【直譯】

兩氣合而成象
두 기운(氣運)이 결합(結合)하여 상(象)이 이뤄지면

象不可破也
형상(形象)이 파괴(破壞)되는 것은 불가(不可)하다.

五氣聚而成形
다섯 기운(氣運)이 모여서 이루어진 형상(形狀)이라면

形不可害也
형상(形狀)이 피해(被害)를 당하면 안된다.

【意譯】

「양기합이성상(兩氣合而成象)」은 '두 가지의 기운(氣運)으로 이루어진 사주의 형상(形象)이다.' 라는 뜻이다. '두 가지'

라는 글만 봐서는 음양(陰陽)을 말하는 것이 아닌가 싶은 생각
이 문득 들기도 한다. 다만 이 경우에는 음양을 논하는 것으로
대입하기에는 적당하지 않아서 불론(不論)이다. 사주팔자(四
柱八字) 여덟 글자의 五行이 木火, 火土, 土金, 金水, 水木으로
이뤄진 경우에는 상생(相生)의 양기(兩氣)가 된다. 또 木土,
火金, 土水, 金木, 水火의 두 기운으로 이뤄진 사주는 상극(相
剋)의 양기가 된다. 이렇게 다른 五行은 섞이지 않고 오직 두
가지의 기운으로만 된 경우를 말한다.

「상불가파야(象不可破也)」는 '형상(形象)이 파괴(破壞)되
어서는 안된다.'는 뜻이다. 사주의 구조가 단지(但只) 두 가
지의 이행(二行)으로만 치우쳐서 팽팽(膨膨)하게 균형(均衡)
을 이루고 있는데 무엇인가 불쑥 끼어들어서 균형이 무너진다
면 어떻게 되겠느냐는 분위기로 느껴본다. 그러나 실제로 임상
(臨床)에서 이러한 경우에 해당하는 사주를 접하기는 매우 드
물다. 거의 없다고 봐도 좋을 정도이다. 그래서 상극(相剋)의
양기성상격(兩氣成象格)일 경우에 참고하는 용신법(用神法)
인 통관법(通關法)은 아예 고려의 대상도 되지 않음을 생각하
게 된다. 중요한 것은 다섯 가지 중에서 두 가지로만 이루어져
이미 치우침을 피할 수가 없으니 중화(中和)를 최선(最善)으
로 삼는 자평법(子平法)에서는 풀이를 하기도 전에 벌써 문제
가 많음을 전제(前提)하게 된다. 그래서 양상(兩象)이 깨어지
면 안된다는 주의사항(注意事項) 정도로 의미(意味)를 이해하
면 될 것이다.

「오기취이성형(五氣聚而成形)」은 '다섯 기운이 모여서 형성(形成)된다.'라는 뜻이다. 앞의 구절이 양기(兩氣)이고 이번 구절이 오기(五氣)라서 음양(陰陽)과 五行을 말하는 것인가 싶은 생각을 잠시 해 봤는데 그건 아니다. 상담실에서 방문자와 마주 앉아서 사주를 적어 놓고 보면 대부분의 사주는 다섯 가지의 기운인 五行이 섞여 있고, 이에 해당하는 사주의 해결책(解決策)을 설명한 것이다.

「형불가해야(形不可害也)」는 '그 형상(形象)이 피해(被害)를 당하지 않아야 한다.'는 뜻이다. 앞의 양상(兩象: 兩氣合而成象의 줄임말)에서는 '상불가파야(象不可破也)'라고 하고, 여기에서는 '형불가해야(形不可害也)'라고 표현했다. 그 의미를 생각해 보면, 상(象)은 형체(形體)보다는 상징(象徵)의 정신적(精神的)인 면에 비중을 둔 것이라고 하겠고, 형(形)은 물질적(物質的)인 면에 의미를 조금 더 많이 둔다는 뜻이다. 그러나 실제로 사주를 판단할 적에는 이렇게 구분할 필요는 없다. 그 이유는 정신(精神)과 신체(身體)가 둘로 나뉠 수가 없는 까닭이다. 이 부분에 대한 반자단(潘子端) 선생의 설명은 명료(明瞭)하다.

사주를 보는데 있어서 먼저 상(象)을 봐서 정신세계(精神世界)를 파악(把握)하고, 다음으로 형(形)을 보아서 현실세계(現實世界)에 대한 관점(觀點)을 살피는 것이 순서이다. 그래서 '상(象)'은 깨어졌거나 온전한지로 구분하고, '형(形)'은 해코지하는 글자가 있는가 없는가로 구분하는 것이다. 다만 상(象)을 논하면서 양기(兩氣)에 대한 것으로 주제(主題)를 정한 것은 다소 의아하다. 오기(五氣)는 양기만 못하다는 느낌으로 설명이 된 듯해서 자칫하면 오해(誤解)의 여지(餘地)가 있음을 염려(念慮)하는 것이다. 그러나 성상(成象)은 어떤 사주든지 상황(狀況)에 따라서 살펴보는 것이므로 오기(五氣)도 성상이 있고 양기도 파상(破象)이 있는 것이므로 이름에 얽매일 필요는 없다고 하겠다.

따지고 보면, 양기(兩氣)든 삼기(三氣)든 중요한 것은 그 형체(形體)가 갖고 있는 상징(象徵)이다. 그렇게 되면 干支의 형체는 체(體)가 되고, 干支의 조합에서 풍겨 나오는 느낌은 용(用)이 되는 것으로 이해를 하면 된다. 그리고 자평학은 체에서 읽어내는 용을 중요하게 생각한다는 것을 알고 있으므로 해석을 할 적에도 그러한 상징을 읽어내는 것이 필요하게 된다. 형체에서 沖剋이 많으면 상징으로는 '분주(分柱)한 삶이 되겠군.' 하는 느낌이고, 형체가 상생(相生)으로 흐름을 만들고 있으면, '행복(幸福)한 삶이 되겠군.' 하는 정도의 느낌으로 이해하면 될 것이니 양기든 오기든 그것은 그리 중요한 문제가 되지 않는다는 것으로 정리를 한다.

【原文】

獨象喜行化地 而化神要昌
全象喜行財地 而財神要旺
독상희행화지 이화신요창
전상희행재지 이재신요왕

【直譯】

獨象喜行化地
한 가지로 이뤄진 형상(形象)은
설화(洩化)하는 행운(行運)을 기뻐하니

而化神要昌
이때에는 설(洩)하는 식상(食傷)이
번창(繁昌)하기를 바란다.

全象喜行財地
완전(完全)한 형상(形象)이면
재성(財星)의 행운(行運)을 좋아하니

而財神要旺
재성(財星)이 왕성(旺盛)하기를 바란다.

【意譯】

「독상희행화지(獨象喜行化地)」는 '한 가지의 五行으로 된 형상(形象)은 설화(洩化)하는 地支로 가는 행운(行運)을 기뻐한다.'는 뜻이다. 양상(兩象)은 두 가지의 五行인데 독상(獨象)은 한술 더 떠서 한 가지의 五行으로 구성이 된 사주이다. 다른 말로는 '일행득기격(一行得氣格)'이라고도 한다. 일행(一行)이라는 이야기이다. 물론 치우친 것으로 논한다면 편지우편(偏之又偏)이다.

五行의 기운이 고르게 흘러가는 것이 최상(最上)이라고 보는 상리(常理)의 관점에서 본다면 세상에서 한 번 밖에 쓸모가 없는 진시황(秦始皇)의 송곳이라고나 할까 싶다. 장성(長城)을 쌓을 적에 큰 돌을 싣기 위해서 엄청 큰 수레를 만들었는데 그 수레가 고장 나면 일반 송곳으로는 수리가 불가능하여 송곳도 크게 만들었다는 이야기가 전한다. 이와 같이 한 번 쓰일까 말까한 연장(鍊匠)은 일상(日常)을 살아야 하는 사람의 관점으로 본다면 쓰일지 안 쓰일지도 모르는 형태가 염려스럽다. 그렇지만 이러한 사주를 갖게 되었더라도 또한 태어나면서 주어진 그의 운명이다. 어떻게 처리를 해야 할 것인지에 대해서 고민을 하는 경우라고 한다면 '이렇게 처리하라.'는 모범답안(模範答案)이 필요한 것이다. '독상(獨象)으로 된 사주가 있다. 어떻게 해야 하는가?'에 대한 해답(解答)은 '독상(獨象)은 그 기운을 흘려보내는 식상(食傷)의 운을 기뻐한다.'이다. 화(化)에는 따르다라는 의미가 들어 있다. 이것은 흐름을 따른다는 의미로 해석을 하면 무난할 것이다. 사실 이외의 다른 방법이 없는 것도 부정(否定)할 수 없는 현실(現實)이다. 이렇게 치우친 사주를 剋한다고 해결 될 일은 아니므로 흐름을 따르는 것만이 상책(上策)인 것이다.

독상(獨象)에는 특별히 별명(別名)이 붙어 있으니 참고로 알아두고 나중에 누군가 그러한 용어를 사용한다면 '그 말이 이 맞겠거니 …….' 하면 될 것이다.

① 日干 포함 木으로만 된 사주는 곡직격(曲直格)
② 日干 포함 火로만 된 사주는 염상격(炎上格)
③ 日干 포함 土로만 된 사주는 가색격(稼穡格)
④ 日干 포함 金으로만 된 사주는 종혁격(從革格)
⑤ 日干 포함 水로만 된 사주는 윤하격(潤下格)

다만 독상(獨象)으로 되어 있다고 해서 특별한 대접을 하는 것은 아니므로 괜한 호들갑을 떨 필요는 없다고 본다. 그냥 그 렇게 생겼으므로 이러한 사주들은 모두 식상(食傷)을 만나야 하고 그러한 운(運)에서 원하는 일들이 조금 추진되다가 그 운 이 지나고 나면 다시 원상복귀를 하게 된다는 정도로만 이해하 면 될 것이다. 물론 식상의 운이 온다고 해도 재성(財星)의 운 이 같이 들어와 주기를 바라는 것은 결실(結實)까지도 생각하 고자 하는 열망(熱望)이지만 그렇게 맘대로 되지 않는 것도 인 생이다.

「이화신요창(而化神要昌)」은 '식상(食傷)의 기운이 왕성 (旺盛)하기를 요구(要求)한다.'라는 뜻이다. 그래야 수요(需

要)와 공급(供給)의 균형(均衡)을 맞출 수가 있기 때문이다. 이미 가득한 日干의 기운을 왕성한 출구로 내어보낸다면 속이 다 시원할 것이다. 갇혀 있는 에너지는 썩고 병들기 마련이다. 비록 출구가 있다고는 하더라도 너무 빈약하여 쫄쫄쫄 흐른다면 있으나 마나이다. 댐의 수문을 활짝 열어 놓은 것처럼 혹은 나이아가라 폭포처럼 그렇게 콸콸 흘러가야 뭔가 쓸모가 있는 것이다. 다만 그러한 운이 들어온들 얼마나 가겠는가? 이 점이 아쉬울 수밖에 없는 부분이다. 아무래도 독상(獨象)은 양상(兩象)보다 못하다는 관점으로 이해하는 것이 타당하리라고 본다. 五行은 골고루 있는 것이 최상(最上)이기 때문이다.

「전상희행재지(全象喜行財地)」는 '五行이 완전(完全)한 형상(形象)을 갖춘 사주는 재운(財運)으로 가는 것이 기쁘다.'는 뜻이다. 그런데 '완전한 형상'이 어떤 경우를 말하는 것인지는 도무지 요령부득(要領不得)이다. 그래서 임철초(任鐵樵) 선생의 주해를 바탕으로 살펴보면, 우선 日干이 왕성(旺盛)해야 한다는 것을 전제로 해야 할 모양이다. 왜냐하면 식상(食傷)을 용신(用神)으로 쓰게 되면 재운이 좋고, 관살(官殺)을 용신으로 삼게 되어도 또한 재운이 좋다고 하고 원문(原文)에서도 재운이 기쁘다고 하였으니 재운이 기쁘기 위해서는 역(逆)으로 日干이 강한 경우를 제외하고는 생각할 방법이 없기 때문이다. 이렇게 되면 전상(全象)은 '식신생재격(食神生財格)', '상관생재격(傷官生財格)'의 구조가 되거나, '재관격(財官格)', '재자약살격(財滋弱殺格)'의 구조를 하고 있는 경우에 해당하겠으니 이것이야말로 앞에서 거론(擧論)한 일기(一氣)와 양기

(兩氣)와는 비교도 되지 않을 정도의 중화(中和)에 가까운 구조(構造)가 된다. 전상(全象)은 五行의 기운을 골고루 갖추고 있어서 '완전한 형상'이라고 할 수가 있는 것이다.

「이재신요왕(而財神要旺)」은 '재물(財物)의 신(神)이 왕성(旺盛)하기를 요망(要望)한다.'라는 뜻이다. 이것은 관살(官殺)을 용신(用神)으로 삼았을 경우에 재성(財星)이 용신을 생화(生化)하는 것도 같은 의미로 이해하게 된다. 결과적(結果的)으로 재물(財物)이 되었든 심리적(心理的)인 일이 되었든 간에 마침표를 찍는 곳은 재성이 되므로 재신(財神)이 왕성(旺盛)해야 풍성(豊盛)한 결과(結果)를 기대 할 수가 있다는 이야기이다. 만약에 재성이 왕성하기를 바라는 것이 인지상정(人之常情)이지만 상황에 따라서 무력하다면 노력을 많이 하여 결실(結實)은 빈약(貧弱)할 수가 있다. 이것은 일 년 내내 땀을 흘리면서 애를 썼지만 막판에 태풍(颱風)이 와서 모든 농작물(農作物)을 휩쓸어 가버리고 쭉정이만 거두게 되는 모습과 같다.

形全者宜損其有餘
形缺者宜補其不足
형전자의손기유여
형결자의보기부족

【直譯】

形全者宜損其有餘
형상(形象)이 완전(完全)한 자는
남는 것을 덜어내는 것이 마땅하고

形缺者宜補其不足
형상(形象)에 결함(缺陷)이 있는 자는
부족한 것을 보완(補完)하는 것이 마땅하다.

【意譯】

「형전자(形全者)」는 '형상(形象)이 완전(完全)한 사주'의
뜻이다. 이것은 앞의 '전상(全象)'과 서로 통하는 의미이니 五
行으로 잘 갖추어진 사주의 경우를 말한다.

「의손기유여(宜損其有餘)」는 '넘치는 기운을 덜어내는 것이
옳다.'는 뜻이다. '손(損)'은 보통 손해(損害)나 손상(損傷)의

의미로 사용하지만 여기에서는 극설(剋洩)의 의미로 쓰인다. 日干의 기운이 왕성할 경우에는 식상(食傷)으로 설(洩)하거나, 관살(官殺)로 극(剋)하는 것이 모두 손(損)에 해당하기 때문이다. 특히 '남음이 있는 것[有餘]'을 손(損)한다는 것이라고 분명하게 밝혔으니 다른 해석은 필요치 않다.

「형결자(形缺者)」는 '형상(形象)에 결함(缺陷)이 있는 사주'의 뜻이다. 이것은 沖剋이 되었거나 생조(生助)가 부족하여 결함이 있는 경우를 두고 말하는 것이다. 넓은 의미로 본다면 日干의 결함도 되고, 용신(用神)의 결함도 포함(包含)이 될 수 있으므로 모두 다 통용되는 의미로 정리를 하면 된다.

「의보기부족(宜補其不足)」은 '부족(不足)한 부분(部分)을 보완(補完)해야 한다.'라는 뜻이다. 부족한 것은 日干의 힘이 부족할 수도 있고, 용신(用神)의 힘이 부족할 수도 있다. 무엇이든 부족한 것은 보완해서 갖추도록 해야 한다는 의미이다. 특히 기본적(基本的)인 관점(觀點)이라고 한다면 日干의 상황(狀況)에 좀 더 비중(比重)을 두고 관찰(觀察)하면 된다.

日干이 부족한 것을 보완하는 글자는 용신(用神)이라고 하게 되고, 용신이 부족한 것을 보완하는 글자는 희신(喜神)이다. 반대로 기신(忌神)이 부족한 것을 돕는 글자는 구신(仇神)이라고도 한다. 희기(喜忌)를 떠나서 부족한 것을 돕는 것에 대해서 관찰을 하면 되는 것이다. 그리고 이름에 매일 필요도 없다. 항상 그 상황에서 최선을 다하는 것만이 중요하므로 사주마다 해결책이 다르다고 이해하면 될 것이다.

11. 方局(방국)

方是方兮局是局 方要得方莫混局
局混方兮有純疵 行運喜南或喜北
若然方局一齊來 須是干頭無反覆

成方干透一元神 生地庫地皆非福
成局干透一官星 左邊右邊空碌碌

【直譯】

方局
방합(方合)과 삼합(三合)

【意譯】

「방국(方局)」은 '방합(方合)과 三合'을 말한다. 寅卯辰의 동방(東方), 巳午未의 남방(南方), 申酉戌의 서방(西方), 亥子丑의 북방(北方)이 방합이다.

이것은 계절(季節)의 개념(概念)을 도입(導入)해서 정리한 것으로 봄철은 동방(東方)이라고 하고 寅卯辰월이 이에 해당하여 붙여진 이름이고, 여름철은 남방(南方)이라고 하여 巳午未월이 이에 해당한다. 申酉戌월은 가을철을 의미하고 서방

(西方)이 되며, 亥子丑월은 겨울철이 되고 북방(北方)이라고
하니 방향과 계절의 의미를 함께 대입하여 붙여진 이름이다.

寅午戌 - 화국(火局)
巳酉丑 - 금국(金局)
申子辰 - 수국(水局)
亥卯未 - 목국(木局)

이것은 사행(四行)의 일생(一生)을 묶음으로 표시한 것이
다. 寅卯辰巳午未申酉戌은 火의 일생이므로 화국(火局)이라고
하고 그중에서 대표적인 세 글자를 선택(選擇)하여 표시한 것
이다. 巳午未申酉戌亥子丑은 金의 일생이고, 申酉戌亥子丑寅
卯辰은 水의 일생이며, 亥子丑寅卯辰巳午未는 木의 일생이다.
그런데 五行의 일생을 논하지 않고 사행(四行)의 일생만 논한
것은 왜일까? 그 이유는 간단하다. 土는 불생불멸(不生不滅)
이어서 일생이 없다. 왜냐하면 土는 지구(地球)의 본질(本質)
이기 때문이다. 土는 지구가 생성되었을 적에 탄생(誕生)되었
고, 지구가 사라지게 되면 그 때가 임종(臨終)이 되는 것이니
五行의 본질을 논할 적에는 木火金水와 土는 의미(意味)가 전
혀 다르다는 것을 잘 알아두면 관찰하는데 도움이 될 것이다.
그리고 사주풀이를 할 경우에는 土를 20%의 비중으로 환원
(還元)해서 대입(代入)을 하지만 그 본질이 다르다는 것을 잊
지말아야 할 것이며, 이것을 알고 있는 것과 모르고 있는 학자
의 사유세계(思惟世界)는 같지 않을 것이다.

【原文】

方是方兮局是局　方要得方莫混局
局混方兮有純疵　行運喜南或喜北
若然方局一齊來　須是干頭無反覆

방시방혜국시국　방요득방막혼국
국혼방혜유순자　행운희남혹희북
약연방국일제래　수시간두무반복

【直譯】

方是方兮局是局
방(方)은 방합(方合)이고 합(合)은 합국(合局)이다.

方要得方莫混局
방합(方合)은 합국(合局)과 섞이면 안되고

局混方兮有純疵
합국(合局)도 방합(方合)과 섞이면 하자(瑕疵)가 된다.

行運喜南或喜北
행운(行運)은 남방(南方)이 좋거나 북방(北方)이 좋다.

若然方局一齊來
만약에 방국(方局)이 같이 들어온다면

須是干頭無反履
모름지기 천간(天干)에서 반대되는
오행(五行)은 없어야 한다.

【意譯】

「방시방혜국시국(方是方兮局是局)」은 '방합(方合)은 방합
이어야 하고 三合은 三合이어야 한다.'는 뜻이다.

「방요득방막혼국(方要得方莫混局)」은 '방합(方合)일 적에
는 방합으로 구성이 되어야지 三合과 섞이면 안된다.'는 뜻이
다. 왜 그래야 하는지는 요령부득(要領不得)이다. 뭔 말인지
알아먹을 수가 없다는 뜻이다. 물론 말이 안된다는 소심(小心)
한 반발(反撥)이기도 하다.

「국혼방혜유순자(局混方兮有純疵)」는 '三合과 방합(方合)
이 혼잡(混雜)되어 있으면 순수(純粹)한 가운데에서 허물이
있다.'는 뜻이다. 이쯤에서 앞의 구절과 함께 정리(整理)를 해
본다. 그러니까 방합(方合)과 三合은 섞이면 안된다는 말이다.
예를 들어서 寅卯辰의 동방(東方)이라면 亥卯未의 목국(木局)
과 섞이면 안된다는 뜻이다. 만약 원문(原文)에서 동방과 금국
(金局)이 섞이면 안된다고 했으면 의문(疑問)은 있을 수가 없
겠지만 이렇게 무턱대고 방국(方局)만 논한다면 이것은 같은
五行의 방국이 섞이는 것을 말하는 것이라고 이해하는 것은 너

무도 당연(當然)한 이야기이다.

　그러니까 낭월의 생각은 이렇다.

　寅卯辰의 東方이라면 巳酉丑의 金局과 섞이면 안되고,
　巳午未의 南方이라면 亥子丑의 水局과 섞이면 안되고,
　申酉戌의 西方이라면 亥卯未의 木局과 섞이면 안되고,
　亥子丑의 北方이라면 寅午戌의 火局과 섞이면 안된다.

　이렇게 정리를 한다면 고개를 끄덕여도 되지 싶다. 적어도
서로 상반된 기운들이 혼잡하니 그야말로 유순자(有純疵)라고
할 수 있을 것이다. 그런데 원문의 내용에 이와 같은 설명이 없
고 유백온(劉伯溫) 선생의 주석(註釋)에서 조차도 동방(東方)
과 목국(木局)을 섞어 놓은 것으로 설명하고 있으니 낭월의 반
발(反撥)은 당연할 수밖에 없다.

　寅卯辰이면 목기(木氣)가 태왕(太旺)하다고 할 수 있는데,
여기에 亥卯未가 섞인다면 木의 기운은 더욱 왕성(旺盛)하게
될 것이다. 이렇게 된다면 필시(必是) 일방(一方)으로 치우친
목기(木氣)가 부담스러울 수도 있다. 그런데 이야기의 흐름으
로 봐서 그것을 염려하는 것과는 전혀 다른 방향이다. 단순하
게 방(方)과 국(局)이 섞이는 것에 대해서 논하고 있기 때문이
다. 아마도 이것은 경도(京圖) 선생의 주관적(主觀的)인 생각
일 수도 있겠지만, 혹시라도 후에 누군가가 끼워 넣은 것이 아
닐까 싶은 생각을 해 본다. 논리적(論理的)으로 봤을 적에 앞
에서 진행되는 것과는 그 수준에서 사뭇 차이가 느껴지는 까닭
인데, 독자의 생각도 어쩌면 그럴 것으로 본다.

왜냐하면, '방(方)이면 어떻고 국(局)이면 어떻고 또 이들이 섞여 있으면 무슨 상관이랴~!' 싶기 때문이다. 중요한 것은 그것이 아닌데 사소한 것을 확대해서 설명하고자 한 의도는 아무래도 짐작하기 어렵다. 즉 방국(方局)의 항목(項目)은 아무래도 논외(論外)로 해야 할 부분이 아닌가 싶고 '당시에는 이러한 것이 중요하게 다루어졌었던가 보다.'라는 생각만 해 볼 뿐이다. 즉 원문에 이러한 내용이 있더라도 이치적(理致的)으로 타당하지 않아 보이면 일단 비중을 두지 않고 넘어가면 되는 것이다. 세상의 어떤 책도 100% 완벽한 것은 없다는 것을 전제(前提)로 생각하면 별 무리는 없을 것이기 때문이다. 그렇다고 해서 문제가 있어 보인다는 이유로 원문을 삭제(削除)하는 것에 찬성(贊成)하지 않는 이유는 문제 있는 원문이라도 이렇게 남겨 놓으면 나중에 또 누군가의 지혜(智慧)로 인해서 멋진 실마리를 찾아내는 힌트가 될 수도 있기 때문이다. 왜냐하면 낭월도 부족한 학자일 뿐이므로 스스로 이해가 되지 않는다는 이야기만 쓰면 되는 것이지 그 자체를 삭제하는 것은 경솔(輕率)하다는 생각이다.

다만, 천하의 《滴天髓(적천수)》에 포함된 원문이므로 감히 어깃짱을 놓을 수가 없는 것은 물론이고, 최대한(最大限)으로 존중(尊重)하기 위해서 어떻게 해서든지 말이 된다는 생각이 들도록 꾸미는 것 또한 후학(後學)의 사로(思路)를 번거롭게만 할 뿐이므로 이렇게 밖에 이해가 되지 않으니 각자 살펴보고 참고 하기 바란다는 정도라면 낭월의 생각을 충분히 전달한 듯 싶다.

「행운희남혹희북(行運喜南或喜北)」은 '운(運)의 흐름은 남방(南方)을 좋아하거나 혹은 북방(北方)을 좋아한다.'는 뜻이다. 참 뜬금없다. 난데없이 웬 운이란 말인가. 그래서 방국(方局)의 항목은 뭔가 수상한 느낌이 든다는 것이다. 선학(先學)들도 어쩌면 이러한 대목을 만나서 난감(難堪)했을 것이다. 그래서 이런저런 논리(論理)로 설명을 하는데 그럼에도 낭월은 그냥 어색(語塞)할 뿐이다. 자연스럽게 술술 풀려 나오다가 여기에서 방황(彷徨)의 소용돌이에 휘말린 느낌이다. 다행히 임철초(任鐵樵) 선생이 신경을 쓰지 말라고 해 놓았으니 낭월은 그걸 믿고 그대로 진행(進行)해도 되지 싶다.

「약연방국일제래(若然方局一齊來)」는 '만약에 방국(方局)이 같이 들어올 적에는'의 뜻이다. 이것은 그래도 말이 되는 구절이다. 그러니까 방합(方合)에 三合이 섞여 있거나 그 반대로 三合에 방합이 섞여 있을 경우에는 어떻게 해야 할 것인지를 생각해 보자는 이야기이니 이러한 가르침이야 대환영(大歡迎)이다.

「수시간두무반복(須是干頭無反覆)」은 '모름지기 天干에서 반대(反對)되는 五行이 덮여있지 않아야 한다.'는 뜻이다. 그러니까 木의 방국(方局)이 있을 적에는 天干에 庚辛이 없어야 한다는 이야기이니 이것이야말로 지당(至當)한 말씀이다. 그렇다면 金은 없고 火가 있어야 흐름을 타게 되니 제격이라고 할 수 있겠다. 또 金의 방국이 있을 경우에는 天干에 丙丁이 있으면 안되고, 대신에 壬癸가 있다면 흐름을 타게 되는 것은 가능(可能)하다고 보면 된다. 이것은 '왕희순세(旺喜順勢)'라고 해서 '왕성(旺盛)한 五行은 흐름을 타고 순행(順行)하는 것을 기뻐한다.'는 의미이다. 물론 日干의 상황에 따라서 의미는 달라지지만 日干도 木이면서 地支에 목방(木方)과 목국(木局)이 있을 경우를 가정(假定)하는 것이 자연스러울 것이고, 그러한 경우라고 한다면 당연히 식상(食傷)인 丙丁을 보는 것이 최상(最上)의 흐름이라고 보면 된다.

成方干透一元神 生地庫地皆非福
成局干透一官星 左邊右邊空碌碌
성방간투일원신 생지고지개비복
성국간투일관성 좌변우변공녹록

【直譯】

成方干透一元神
지지(地支)에서 방합(方合)이 이뤄지고
천간(天干)에 원신(元神)이 투출(透出)하면

生地庫地皆非福
생지(生支)든 고지(庫支)든 모두 복(福)이 안된다.

成局干透一官星
지지(地支)에서 삼합(三合)이 이루어지고
관살(官殺)이 하나 투출(透出)하면

左邊右邊空碌碌
왼쪽이든 오른쪽이든 되는 것이 아무것도 없다.

【意譯】

「성방간투일원신(成方干透一元神)」은 '방합(方合)으로 이 뤄진 구조에서 天干에 방합(方合)을 한 五行이 투출(透出)되 어 있다면'의 뜻이다. 이렇게 되면 태왕(太旺)의 허물을 범하 게 될 것이 빤하므로 필시 마땅치 않다는 이야기이다.

「생지고지개비복(生地庫地皆非福)」은 '방합(方合)을 이룬 五行을 生하거나, 고지(庫支)를 만나는 것이 모두 아무런 도움 이 되지 않는다.'는 뜻이다. 이렇게 나와야 경도(京圖) 선생의 글이다. 앞의 '방시방혜국시국(方是方兮局是局) 방요득방막 혼국(方要得方莫混局) 국혼방혜유순자(局混方兮有純疵) 행운 희남혹희북(行運喜南或喜北)'의 글은 도대체 왜 그 자리에 있 었는지를 모르게 되는 셈이니 의심을 하지 않을 수가 없는 것 이다. 그래서 삭제하는 것이 옳지 않겠느냐는 눈총만 잔뜩 주 고 넘어간다.

생지(生支)가 복(福)이 되지 않는 이유는 왕성한 방합(方 合)의 五行을 生하는 것이 무슨 도움이 되겠느냐는 뜻이고, 고 지(庫支)가 복이 되지 않는 이유도 또한 뿌리를 잡아 주는 역 할(役割)도 원하지 않으니 좋은 일이 생길 이치가 없다는 뜻이 다. 이런 분위기에서 어떻게 종격(從格)이니 일행득기격(一行 得氣格)이니 하는 말이 나왔는지 모를 일이다. 그래서 종화격 (從化格)에 대해서도 다시 의심(疑心)의 눈초리를 강하게 날 려 보낸다. 이미 《滴天髓(적천수)》풀이를 하겠다고 맘을 먹었 을 적에 이러한 부분에 대해서 대폭(大幅)의 수술(手術)을 가

하려고 작정을 했던 것이기도 한데, 이 구절을 보면서 그 혐의 (嫌疑)가 더욱 확고(確固)해진다. 이렇게 설명을 해야만 生剋 의 이치에 부합이 되는 것이고 또한《滴天髓(적천수)》의 이름 에 잘 어울린다고 하겠다.

「성국간투일관성(成局干透一官星)」은 '三合이 이루어진 사 주에서 天干에 관성(官星)이 하나 투출(透出)되었다면' 의 뜻 이다. 앞에서는 방합(方合)에 대해서 부작용(不作用)을 언급 (言及)했는데 여기에서는 三合의 부작용을 말하려는가 보다.

「좌변우변공녹록(左邊右邊空碌碌)」은 '이리가나 저리가나 되는 것은 하나도 없다.' 는 뜻이다. 비겁(比劫)이 태왕(太旺) 하니 관살(官殺)을 용신(用神)으로 삼는다고 하더라도 그 관 살(官殺)이 너무나 무력(無力)하므로 벼슬자리를 구하려고 동 분서주(東奔西走)로 뛰어다니면서 애를 써 봐도 제대로 된 지 위(地位)를 얻기는 고사하고 별 볼일 없이 그렇게 살아가게 되 는 인생이라고 보는 것이니 이것도 또한 정론(正論)이다. 방국 (方局)의 의미가 자칫하면 한 방향으로 치우치기가 쉬우므로 이것을 조절할 수가 없다면 행복한 삶을 누리기는 어렵다는 것 으로 정리를 하게 된다. 그리고 이러한 판단(判斷)은 아무리 세월이 흘러가고 자평법(子平法)이 변화(變化)를 하더라도 기 본형(基本形)의 이치(理致)로 생생(生生)하게 전달(傳達)이 될 것이므로 틀림없다는 확신(確信)으로 관찰하게 된다.

12. 八格(팔격)

財官印綬分偏正 兼論食傷八格定
影響遙繫旣爲虛 雜氣財官不可拘

【直譯】

八格
여덟 가지의 규격(規格)

【意譯】

「팔격(八格)」은 '여덟 가지의 규격(規格)'을 말한다. 규격
(規格)이라는 것은 정형화된 틀을 만들어 놓고서 그에 대한 일
정한 기준(基準)을 정(定)하여 부합(附合)하는 것으로 분류를
하는 방법이다.

【原文】

財官印綬分偏正 兼論食傷八格定
影響遙繫旣爲虛 雜氣財官不可拘
재관인수분편정 겸론식상팔격정
영향요계기위허 잡기재관불가구

【直譯】

財官印綬分偏正
재성(財星)과 관살(官殺)과 인성(印星)은
정편(正偏)으로 나누어서 여섯이 되고

兼論食傷八格定
겸하여 식신(食神)과 상관(傷官)을
더하니 팔격(八格)이 된다.

影響遙繫旣爲虛
그림자와 메아리나 바라본다는 것들은
이미 허망(虛妄)한 이야기일 뿐이고

雜氣財官不可拘
진술축미(辰戌丑未) 속에 든 재관(財官)도
필요하면 쓰이니 이름에 구애받지 말라.

【意譯】

「재관인수분편정(財官印綬分偏正)」은 '재성(財星)과 관살(官殺)과 인성(印星)을 정편(正偏)으로 나눈다.'는 뜻이다. 그러니까 내가 剋하는 재성(財星)은 정재(正財)와 편재(偏財)로 구분하고, 나를 剋하는 관살(官殺)은 정관(正官)과 편관(偏官)으로 구분(區分)한다. 그리고 나를 生하는 인성은 정인(正印)과 편인(偏印)으로 구분한다는 의미이다.

「겸론식상팔격정(兼論食傷八格定)」은 '이에 겸하여 식신(食神)과 상관(傷官)을 추가(追加)하니 여덟 가지의 규격(規格)이 정해지게 된다.'는 뜻이다. 물론 따로 식상(食傷)을 논할 필요는 없는 것이다. 그냥 글자 수를 칠언절구(七言絶句)로 만들다 보니까 이렇게 겸하여 논하는 것일 뿐이다. 그렇다면 십성(十星) 중에서 빠진 것은 무엇인가? 그것은 비견(比肩)과 겁재(劫財)이다. 이것은 나와 같은 五行이기 때문에 논외(論外)로 하게 된다. 그러나 십격(十格)으로 논할 경우에는 비견과 겁재도 포함시키지만 종종 제외되기도 하므로 글을 쓰는 스타일에 따라서 달라진다고 보면 될 것이다. 낭월은 비겁(比劫)을 포함시키지만, 경도(京圖) 선생은 비겁을 제외시킨다는 정도의 차이이다.

여기에서 팔격(八格)에 대한 의미를 다시 살펴볼 필요가 있음을 느낀다. 대부분의 주해(註解)에서는 모두 月支의 격(格)으로 풀이를 한다. 그런데 서낙오(徐樂吾) 선생은 月支에 당령(當令)한 격을 지칭(指稱)하지 않고 설명하는데 낭월도 이에 동조(同調)한다. 왜냐하면 《滴天髓(적천수)》는 月支에 국한(局限)해서 격(格)을 논하지 않고 있음을 살필 수가 있기 때문이다. 앞에서도 뒤에서도 거론하지 않는 격국론(格局論)을 여기에서 유독 언급(言及)한다는 것이 어색하다는 생각이 들기 때문이다.

그리고 원문에서도 月支를 논한다는 눈치를 주는 곳도 없다. 그냥 주해(註解)하는 학자가 알아서 그렇겠거니 하고 판단을 한 것일 수도 있음을 생각한다. 그렇다면 月支를 논하지 않았을 수도 있을 가능성도 있으니 당연(當然)히 용신격(用神格)을 논하고 있는 《滴天髓(적천수)》에서라면 더욱더 이러한 생각이 강하게 드는 것이다. 그러므로 月支라는 말은 생략하고 단지 용신격(用神格)의 관점(觀點)에서 팔격(八格)을 논하는 것으로 정리를 할 요량이다.

다만, 유일(唯一)하게 짐작을 할 수가 있는 것은 비겁(比劫)을 뺐다는 것이다. 月支의 격(格)에서는 비견(比肩)이나 겁재(劫財)의 月支가 되면 외격(外格)으로 논하고 팔격(八格)에서 제외하기도 하는 까닭이다. 그런데 이것도 정설(定說)은 아니다. 왜냐하면 심효첨(沈孝瞻) 선생은 《子平眞詮(자평진전)》에서 月支의 십성(十星)에 따라서 건록격(建祿格)과 월겁격(月劫格)을 추가해서 십정격(十正格)으로 논하고 있기 때문이다.

그러므로 절대적으로 月支에 대한 이야기라고 단언(斷言)을 할 필요는 없으며 유연(柔軟)한 사유(思惟)로 이 부분의 문제를 풀어간다면 자평법의 이해에 큰 문제는 발생하지 않을 것이다. 어쩌면 이 부분도 후에 첨가(添加)되었을 수도 있지 않을까 싶은 생각조차 해 본다. 그렇지만 이러한 이야기도 늘어

벌여 놓으면 또 누군가는 '입맛에 맞지 않으면 다 후에 추가된 것이라고 할 참이냐?'라고 하고 싶을 것 같아서 그냥 이 정도로 넘어가려고 한다.

분위기로 봐서는 그냥 가볍게 터치만 하고 넘어가는 대목이 될 수도 있겠다. 지나는 길에 크게 활용은 할 필요가 없지만 빠뜨리기는 뭔가 좀 찝찝해서 언급하고 넘어가는 것 같은 느낌이라고 해도 되지 싶다. 그야말로 '참고사항(參考事項)' 정도로 보면 될 것이다.

「영향요계기위허(影響遙繫既爲虛)」는 '그림자로 만들어진 격, 메아리로 만들어진 격, 바라보는 것으로 만들어진 격, 얽힌 것으로 만들어진 격들은 이미 허망(虛妄)한 이야기이다.'라는 뜻이다. 이러한 뜻을 가진 기기묘묘(奇奇妙妙)한 격국(格局)들이 《淵海子平(연해자평)》에 등장하여 유전(流傳)되어 이것을 배우는 학자들의 혼란이 여기에서부터 끊임없이 일어나고 있으니 경도(京圖) 선생이 말하길 '제발 부탁이니 헛소리 좀 그만 하세요!'라는 느낌이다. 물론 이에 대한 구조(構造)를 설명하는 것도 시간 낭비(浪費)일 뿐이다. 개인적으로 호기심 천국의 성향을 가진 독자라면 직접 《淵海子平(연해자평)》이나 《三命通會(삼명통회)》등을 살펴보기 바란다는 말로 얼버무리는 이 시간조차도 아까울 따름이다.

「잡기재관불가구(雜氣財官不可拘)」는 '재관(財官)이 辰戌丑未의 지장간(支藏干)에 들어 있다고 해서 별도로 구애(拘礙)받을 필요는 없다.'라는 뜻이다. 정관(正官)이 지장간에 있으면 암장(暗藏)된 정관인 것이고, 재성(財星)이 암장되어 있으면 암장된 재성인 것이지 그것이 잡기(雜氣)이기 때문에 해결 방법이 따로 있어야 한다는 해석은 할 필요가 없다는 의미이다.

이렇게 정공법(正攻法)으로 치고 나아가는 것이 경도(京圖) 선생의 스타일이다. 빙빙 돌리는 것은 성미(性味)에 맞지 않았던가 싶다. 놀라운 것은 이러한 논박(論駁)을 이미 송대(宋代)에 했음에도 불구하고 여전히 '영향요계(影響遙繫)'와 '잡기재관(雜氣財官)'이 살아서 숨을 쉬고 있다는 것이다. 어쩔 것인가. 그때에 경도 선생이 했던 탄식을 1천년이 지난 지금 낭월이 하고 있다. 사람의 생각이 변한다는 것이 이리도 어려운 일인가 보다. 문득 예전에 만났던 사람 중에《三命通會(삼명통회)》가 새카맣게 되도록 공부한 노학자(老學者)가 생각난다. 그렇게 학식이 깊은데도 상담하기가 두렵단다. 그래서 생각했다. "당신의 공부 방법에 문제가 있다는 생각을 못 해보셨나 봅니다." 만약에 그 책에서 답이 안 보이면 다른 책을 찾을 생각은 하지 않습니까라는 뜻이다. 그렇지만 그 학자에게는 세상에서 유일한 의지처가 그 책뿐이었다. 다른 책은 모두가 인정을 하지 못하겠다는 말씀을 하는 것으로 봐서 그런 느낌이 들었다. 그것도 할 수 없는 일이니 다만 안타까울 따름이다. 인생(人生)은 물처럼 흘러가고 세월도 기다려주지 않는데, 五行生剋의 이치를 깨달아서 적용(適用)하면 될 것을 두고, 빙빙 돌아서 30만 바퀴를 방황하고 있는 모습이다.《滴天髓(적천수)》가 위대(偉大)하다면 바로 이렇게 일도(一刀)에 양단(兩端)시켜 버리는 날카로움이라고 할 것이다. 그럼에도 이것을 깨닫는 자와 깨닫지 못하는 자는 항상 있어 왔고 앞으로도 그렇게 될 것이다.

　가르침을 주는 것은 스승의 몫이고, 그것을 수용(受容)하고 말고는 제자(弟子)의 몫이다. 그래서 부처도 가르치기는 하겠지만 듣고서도 따르지 않는 것이야 난들 우짜겠노~!라고 탄식을 했으니 같은 심정을 경도(京圖) 선생도 갖고 있었을 것이라는 생각을 슬며시 해 본다. 물론 그것도 운명이겠거니 한다.

13. 體用(체용)

道有體用 不可以一端論也
要在扶之抑之得其宜

【直譯】

體用
실체(實體)와 활용(活用)

【意譯】

「체용(體用)」은 '실체(實體)와 활용(活用)'의 뜻이다. 음양
으로 논(論)하면 체(體)는 음(陰)이어서 바탕이 되고, 용(用)
은 양(陽)이 되어서 활용(活用)으로 작용하게 된다는 의미이
다. 만물(萬物)은 실체가 있으면 반드시 그에 대한 용도가 있
기 마련이므로 이에 대해서 干支를 체로 삼는다면 변화(變化)
를 용으로 삼는 방법을 설명하게 된다.

【原文】

道有體用 不可以一端論也
要在扶之抑之得其宜
도유체용 불가이일단론야
요재부지억지득기의

【直譯】

道有體用
도(道)에는 실체(實體)와 활용(活用)이 있으니

不可以一端論也
한쪽 끝으로만 논(論)하는 것은 불가(不可)하다.

要在扶之抑之得其宜
요점(要點)은 억부(抑扶)에서 그 옳음을 얻는 것이다.

【意譯】

「도유체용(道有體用)」은 '도(道)에는 체(體)와 용(用)이 있다.'는 뜻이다. 《주역(周易)》의 「계사전(繫辭傳)」에는 '일음일양지위도(一陰一陽之謂道)'라고 했다. '음(陰) 하나와 양(陽) 하나를 일러서 자연(自然)의 이치(理致)라고 한다.'는 뜻이다. 도(道)는 자연의 이치인 까닭이다. 음(陰)은 체(體)이

고, 양(陽)은 용(用)이라고 하는 것이 음양론(陰陽論)이다. 그
리고 오행론(五行論)이기도 하다. 왜냐하면 五行의 木火土金
水는 체(體)이고 생극제화(生剋制化)는 용(用)이기 때문이다.
그리고 인생사(人生事)도 마찬가지이다. 존재(存在)는 체(體)
이고 삶은 용(用)이기 때문이다. 세상의 만물(萬物)에 도(道)
아님이 어디 있으랴.

「불가이일단론야(不可以一端論也)」는 '한쪽 끝에서만 거론
(擧論)하는 것은 불가(不可)하다.'는 뜻이다. '그니깐~~!!'이
라고 외치고 싶어지는 대목이다. '이래야 한다.'는 것은 고집
(固執)이고, '이렇게 될 수도 있다.'는 이해(理解)이다. 고집과
이해의 사이에서 학문(學問)은 발전(發展)도 하고 정체(停滯)
도 하듯이 학자의 사유(思惟)도 발전하거나 정체하기도 한다.
모든 것이 그와 같다. 그래서 유연(柔軟)함을 존중(尊重)하고
경직(硬直)됨을 꺼려한다. 공부하는 학자(學者)의 입장에서
혹시라도 자신의 생각이 굳어져서 멋진 지혜(智慧)의 가르침
이 튕겨져 나갈까봐 노심초사(勞心焦思)하는 것이다. 그러니
까 고정(固定)이고 불변(不變)인 관점(觀點)에서 변화(變化)
하고 이동(移動)하는 관점으로 전환(轉換)하는 것이 학자에게
는 항상 필요한 것이다. 이 구절의 의미는 바로 '유연(柔軟)한
관점(觀點)으로 干支의 이치(理致)를 살펴보라.'는 뜻이다.

「요재부지억지득기의(要在扶之抑之得其宜)」는 '중요(重
要)한 점은 생부(生扶)하거나 억제(抑制)하는 것으로 그 옳음
을 얻는 것이다.'라는 뜻이다. 이렇게 명료(明瞭)한 해결책(解

決策)을 제시(提示)하니 아무런 걱정을 할 필요는 없다. 그냥 이 아홉 글자의 의미만 잘 파악하면 되는 것이다. 그리고 그 아홉 글자 중에서도 핵심(核心)은 억부(抑扶)이다. 이것은 이미 익숙한 용어일 것이다. 자평(子平)의 용신(用神)이 억부법(抑扶法)인 까닭이다. '강자의억(强者宜抑)하고 약자의부(弱者宜扶)하라.'는 이치를 그대로 적어 놓은 것이다. 이것은 이미 「형상(形象)」편에서 논한 내용이기도 하다. '형전자(形全者)는 의손기유여(宜損其有餘)하고, 형결자(形缺者)는 의보기부족(宜補其不足)하라.'는 억부(抑扶)에 대한 정의(定義)를 내렸는데 그래도 못 알아듣는 후학을 위해서 다시 '부지억지득기의(扶之抑之得其宜)'라고 하였으니 이만큼 중요한 핵심(核心)이 자평법(子平法)의 중심(中心)을 관통(貫通)하고 있는 것이다.

이러한 이야기를 체용(體用)에서 언급하는 것은 체(體)를 사주(四柱)의 干支로 보고, 용(用)을 용신(用神)으로 보라는 이야기를 하고 싶었던 모양이다. 여덟 글자에서 요긴(要緊)하게 쓰이는 글자는 용신인 까닭이다. 그리고 체의 형태(形態)에 따라서 용의 선택(選擇)도 한 가지가 아니므로 사주의 체에 따라서 그에 적합(適合)한 용법(用法)이 있음을 알아야 한다는 의미이다. 이렇게만 이해한다면 체용의 진의(眞意)를 파악하는데는 무리가 없다고 하겠다.

14. 精神(정신)

人有精神 不可以一偏求也
要在損之益之得其中

精神
정기(精氣)와 신기(神氣)

「정신(精神)」은 '내면(內面)에 저장(貯藏)된 에너지와 밖으로 넘쳐나서 활동(活動)하는 에너지'를 뜻한다. 정신(精神)은 정수(精髓)와 신기(神氣)를 말한다. 이 둘은 하나이면서 작용(作用)하게 되면 둘로 보이기도 한다. 정(精)은 체(體)이고 신(神)은 용(用)이 된다. 앞의 '도유체용(道有體用)'이 생각나서 연결(連結)지어 보는 것이다. 도(道)에 체용이 있으니 정신에도 체용은 있기 마련인 까닭이다.

【原文】

人有精神 不可以一偏求也
要在損之益之得其中
인유정신 불가이일편구야
요재손지익지득기중

【直譯】

人有精神
인간(人間)에게는 정신(精神)이 있으니

不可以一偏求也
한쪽 방향(方向)으로만 치우쳐 구하는 것은
불가(不可)하다.

要在損之益之得其中
중요(重要)한 것은 손(損)과 익(益)에서
중도(中道)를 얻음에 있다.

【意譯】

「인유정신(人有精神)」은 '사람에게는 정(精)과 신(神)이 있다.'는 뜻이다. 특히 여기에서 논하는 정(精)은 정수(精髓)가 되므로 십성(十星)에서는 인성(印星)이 된다. 즉 들어오는 에너지라고 할 수 있는 것이다. 천기(天氣)인 공기(空氣)와 지기(地氣)인 음식(飮食)은 정수(精髓)를 만드는 에너지원이 된다. 이것은 단전(丹田)에 저장(貯藏)이 되어서 정력(精力)의 근본(根本)이 되는데 이것이 허약(虛弱)하다면 신기(神氣)도 부실(不實)할 수밖에 없다. 땅의 거름기가 부족하면 곡식도 성장(成長)이 더딜 수밖에 없는 것과 같은 의미이다. 식물(植物)에게는 땅의 거름기가 정수(精髓)인 셈이다. 이것을 임철초(任鐵樵) 선생은 인성(印星)이라고 했는데 간결(簡潔)하면서도 타당(妥當)하다.

신(神)은 신기(神氣)이고 신력(神力)이다. 정신력(精神力)이라고 묶어서 말하기도 하지만 따로 구분하여 정력(精力)과 신력(神力)으로 구분하여 이해를 할 수 있다. 정(精)의 에너지가 정력이고, 신(神)의 에너지가 신력이다. 자연(自然)의 도를 먼저 논하면서 체용(體用)을 말하고 다음으로 사주(四柱)의 주체(主體)인 인간(人間)을 논하면서 정신(精神)을 말하니 앞뒤로 봐서 합당(合當)하다고 보겠다.

「불가이일편구야(不可以一偏求也)」는 '한쪽으로만 치우쳐서 구하면 안된다.'는 뜻이다. 당연한 이야기를 하는 것은 다음에 핵심(核心)을 보여 주겠다는 의미로 이해하고 넘어간다. 여기에서는 더 깊은 뜻을 찾기 어려워서이다. '치우치지 말라.'는 것만 알고 넘어가면 된다.

「요재손지익지득기중(要在損之益之得其中)」은 '중요(重要)한 것은 덜어 낼 것과 보탤 것에서 그 중화(中和)를 찾아야 한다.'는 뜻이다. 실은 이 말을 하려고 앞의 「체용(體用)」편에서 '도유체용(道有體用)'을 거론한 것이다. 그러니까 '도(道)에는 체용이 있고, 인(人)에는 정신(精神)이 있다.'는 것이 기본적인 사항(事項)이라고 한다면, '체용은 그 의미가 억부(抑扶)에 있고, 정신(精神)은 그 의미가 손익(損益)에 있다.'는 이야기가 핵심(核心)이다. 서로 비슷하면서도 느낌이 다르다고 하겠는데 억부(抑扶)는 자평법(子平法)의 방향을 잡아 주는 기본적인 이치(理致)라고 한다면, 손익은 결과(結果)를 알려 주는 응용방법(應用方法)이라고 할 수 있을 것이다.

억부(抑扶)의 이치(理致)를 통해서 손익(損益)의 방법(方法)을 취하면 되는 것이다. 인성(印星)이 있으면 정수(精髓)가 넉넉하고 인성이 과중(過重)하면 정수가 혼탁(混濁)해지니 무엇이든 지나치면 정신(精神)이 빠져나가는 것과 같은 이치로 생각하면 된다. 그래서 지나친 에너지인 인성을 덜어내면 균형(均衡)을 이루게 되는 것이고, 이것은 다른 말로 하면 재성(財星)을 용신(用神)으로 삼아서 인성을 누르는 것이니 이것은 억법(抑法)의 의미와 통하고 손법(損法)과도 같은 이치이다.

이와 반대로 식상(食傷)이나 관살(官殺)이 너무 많아서 日干의 정(精)이 손상(損傷)을 많이 입게 되면 무슨 일을 하더라도 힘써 목적을 이룰 수가 없다. 힘이 빠진 상태에서는 아무것도 할 수가 없는 까닭이다. 이러한 경우에는 신기(神氣)가 지나치게 많아서 생기는 부작용(不作用)이므로 그것을 눌러 주는 인성(印星)을 찾아서 식상(食傷)을 훼하거나, 관살(官殺)을 설(洩)하는 방법을 사용하게 되니 이것이 바로 부법(扶法)이면서 익법(益法)이 되는 것이다. 이와 같이 억부(抑扶)와 손익(損益)은 서로 같은 의미가 되므로 정신(精神)의 균형(均衡)을 살펴서 그 중화(中和)를 얻으면 되는 것이 바로 '손지익지득기중(損之益之得其中)'인 것이다. 그야말로 자평법(子平法)의 핵심(核心)을 고스란히 담고 있는 구절이다.

15. 月令(월령)

月令乃提綱之府 譬之宅也
人元爲用事之神 宅之定向也 不可以不卜

【直譯】

月令
월지(月支)를 말한다.

【意譯】

「월령(月令)」이란 '제왕(帝王)의 명령(命令)이 도달(到達)
하는 곳'이라는 뜻이다. 왕명(王命)은 거역(拒逆)을 할 수가
없어서 오로지 수용(受容)하는 길 밖에 없으며, 매월(每月)의
계절(季節)에 대한 변화(變化)는 거스를 수가 없어서 월령(月
令)이라고 했다.

【原文】

月令乃提綱之府 譬之宅也
人元爲用事之神 宅之定向也 不可以不卜
월령내제강지부 비지택야
인원위용사지신 택지정향야 불가이불복

【直譯】

月令乃提綱之府
월령(月令)은 제강(提綱)의 본부(本府)이니

譬之宅也
비유(譬喩)하면 집과 같다.

人元爲用事之神
지장간(支藏干)의 당령(當令)은

宅之定向也
집의 방향(方向)을 정(定)하는 것이니

不可以不卜
점(占)하지 않으면 안된다.

【意譯】

「월령내제강지부(月令乃提綱之府)」는 '월령(月令)은 제강(提綱)의 핵심적(核心的)인 본부(本府)와 같다.'는 뜻이다. 제강은 물고기를 잡는 그물 손잡이를 말한다. 특히 투망(投網)의 손잡이가 제격이다. 제강이 의미하는 것은 중요한 요지(要旨)를 의미하므로 투망의 손잡이와 잘 어울리기 때문이다. 월령(月令)은 이와 같이 사주에서 중요한 핵심을 담당하고 있다는 의미가 된다. 월령의 계절이 진행되는 것을 지구(地球)에서는 그 누구도 막을 수가 없다. 부(府)는 본부(本部)와 같은 의미이니 집행부(執行部)라고 할 수 있겠다. 모든 일정(日程)을 만들고 추진하고 감시(監視)하는 곳이다. 월령은 이만큼 비중(比重)이 있는 자리라는 의미로 정리(整理)한다.

「비지택야(譬之宅也)」는 '가택(家宅)과 같다고 비유한다.'는 뜻이다. 집은 가족이 살아가는 안식처(安息處)이다. 그리고 조금 더 확대(擴大)하면 더불어 살아가는 사회(社會)이다. 하건충(何建忠) 선생은 그러한 의미에서 사회궁(社會宮)이라고 하였다. 집안에다가 초점(焦點)을 맞춘 경도(京圖) 선생보다 사회에 대입(代入)한 하건충 선생의 시야(視野)가 훨씬 진보(進步)했다고 하겠다. 아마도 1천년 전의 농경시대(農耕時代)에는 가정(家庭)의 단위가 가장 중요한 핵심이었다면 사회의 개념(槪念)은 구체적이지 않았을 수도 있었을 것이다. 월령(月令)이라는 말도 농가월령가(農家月令歌)라는 노래가 전해지듯이 농업(農業)에서 계절(季節)의 의미는 군령(君令)과 다름이 없다고 생각했을 분위기를 떠올려 본다. 많은 세월이 흐른 지금은 모든 기준이 사회가 되어 자연스럽게 주택(住宅)으로 비유를 들었던 월령이 사회로 변화(變化)하게 되었다.

「인원위용사지신(人元爲用事之神)」은 '月支에 당령(當令)한 지장간(支藏干)'을 뜻한다. 앞의 '팔격(八格)'에서는 다소 애매(曖昧)한 면도 있었지만 여기에서는 확실(確實)하게 월령(月令)을 의미하므로 인원용사(人元用事)는 月支의 지장간을 말하는 것이 명백(明白)하다.

「택지정향야(宅之定向也)」는 '집의 좌향(坐向)을 정(定)하는 것이다.'라는 뜻이다. 집이 있으면 그 집이 향하는 방향이 있는 것이고 그것은 지장간(支藏干)의 天干이 어떤 五行인가를 말한다. 가령 寅월이라면 집은 목조주택(木造住宅)이라는 뜻이다. 이것이 월령(月令)이다. 그리고 입춘(立春)후 7일 이내에 태어났으면 戊이므로 주택의 방향은 간방(艮方), 즉 북동향(北東向)이 되고, 다시 7일부터 14일까지는 丙火이므로 이번에는 남향(南向)이 되며, 마지막 경칩(驚蟄)까지의 16일 사이에 태어나면 이번에는 甲이 되므로 동향(東向)으로 정해지는 것이다.

「불가이불복(不可以不卜)」은 '길흉(吉凶)을 알아보지 않으면 안된다.'는 뜻이다. 해당하는 글자가 사주(四柱)에서 도움이 되는지 부담을 주는지를 구분해야 한다는 의미이니 집은 동향(東向)으로 지어 놓고 문은 서향(西向)으로 낸 것과 같다면 이것은 누가 봐도 어색한 형태(形態)라고 해야 할 것이다. 이 부분에 대해서 아무래도 낭월의 사견(私見)을 좀 피력(披瀝)해야 하겠다. 혹 누군가로부터 거센 반발(反撥)을 만나게 될지라도 지금 하고 싶은 이야기는 해야만 하겠기 때문이다. 명리학자에게 두통거리가 있다면 지장간(支藏干)의 구조가 두 가지로 존재(存在)한다는 것이다. 그 하나는 月支에서 적용되는 월률분야이니 지금 이 항목에서 논하고 있는 것이다. 그리고 또 하나는 인원용사(人元用事)이다.

[월률분야(月律分野)와 인원용사(人元用事)]

월률분야(月律分野)의 지장간(支藏干)											
	子	午	卯	酉	寅	申	巳	亥	辰	戌	丑	未
餘	壬	丙	甲	庚	戊	戊	戊	戊	乙	辛	癸	丁
中		己			丙	壬	庚	甲	癸	丁	辛	乙
本	癸	丁	乙	辛	甲	庚	丙	壬	戊	戊	己	己
인원용사(人元用事)의 지장간(支藏干)											
	子	午	卯	酉	寅	申	巳	亥	辰	戌	丑	未
生庫					丙	壬	庚	甲	癸	丁	辛	乙
休									乙	辛	癸	丁
本	癸	丁	乙	辛	甲	庚	丙	壬	戊	戊	己	己

두 개의 표를 서로 비교(比較)해 보면 월률분야(月律分野)에서는 子午卯酉에 五行의 음양(陰陽)이 모두 포함되어 있다. 더구나 午에는 己까지도 들어 있다. 왜 이렇게 통일감(統一感)이 없는지에 대해서 생각을 많이 해 보았다. 월령(月令)에 있

는 地支는 월률분야로 흐른다고 했다. 그렇다면 午월의 경우에
는 지난달의 巳월에서 巳中丙火가 넘어왔다고 하는 것은 충분
히 타당성이 있다고 하겠는데, 문제는 왜 갑자기 己가 그 중간
에 끼여 있는지에 대한 설명은 없다. 이에 대해서 궁리를 한 결
과로 얻게 된 해답은 丁己가 동주(同住)한다는 설에서 왔을 것
이라는 추론(推論)이다.

이러한 이치는 결국 십이운성(十二運星)의 포태법(胞胎法)
에서 발생한 것이고, 포태법에서는 丁과 己가 같이 취급(取扱)
되고, 또 丙과 戊도 마찬가지로 동주(同住)하는 구조로 되어
있기 때문이다. 즉, 丙이 生을 받는 곳에서는 戊도 生을 받고,
丁이 生을 받는 곳에서는 己도 生을 받는다는 공식이다.

이와는 다른 방법으로 午中己土에 대해서 궁리를 해본 결과
午 속에 존재하게 된 이유를 어떤 논리적인 근거(根據)로도 찾
을 수가 없으니 만약에 포태법(胞胎法)의 이치로 존재하게 된
것이 사실이라면 이것은 대수술(大手術)을 해서라도 제거(除
去)해야 할 부분이다. 그 외에 존재하게 된 이치를 궁리할 방법
이 없는 까닭이다.

그렇다면 확인(確認)을 해 봐야 한다. 그것은 巳 속에서도
午에 있는 己와 마찬가지로 戊가 있는지를 보면 되는 것인데
어김없이 그 자리에 떡하니 버티고 앉아 있는 戊를 발견할 수
있다. 물론 辰월에서 넘어온 것이라고 우겨도 가능은 하지만
결과적으로 丙과 같이 붙어 있다는 혐의(嫌疑)에서 자유롭지
못하다는 것이니 이러한 구조적(構造的)인 이치에 의해서 午
中己土를 제거하고 동시에 巳中戊土도 제거하게 되면 인원용
사(人元用事)의 구조가 되는데 여기에 누구라도 반박(反駁)을

한다면 기꺼이 귀를 기울일 용의(用意)가 있다.

그래서 월률분야(月律分野)의 당령(當令)을 논하는 것이 반드시 절대적인 것만은 아니겠다는 의심(疑心)을 품게 되는 것이고 점차로 이러한 궁리가 쌓이면서 월률(月律)은 논하지 않아도 되겠다는 것까지 생각하게 되면서 둘 중에 하나를 정리할 계획을 세우게 된 것이다. 그리고 기왕에 하나를 버린다면 월률분야의 지장간(支藏干)이고, 남겨 둔다면 인원용사(人元用事)가 된다는 것을 확신(確信)하게 되었다. 무엇보다도 지장간의 이름이 무엇인지를 생각해 보면 참고가 될 것이다.

이 '월령(月令)'의 항목에서도 '인원위용사지신(人元爲用事之神)'이라고 하지 않았는가? 인원(人元)이 중요하다고 한다면 월률(月律)의 지장간만 고집을 할 필요가 없이 인원용사(人元用事)로 대입을 해도 아무런 문제가 없겠다는 생각이 되고, 최종적(最終的)으로 내린 결론(結論)은 地支의 열두 글자는 모두 인원으로만 대입해도 되겠다는 것으로 마침표를 찍게 되었다.

이것은 무엇을 의미하는가? 그것은 바로 당령(當令)이라는 용어를 제거(除去)한다는 뜻이다. 당령(當令)은 앞에서 설명했듯이 입춘(立春)의 寅월이 시작되면 처음에는 戊의 7일과, 이어지는 丙의 7일을 거쳐서 마지막으로 甲의 14일을 지나게 되는데, 이렇게 날짜를 세어서 장간(藏干)의 기운이 변화한다고 생각하지 말고, 그냥 寅월의 한 달은 甲의 70%와 丙의 30%로 구성이 되어 있다고 생각하자는 것이다.

즉 월령(月令)이든 日支든 혹은 年支나 時支라도 모두 차별을 둘 것이 아니라 그냥 地支의 인원용사(人元用事)로만 대입을 해도 아무런 문제가 없다는 판단을 하게 된 것이다. 물론 독자의 관점에서 이러한 주장(主張)에 대해서 동의(同意)를 하지 않는다고 해도 전혀 문제가 될 것은 없다. 다만 낭월의 생각은 이와 같고 이것에 준해서 상담(相談)을 하고 있으며 그러한 과정에서 임상(臨床)의 경험(經驗)을 통해서 특별한 문제점을 발견하지 못했다.

16. 生時(생시)

生時乃歸宿之地 譬之墓也
人元爲用事之神 墓之定方也 不可以不辨

【直譯】

生時
출생(出生)한 시주(時柱)

【意譯】

「생시(生時)」는 '출생(出生)한 시각(時刻)의 干支'를 뜻한
다. 태어난 계절을 논하고 나서는 다음으로 시주(時柱)에 대해
서 언급한다. 기왕 논하려거든 연주(年柱)와 일주(日柱)도 논
할 일이지 그것은 건너뛰고 月支와 시주만 논하는 것은 뭔가
빼먹은 감도 없지 않으나 경도(京圖) 선생이 없으니 따져 물어
볼 수도 없다.

生時乃歸宿之地 譬之墓也
人元爲用事之神 墓之定方也 不可以不辨
생시내귀숙지지 비지묘야
인원위용사지신 묘지정방야 불가이불변

【直譯】

生時乃歸宿之地
태어난 시주(時柱)는 돌아가서 잠자는 땅으로

譬之墓也
비유한다면 묘지(墓地)라고 할 수 있다.

人元爲用事之神
지장간(支藏干)에서 용사(用事)하는 천간(天干)은

墓之定方也
묘지(墓地)의 방향(方向)을 정(定)하는 것이니

不可以不辨
가리지 않으면 안된다.

【意譯】

「생시내귀숙지지(生時乃歸宿之地)」는 '생시(生時)는 돌아가서 잠을 자는 땅이다.'라는 뜻이다. 연주(年柱)에서 태어나서 월주(月柱)에서 성장(成長)하고 일주(日柱)에서 활동(活動)하고 시주(時柱)에서 돌아가는 인생사부곡(人生四部曲)의 제4악장(樂章)이라고 할 수 있겠다. 보통은 시(時)를 잘 타야 한다고도 하지만 사실은 어느 것이나 다 잘 타야 한다. 삶은 반드시 말년(末年)에만 있는 것은 아니기 때문이다. 그럼에도 말년의 모습을 가지고 다음 생으로 떠난다는 생각을 해 보면 중요(重要)하다는 것은 인정(認定)해야 할 모양이다.

「비지묘야(譬之墓也)」는 '묘지(墓地)라고 비유(譬喩)할 수 있다.'는 뜻이다. 죽음을 맞이하여 무덤으로 돌아간다는 뜻이다. 그 또한 자연의 한 모습이라고 하겠다. 다만 조금 앞서 간 느낌은 있다. 묘(墓)에 들어가기 전에 죽음을 맞게 되고, 그 죽음의 직전에, 혹은 그 순간(瞬間)에 사주팔자(四柱八字)의 역할(役割)은 종료(終了)가 된다. 그러니까 무덤에 대한 이야기는 아무래도 다소 과장(誇張)된 표현(表現)이라고 할 수 있겠다. 그렇지만 의도하는 바는 공감(共感)이 된다.

「인원위용사지신(人元爲用事之神)」은 '지장간(支藏干)에서 쓰이는 글자'라는 뜻이다. 앞의 월령(月令)에서도 같은 구절이 나온다. 그러므로 이번의 내용은 時支의 지장간(支藏干)을 말하는 것으로 이해하면 될 것이다. 月支의 장간(藏干)은 세상에서 살아가는 인연의 모습이라고 한다면 時支의 장간은 세상을 마무리 하는 시기의 인연에 대한 모습이라고 할 수 있을 것이다.

「묘지정방야(墓之定方也)」는 '묘지(墓地)의 방향(方向)을 정(定)한다.'는 뜻이다. 아마도 경도(京圖) 선생은 풍수(風水) 공부에 대해서도 나름 많은 상식(常識)을 갖고 있지 않았을까 싶은 생각이 드는 대목이다. 당시의 분위기에서 풍수에 대한 지식(知識)이 어느 정도 있었다면 이와 연결을 시킬 수 있는 것은 시주(時柱)이다. 마지막의 삶을 정리하고 유택(幽宅)으로 돌아가는 것과 교차(交叉)하는 순간이기 때문이다. 다만 상식은 상식이고 이론은 이론이다. 자평법에서 묘지를 논하는 것은 아무래도 너무 앞서가는 느낌을 갖게 된다.

그리고 이 항목에 대해서 반자단(潘子端) 선생은 쓸데없는 군더더기라고 하면서 설명도 하지 않았다. 낭월도 또한 그 기분을 이해할 것 같다. 그럼에도 이렇게 언급하는 것은 원문에 최대한 충실해 보고 싶은 마음 때문이다. 도반(道伴)끼리 토론(討論)하고 논쟁(論爭)을 즐길 때라면 이러한 구절에 대해서는 '고마~ 시끄러~!'라고 하고 싶지만 나름 정중한 마음으로 독자들을 안내하고자 하는 마음을 품었기 때문에 다소 귀찮은 대목이라는 생각이 들더라도 약간의 수고를 아끼지 않을 요량인 까닭이다.

「불가이불변(不可以不辨)」은 '잘 가려서 판단하지 않으면 안된다.'는 뜻이다. 이 구절도 앞에서 '불가이불복(不可以不

卜)'과 같은 의미로 대구(對句)를 이루고 있다. 그러니까 時支의 지장간(支藏干)에 들어 있는 天干들에 대해서도 잘 살펴서 어떻게 작용하고 있는지를 구분(區分)하여 해석(解釋)해야 한다는 의미 정도로 보면 될 것이다. 시주(時柱)를 논하는 것만도 아닌 것은 인원용사(人元用事)를 언급하였기 때문이다. 그래서 時支의 장간에서 용신(用神)을 돕고 있으면 묘지(墓地)의 방향이 좋은 것이라는 해석을 하고자 하는데 이것은 묘지로 비유를 들 것이 아니라는 것을 감안하고 본다면 크게 무리라고 할 정도는 아니다. 여하튼 잘 가려서 인생의 말년(末年)을 판단하는 것이 중요하다는 의미로 정리한다.

17. 衰旺(쇠왕)

能知衰旺之眞機 其于三命之奧 思過半矣

【直譯】

衰旺
쇠약(衰弱)과 왕성(旺盛)

【意譯】

「쇠왕(衰旺)」은 '쇠약(衰弱)하거나 왕성(旺盛)하다.'를 뜻한다. 日干이 쇠약할 수도 있고 왕성할 수도 있으며, 용신(用神)이든 기신(忌神)이든 모두 마찬가지의 상황(狀況)에 처할 수가 있으니 그 의미를 잘 알아야 한다는 의미에서 마련된 항목이다. 요약을 한다면, 득시자(得時者)는 왕(旺)하고, 실시자(失時者)는 쇠(衰)한 이치이다.

【原文】

能知衰旺之眞機 其于三命之奧 思過半矣
능지쇠왕지진기 기우삼명지오 사과반의

【直譯】

能知衰旺之眞機
능히 쇠왕(衰旺)의 참된 기밀(機密)을 안다면

其于三命之奧
그것이 바로 삼명(三命)의 오묘(奧妙)함이며

思過半矣
절반(折半) 이상(以上)을 깨달은 것이다.

【意譯】

「능지쇠왕지진기(能知衰旺之眞機)」는 '능(能)히 쇠왕(衰
旺)의 참된 기밀(機密)을 안다.'는 뜻이다. 계속해서 반복적으
로 거론(擧論)하는 이야기이다. 「체용(體用)」편에서는 억부
(抑扶)를 말하고, 「정신(精神)」편에서는 손익(損益)을 말하더
니 여기에서는 다시 쇠왕(衰旺)를 말한다. 이 모든 것이 가리
키는 곳은 오직 하나 '五行의 조화(調和)와 균형(均衡)'이다.
이렇게도 구구절절(句句節節) 강조(强調)하는 것은 무슨 까닭

일까? 그것은 자평(子平)의 핵심(核心)은 바로 여기에 있음을 기억하라는 의미이다. 온갖 이론(理論)과 주장(主張)들을 모두 한데 모으면 이러한 용어(用語)로 정리(整理)를 할 수가 있다는 뜻이다. 그리고 여기에서 벗어나는 이론은 일소(一掃)한다는 의미도 포함된다.

월령(月令)을 얻으면 왕(旺)하지만 주변에서 돕지 않으면 쇠(衰)하게 되고, 비록 월령을 얻지 못했더라도 주변에서 도우면 문득 왕(旺)하게 되는 것이 쇠왕(衰旺)의 진기(眞機)이다. 이러한 이치가 있음에도 불구하고 학자들 간에는 월령을 얻으면 문득 왕(旺)이라고 단정하고, 월령을 얻지 못하면 다시 쇠(衰)한다고 단정해 버리니 이러한 관점으로 干支를 논한다면 쇠왕의 진기(眞機)를 얻기는 요원(遙遠)하다고 해야 하겠다. 이렇게도 고구정녕(苦口丁寧)으로 후학에게 올바른 이치를 전해주려는 마음이 「체용(體用)」편과 「정신(精神)」편을 통해서 계속해서 강조하고 있는 내용인데 이것을 제대로 체득(體得)하지 못할 것을 경도(京圖) 선생이 염려한 것이다.

「기우삼명지오(其于三命之奧)」는 '그것이 바로 삼명(三命)의 오묘(奧妙)함이다.' 라는 뜻이다. 무엇이 삼명인가. 천명(天命) 지명(地命), 인명(人命)이다. 하늘에는 하늘의 사명(使命)이 있고 땅은 땅의 사명(使命)이 있으며 인간에게는 인간의 운명(運命)이 있는데, 그 이치(理致)의 오묘함은 결국 五行이 쇠약(衰弱)해지고 왕성(旺盛)해지는 순환(循環)의 이치를 바로 깨닫고 사주에 적용시키는 것에 있다는 의미이다.

「사과반의(思過半矣)」는 '절반(折半) 이상(以上)을 얻었다고 생각해도 된다.'는 뜻이다. 거의 대부분(大部分)이 이 안에 포함되어 있기 때문이다. 다시 정리하면, 억부(抑扶)와 손익(損益)과 쇠왕(衰旺)의 이치를 잘 알면 된다는 것이다. 아마도 이 언저리에서 논하는 이야기들이야말로 《滴天髓(적천수)》의 핵심(核心)이라고 해도 과언(誇言)이 아닐 것이다. 그만큼 중요한 의미를 담고 있는 내용이고 일체의 군더더기가 없는 알토란같은 이야기들이므로 읽고 외워서 그 깊이를 체득(體得)하는 것이 자평학의 이치에 통달(通達)하는 첩경(捷徑)이라는 것을 알려 주니 이보다 더 감읍(感泣)할 일이 또 있으랴 싶다.

18. 中和(중화)

旣識中和之正理 而於五行之妙 有全能焉

中和
중심(中心)의 조화(調和)

「중화(中和)」는 '중심(中心)의 조화(調和)'이다. 반자단(潘子端) 선생이 체용(體用), 정신(精神), 쇠왕(衰旺)의 결정(決定)이 중화(中和)라고 했는데 참으로 멋진 말이다. 자평법의 이치는 이 범주(範疇)를 벗어나지 않아야 하고 이렇게 정리하는 것이 옳다고 하는 것이다. 그러므로 이러한 기준에 의해서 바라본다면 종격(從格)이나 화격(化格)은 발을 붙일 자리가 없게 되는 것이다.

【原文】

旣識中和之正理 而於五行之妙 有全能焉
기식중화지정리 이어오행지묘 유전능언

【直譯】

旣識中和之正理
중화(中和)의 바른 이치(理致)를 이미 알았다면

而于五行之妙
이것이 바로 오행(五行)의 오묘(奧妙)함이며

有全能焉
완전(完全)한 능력(能力)이 있는 것이다.

【意譯】

「기식중화지정리(旣識中和之正理)」는 '중화(中和)의 올바른 이치(理致)를 이미 알고 있다.'라는 뜻이다. 그냥 중화를 알았다는 것도 아니고, '중화(中和)의 올바른 이치를 알아야 한다.'는 의미이기도 하다. 그것이 무엇인가? 이름만 중화여서는 안된다. 이론(理論)과 실제(實際)에서 모두 명실상부(名實相符)한 중화(中和)가 아니면 모두 사이비(似而非)라고 해야 할 것이라는 뜻이다. 그렇기에 간지학(干支學)은 갑골문(甲骨文)

부터 시작되었지만 여전히 생생(生生)하게 오늘을 살고 있는 존재(存在)인 것이다. 그 핵심(核心)에는 두 말할 나위도 없이 바로 중화(中和)의 이치(理致)가 자리를 잡고 있기 때문이다.

「이우오행지묘(而于五行之妙)」는 '이것이 바로 五行의 오묘 (奧妙)함이다.' 라는 뜻이다. 자평법(子平法)의 기준(基準)은 오행론(五行論)이다. 五行의 生剋이 자평법의 근간(根幹)을 이루고 있는 까닭이다. 《주역(周易)》은 음양론(陰陽論)이 근간을 이루고 있다. 건곤(乾坤)도 음양이고 팔괘(八卦)도 음양이다. 그런데 干支는 五行이다. 이것이 서로 다른 점이다. 출발점(出發點)이 다르고 목적지(目的地)도 다르다. 애초에 태생 (胎生)이 다르기 때문이다. 金木水火土로 논하든 木火土金水로 논하든 모두 오행론(五行論)이다. 이렇게 五行의 변화(變化)에 깊은 이해(理解)와 통찰(洞察)이 이루어지는 것이 바로 중화(中和)이고 억부(抑扶)이며 쇠왕(衰旺)인 것이다.

「유전능언(有全能焉)」은 '완전(完全)한 능력(能力)이 있다.' 는 뜻이다. 五行의 오묘(奧妙)함을 알게 되면 전능(全能)이 되는 것이다. 전능(全能)이 무엇인가? 전지전능(全知全能)이다. 그야말로 신령(神靈)과 동일체(同一體)이다. 전지전능은 신의 영역이기 때문에 이것은 五行의 변화(變化)에 대한 이치(理致)를 깨달음으로써 가능(可能)해진다. 참으로 놀라운 이야기이고 감동적(感動的)인 희망(希望)이다. 모든 것을 다 할 수 있는 능력이 된다니 말이다. 독자는 이러한 말이 허언(虛言)이 아님을 믿어도 좋다. 낭월의 나름대로 연구한 바에 의하면 五行의 변화(變化)에 모든 것이 다 있다는 말에 대해서는 항상 격렬(激烈)한 공감(共感)을 하는 까닭이다.

나아가서 五行의 生剋을 벗어난 이치는 무시(無視)해도 좋다는 것도 알아두기 바란다. 항상 혼란(混亂)이 발생(發生)하면 기준점(基準點)이 필요(必要)해진다. 그 기준점은 바로 五行의 生剋에 있는 것이다. 그 외에 다른 기준을 들이댄다면 다시 무한(無限)의 혼란을 하염없이 방황(彷徨)해야만 한다. 그리고 이 책을 쓰고자 한 목적도 바로 여기에 있다. 부디 바라노니 독자께서는 五行의 상리(常理)에만 초점을 맞추고 干支를 연구하라는 절규(絶叫)를 하는 것이다. 시간은 물처럼 흘러가고 인생도 물결따라 흘러간다. 그리고 그 시간들은 다시 돌아오지 않는다.

■ 방국에 대한 이견

적천수를 통틀어서 가장 중요한 핵심(核心)의 부분이기 때문에 만무일실(萬無一失)의 마음으로 다소 중복되더라도 정리를 하는 것이 해롭지 않을 것이라는 판단이다.

13. 체용(體用): 체(體)와 용(用)으로 억부(抑扶)를 알고
14. 정신(精神): 정(精)과 신(神)으로 손익(損益)을 깨닫고
17. 쇠왕(衰旺): 쇠(衰)와 왕(旺)으로 절반(折半)을 통하고
18. 중화(中和): 중화(中和)로 전체(全體)를 깨닫는다.

이렇게 정리를 하게 된다. 그 중간에 끼어 있는 「월령(月令)」

편과 「생시(生時)」편은 무엇을 하려는 목적으로 그 사이에 끼어 있는지 모를 일이지만 아마도 없어도 될 이야기거나 혹은 없어야 할 내용이라고 생각하고 일단 무시한다. 흐름으로는 이렇게 4편으로 정리를 하면 깔끔하게 마무리가 된다.

이것을 눈치 챈 반자단(潘子端) 선생이 《滴天髓新註(적천수신주)》에서 체용(體用), 정신(精神), 쇠왕(衰旺), 중화(中和)로 마무리하고 월령(月令)과 생시(生時)는 쳐다보지도 않았다는 점에 눈길을 주게 된다. 그래서 반자단 선생의 탁월(卓越)함에 감탄(感歎)을 하게 되는 것이기도 하다.

월령(月令)이 집이다.
당령(當令)은 집의 방향(方向)이다.
생시(生時)는 묘지(墓地)이다.
장간(藏干)은 묘의 방향(方向)이다.

참으로 자평법과는 아무런 상관도 없는 이야기들을 넣어놓았기 때문에 바로 눈치를 챈 것이다. 반자단 선생보다 덜 과감하고 겁도 많은 낭월은 감히 잘라내진 못하고 기어들어 가는 목소리로 '이건 뭔가 좀…… 아닌 것 같습니다.'라고 하는 것이다. 여하튼 스스로 우둔(愚鈍)하면 선생이라도 잘 만나야 하고 선생을 만날 인연이 되지 못하면, 책이라도 열심히 뒤져야 한다는 것이 정법(正法)이라고 해야 하겠다.

이렇게 이치적(理致的)으로 타당(妥當)하거나 부당(不當)한 것에 대해서 명쾌(明快)하게 깨달았기 때문에 32세의 젊은 나이에 《적천수신주(滴天髓新註)》라는 이름으로 책을 쓸 수가 있었을 것이라는 점도 공감이 된다. 결코 젊은 사람의 치기(稚氣)어린 열정(熱情)만은 아니었음을 증명(證明)하는 셈이다. 그러면서 한 마디 추가한다.

按此處爲一段落(안차처위일단락)
推命之根本法則也(추명지근본법칙야)
以下各論(이하각론)
位補充之法則(위보충지법칙)

「살펴보건대, 여기에서 사주(四柱)를 풀이하는 근본적(根本的)인 법칙(法則)은 일단락(一段落)이 된다. 이하(以下)의 각론(各論)은 위의 이치(理致)를 보충(補充)하는 내용이다.」

그러니까 상사(上士)는 13, 14, 17, 18의 내용에서 간지지도(干支之道)를 깨닫게 되고, 팔자(八字)의 이치(理致)를 손바닥 보듯 하게 된다. 그러나 이렇게 되기까지는 많은 시간의 수행(修行)이 있었을 것은 말할 나위도 없다. 그렇기에 일견천오(一見千悟)를 할 수가 있는 것이다. 이것은 불교적으로 말하면 점수돈오(漸修頓悟)이다. 오랜 수행을 한 결과로 단박에 깨달음이 이루어진다는 뜻이다.

다만 그렇지 못한 중사(中士)는 이것만으로는 그 이치를 다 깨달을 근기(根機)가 부족하다. 그래서 다시 보충(補充)하는 각론(各論)의 이야기를 배워서야 비로소 이치를 깨닫게 되는 것이다. 그리고 하사(下士)는 더욱 많은 피땀 어린 노력(努力)이 필요할 것은 더 말해서 무엇하겠는가. 물론 그나마도 노력하지 않는 둔재(鈍才)는 부처가 강림한들 깨닫게 할 방법은 없을 것이다.

이렇게 명료(明瞭)한 설명(說明)이 있었기에 얼토당토않은 적천수(滴天髓)의 오류(誤謬)에 대해서 낭월도 감히 반발(反撥)할 수도 있었다고 해야 하겠다. 결국 적천수의 오류(誤謬)를 바로 잡은 일등공신(一等功臣)은 반자단(潘子端) 선생이다. 이것은 유백온, 임철초, 진소암, 원수산, 서낙오 선생들도 감히 어쩌지 못한 것을 해결(解決)하기 위해서 칼을 뽑아 들었기 때문이다. 이렇게 《적천수신주(滴天髓新註)》의 책 속에 있는 소식(消息)도 전할 수가 있어서 참으로 다행(多幸)이다.

19. 源流(원 류)

何處起根源 流到何方住
機括此中求 知來亦知去

【直譯】

源流
근원(根源)과 유행(流行)

【意譯】

「원류(源流)」는 '근원(根源)과 유행(流行)'의 뜻이다. 어딘
가로부터 시작하는 그 곳이 근원이 되는 것이고, 그것이 어디
론가 흘러 다니는 것이 유행이다. 그런데 이러한 대목을 보면
서 약간 불편한 심기(心機)가 발생한다. 왜냐하면 이미 앞에서
'시기소시(始其所始) 종기소종(終其所終)'으로 마무리를 지
었는데 또 다시 원류(源流)를 거론하는 것이 화사첨족(畵蛇添
足)과 같기 때문에 내용 자체만으로는 복습(復習) 삼아서 참
고 봐주는 정도이다.

【原文】

何處起根源 流到何方住
機括此中求 知來亦知去
하처기근원 유도하방주
기괄차중구 지래역지거

【直譯】

何處起根源
어느 곳에서 근원(根源)이 일어났는지

流到何方住
유행(流行)하여 어디에 도달(到達)하여 머무는지

機括此中求
이 가운데서 중요(重要)한 핵심(核心)을 구(求)하니

知來亦知去
오는 것도 알고 가는 것도 안다.

【意譯】

「하처기근원(何處起根源)」은 '어느 곳에서 근원(根源)이 일어났는가.' 라는 뜻이다. 五行이 있으면 처음에 시작되는 곳이 있기 마련이다. 임철초(任鐵樵) 선생은 가장 왕성한 五行으로 근원(根源)을 삼는다고 했는데 반드시 그것은 아니라고 본다. 비록 시작이 미미(微微)하더라도 출발점(出發點)이라고 한다면 그것을 근원(根源)으로 삼아야 하는 것이 이치에 합당(合當)할 것이기 때문이다. 낙동강(洛東江)의 700리도 출발점(出發點)은 황지(黃地)의 조그만 연못이고, 장강(長江)의 1만 5천 리도 발원지(發源地)는 티베트의 탕구라(唐古拉)산맥 한 쪽에 있는 치곡(治曲)이라는 작은 샘인 것을 생각해 봐도 가장 왕성(旺盛)한 五行을 발원지(發源地)로 삼는 것은 이치에 합당하지 않다.

「유도하방주(流到何方住)」는 '흐르고 흘러서 멈추는 곳이 어디인가.'라는 뜻이다. 사주의 전체가 하나의 흐름으로 이루어진다면 긴 강(江)이라고 할 수 있을 것이고, 중간에 끊어진다면 짧은 강이라고 할 것이다. 물론 강이 길면 좋고 짧으면 안타까운 것은 흐름이 길수록 힘도 강한 까닭이다. 그리고 흐름이라고 하려면 최소한(最小限) 五行을 세 개 정도는 거쳐서 흘러가야 흐름이라고 하지 않겠는가 싶다. 그러니까 水木火로 흐르든가, 木火土로 흐르든가, 火土金으로 흐르는 정도는 되어야 명색(名色)이 흐름이라고 할 것이고, 두 가지의 五行은 그냥 生으로만 보면 된다. 물론 네 가지나 다섯 가지로 흐른다면 매우 길고 긴 강이라고 하겠으니 그 아름다움이야 더 말할 나위도 없을 것이다. 그러나 대부분(大部分) 상담실(相談室)에서 만나는 명식(命式)은 단절(斷絶)되고 충돌(衝突)되고 허약(虛弱)하니 흐름이 좋은 사주를 만나는 것만으로도 안구(眼

球)가 정화(淨化)되는 느낌이 들기도 한다. 그야말로 임철초(任鐵樵) 선생이 제시한 멋들어진 사주들은 그의 책에서나 존재하는 것이고 현실에서는 만나기조차 어려운 것이라고 생각해야 할 것이다. 어쩌면 낭월의 상담실을 찾아오는 사람들이 고관대작(高官大爵)이 아니라서 그럴 수는 있겠지만 막상 그러한 위인들의 사주를 살펴봐도 그렇게 멋진 구조를 하고 있지는 않은 것으로 봐서 임철초 선생이 얻은 사주는 그의 몫이라는 생각을 하게 된다.

「기괄차중구(機括此中求)」는 '기틀의 핵심(核心)을 이 가운데서 구한다.'라는 뜻이다. '기괄(機括)'은 큰 활에 줄을 걸어 화살을 쏘도록 된 장치(裝置)를 이르는 말인데, 이것을 전용(轉用)하여 '사물의 중요한 요소(要素)'를 의미하기도 한다. 그러니까 원류(源流)의 흐름을 잘 살펴서 그 가운데에서 핵심적(核心的)인 요소를 포착(捕捉)하여 해답(解答)을 추구(追求)하면 된다는 의미이다. 경도(京圖) 선생의 시대에는 이러한 용어(用語)가 자연스러운 의미로 쓰였겠지만 요즘에서는 난해(難解)한 용어가 되어버렸으니 뜻을 찾기 위해서 사전(辭典)이 고생을 도맡아 하게 된다. 의미하는 바는 간단하다. 흐름의 시초(始初)와 종결(終結)의 과정을 잘 살펴서 판단하면 된다는 것이다. 결국은 '시기소시(始其所始) 종기소종(終其所終)'이라는 이야기이다.

「지래역지거(知來亦知去)」는 '흘러오는 곳도 알게 되고, 흘러가는 곳도 알게 된다.'는 뜻이다. 앞에서 다 말한 것 같은데 추가로 한 구절이 붙어 있는 것은 글자의 운율(韻律)을 맞추려고 한 것처럼 보이기도 한다. 기왕(旣往) 오언절구(五言絶句)로 썼으니까 마지막 구절도 필요(必要)했다는 이야기이다. 그래서 관심을 둘 만한 내용은 아니다.

20. 通關(통관)

關內有織女 關外有牛郞
此關若通也 相邀入洞房

【直譯】

通關
관문(關門)을 소통(疏通)함

【意譯】

「통관(通關)」은 '관문(關門)을 소통(疏通)한다.' 라는 뜻이
다. 닫힌 문은 열리기 위해서 있는 것이고, 열린 문은 닫기 위
해서 있는 것이다. 이렇게 때로는 열려야 하고 때론 닫혀야 하
는 것인데, 五行의 흐름에서도 닫혀 있으면 열리길 바라게 되
고, 열려 있으면 닫혀야 되는 상황을 설명한다.

【原文】

關內有織女 關外有牛郞
此關若通也 相邀入洞房
관내유직녀 관외유우랑
차관약통야 상요입동방

【直譯】

關內有織女
관문(關門)의 안에는 직녀(織女)가 있고

關外有牛郞
관문(關門)의 밖에는 견우(牽牛)가 있어

此關若通也
이 관문(關門)을 통(通)하게 되면

相邀入洞房
서로 맞나 신방(新房)으로 들어간다.

【意譯】

「관내유직녀(關內有織女)」는 '관문(關門)의 안에 있는 직녀
(織女)'라는 뜻이다. 직녀(織女)는 베를 짜는 여인으로 견우와

직녀의 전설에서 이름을 가져온 것이다. 직녀가 안에 있는 것은 여인(女人)이니 음(陰)이라서 그랬을 것이라고 본다.

「관외유우랑(關外有牛郞)」은 '관문(關門) 밖에 있는 견우(牽牛)'라는 뜻이다. 견우(牽牛)는 소를 키우는 목동(牧童)을 말한다. 견우는 염소자리에 있는 베타(β)별인 견우성(牽牛星)을 말하고, 직녀는 거문고자리의 베가(Vega)별인 직녀성(織女星)을 의미하기도 한다. 음력 7월 7일 경에 두 별이 가까워진다는 것으로 이야기를 만들어서 1년에 한 번 만난다는 이야기를 인용(引用)한 것이니 서로 중간에 은하수(銀河水)가 가로 막혀있어서 못 만나는 것으로 상황(狀況)을 설정(設定)한 것이다.

「차관약통야(此關若通也)」는 '이 관문(關門)이 열려서 통과(通過)하게 되면'이라는 뜻이다. 막힌 것을 터주는 것이니 의미하는 바를 이해하는 것은 간단(簡單)하다. 이 의미는 사주에서 五行의 흐름에 대한 연장선상(延長線上)에서 이해해야 할 부분이다. 그것은 원류(源流)의 흐름이 잘 진행되다가 무엇인가에 의해서 흐름이 차단(遮斷)되었다면 흐르던 에너지는 그 자리에 머물러서 누군가 막힌 것을 터주기 바라는 상황(狀況)이 된다. 이것을 관문(關門)이라고 한 것이다. 五行의 흐름은 그만큼 억지로 뛰어넘어서 흘러갈 수 없다는 뜻이기도 하다. 그렇다면 누가 문을 열어 주는가? 그야 매우 간단하다. 행운(行運)에서 막힌 것을 뚫어주는 五行을 만나면 되는 것이다.

木이 火로 흐르고 싶은데 중간(中間)에 土가 막혀 있다면 이것이 관문(關門)이다. 이것을 木으로 훤(剋)하면 막힌 길이 뚫릴 수 있을 것인지, 아니면 金으로 土를 설(洩)하면 길이 열리겠는지를 생각을 해 보는 것이다. 대신 운에서 火가 들어오면 자연스럽게 흐름이 생기는 것이니 주의해야 할 것은 天干에서 막혔다면 운에서도 天干으로 丙丁이 들어와야 하고, 地支에서 막혔다면 巳午가 들어와야 한다는 것이다. 이것이 간지유별(干支有別)이다. 그냥 五行이 들어온다고 해서 되는 것이 아니란 뜻이다. 하늘의 견우성과 직녀성도 하염없이 기다리고 있다가 음력 7월 칠석(七夕)이 되어서야 비로소 운이 오는 것이니 이 때가 되면 까치와 까마귀들이 오작교(烏鵲橋)를 놓아서 서로 만나게 되듯이 때가 아니면 기다려야 하는 것이 안타깝다.

신체(身體)로 놓고 비유를 할 수도 있겠다. 몸에 문제가 생겨서 혈관(血管)이 막히게 될 수도 있다. 이것은 관문(關門)이 닫혔다고 할 수 있을 것이다. 그런데 신비로운 몸은 그 옆으로 새로운 혈관을 만들게 된다. 이것이 막힌 관문을 열어주는 효과(效果)라고 할 수 있다. 물론 막힌 관문은 열리지 않는다. 다만 새로운 길이 생겼으니 이미 막힌 관문은 필요가 없어졌으므로 아무런 문제가 없다. 운에서 들어오는 五行에 의해서 막혔던 흐름이 다시 통하게 된 것을 이러한 의미로 이해한다면 오히려 실질적(實質的)인 상황(狀況)에 부합(附合)이 될 것이다. 느낌으로는 막힌 문이 열린 것이지만 실제로는 새로운 길을 얻은 것이다. 다만 문제는 그 운이 지나가면 다시 그 새로운 혈관도 막히게 되는 것과 같은 안타까움이 발생한다는 것이다.

그러니까 원국(原局)에서 자유롭게 흘러가는 것이 최상(最上)이지만 그렇지 못한 경우에는 운에서 때가 되면 막힌 것을 열어주는 기회도 온다는 이야기이니 매우 희망적(希望的)인 메시지라고 해야 하겠다. 물론 이것은 긍정적(肯定的)으로 대입한 것이다. 부정적(否定的)으로 본다면, 수호전(水滸傳)에서처럼 가두어 놓았던 108마귀들이 든 항아리를 열어주는 사고(事故)도 발생할 수가 있는 것이다. 또 다른 예로 물을 저장한 댐은 새어나가면 안되는데 부실(不實)한 공사(工事)로 인해서 벽에 구멍이 생긴 상황으로 비유를 할 수도 있다. 이때에는 구멍을 막는 것이 최선이듯이 무조건 통한다고 해서 다 좋은 것이 아님을 상대적으로 이해하면 된다.

「상요입동방(相邀入洞房)」은 '서로 맞이하여 신방(新房)으로 들어간다.'는 뜻이다. 이것은 너무도 간절히 원했던 것이기 때문에 막힌 것이 통하게 되니 매우 기뻐해야 할 일이다. 사주의 흐름을 막고 있는 것이 뽑혀나가서 뚫리게 되었을 적에 느끼는 감정을 이렇게 표현했으니 그 시원함은 이루 말로 다 할 수가 없을 지경이었던가 싶기도 하다. 시골에서 버스를 타려고 찾아헤매다 길가에 있는 정류장(停留場)을 발견하게 되었으면 일단은 반갑다. 그러나 그 정류장에서 버스가 지나가기를 하염없이 기다리고 있는 행인(行人)의 마음은 조바심으로 가득 차게 될 수도 있다. 특히 시간 약속이라도 되어 있는 경우라면 더욱 그 마음은 초조(焦燥)하게 될 수밖에 없는 일이다. 그러나 버스는 오지 않는다. 원래 시골 버스는 자주 다니지 않기 때문에 그냥 잊어버리고 있어야 하지만 도시의 시간으로 틀이 짜여 있는 사람에게는 그 기다림이 너무나 힘든 시간이 될 수도 있는 것이다.

그런데 마침내 버스가 저 멀리 보인다. 얼마나 반가울까를 상상해 볼 수 있을 것이다. 두 청춘남녀가 신방으로 들어가는 만큼이나 설레는 일이다. '뭐 그 정도까지겠는가?' 싶은 독자는 시골 버스를 기다려 봐야 한다. 때론 두어 시간을 기다려야 할 경우도 있다. 하루에 네 번 다니는 시골길이라면 더 기다려야 할 수도 있을 것이다.

운(運)에서도 마찬가지이다. 때론 3년도 기다리고 때론 8년도 기다려야 할 상황도 있기 마련이다. 다행히 天干에는 8년이 지나면 원하는 글자가 들어오게 되어 있으니 언젠가 버스가 온다는 것만은 확실하다. 그동안만 기다려 주면 되는 것이다. 물론 다른 곳에 눈을 팔다가 버스가 오는 순간을 그만 놓쳐버릴 수도 있는 것은 운이 와도 제대로 찬스를 얻지 못하고 흘려버리는 경우도 있음을 생각해 보라는 뜻이다. 1년을 기다려서 견우와 직녀가 만나고, 8년을 기다려서 용신(用神)을 만나기도 하지만 그것조차도 정신을 바짝 차리지 않으면 사라지고 말 것이다.

21. 官殺(관살)

官殺混雜來問我 有可有不可

【直譯】

官殺
정관(正官)과 편관(偏官)

【意譯】

「관살(官殺)」은 '정관(正官)과 편관(偏官)'의 뜻이다. 이번 항목에서는 관성(官星)에 대해서 논한다는 이야기이다. 관성은 정관(正官)과 편관(偏官)으로 나누고 편관은 특별히 두려운 존재라는 의미로 칠살(七殺)이라는 별명을 붙여 놓고 일반적으로 묶어서 말을 할 적에는 '관살(官殺)'이라고도 한다.

官殺混雜來問我 有可有不可
관살혼잡래문아 유가유불가

【直譯】

官殺混雜來問我
관살(官殺)이 혼잡(混雜)된 것을 내게 와서 물으면

有可有不可
옳은 경우도 있고 아닌 경우도 있다고 하리라.

【意譯】

「관살혼잡래문아(官殺混雜來問我)」는 '내게 와서 관살(官殺)이 혼잡(混雜)하면 어떻습니까라고 묻는다면'의 뜻이다. 아마도 많은 학자들이 경도(京圖) 선생에게 이 문제를 물었던 가 보다. 그래서 문답(問答)의 방법을 빌려서 답변(答辯)을 하고 있는 것이다. 관살(官殺)이 하나의 사주에 같이 있으면 그것을 혼잡(混雜)이라고 한다. 섞여 있다는 뜻이다. 그런데 식상(食傷)이나 재성(財星)이나 인성(印星)은 혼잡이라는 말을 쓰지 않는데 유독(惟獨) 관살에 대해서만 혼잡이라고 하니 이것은 또 무슨 의미(意味)인가?

관살(官殺)은 日干에게 가장 두려운 존재(存在)이다. 일주

(日柱) 자신은 아무런 조치(措置)도 할 수가 없고 그냥 순순 (順順)히 관살이 요구(要求)하는 대로 응대(應對)하는 수밖에 없다는 것으로 인해서 어느 정도 두려움의 표현(表現)을 그렇게 하고 있는 것으로 이해하면 된다.

정관(正官)이 하나만 있어도 조심스러운데 둘이나 셋이 있다면 더욱 부담(負擔)되는 일이다. 여기에 서로 성질(性質)이 판이(判異)하게 다른 편관(偏官)조차 섞여 있으면 더욱 긴장 (緊張)해야 할 수밖에 없으니 지극(至極)히 조심스러운 것이다. 그래서 각별(各別)히 잘 살펴보라는 의미로 별도의 항목을 마련한 것으로 이해한다.

「유가유불가(有可有不可)」는 '옳은 경우도 있고 옳지 않은 경우도 있다.'는 뜻이다. 이 다섯 글자 속에 깊고도 오묘(奧妙) 한 이치(理致)를 담아 놓았으니 학문(學問)이 깊은 학자는 그 뜻을 일목요연(一目瞭然)하게 파악(把握)하고 고개를 끄덕이 겠지만, 그렇지 못한 초학자(初學者)는 무슨 말인가 싶어서 멀뚱멀뚱하며 글자만 바라보게 된다. 어떠한 경우에는 가능(可能)하고, 또 어떤 경우에는 불가능(不可能)한지를 설명하지 않았기 때문이다. 경도(京圖) 선생의 생각에는 자평법에 대한 수준(水準)이 어느 정도 있다면 이렇게만 해놓아도 그 속에 깃든 뜻을 헤아릴 수가 있을 것이라는 생각을 했겠으나 낭월은 또 이러한 글귀를 보고서도 어떻게 요리(料理)를 해야 할지를 몰라서 막연(漠然)한 독자들이 걱정되어 약간(若干)의 설명 (說明)을 추가(追加)한다.

요지(要旨)는 간단(簡單)하다. 日干이 감당(堪當)할 정도

(程度)의 관살(官殺)이라면 혼잡(混雜)이 되어도 된다. 그렇지만 日干의 힘이 무력(無力)하여 관살의 존재(存在)가 부담(負擔)이 된다면 혼잡은 관두고 하나만 있더라도 또한 두려움의 존재일 뿐이다. 그러니까 日干의 힘이 강(强)하고 봐야 한다. 허약(虛弱)한 日干에게는 관살은 보이지 않아야 하고 혹 보이더라도 인성(印星)이 옆에서 설화(洩化)시켜서 日干을 생조(生助)하는 에너지의 근원(根源)으로 삼을 수가 있다면 또한 유가(有可)의 상황(狀況)이 된다.

그렇지만 인성(印星)의 도움도 전혀 없다고 한다면 불가(不可)의 상황이 되는 것이다. 임철초(任鐵樵) 선생의 설명은 친절(親切)해 보여도 실은 매우 복잡(複雜)하여 간단히 이해하기는 쉽지 않다. 더구나 장장 29개의 사주(四柱)를 설명하여 이해를 돕고 있으니 다양한 관살(官殺)의 해결책(解決策)을 살펴 볼 수가 있을 것이다. 특히 그 중에는 임철초 선생의 본인 사주도 설명되어 있다. 그래서 이해를 하려는 학자(學者)에게는 상세(詳細)하기도 하고 복잡하기도 하지만 핵심(核心)은 '일강자(日强者)는 가(可)하고, 일약자(日弱者)는 불가(不可)하다.'로만 기억하고 있어도 낭패(狼狽)를 당하지는 않을 것이다. 그리고 연구(研究)의 열정(熱情)이 넘치는 독자는《滴天髓闡微(적천수천미)》를 보거나, 원문(原文)이 부담스러운 독자는 졸저《적천수강의》를 살펴보면 이해에 도움이 될 것이다.

22. 傷官(상관)

傷官見官最難辨 可見不可見

【直譯】

傷官
정관(正官)을 손상(損傷)한다.

【意譯】

「상관(傷官)」은 '십성(十星)의 상관(傷官)'을 말한다. 나를 剋하는 경우에는 관살(官殺)을 같이 논했는데 내가 설(洩)하는 경우에는 식상(食傷)이 아니라 단지(但只) 상관(傷官)에 대해서만 거론(擧論)하는 것을 보면 옛날에는 특히나 상관의 존재(存在)에 대해서 조심스럽게 다뤘다는 느낌이 든다.

【原文】

傷官見官最難辨 可見不可見
상관견관최난변 가견불가견

【直譯】

傷官見官最難辨
상관(傷官)이 정관(正官)을 본 것은
판단(判斷)하기가 가장 난해(難解)하다.

可見不可見
봐도 되는 경우도 있고 보면 안되는 경우도 있다.

【意譯】

「상관견관최난변(傷官見官最難辨)」은 '상관(傷官)이 정관
(正官)을 보고 있으면 판단(判斷)하기가 매우 어렵다.'는 뜻
이다. 그도 그럴 것이 고대(古代)의 정관은 국가(國家)에서 중
책(重責)을 맡아야 하는 의미(意味)가 되는데 그것을 공격(攻
擊)하는 것이 상관이니 아무래도 소홀하게 생각을 할 수가 없
었으리라고 짐작(斟酌)을 해 본다. 그러나 세월(歲月)이 많이
도 흘렀다. 그 사이에 사람들의 생활환경(生活環境)도 달라졌
고 가치관(價値觀)도 달라졌으며 삶의 형태도 달라졌다.
　그러므로 예전에는 중요하게 여겼던 것도 시간이 흐르면서

대수롭지 않게 여기게 되었으니 상관견관(傷官見官)도 또한 마찬가지이다. 그러므로 세월이 흐르면 또 다시 새로운 해석 (解釋)이 필요(必要)하기도 하다. 사주명식(四柱命式)의 원판 (原版)은 변하지 않지만 해석하는 관점(觀點)이 달라지므로 변화(變化)하는 상황에 적합(適合)한 풀이를 하지 않는다면 아무리 주옥(珠玉)같은 가르침도 박물관(博物館)의 유품(遺 品)으로 남게 될 뿐이다.

「가견불가견(可見不可見)」은 '상관견관(傷官見官)이 괜찮 은 경우도 있고 그렇지 않은 경우도 있다.'는 뜻이다. 이러한 항목이 존재한다는 것은 정관(正官)은 존귀(尊貴)하다고 하 던 시절(時節)의 유품(遺品)이다. 정관은 귀족(貴族)이 되어 서 최상(最上)의 우대(優待)를 받던 시절에 경도(京圖) 선생 이 반발(反撥)을 한 것이다. 비록 존귀(尊貴)한 정관이지만 그 것도 상황에 따라서 때론 공격(攻擊)을 할 수도 있다는 이야기 를 한 까닭이다. 그러니 이미 세상이 많이 변해가고 있는 과정 이라는 것을 짐작케 하는 구절(句節)이기도 하다. '절대(絶對) 로 공격(攻擊)하면 안되는 존재(存在)'에서 '상황(狀況)에 따 라서는 공격을 할 수도 있는 존재'가 된 것이다.

상관(傷官)이 상관인 이유는 무엇인가? 이름을 보면 알겠지 만 '정관(正官)을 손상(損傷)시키는 자'라는 뜻이다. 정관(正 官)은 세상(世上)의 윤리(倫理)이며 기준(基準)이며 도덕(道 德)이다. 그러므로 이러한 정관을 파괴(破壞)하는 자는 용서 를 할 수가 없는 것이다. 그리고 국가(國家)의 최고(最高) 권 위(權威)가 되는 관청(官廳)은 정관에 해당한다. 관청은 제왕

(帝王)의 업무를 대행(代行)하는 기관(機關)으로서의 권한(權限)을 가지고 명령(命令)을 거역하고 대항하는 자를 '역적(逆賊)'으로 몰아서 삼족(三族)을 파멸(破滅)하기 조차 한다. 이렇게도 막강(莫强)한 권력(權力)을 가진 정관이니 이러한 용어가 자평법에 들어오게 된 경로(經路)는 잘 모르겠지만 일단 들어와서 자리를 잡은 이상 그 이름에서 풍기는 위력(威力)을 무시할 수는 없는 일이다.

그렇다면 어떤 경우에는 이러한 정관(正官)을 공격을 해도 되는가? 상관(傷官)이 용신(用神)인 경우에는 剋을 해도 된다. 물론 좋다는 뜻은 아니다. 다만 가능(可能)하다는 이야기이니 여전히 조심스러운 것은 어쩔 수 없다. 그래서 '가견(可見)'이라고 한 것이니 여전히 부담스러운 존재임을 잊지 말라는 의미로 봐도 될 것이다. 다만 사주의 정관(正官)이 국가(國家)의 관청(官廳)은 아니라는 것은 알고 있으라는 의미도 그 안에 포함(包含)되었을 것이다. 그렇지 않고서야 어찌 감(敢)히 '가견(可見)'이라고 했겠느냐 말이다.

'가견(可見)'도 있지만 '불가견(不可見)'도 있으니 이것은 어떤 경우인가? 정관(正官)이 용신(用神)인 경우(境遇)이다. 이때는 상관(傷官)이 운(運)에서 들어온다면 비상사태(非常事態)가 된다. 상관은 정관의 주변(周邊)에 얼씬도 하지 않아야 하는데 운에서 픽 들어와 버린다면 정관은 두려움으로 긴장(緊張)을 하게 될 것이다. 그렇다면 어떻게 해야 하는가? 일단 인성(印星)이 정관을 감싸고 있기를 희망한다. 그렇게 되면 마치 장수(將帥)가 갑옷을 입은 것과 같아서 아무런 두려움도 없다. 다만 정관이 天干에 있으면 인성도 天干에 있어야 하고 地支에 있으면 인성도 地支에서 보호를 해야 제대로의 호위(護衛)가 되는 것이다. 그렇지 않으면 강도(强盜)가 금은방(金銀房)을 다 털어가고 난 다음에 경찰(警察)이 출동(出動)하는 허탈(虛脫)한 상황(狀況)이 되는 까닭이다. 그러므로 적절(適切)한 자리에 인성이 정관을 보호한다면 '불가견(不可見)' 중의 '가견(可見)'이 되는 것이다.

또한 재성(財星)이 정관(正官)을 호위(護衛)해도 '가견(可見)'이 된다. 이때에는 상관(傷官)의 난폭(亂暴)한 기운을 설기(洩氣)하여 정관을 돕게 되니 오히려 이익(利益)이 될 수도 있다. 이러한 경우에는 정관이 다소 허약(虛弱)하다면 더욱 환영(歡迎)을 하게 된다. 오히려 정관을 공격하러 온 상관이 재성을 만나서 기운을 빼앗기고 있는 모습을 떠올릴 수가 있기 때문이다. 다만 그 외에는 모두 '불가견(不可見)'이다. 아울러서 편관(偏官)의 경우도 마찬가지로 논(論)한다. 편관이 용신(用神)이라면 이번에는 상관을 두려워하는 것이 아니라 식신(食神)을 두려워하는 것만 달라질 뿐이고 生剋의 이치는 같다.

상관견관(傷官見官)의 이치를 설명하기 위해서 임철초(任鐵樵) 선생이 28개의 사주를 제시(提示)하고 있으니 또한 관심(關心)이 넘치는 독자는 참고하기 바란다. 다만 그 내면(內面)의 중앙(中央)을 관통(貫通)하는 이치는 앞에 설명한 것으로 모두 통용(通用)이 되므로 번거로운 것을 귀찮아하는 독자는 굳이 읽어보지 않아도 된다는 것도 덧붙인다.

한자에 대해서 자꾸 괄호를 하면서도 써넣는 이유는 나름 대로 생각이 있다. 실로 얼마나 많은 선조(先祖)들의 명저(名著)

가 한글세대를 겪으면서 난해(難解)한 문서(文書)로 취급(取扱)을 받고는 유품(遺品)으로 박제(剝製)가 되어가고 있는지를 보면서 문화(文化)의 단절(斷絶)을 안타까워하는 낭월이다. 그래서 귀찮을 정도로 한자(漢字)를 혼용(混用)하여 삽입(揷入)하고 있는 것이다. 이렇게라도 함으로 직접 써보지는 않더라도 눈으로라도 도장(圖章)을 찍어 놓으면 안면(顏面)이 생기는 효과(效果)도 있을 것이기 때문에 거듭 접하다 보면, 구면(舊面)이 되어서 친근감이라도 들어서 누군가에게는 도움이 될 수도 있을 것이라고 기대를 하는 마음에서이다.

23. 淸氣(청기)

一淸到底有精神 管取生平富貴眞
澄濁求淸淸得去 時來寒谷也回春

【直譯】

淸氣
청정(淸淨)한 기운(氣運)

【意譯】

「청기(淸氣)」는 '맑은 기운'의 뜻이다. 맑은 기운은 맑은 물
과 같다. 고요하고 투명(透明)하니 바닥까지 환히 보여 준다.
사람도 이와 같아서 맑은 기운이 서리면 만나는 상대방의 마음
이 경건(敬虔)하고 엄숙(嚴肅)하며 편안(便安)하다. 다만 이
의미를 사주에 적용(適用)시키려면 상당한 궁리(窮理)의 시간
(時間)을 필요(必要)로 한다는 것이 함정(陷穽)이라면 함정이
다. 그만큼 사주에서 청기(淸氣)를 파악(把握)한다는 것은 간
단(簡單)치 않은 까닭이다.

【原文】

一淸到底有精神 管取生平富貴眞
澄濁求淸淸得去 時來寒谷也回春
일청도저유정신 관취생평부귀진
징탁구청청득거 시래한곡야회춘

【直譯】

一淸到底有精神
한 줄기의 맑은 기운이 도달(到達)함에 정신(精神)이 있어

管取生平富貴眞
평생(平生) 동안 진정(眞正)한 부귀(富貴)를 누린다.

澄濁求淸淸得去
혼탁(混濁)함에서 맑음을 구하여 탁(濁)을 제거(除去)하면

時來寒谷也回春
때가 되어 추운 골짜기에 봄이 오는 것과 같다.

【意譯】

「일청도저유정신(一淸到底有精神)」은 '하나의 맑은 기운이
도달(到達)하는 곳에 정신(精神)이 있다.' 는 뜻이다. 그러니

까 청정(淸淨)하면 정신(精神)도 맑고 또렷하다는 의미이다. 청(淸)을 얼버무릴 수만 있다면, '청(淸)은 탁(濁)의 반대(反對)'라고 하고 싶은 경우도 있다. 그러나 청(淸)의 상태(狀態)를 이해해야 할 상황에서 탁(濁)의 반대와 같은 이야기만 한다면 독자는 아마도 한숨을 쉬게 될 것이다. 그래서 직설적(直說的)인 해석(解釋)이 필요하다. 보통은 沖剋이 없고 흐름이 있는 사주(四柱)를 청(淸)한 사주라고 한다. 이렇게 설명하니 무척이나 간단해 보인다. 흐름은 앞의 「원류(源流)」편에서 언급이 되어 있으니 참고(參考)하면 되겠다. 여기에 沖剋이 없기를 바라는 것이 하나 추가(追加)된다고 보면 이해는 어렵지 않을 것이다.

사실 청탁(淸濁)은 정신의 영역(領域)에서 다루게 될 부분(部分)이다. 적어도 지적 수준이나 사유체계(思惟體系)가 중간(中間)을 넘는다는 이야기이고 도량(道場)이 넓어서 웬만한 것은 다 포용(包容)하는 아량(雅量)을 갖고 있는 군자(君子)의 풍모(風貌)라고 할 수 있다. 청기(淸氣)가 있는 사람과 대화(對話)를 나누면 마음이 혼란스러웠더라도 맑아지고 안정(安靜)이 되는 것을 알 수가 있으니 이러한 능력(能力)은 사주의 순청(純淸)함에서 나오는 것이다.

물론 후천적(後天的)으로 교육(敎育)을 통해서든 피나는 자기(自己)의 수련(修鍊)을 통해서든 변화(變化)는 일어날 수 있지만 여전히 후천적이다. 그래서 잠시라도 방심(放心)하면 밭의 잡초(雜草)가 순식간(瞬息間)에 농작물(農作物)을 뒤덮듯이 엉망이 되어버리곤 한다. 그럼에도 타고난 바탕이 이와 같은 사람은 잠시 여건에 따라서 혼란(混亂)을 일으키더라도 바로 자신의 모습을 되찾게 되니 타고난 천작(天作)이 노력으로 만든 인작(人作)보다 우월(優越)한 것은 이루 말로 할 수가 없을 정도이다. 물질적(物質的)인 것에는 담백(淡白)하고 정신적(精神的)인 것에는 관심(關心)을 많이 두게 되니 누가 봐도 정신(精神)이 맑고 고결(高潔)하다고 느끼는 것이다.

눈을 떠서 잠이 들 때까지 물질적(物質的)인 부족(不足)함을 한탄(恨歎)하면서 살아가는 사람도 있는가 하면 항상 행복(幸福)의 의미를 생각하고 고인(古人)의 지혜(智慧)를 따르려고 노력하는 사람도 있기 마련이고, 청(淸)한 사람은 이러한 것이 일상이므로 자연스러운 모습 그대로이다. 인위적(人爲的)으로 그렇게 보이려고 하는 것은 위선(僞善)이라고 하지만 저절로 그렇게 되는 것은 지선(至善)이라고 한다. 선량(善良)한 사람의 모습을 보면 사주를 모르더라도 청기(淸氣)가 있음을 알 수가 있듯이 사주가 청하면 그 사람의 삶에서의 사유(思惟)도 청정(淸淨)할 것임을 짐작할 수가 있는 것이다.

「관취생평부귀진(管取生平富貴眞)」은 '일생(一生)을 살면서 참된 부귀(富貴)를 누리게 된다.'는 뜻이다. 앞의 구절에 대한 응답(應答)이라고 볼 수 있을 것이니 달리 해석을 할 필요는 없다고 하겠다. 다만 참고한다면 부귀(富貴)를 이룰 수도 있지만 그렇지 않을 수도 있다. 이것은 운의 작용에서 영향을 받아야 할 것이기 때문이다. 그럼에도 불구하고 고결(高潔)한 바탕을 가지고 타고났기에 세속(世俗)과 결탁(結託)하여 삶을 도모(圖謀)하지 않는다는 것으로 기준을 삼으면 될 것이다.

평생을 살면서 부귀를 누린다면 물론 좋은 일이겠지만 실제로는 글귀처럼 그렇게 되는 경우는 만중지일(萬中之一)이다. 다만 청기(淸氣)가 있는 사람은 형편이 비록 빈한(貧寒)해도 아부(阿附)하지 않고 구걸(求乞)하지도 않는 기개(氣槪)가 있다는 것이 중요하다. 그러다가 누군가의 인정(認定)을 받고서 왕에게 천거(薦擧)되면 순식간(瞬息間)에 부귀는 맘대로 누릴 수가 있겠지만 또한 과유불급(過猶不及)을 잘 알고 있기에 위태(危殆)롭지 않을 것이며 비록 주변 여건(與件)에서 혼탁(混濁)한 분위기가 느껴진다면 일찌감치 벼슬도 하직하고 낙향(落鄕)을 선택(選擇)하게 될 것이다.

「징탁구청청득거(澄濁求淸淸得去)」는 '맑음과 탁함이 섞여 있으나 청정(淸淨)함이 탁(濁)을 제거(除去)한다.'라는 뜻이다. 그렇다면 앞의 구절은 순청(純淸)이 되겠고, 이 구절은 맑음과 탁함이 섞여 있는 다소 혼청(混淸)이라고 할 수 있을 것이다. 사주에서는 반청반탁(半淸半濁)이 많으니 이러한 경우에도 청(淸)을 추구(追求)하려는 사람이라면 이 대목에 해당하는 경우라고 할 수 있을 것이다. 그러니까 원래는 청하지도 탁(濁)하지도 않았지만 후천적(後天的)으로 노력(努力)을 통해서 맑아지고자 하는 사람도 어찌 한 둘이랴! 그들에게는 어떤 결과(結果)가 주어질 것인가? 다음 구절이 그 해답(解答)이다.

「시래한곡야회춘(時來寒谷也回春)」은 '시절(時節)이 도래(到來)하니 차가운 골짜기에 봄이 돌아온다.'는 뜻이다. 이 구절은 특별한 최상품(最上品)을 제외(除外)한 일반인(一般人)

들에게는 복음(福音)이다. 아마도 대부분의 사람들은 이러한 상황에 부합(附合)이 될 것이기 때문이다. 수행자(修行者)의 모습을 여기에서 느껴본다. 작은 일에 분노(忿怒)도 잘 하고, 인내심(忍耐心)도 부족하고, 물욕(物慾)도 내면(內面)에서 자글자글 끓고 있지만 그래도 가끔은 '이렇게 살아서는 안된다.'는 자책(自責)도 하는 사람들에게 하는 이야기이다.

희망(希望)은 누구를 위해서 존재(存在)하는가? 바로 이러한 경우(境遇)에 처한 사람들에게 필요한 것이다. 특출(特出)나게 잘 타고난 사람들은 성현(聖賢)의 가르침도 필요 없듯이 희망도 별 의미가 없다. 그들에겐 모든 것 자체가 희망으로 가득 차 있을 것이기 때문이다. 그러나 항상 작심삼일(作心三日)의 무한반복(無限反復)으로 살아가고 있는 범부(凡夫)에게는 그야말로 반드시 있어야 하고 목표가 되어야 할 희망이다. 혹 희망과 욕망(慾望)을 혼동(混同)하지 않아야 하겠다. 희망은 자신의 이상적(理想的)인 꿈을 바라는 것이지만 욕망은 끝없는 소유욕(所有慾)을 채우기 위한 목적(目的)이기 때문에 애초에 출신(出身)의 성분(性分)부터가 다르다.

24. 濁氣(탁기)

滿盤濁氣令人苦 一局淸枯也苦人
半濁半淸猶是可 多成多敗度晨昏

【直譯】

濁氣
혼탁(混濁)한 기운(氣運)

【意譯】

「탁기(濁氣)」는 '혼탁(混濁)한 기운(氣運)'의 뜻이다. 청기
(淸氣)와 상대적(相對的)인 의미로 쓰였다. 서낙오(徐樂吾)
선생은 청탁(淸濁)으로 몰아서 같이 다뤘는데 원수산(袁樹珊)
선생은 이렇게 청기(淸氣)와 탁기(濁氣)로 분류(分類)를 했
으니 그대로 따른다. 내용(內容)은 같고 구분(區分)만 다르다.
그리고 배열(排列)에서 차이가 있어 《滴天髓徵義(적천수징
의)》를 본 독자라면 약간 혼란스러울 수도 있으니 이점은 참고
하기 바란다.

滿盤濁氣令人苦 一局淸枯也苦人
半濁半淸猶是可 多成多敗度晨昏
만반탁기영인고 일국청고야고인
반탁반청유시가 다성다패도신혼

【直譯】

滿盤濁氣令人苦
명반(命盤)에 탁기(濁氣)가 가득하면
그 사람의 삶은 고통(苦痛)의 연속(連續)이고

一局淸枯也苦人
사주가 청(淸)하지만 메말라 있다면
또한 삶이 고달프긴 마찬가지이다.

半濁半淸猶是可
절반(折半)은 혼탁(混濁)하고 절반은 순청(純淸)하면
오히려 살아볼 만하다지만

多成多敗度晨昏
성공(成功)과 실패(失敗)를 반복(反復)하면서
날이 새고 밤이 될 뿐이다.

【意譯】

「만반탁기영인고(滿盤濁氣令人苦)」는 '사주에 탁기(濁氣)가 가득한 사람은 삶도 고통(苦痛)스럽다.'는 뜻이다. 인생(人生)이 우연(偶然)히 그날 그 시간에 태어난 것에 불과(不過)하건만 어쩐 일로 어떤 사람은 청고(淸高)한 사주를 만들 수가 있는 시간에 태어나는가 하면 또 어떤 사람은 沖剋이 난무(亂舞)하는 험난(險難)한 암시(暗示)로 가득한 사주를 갖고 태어나는 것인지에 대해서는 아무도 무슨 말을 할 수가 없다. 그냥 막연하게나마 드는 생각은 '아마도 전생(前生)에 큰 빚을 지고 현생(現生)에 태어난 것이 아닐지…….'하는 정도이다. 그러나 전생의 존재에 대해서는 확신(確信)을 가질 수가 없으니 심증(心證)은 가지만 물증(物證)이 없다. 그러니 명색(名色)이 학자라는 사람이 그것을 강경(强硬)하게 주장(主張)할 수도 없는 일인지라 혼자 속으로만 되뇔 뿐이다.

슬픈 일이다. 만반(滿盤)에 탁기(濁氣)라니……. 삶의 길이 얼마나 고단할 것인지에 대해서도 짐작이 되기에 더욱 안타까운 마음이 드는 것이다. 어차피 인생(人生)은 수행(修行)이라고 하지만 혼탁(混濁)한 사주를 갖고서 수행한다는 것도 쉬운 일이 아닐 것이다. 사람을 만나더라도 갈등(葛藤)과 고통(苦痛)이 수반(隨伴)될 것이므로 사사건건(事事件件)에 순탄(順坦)하게 넘어가는 일이 없다는 푸념을 입에 달고 살아갈 수도 있겠다.

「일국청고야고인(一局淸枯也苦人)」은 '청순(淸純)하긴 하

지만 편고(偏枯)하니 또한 괴로운 사람이다.' 라는 뜻이다. '만
반탁기(滿盤濁氣)' 보다는 훨씬 낫다고 생각할 수도 있겠지만
이 정도로는 마음을 놓을 수도 없는 상황이다. 탁기(濁氣)와
청고(淸枯)의 사이에는 어떤 차이가 있을까? 탁기는 혼탁(混
濁)하다는 의미이므로 沖剋이 사주에 가득하다고 할 수가 있
는 반면에 청고는 혼탁은 아닌 상황이다 다만 무기력(無氣力)
하다는 느낌을 갖게 된다면 그것이 바로 청고이다. 맑기는 하
지만 힘이 없는 상태인 것이다. 마치 단식(斷食)으로 몸의 노
폐물(老廢物)을 제거(除去)하여 정화(淨化)는 되었지만 굶은
까닭에 아무런 힘도 남아있지 않아서 조금만 움직여도 지쳐버
리는 상태와 같은 것이다. 이러한 상태로 뭘 할 수 있으랴! 한
글로는 같은 '청고'이지만 한자로 보면 청고(淸高)와 청고(淸
枯)는 분명 큰 차이가 있다.

그래서 탁기(濁氣)도 고통(苦痛)스럽지만 청고(淸枯)라고
해도 또한 별로 다를 바가 없다고 하는 것이니 공감이 간다. 문
득 추사(秋史)의《세한도(歲寒圖)》가 떠오른다. 추위에 잔뜩
웅크리고 있는 소나무들도 청고의 상징(象徵)으로 그려졌을
것으로 생각해 보는 것이다. 용신(用神)의 운(運)이 들어와서
생조(生助)를 해 줘도 위력(威力)을 발휘할 수가 없는 상태이
기 때문에 더욱 큰 문제라고 하는 것이다. 실로 임상(臨床)을
하다가 보면, 운이 들어왔음에도 활발(活潑)하지 못하고 운은
운대로 삶은 삶대로 따로 진행하는 사주도 있다. 과연 사주의
작용이 있는 것인지 의아(疑訝)스러운 생각이 들 정도이다. 청
고의 의미를 생각하면서 문득 떠올려 본 상황(狀況)들이다. 예
전에는 용신운이 왔는데도 왜 되는 것이 없을까 하고 의심했다

면 요즘에는 용신운이 와도 못 찾아 먹을 정도의 메마른 사주도 있다는 것으로 정리를 하게 된다.

「반탁반청유시가(半濁半淸猶是可)」는 '청탁(淸濁)이 반반(半半)인 것은 오히려 괜찮다.'는 뜻이다. 그래서 '청탁(淸濁)이 반반일지언정 청고(淸枯)하진 말라.'는 말도 있다. 분위기만 봐서는 앞의 구절에서 말한 '일국청고야고인(一局淸枯也苦人)'보다는 훨씬 나아 보이기도 한다. 그러나 이 항목이 탁기(濁氣)인 바에야 그래봐야 고생스러운 삶이 될 것임을 암시하고 있다는 것도 잊지 않아야 할 것이다. 왜냐하면 다음 구절에서 마무리가 되기 때문이다.

「다성다패도신혼(多成多敗度晨昏)」은 '새벽부터 어둠이 내릴 때까지 성패(成敗)가 반복(反復)된다.'는 뜻이다. 보통의 삶에 대한 모습을 반추(反芻)해 본다. 아마도 대부분의 사람들은 대략 이러한 모습으로 살아가고 있는 것이 아닐까 싶은 생각을 하게 된다. 어쩌면 상담실을 가장 자주 찾게 되는 사람들에 해당할 수도 있겠다. 항상 뭘 해도 되는 것이 없으니 왜 그런지를 물어보고 싶은 마음이 생기는 것은 당연하다고 하겠으니 말이다. 그렇게 근근(僅僅)히 고생(苦生)하다가 조금 살만해서 장사라도 해 본다고 시작했다가는 홀랑 말아먹고 다시 빈털터리로 돌아가는 주변(周邊)의 삶을 보면서 이 구절이 늘 머릿속을 맴돈다.

그러니까 운(運)이 들어와서 청기(淸氣)를 도와주면 뭔가 되는 것처럼 보이다가도 다시 운이 떠나고 탁기(濁氣)가 찾아오면 바짝 오그라드는 삶의 모습이다. 청(淸)한 사주는 모래 속의 보석 같이 드물고, 탁(濁)한 사주는 강변의 모래알 같으니 어찌 사주가 청하기만을 바라겠는가. 다만 그나마도 운의 도움을 받아서 남에게 아쉬운 소리는 하지 않고 살아갈 수만 있어도 감사할 것이니 원래 인간계(人間界)에 환생(幻生)한 것 자체가 깨달은 사람들이 고통(苦痛)을 맛보고 도(道)를 닦으라는 뜻이라고 말한 것도 이러한 시점(視點)에서 묘하게 겹친다.

25. 眞神(진신)

令上尋眞聚得眞 假神休要亂眞神
眞神得用生平貴 用假終爲碌碌人

【直譯】

眞神
진정(眞正)한 용신(用神)

【意譯】

「진신(眞神)」은 '진정(眞正)한 용신(用神)'이란 뜻이다. 용신(用神)이면 다 되는 줄 알았더니 그 중에서도 진정(眞正)한 용신이 있지만 가정(假定)한 용신도 있다. 그래서 이 항목에서는 용신의 진가(眞假)에 대해서 설명하는 것인데 서낙오(徐樂吾) 선생은《滴天髓徵義(적천수징의)》에서 진신과 가신을 묶어서「진가(眞假)」편으로 정리했으나 원수산(袁樹珊) 선생은《滴天髓闡微(적천수천미)》에서 이것을 나누어 놓았기에 그를 따른다. 다만 내용은 같다.

【原文】

令上尋眞聚得眞　假神休要亂眞神
眞神得用生平貴　用假終爲碌碌人
영상심진취득진　가신휴요난진신
진신득용생평귀　용가종위녹록인

【直譯】

令上尋眞聚得眞
월령(月令)에서 용신(用神)을 찾아서 얻으면
진정(眞正)한 용신(用神)이니

假神休要亂眞神
도움을 주지 않는 글자는 모름지기 가만히 쉬면서
진신(眞神)을 어지럽히지 말아야 한다.

眞神得用生平貴
진신(眞神)을 용신(用神)으로 얻으면
일평생(一平生)을 존귀(尊貴)하게 살고

用假終爲碌碌人
가신(假神)을 용신(用神)으로 삼으면
끝까지 무능(無能)한 사람일 뿐이다.

【意譯】

「영상심진취득진(令上尋眞聚得眞)」은 '월령(月令)에서 용
신(用神)을 얻는다면 진용신(眞用神)이다.'라는 뜻이다. '영
상(令上)'은 월령(月令)을 의미하고 '심진(尋眞)'은 진용신
을 찾는다는 뜻인데 월령에 원하는 五行이 있다면 이것이 진용
신을 얻은 것이다. 그러니까 진신(眞神)은 사주에서 원하는 용
신(用神)이 월령에 뿌리를 얻고 힘이 강한 것이라고 할 수 있
을 것이다. 다만 월령에 있고 통근(通根)을 했더라도 용신이
되지 못한다면 또한 의미가 없는 공허(空虛)한 이야기일 뿐이
다. 그래서 사주에서 월령이 있지만 진용신(眞用神)이 되기에
는 또한 그만큼의 조건(條件)이 충족(充足)되어야만 하므로
이것이 또한 쉽지 않다.

월령(月令)의 五行이 진용신이 되는 경우를 생각해 보면, 우
선 日干이 전체적으로 허약(虛弱)한 상황에서 월령에 인겁(印
劫)이 있으면 진용신이다. 특히 관살(官殺)과 식상(食傷)이 많
아서 약하다면 인성(印星)이 진용신이고, 재성(財星)이 많아
서 약하면 월령에 비겁(比劫)이 있어야 진용신이다. 사주에 비
겁이 태왕(太旺)하다면 월령에서 식상이나 관살을 얻으면 진
용신이고 인성이 태왕하다면 이번에는 월령에서 재성을 얻는
것이 진용신이다. 이러한 용신은 사주의 어디에 있더라도 진용
신인데 특히 계절을 제대로 얻고 태어난 월령에 있는 용신일
경우에는 그 힘이 더욱 극대화(極大化)되기 때문에 특별히 강
조(强調)하는 것이다.

「가신휴요난진신(假神休要亂眞神)」은 '가신(假神)은 진신(眞神)을 혼란(混亂)스럽게 하지 말고 구석에서 쉬고 있어야 한다.'는 뜻이다. 이것은 앞의 구절과 이어지는 내용(內容)이다. 진신(眞神)이 월령(月令)에 있으면서 가신은 나서서 진신을 어지럽게 하지 말고 조용히 있어야만 진신이 능력을 발휘할 수가 있는 것이다. 이렇게 진가(眞假)를 함께 논하고 있기 때문에 서낙오(徐樂吾) 선생이 '진가(眞假)'로 묶었던 것을 이해하겠고, 오히려 나눠 놓은 것이 더 어색(語塞)해 보인다. 내용의 뜻은 간단하여 길게 풀이하지 않아도 될 것이다.

「진신득용생평귀(眞神得用生平貴)」는 '진신(眞神)을 용신(用神)으로 얻으니 일평생(一平生)을 고귀(高貴)하게 산다.'라는 뜻이다. 더 바랄 것이 없다고 하겠다. 사람이 한 평생을 살아가면서 실로 이러한 풍경(風景)만 접하게 된다면 그보다 더 행복(幸福)할 수도 없으리라. 월령(月令)에서 뿌리를 내린 용신으로 삼은 사주라면 이 정도의 부귀(富貴)는 누려야 하지 않겠느냐는 분위기도 느껴진다. 그러나 월령에 용신이 있다고 해서 일생을 부귀로 산다는 것을 다 믿을 것은 못 된다. 항상 움직이는 세운(歲運)의 작용이 있는 것이고, 비록 月支에 용신이 있더라도 日支에 기신이 있으면 젊어서는 잘 풀리지만 중년에 들어가서 어려움을 겪을 수도 있는 것이고, 나이가 들어서 뜻대로 안될 가능성이 오히려 더 많음을 생각하지 않는다면 이러한 글귀만 믿고서 허황(虛荒)된 해석을 할 수도 있으니 글은 글이고 현실은 현실이라는 여유로운 마음으로 살피고 사유(思惟)하는 것이 가장 현명한 관찰이다.

「용가종위녹녹인(用假終爲碌碌人)」은 '가신(假神)을 용신(用神)으로 삼은 사람은 임종(臨終)까지 별 볼일이 없는 사람이다.'라는 뜻이다. 다만 너무 지나치게 과장(誇張)된 느낌도 있는 것은 낭월만이 아니라 서낙오(徐樂吾) 선생도 그렇게 느꼈던가 싶다. 그의 《滴天髓補註(적천수보주)》를 보면, 임철초(任鐵樵) 선생이 월령을 얻은 것에 대해서 너무 치우친 해석(解釋)을 한 것으로 보인다는 주장(主張)을 하고 있어서인데 낭월도 이에 동감(同感)이다. 그러니까 진신(眞神)을 얻은 중에서는 그래도 월령(月令)에 진신이 있는 사주가 가장 좋은 것이라는 의견으로 정리를 할 수가 있을 것이다. 그렇다면 왜? 월령에 용신이 있는 것이 그렇게도 좋다고 했을까? 이에 대해서는 생각을 해 볼 점이 있다.

우선 月支는 사회궁(社會宮)이다. 세상을 살아가는 방법을 찾아야 하고 그렇게 세상으로 나가는 출입문(出入門)이기도 하다. 그러니 문 앞에 용신(用神)이 그것도 월령(月令)을 얻어서 매우 강력(强力)한 힘을 소유하고 떡하니 버티고 서 있다면 이보다 더 든든할 수는 없을 것이다. 그리고 이 시기(時期)를 나이로 대입한다면 대략 20~30대가 된다. 이러한 시기는 예나 지금이나 인생에 있어서 무엇보다도 중요한 시절(時節)이다. 잠시도 방심을 할 수가 없는 팽팽한 긴장감(緊張感)이 감돌 정도로 입신양명(立身揚名)을 위해서 몰입(沒入)하는 시절인 까닭이다. 이렇게 중요한 시기에 해당하는 바로 그 자리에 용신이 있다면 이보다 더 큰 행운(幸運)이 어디 있겠는가.

자연(自然)의 삼라만상(森羅萬象)은 모두 전성기(全盛期)가 있기 마련이다. 인생(人生)도 마찬가지로 20대에 출세(出

世)를 하면 일찌감치 제대로 된 자리를 잡고 승승장구(乘勝長驅)할 수가 있을 테니 이것을 싫어할 사람은 어디에도 없을 것이다. 그리고 늦어도 30대까지는 기회(機會)가 있다. 이것은 지금도 유효(有效)하다. 대학(大學)을 졸업하고 대학원(大學院)까지 진학(進學)을 하여 박사(博士)가 된다면 대략 30대의 막바지에서 40대 초반까지도 접근을 할 것이다. 이렇게 젊음을 투자하여 멋진 성공(成功)을 이룬다면 그보다 더 신명(神明)나는 일도 없을 것인데, 이러한 기회를 얻을 수 있는 경우를 사주에서 풀어본다면 '영상심진(令上尋眞)'인 것이다. 월령에서 용신을 얻은 자에게 그만큼 기회가 오기 쉬운 까닭이다.

사실 이 시기에 임시직(臨時職)으로 떠돌다가 일용직(日用職)으로 세월(歲月)을 보내게 된다면 일단 인생(人生)의 상위(上位)에서 부귀(富貴)를 누리기는 어렵다는 것도 우리는 잘 알고 있다. 이러한 관점(觀點)에서 본다면 월령의 청년기(靑年期)에 제대로 된 용신(用神)을 얻어 귀인(貴人)의 도움을 받는다면 더 이상 바랄 것이 없는 것이다. 그런 의미에서 월령의 진신(眞神)이 특별(特別)하다는 것은 충분(充分)히 공감(共感)이 된다.

참고(參考)로 연주(年柱)는 소년기(少年期)로 20세까지를 대입(代入)하고, 월주(月柱)는 청년기(靑年期)로 40세까지 대입하며, 일주(日柱)는 중년기(中年期)로 60세까지를 살펴보고, 시주(時柱)는 노년기(老年期)로 60세 이후의 삶을 관조(觀照)하게 된다. 이것을 '주운(柱運)'이라고 이름 붙였거니와 대략적(大略的)으로 20년의 구분으로 적용(適用)시켜서 참고할 수가 있을 것이다. 과거에 60세를 일생의 수명으로 보앉을 때에는 15년씩 나눠서 대입을 한 적도 있다. 그런데 현재(現在)의 삶에 대한 주기(周期)로 대입을 해 보면 대략 20년 주기로 변화(變化)하는 것으로 보는 것이 이치(理致)에 타당(妥當)할 듯 싶다.

일단(一旦) 이와 같이 월령(月令)의 진신(眞神)을 얻은 사람이라면 일생의 모습에서 상위(上位)에 머무를 가능성(可能性)이 높다고 보면 될 것이다. 그렇기 때문에 '영상심진(令上尋眞)'을 생각하게 되는 것이니 이렇게 특별한 상위의 몇 %는 그야말로 전생(前生)에 큰 복덕(福德)을 짓고 태어나서 행복(幸福)을 누리러 온 사람이라고 해도 될 것이다. 그렇다면 日支에 진신(眞神)을 얻은 사람은 그만 못하다고 할 수 있는가? 그건 절대로 아니다. 시주(時柱)에 진신이 있는 사람도 또한 마찬가지이다. 어디에 있더라도 진신을 얻었다면 그 사람의 삶도 또한 언젠가는 빛을 보게 될 것이니 반드시 월령만이 중요하다고 할 의미는 이미 사라지고 없다고 해도 좋을 것이다. 공자(孔子)만 해도 어떤가? 일흔이 넘어서야 안정을 얻었고 제자들에 의해서 겨우 스승의 대접을 받았다고 한다면 이러한 경우에는 비록 젊어서 출세(出世)는 못했지만 나이 들어서 공을 이뤘다고 할 수도 있을 것이다. 비슷한 경우로는 강태공(姜太公)도 있으니 그러한 사례(事例)가 어디 한 둘이랴!

그러나 그 외의 대다수(大多數)는 삶의 기복(起伏)을 몸소 겪으면서 때론 한숨으로 또 때론 눈물로 그저 그렇게 살아가는 것이니 아마도 상담실에서 만나게 될 대부분의 방문자(訪問者)들이 이에 해당(該當)한다고 봐도 과언(誇言)이 아닐 것이다. 당연(當然)한 이야기겠지만 아쉬울 것 없이 부귀(富貴)를 누리는 사람들이 상담실을 기웃거릴 이유가 없는 까닭이다. 그러니까 명리학자(命理學者)에게 더욱 중요(重要)한 내용은 이번 항목이 아니라 다음 항목인 「가신(假神)」편에 있는 것이다.

26. 假神(가신)

眞假參差難辨論 不明不暗受迍邅
提綱不與眞神照 暗處尋眞也有眞

【直譯】

假神
거짓된 용신(用神)

【意譯】

「가신(假神)」은 '거짓된 용신(用神)'이라는 뜻이다. 이것은
진신(眞神)에 대한 상대적인 의미이다. 반드시 필요한 글자를
일러서 용신이라고 하는데 그러한 글자가 없는 경우도 비일비
재(非一非再)하다. 이러한 경우에 부득이 무력하거나 원하지
않는 글자이지만 용신(用神)으로 삼을 수밖에 없으니 이를 일
러서 가신(假神), 즉 거짓되지만 써야만 하는 용신이 되는 것
이다.

【原文】

眞假參差難辨論　不明不暗受逡遁
提綱不與眞神照　暗處尋眞也有眞
진가참차난변론　불명불암수둔전
제강불여진신조　암처심진야유진

【直譯】

眞假參差難辨論
진가(眞假)를 참작(參酌)하여 분별하는 것은 어렵고

不明不暗受逡遁
밝지도 어둡지도 않으니 진행하기가 머뭇거려진다.

提綱不與眞神照
월령(月令)에서 진신(眞神)이 보이지 않는다면

暗處尋眞也有眞
행운(幸運)에서 진신(眞神)을 찾는 것도 또한 진신이다.

【意譯】

「진가참차난변론(眞假參差難辨論)」은 ‘진신(眞神)인지 가신(假神)인지를 참작(參酌)하여 구분하는 것은 매우 어렵다.’

라는 뜻이다. '청탁(淸濁)'을 가리고 나니까 이제는 '진가(眞假)'를 가려야 하는데 그것이 쉽지 않다는 이야기이다. 그러나 또한 가릴 줄도 알아야만 길흉(吉凶)을 판단하기 때문에 반드시 거쳐야 할 공부의 과정이라고 하는 것도 틀림없다. 원문(原文)을 좀 더 따라가 보자.

「불명불암수둔전(不明不暗受迍邅)」은 '명료(明瞭)하지 않으니 머뭇머뭇 하느라고 앞으로 나갈 수도 없다.'라는 뜻이다. 《滴天髓徵義(적천수징의)》에서는 '수전둔(受邅迍)'이라고 해서 그렇게 외워놓은 탓인지 눈으로는 둔전을 보면서 뇌리(腦裡)에서는 전둔으로 읽으라고 하는 것은 또 뭔지. 글귀의 내용을 보면 의미에 비해서 글자들이 상당히 어렵다. 여하튼 이 항목이 가신(假神)에 대한 이야기라는 점만 기억해 둔다.

「제강불여진신조(提綱不與眞神照)」는 '월령(月令)에서 진신(眞神)이 보이지 않는다.'라는 뜻이다. 이것은 진신의 첫 구절에 있는 '영상심진(令上尋眞)'과 대응(對應)하는 구절(句節)이다. 제강(提綱)에서 진신을 챙겨주면 참 좋은데 그렇지 못한 경우에 대해서도 생각해 봐야 한다는 정도로 정리하고 넘어간다. 참고로 제강은 월령의 다른 이름이다.

「암처심진야유진(暗處尋眞也有眞)」은 '어두운 곳에서 진신(眞神)을 찾는다면 그것도 또한 진신이다.'라는 뜻이다. 어두운 곳이란 지장간(支藏干)도 해당이 되고, 행운(行運)에서 들어오는 것도 해당한다. 시종일관(始終一貫)으로 월령(月令)의 용신(用神)에 대한 가치(價値)를 거론(擧論)하는데, 이에 대한 가치는 이미 앞에서 살펴봤으니 공감(共感)이 된다. 그리고 이제 그렇지 못한 경우에 대해서 언급을 하고 있으니 이 부분이 낭월이 끼어들 공간이라고 생각하고 약간의 소견(所見)을 피력(披瀝)해 보고자 한다.

가장 먼저 하고 싶은 말은 '어찌 월령에서만 진신을 찾는가!'이다. 이 말을 진즉에 하고 싶었지만 원문이 끝나기를 기다렸다. 세월(歲月)이 흐르고 삶의 환경(環境)이 달라지면 가치관(價値觀)도 변하게 되니 진신(眞神)의 개념(概念)도 달라져야 하고 그럴 수밖에 없다는 생각을 해 본다. 왜냐하면 이 글이 써진 1천여 년 전에는 월령(月令)의 진신(眞神)이 가장 소중(所重)했다는 것에 대해서 인정(認定)을 하기 때문이다. 그러나 그로부터 다시 1천 년이 지난 지금에 와서도 과거와 같은 관점(觀點)으로 논한다면 학문(學問)의 진전(進展)이 없었다고 해도 좋으리란 생각이다. 그래서 원문(原文)은 그냥 두고 해석(解釋)만 다양(多樣)하게 하는 것이기도 하리라. 이미 원문에 대한 충실(充實)한 풀이는 졸저《적천수강의》에서 했다고 본다. 이제는 원문의 뜻을 살리면서도 세월에 맞춰서 재해석의 필요를 느끼는 것은 당연(當然)히 이 시대(時代)에 어울리는 관점(觀點)이 필요한 까닭이다.

그렇다면 이 시대의 진신(眞神)은 무엇인가? 간단히 말하면 '日干이 최우선(最優先)으로 필요로 하는 글자이다. 복잡(複雜)하게 생각하지 않아도 된다. 이렇게도 간단한 것을 말이다. 그렇다면 日干이 가장 필요로 하는 글자란 무엇인가? 이것도 너무나 간단하다. 여름 나무는 물이 최우선이고, 겨울나무는 불이 최우선이다. 이것을 기반(基盤)으로 삼아서 하나하나 대입한다면 진용신(眞用神)의 의미를 파악(把握)하는 것도 어렵지 않다.

日干이 강(强)하면 식상(食傷)이 진용신이고 日干이 약(弱)하면 인성(印星)이 진용신이다. 그것이 월령(月令)에서 통근(通根)하고 있으면 다행(多幸)이지만 그렇지 못하더라도 진신(眞神)인 것은 틀림이 없으므로 어디에 있든 진신이다. 이렇게 기본적인 이치를 생각하는 것부터 진가(眞假)를 구분하는 공식(公式)이 되는 것이다. 식상(食傷)이 필요한데 없어서 관살(官殺)을 용신(用神)으로 삼았다면 가용신(假用神)이다. 그나마도 없어서 부득이 재성(財星)으로 용신을 삼았다면 이것은 더욱 가용신이다. 다만 조후(調候)가 필요한 상황에서 관살(官殺)을 용신으로 삼은 경우에는 관살이 진용신이다. 日干이 필요해서 찾았는데 그것이 있으면 당연히 진용신이 되는 것이다. 또 허약(虛弱)한 日干이 인성을 찾았는데 어디에도 없어서 비겁(比劫)으로 용신을 삼았다면 이것도 가용신이다. 다만 재성이 너무 많아서 日干이 약한 경우에는 도리어 비겁이 진용신이 된다. 이렇게 간단한 이치이다.

'짝퉁'이라는 말이 있다. 가짜를 말한다. 특히 진품(眞品)을 모방한 가짜를 가리키는 말이다. 진가(眞假)를 논하다 보니 문득 생각이 났다. 혹 독자는 모조품(模造品)을 구입해 본 적이 있는가? 있었다면 그 감상(感想)은 어땠을까? 아마도 낭월의 경험(經驗)이 타당하다면, '진품이 왜 진품인지를 알겠군.' 일 것으로 생각한다. 진품과 가품(假品)의 사이에는 건너지 못할 큰 강이 있었던 것이다. 그래서 진품이고 진용신인 것이다. 예를 들어 여름 나무가 물을 용신으로 삼아야 하는데 물이 있으면 제대로 된 것이고, 필요로 하는 인성(印星)을 용신으로 삼았으니 일생을 두고 귀한 보물을 얻은 것과 같다고 할 것이다. 그런데 안타깝게도 인성이 없으면 부득이 같은 나무인 비겁(比劫)으로 용신을 삼아야 하고 그렇게 되어도 또한 용신인 것은 분명하다. 그러니 어떤가? 느낌은 과연 얼마나 큰 차이가 날까? 이것이 진가(眞假)를 구분해야 하는 가장 큰 이유이다. 이처럼 여름에 물이 필요한 나무가 물이 없어서 木을 의지하고 있는 모습이라니 안타까움을 넘어서 슬프다.

진신(眞神)이면 그것은 진신이다. 무슨 의미냐면 진신이 아무리 약하다고 하더라도 그것이 가신이 되진 않는다는 것이다. 다이아몬드는 아무리 작아도 크리스털과 비교할 수가 없는 것과 같다고 하면 적당한 비유(譬喻)가 되지 싶다. 한 방울의 물을 대신할 것은 지구상에서 아무것도 없음을 생각해 보면 된다. 초학자(初學者)는 자칫 미약(微弱)한 것은 버리고 크고 보기 좋은 것만 찾을 수도 있지만 노련한 학자는 진가의 가치를 한 눈에 파악해 버린다. 마치 강감찬(姜邯贊) 장군이 자신의 외모가 못생겼음을 생각하고 잘생긴 부하에게 장군의 복장(服裝)을 입혀서 중국 사신(使臣)을 맞이했다는 이야기가 떠오른다. 사신의 안력(眼力)을 시험(試驗)하기 위해서였다고 한다. 그러나 사신은 잘생긴 장군은 본채도 하지 않고 강감찬 장군에게 인사를 했다고 교과서(敎科書)에서는 전하는데, 당시에는 그 사신의 안목이 대단하다고 생각했으나 세월이 흐르고 보니까 그것도 아닌 듯하다. 왜냐하면 중국 사신이 길을 떠나면서 강감찬의 외모에 대해서 사전(事前)에 정보(情報)가 없었겠느난 생각이 들어서이다. 여하튼 그 진위(眞僞)는 알 수가 없으니 패스한다.

때론 乙卯의 乙이 강해 보일 때고 있고, 乙丑의 乙이 강해 보일 때도 있다. 주변의 상황에 따라서 느낌도 달라지는 것은 당연하겠는데, 乙丑이 더 좋아 보인다는 생각을 했다면 그 사주에서는 丑中癸水가 진신(眞神)이었던 까닭일 것이다. 甲寅보다 甲申이 더 좋아 보인다면 이것은 甲寅의 강력(强力)한 힘이 필요한 것이 아니라 申中壬水의 촉촉한 수분(水分)이 필요했던 까닭이니 寅은 가신(假神)이고 申이 진신(眞神)인 이치가 여기에 있는 것이다. 물론 申이 아니라 申中壬水임은 더 말할 필요도 없다.

문제는 가신(假神)을 용신으로 삼았을 경우의 부작용(不作用)에 대해서도 이해(理解)를 해야 한다는 것이다. 식상(食傷)을 용신으로 삼아야 할 상황인데 원국(原局)에 없거나 있어도 멀리 있거나 암장되어서 소용(所用)이 되지 못하면 부득이(不得已)하게 관살(官殺)로 용신을 삼아야 하는 경우도 있는 것이다. 이것이 가용신인 줄은 알지만 '용신(用神)'의 뜻이 무엇인가를 생각해 보면 상황에 따라서는 어쩔 수가 없이 가용신을 삼게 되는 경우도 있는 것이다. '써야 하는 글자'가 용신이다. 그래서 사용을 할 수가 없다면 그것은 용신으로 삼을 수가 없는 것도 냉정(冷情)한 현실(現實)이다. 마음만으로 되지 않는 것이 또한 세상의 이치이고 자평법의 공식(公式)이다.

여차저차해서 가용신(假用神)이지만 관살(官殺)을 용신(用神)으로 삼았을 경우를 생각해 보자. 일단 원국에서는 그대로 진행이 된다. 그런데 행운(行運)에서 식상(食傷)의 운이 왔을

적에 예상되는 상황(狀況)도 고려해야 한다는 것이다. 즉 日干
은 운에서 들어온 식상(食傷)에 대해서 탐착(貪着)을 하고 싶
어지는 것은 인지상정(人之常情)이다. 그럼에도 불구하고 이
미 용신은 관살(官殺)이다. 자, 이러한 경우에 어떻게 상황을
읽어야 할 것인가?

  결론은 안타깝게도 식상(食傷)의 운은 흉운(凶運)이 되는
것으로 밖에 볼 수가 없다. 이것은 마치 대통령(大統領) 선거
(選擧)에서 맘에 들지는 않지만 남들이 표를 많이 줘서 대통
령이 당선(當選)되었다면 싫든 좋든 인정(認定)을 하는 수밖
에 없는 것과 같다. 그러다가 정말 멋진 대통령감을 만나게 되
었다고 한들 이미 정해진 대통령을 바꿀 수는 없다는 이야기이
다. 더구나 사주의 용신은 종신제(終身制)이니 안타까움만 더
할 뿐 어떻게 해 볼 수가 없는 것이다. 이러한 것이야말로 가신
(假神)의 의미를 극명(克明)하게 보여주는 사례(事例)라고 할
수 있을 것이다.

  진가(眞假)는 심리적(心理的)인 관점에서도 생각을 해 봐야
할 것으로 보인다. 가신(假神)을 용신으로 삼아 놓으면 그 명
령(命令)에 응하기는 하지만 심리적으로는 항상 불평(不平)과
불만(不滿)이 내재(內在)되어 있기 때문이다. 이것은 불화(不
和)의 씨앗이 된다. 진신(眞神)을 용신으로 삼았다면 전혀 고
려하지 않아도 될 일이지만 가신을 쓰게 된 상황에서라면 항상
이러한 심리적인 안타까움이 있음을 알아주자는 것이다. 자신
이 하고 있는 일에 대해서 즐거움을 느끼는 사람과 마지못해서
하고 있는 사람의 차이만큼이나 영향이 크다고 해야 할 것이기
때문이다. 그래서 진가는 반드시 판단(判斷)해야 할 부분이다.

진신(眞神)의 의미를 다시 정리해 보면, 월령(月令)에 있든
日支에 있든 그것이 최우선(最優先)으로 중요한 것은 아니라
는 것이다. 중요(重要)한 것은 과연 나에게 필요한 글자가 있
느냐는 것이고 그것만 얻을 수가 있다면 어디에 있든 무슨 상
관이겠느냐는 것이다. 그래서 혹시라도 월령에서 용신을 찾을
수가 없는 수많은 독자들은 전혀 상심(喪心)하지 말고 어디에
라도 있음에 감사(感謝)하는 마음으로 삶에 충실(充實)하여
나름대로의 타고난 능력(能力)을 발휘(發揮)한다면 또한 행복
(幸福)한 나날을 만들어 갈 수가 있을 것이다.

27. 剛柔(강유)

剛柔不一也 不可制者 引其性情而已矣

【直譯】

剛柔

강건(剛健)과 유연(柔軟)

【意譯】

「강유(剛柔)」는 '강건(剛健)과 유연(柔軟)'을 뜻한다. 강(强)은 양(陽)이고 유(柔)는 음(陰)이니 결국(結局)은 음양(陰陽)의 다른 말에 불과(不過)하며, '양강(陽綱)하고 음유(陰柔)하다.'라는 말도 같은 말이다.

【原文】

剛柔不一也 不可制者 引其性情而已矣
강유불일야 불가제자 인기성정이이의

【直譯】

剛柔不一也
강유(剛柔)는 한 가지가 아니다.

不可制者
제압(制壓)이 불가(不可)한 경우(境遇)에는

引其性情而已矣
그 성정(性情)에 맞춰야 한다.

【意譯】

「강유불일야(剛柔不一也)」는 '강유(剛柔)의 형태(形態)가 한두 가지가 아니다.'라는 뜻이니 다양(多樣)한 모습의 강유가 있다는 이야기이다. 그것을 일일이 예를 들어서 설명할 수가 없다는 느낌으로 이해할 수 있겠다.

「불가제자(不可制者)」는 '극제(剋制)가 불가(不可)한 경우(境遇)'의 뜻이다. 왜 극제가 불가한가? 그것은 이미 기세(氣

勢)가 왕성(旺盛)하여 강제(强制)로 억압(抑壓)하게 되면 반발(反撥)이 거세게 일어날 것이기 때문이다. 그 정도가 되면 불가하다고 하게 된다. 마치 성난 황소는 억지로 고삐를 잡아당겨서 통제(統制)를 할 수가 없는 것과 같은 모습이다.

「인기성정이이의(引其性情而已矣)」는 '그 성격(性格)에 따른다.'라는 뜻이다. 성난 황소는 제풀에 지쳐서 쉬게 될 때까지 기다리는 것이 상책(上策)이듯이 지나치게 강(强)한 日干은 관살(官殺)을 들이대지 말고 흐름을 따라서 식상(食傷)으로 길을 터주는 것이 최선(最善)이다. 여기에서 중요(重要)하게 전하고자 하는 메시지는 '흐름'이다. 세상의 모든 이치도 마찬가지이다. 자연스럽게 흘러가도록 두는 것이 가장 현명(賢明)한 것이다.

유연(柔軟)의 경우도 여기에서 언급을 해야만 할 것 같은데 어떻게 대입을 해야 잘 했다고 소문이 날 것인지 걱정이다. 기본적으로는 강(强)과 마찬가지로 봐야 할 테니 황소와 비교를 할 만한 유연한 모델은 공기(空氣)를 생각할 수 있겠는데, 공기는 너무나 유연하여 통제가 불가능(不可能)한 존재(存在)임을 생각해 보는 것이다. 그런데 사주에서 이와 같은 구조를 어떻게 이해해야 할까? 문제는 이론적으로는 이해가 되는데 실제로 사주에 적용(適用)시키려고 하면 요령부득(要領不得)이된다는 것이다. 그래서 유(柔)를 유약(柔弱)으로 대입해서 이해하는 것이 타당하지 않을까 싶은 생각조차 해 본다. 그렇다면 지나치게 유약한 경우에는 당연히 억제(抑制)를 하면 아마도 죽어버릴 것이다. 그래서 살살 격려(激勵)하면서 생조(生

助)를 하라는 뜻으로 이해를 하면 무난(無難)하게 정리(整理)가 되지 싶다. 과강(過剛)은 식상(食傷)으로 흐름을 따르게 하고, 과유(過柔)는 인성(印星)으로 生하는 흐름을 따르라는 의미로 이해하면 될 것이다.

어쩌면 여기에서 '너무 허약한 것은 극제(剋制)해서 종화(從化)하는 방향으로 처리해야 한다.'는 말이 나올까봐 조마조마하다. 물론 그것은 자연(自然)의 상리(常理)가 아니므로 배격(排擊)할 것이다. 순리(順理)를 절대적(絶對的)인 최상(最上)의 법칙(法則)으로 삼고 추론(推論)하는 것을 기준(基準)으로 삼고자 하는 까닭이다. 이 항목의 대의(大義)는 '지나치게 강(剛)하면 성향(性向)에 맞춰서 설기(洩氣)하는 방법(方法)을 취(取)하고, 지나치게 유약(柔弱)하다면 또한 그 성향에 따라서 生하는 방법을 취한다.'는 것으로 결론(結論)을 삼는다.

28. 順逆(순역)

順逆不齊也 不可逆者 順其氣勢而已矣

【直譯】

順逆
순응(順應)과 거역(拒逆)

【意譯】

「순역(順逆)」은 '순응(順應)과 거역(拒逆)'을 뜻한다. 앞의
「강유(剛柔)」편과 같이 묶어서 '강유순역(剛柔順逆)'이라고
도 하는데 구태여 나누어 놓을 필요는 없지 싶지만 그래도 나
뉘어 있으니 이렇게 정리한다.

順逆不齊也 不可逆者 順其氣勢而已矣
순역부제야 불가역자 순기기세이이의

【直譯】

順逆不齊也
따르거나 거역하는 것도 한 가지가 아니다.

不可逆者
거역할 수가 없는 것은

順其氣勢而已矣
그 기세(氣勢)를 따라야 한다.

【意譯】

「순역부제야(順逆不齊也)」는 '순응(順應)과 거역(拒逆)이 일정(一定)한 것이 아니다.'라는 뜻이다. 의미를 살펴보면 앞의 강유(剛柔)와 대동소이(大同小異)한 느낌이다. '강유불일야(剛柔不一也)'와 제목만 바뀌었지 뜻은 별반 다르지 않은 까닭이다.

「불가역자(不可逆者)」는 '거역(拒逆)할 수 없는 것'을 말한다. 왜 거역할 수가 없는가. 반발(反撥)을 하게 되면 그에 따른 후유증(後遺症)이 있기 때문이다. 여전히 日干이 강력(强力)하면 강제(强制)로 剋을 할 수가 없다는 이야기가 된다.

「순기기세이이의(順其氣勢而已矣)」는 '그 기세(氣勢)에 순응(順應)하는 것뿐이다.'라는 뜻이다. 이것은 日干의 세력이 강하여 관살(官殺)을 용신(用神)으로 삼을 수가 없는 것은 극제(剋制)를 하면 거역(拒逆)하고 반발(反撥)을 할 것이기 때문이다. 그래서 식상(食傷)을 찾아서 설기(洩氣)하라는 이야기가 되는 것이므로 앞의 상황(狀況)과 비슷한 의미이다. 그러니까 강유(剛柔)의 상황이든 순역(順逆)의 상황이든 간에 거역할 수가 없을 정도의 힘이 있는 日干이라면 그에 순응(順應)하여 식상(食傷)으로 용신(用神)을 삼는 것이 최선(最善)이고 다른 방법은 없다는 것으로 정리(整理)가 깔끔하게 되는 모습이다. 그리고 이러한 내용(內容)을 음미(吟味)하면서 느끼는 것은 자연의 이치는 흐름을 따라가는 것이 최선이라는 관점(觀點)이다.

29. 寒暖(한난)

天道有寒暖 生育萬物
人道得之 不可過也

寒暖
한냉(寒冷)과 온난(溫暖)

【意譯】

「한난(寒暖)」은 '한냉(寒冷)과 온난(溫暖)'의 뜻이다. 이것
은 기온(氣溫)을 말한다. 사주를 풀이하는데 왜 기온을 고려해
야 하는가를 설명하고 있는 대목이다. 흔히 '조후(調候)'라고
도 한다. 그리고《窮通寶鑑(궁통보감)》이나《欄江網(난강망)》
에서는 이에 대한 비중을 많이 두고 관찰한다. 하늘의 기후(氣
候)를 사주에 적용시키는 관점은 탁월하다.

【原文】

天道有寒暖 生育萬物
人道得之 不可過也
천도유한난 생육만물
인도득지 불가과야

【直譯】

天道有寒暖
하늘의 이치(理致)에는 한난(寒暖)이 있어

生育萬物
만물(萬物)을 낳고 기른다.

人道得之
사람도 한난(寒暖)을 얻어야 하나

不可過也
지나치면 안된다.

【意譯】

「천도유한난(天道有寒暖)」은 '하늘에는 한난(寒暖)의 이치
(理致)가 있다.'라는 뜻이다. 여름과 겨울로 교차(交叉)하면서

더웠다가 추웠다가를 반복(反復)하는 모습이다. 사주에서 논할 적에는 天干이 이에 해당(該當)한다. 그리고 혹한(酷寒)의 天干은 壬癸이고, 폭염(暴炎)의 天干은 丙丁이다. 이것이 기준이 되어서 甲乙은 온난(溫暖)하다고 보고 庚辛은 한냉(寒冷)하다고 이해한다. 戊己는 온도(溫度)와 무관(無關)하여 춥지도 않고 덥지도 않은 것으로 대입한다. 그야말로 중간(中間)의 기후(氣候)가 된다.

「생육만물(生育萬物)」은 '만물(萬物)을 생육(生育)한다.'는 뜻이다. 지상(地上)의 모든 생명체(生命體)는 기후(氣候)의 영향(影響)으로부터 자유로울 수가 없다. 추우면 동상(凍傷)을 걱정해야 하고 더우면 폭염(暴炎)을 피해야만 생존(生存)이 가능(可能)하기 때문이다. 사주에서도 마찬가지로 日干을 제외(除外)하고 세 개의 天干에서 丙丁으로 치우치게 되면 폭염(暴炎)이 되고 壬癸로 치우치게 되면 혹한(酷寒)이 되는 것이니 가장 좋은 것은 한난(寒暖)이 적절(適切)하게 조화(調和)를 이루는 것이다.

「인도득지(人道得之)」는 '사람이 한난(寒暖)을 얻게 될 적에는'이란 뜻이다. 인간(人間)의 관점(觀點)으로 생각해 보자는 뜻이다. 그러니까 사람도 한난(寒暖)의 영향(影響)으로부터 자유로울 수가 없다는 말이다. 그래서 '천도(天道)의 한난(寒暖)을 사람의 사주에서 얻게 된다면'의 뜻으로 이해하는 것이 타당하겠다.

「불가과야(不可過也)」는 '과다(過多)한 것은 불가(不可)하다.'라는 뜻이다. 당연(當然)한 이야기를 한다. 과(過)하다는 것은 지나치게 춥거나 더운 것을 말하는 것이다. 그야 뭐 당연한 이야기이니 구태여 이렇게 알려 주지 않아도 다 알 일이다. 그럼에도 언급하는 것은 혹 그것조차도 모르는 독자가 있을까 봐 일까?

뭐든지 적당(的當)한 것이 가장 아름다운 것이다. 그런데 사주의 구조에 따라서 지나치게 추운 사주로 태어난 경우에는 따뜻한 온기(溫氣)를 만나야 중화(中和)를 이루게 되고 또 너무 더운 사주로 태어난 경우에는 서늘한 한기(寒氣)를 만나야 조절(調節)이 되어서 평화(平和)로운 심경(心境)을 얻게 되는 것이니 이러한 것을 조절하는 것이 '한난법(寒暖法)'이다. 다만 냉열(冷熱)이 지나치지 않으면 거론할 필요가 없다는 것도 겸해서 알아둬야 할 일이다. 춥지도 않은데 추위를 걱정하고, 덥지도 않은데 더위를 걱정하는 것은 순간(瞬間)에 최선(最善)을 다하는 자연(自然)의 이치에서 본다면 그저 우스운 일일 뿐이다. 조후로 사주를 논하는 이론(理論)의 주의사항(注意事項)이기도 하다.

행여라도 종격법(從格法)을 적용하겠다는 생각은 하지말기를 바라며 한격(寒格)은 열기를 만나면 안된다는 식의 이야기는 망언(亡言)이니 주의해야 할 것이다.

30. 燥濕(조습)

地道有燥濕 生成品彙
人道得之 不可偏也

【直譯】

燥濕
건조(乾燥)함과 축축함

【意譯】

「조습(燥濕)」은 '건조(乾燥)하거나 축축한 것'을 뜻한다. 습기(濕氣)가 없으면 건조(乾燥)하고 건조함이 없으면 습(濕)하다고 이해하면 무난할 것이니 또한 水火의 배합과 균형에 대한 관점이다.

【原文】

地道有燥濕 生成品彙
人道得之 不可偏也
지도유조습 생성품휘
인도득지 불가편야

【直譯】

地道有燥濕
땅의 이치에는 건조(乾燥)함과 축축함이 있으니

生成品彙
만물(萬物)이 제각기 태어나면서 그 영향을 받는다.

人道得之
사람이 조습(燥濕)을 얻게 될 적에는

不可偏也
한 쪽으로 치우치면 안된다.

【意譯】

「지도유조습(地道有燥濕)」은 '땅의 이치에는 조습(燥濕)이
있다.' 라는 뜻이다. 천도(天道)에 대한 상대적(相對的)인 설명

이다. 묶어서 '한난조습(寒煖燥濕)'이라고도 한다. 하늘에는
춥고 더움이 있다면 땅에는 건조하고 축축한 것이 있다는 분별
(分別)은 명료(明瞭)하다. 그러니까 天干에서는 한난(寒暖)을
논하는 것이 이치에 타당하고 조습(燥濕)은 지도(地道)에서
논해야 하는 것으로 정리(整理)를 하면 말끔하다. 물론 결과적
(結果的)으로는 같은 의미이다. 한난조습의 주체는 水火에 있
기 때문이다. 다만 차별적(差別的)으로 이해를 하거나 설명을
할 경우에는 이렇게 구분을 해 놓는 것이 훨씬 맛깔스럽다.

「생성품휘(生成品彙)」는 '만물(萬物)이 제각기 태어나면서
그 영향을 받는다.'라는 뜻이다. 당연히 건조(乾燥)한 곳에서
태어난 선인장(仙人掌)과 과습(過濕)한 곳에서 태어난 갈대의
품성(稟性)이 다른 것은 지도(地道)의 환경(環境)에 의한 차
이(差異)라고 할 수 있을 것이다. 이와 같이 삼라만상(森羅萬
象)은 모두 자신이 태어날 적에 품수(稟受)한 본성(本性)대로
적합(適合)한 곳에다가 뿌리를 내리거나 둥지를 틀고 살게 되
는 것이다. 이것도 자연(自然)의 이치(理致)이다.

「인도득지(人道得之)」는 '사람이 조습(燥濕)을 얻게 된다
면'의 뜻이다. 앞의 구절에서 나온 것과 같은 반복(反復)이다.
사람도 자연의 일부(一部)인지라 조습(燥濕)의 영향(影響)을
받게 될 수밖에 없는 것이다.

「불가편야(不可偏也)」는 '어느 한 쪽으로 치우치면 안된
다.'는 뜻이다. 이것은 「천도(天道)」편에서 한난(寒暖)이 '불

가과야(不可過也)'라고 한 것과 대구(對句)이다. 조습(燥濕)도 마찬가지로 어느 한 쪽으로 치우치게 되면 살아가는 과정에서 고통(苦痛)이 따르기 마련이다. 너무 건조(乾燥)하게 되면 곡식(穀食)도 자라기가 어려울 것이고, 급수(給水)도 어려울 수 있으니 그러한 곳에서는 삶을 유지(維持)할 수가 없어서 이동(移動)을 하게 되는 것이다. 그로 인해서 지구의 전역(全域)으로 이주(移住)를 하는 것이 인류(人類)의 역사(歷史)이기도 하다. 그리고 지금도 아프리카의 사바나에서는 건기(乾期)와 우기(雨期)를 따라서 동물(動物)들이 목숨을 건 이동을 하고 있다. 이러한 원인은 무엇보다도 조습(燥濕)의 영향(影響)이 가장 크다고 하겠다.

이렇게 환경을 따라서 이동을 하기도 하지만 또 그러한 환경에 적응(適應)하고 살아가는 사람들도 있다. 어떤 사람은 메마른 고원(高原)에서 살아가고, 또 어떤 사람들은 강변(江邊)에서 수상(水上) 생활을 하고 있기도 하다. 그러다 보니까 그 환경에서 적응도 하지만 편중(偏重)된 영향으로 인해서 풍토병(風土病)이 발생(發生)하기도 한다. 이렇게 인간(人間)이라면 누구나 조습(燥濕)이 치우치게 되는 것이 힘든 것은 당연하다고 하겠고, 이것은 사주에서도 마찬가지로 대입을 해야 하는 것이다. 地支에 巳午未戌이 많으면 건조(乾燥)한 것이고, 亥子丑辰이 있으면 과습(過濕)한 것이니 이러한 정황(情況)을 살펴서 균형(均衡)을 얼마나 이뤘는지 혹은 어느 한 쪽으로 지나치게 기울었는지를 살피라는 뜻이다.

31. 隱顯(은현)

吉神太露 起爭奪之風
凶物深藏 成養虎之患

【直譯】

隱顯
은복(隱伏)과 현출(顯出)

【意譯】

「은현(隱顯)」은 '숨어 있는 것과 드러나 있는 것'을 뜻한다. 숨어 있다는 것은 지장간(支藏干)에 있음을 의미하고 드러났다는 것은 天干에 나와 있음을 의미한다.

【原文】

吉神太露 起爭奪之風
凶物深藏 成養虎之患
길신태로 기쟁탈지풍
흉물심장 성양호지환

【直譯】

吉神太露
길신(吉神)이 무력(無力)하게 노출(露出)되면

起爭奪之風
쟁탈(爭奪)의 바람이 일어나고

凶物深藏
기신(忌神)이 지장간(支藏干)에 들어 있으면

成養虎之患
호랑이를 기르는 재앙(災殃)이 된다.

【意譯】

「길신태로(吉神太露)」는 '길(吉)한 작용(作用)을 하는 글
자가 天干에 높이 투출(透出)되어서 대롱대롱 매달려 있다.'

라는 뜻이다. 태로(太露)의 의미는 '노출(露出)이 지나치다.'는 의미로 이해한다. 사진(寫眞)을 찍을 적에 노출이 과다하면 사진을 망치게 되는 과다노출(過多露出)과 같다. 사주에서는 天干에 있으면서 뿌리가 없는 상태(狀態)가 되면 이것을 태로(太露)라고 하는 것이니, 흡사(恰似) 아침이슬을 떠올리면 적당할 것이다. 지금은 그곳에 매달려 있지만 바람만 살짝 불어도 떨어져버릴 것이고, 햇살만 쨍해도 이내 말라버리게 되는 상태를 말한다. 이러한 경우라면 甲午나 乙巳, 乙酉 등과 같이 지장간에 통근(通根)이 0%인 경우를 생각하면 된다. 특히 乙酉에서 乙이 용신(用神)이거나, 丙子에서 丙이 용신일 경우에 '길신태로(吉神太露)'가 되는 것이다.

「기쟁탈지풍(起爭奪之風)」은 '쟁탈전(爭奪戰)이 일어난다.'는 뜻이다. 왜냐하면 뿌리가 없다는 것은 근거(根據)가 없다는 뜻이고, 그것은 정처(定處)가 없다는 의미도 되므로 부평초(浮萍草)처럼 떠돌게 되니 언제라도 누군가에게 공격(攻擊)을 당할 수가 있다는 의미이다. 열흘을 굶은 사람이 한 대 맞는 통증(痛症)은 밥을 든든하게 먹은 사람이 맞는 통증보다 더 큰 고통이 될 것은 당연하다고 하겠다. 이렇게 길신(吉神)에 해당하는 희용신(喜用神)이 공격을 받게 되는 것을 두려워하는 것이다. 그러나 또 반대의 경우도 있다.

중요한 것은 태로(太露)가 아니라 그 태로가 길신(吉神)이냐 흉신(凶神)이냐를 구분(區分)해야 하는 것에 있다. 만약 길신이라면 쟁탈(爭奪)의 바람이 일어날까 두려워하겠지만 그것이 흉신이라면 이번에는 내심(內心)으로 미소(微笑)를 지을 수도 있는 것이다. 그러니까 태로의 의미와 길흉(吉凶)의 역할(役割)을 잘 판단(判斷)하는 것이 중요하다. 반대의 경우도 생각해 보면, 天干에 기구신이 무력하게 있으니 '흉신태로(凶神太露)'라고 하면 될 것이고 이때에도 쟁탈의 바람은 일어나겠지만 日干의 입장에서야 어서 빨리 바람이 불어서 기구신(忌仇神)들을 모두 싹 쓸어 가버렸으면 좋겠다는 생각만 하게 될 것이니 이치(理致)는 하나로 통하기 때문이다.

「흉물심장(凶物深藏)」은 '흉신(凶神)이 지장간(支藏干)에 들어 있다.'는 뜻이다. 그러니까 길신(吉神)은 태로(太露)를 두려워하고, 흉신은 태로를 반가워한다. 물론 없으면 더 좋겠지만 기왕 있다면 태로의 상태(狀態)이기를 바라는 것이다. 그런데 이번에는 암장(暗藏)이다. 흉물(凶物)이 암장되면 이것은 깊이 감춰져 있는 것이니 악병(惡病)의 뿌리가 깊어서 제거(除去)를 할 수가 없다는 의미(意味)가 된다. 예를 들어 木이 용신(用神)이면 金이 기신(忌神)인데 丑中辛金이 있다면 이것이 흉물심장이다. 이것은 어떻게 제거를 할 방법도 없다. 申이라면 巳午로 공격(攻擊)을 하거나 亥子로 설기(洩氣)를 할 수가 있겠지만 丑中辛金은 어떻게 해 볼 방법이 없으니 그냥 손을 놓고 바라보는 수밖에 없어 참으로 안타까운 것이다.

그렇다면 '길물심장(吉物深藏)'도 생각해 볼 수 있겠다. 물론 길신(吉神)을 길물이라고 하진 않는다. 글자만 바꾸면 그렇게 된다는 것이니 '길신심장(吉神深藏)'이라고 하면, 이러한 경우에는 어떻게 되는가? 그것은 당연히 '종신지복(終身之福)'이다. 죽을 때까지 복덩어리의 역할을 한다는 의미이다.

그러니까 모든 것은 상대적(相對的)이라고 해야 할 것이다. 내 편이냐 적 편이냐에 따라서 희희낙락(喜喜樂樂)하기도 하고 우울(憂鬱)하기도 한 것은 음양(陰陽)의 이치(理致)라고 해야 하겠다. 그러니 만약(萬若)에 용신(用神)을 반대(反對)로 보게 된다면 길흉(吉凶)도 바뀌게 되고 희비(喜悲)가 전복(顚覆)될 수밖에 없으니, 항상 살얼음판을 걷듯이 生剋을 잘 살펴서 용신을 적용해야만 할 것이다. 용신으로 무엇이 정해지느냐에 따라서 길신이 흉물(凶物)로 변하기도 하고, 반대로 흉물이 길신으로 변하기도 하는 까닭이다.

「성양호지환(成養虎之患)」은 '호랑이를 기르는 근심이 있다.'라는 뜻이다. 집에서 호랑이를 키운다면 통제가 잘 될 적에는 그럭저럭 유지가 되겠지만 관리(管理)가 되지 않을 적에는 우리를 튀어 나와서 주인(主人)을 물어뜯을 것이니, 여기에서 주인은 日干이거나 용신(用神)이다. 어느 것도 호환(虎患)을 만나서는 안되는 것이므로 가장 좋은 것은 호랑이를 키우지 않는 것이다. 가끔 동물원(動物園)에서 사육사가 참변(慘變)을 당했다는 소식(消息)을 접하여 안타까움을 갖게 되지만 이러한 정황을 보더라도 맹수(猛獸)는 언제든지 인간(人間)을 자신들의 식량(食糧)으로 생각할 수가 있다는 이야기이다. 호랑이를 키우지 않는 것은 지장간(支藏干)에 기구신(忌仇神)이 없다는 의미이다. 행운(行運)에서 들어오는 것은 잠시 왔다가 또 흘러간다. 그리고 우리 안에 있는 호랑이는 없애버릴 수도 있지만 지장간에 들어 있는 호랑이는 어떻게 해 볼 방법이 없는 것이다.

이와 반대로 길신(吉神)이 심장(深藏)되었다면 이것은 또 평생(平生)의 호신불(護身佛)이 되는 것이니 용신(用神)이냐 아니냐는 이유(理由) 하나만으로 이렇게도 글자에게 주어지는 가치(價値)와 의미(意味)는 천양지차(天壤之差)이다. 다만 혹시라도 오해(誤解)를 하지 않아야 할 점은, 길신이 암장되면 좋다고 해서 天干에 나와 있는 길신보다도 더 좋다는 생각은 하지 말아야 할 것이다.

32. 衆寡(중과)

强衆而敵寡者 勢在去其寡
强寡而敵衆者 勢在成乎衆

【直譯】

衆寡
다중(多衆)과 과소(寡少)

【意譯】

「중과(衆寡)」는 '지나치게 많은 무리와 너무 적은 무리'를
뜻한다. 내용을 봐서는 무슨 뜻인지 짐작(斟酌)할 수 있겠지만
본문(本文)을 살펴보면 또한 난해(難解)하다.

【原文】

强衆而敵寡者 勢在去其寡
强寡而敵衆者 勢在成乎衆
강중이적과자 세재거기과
강과이적중자 세재성호중

【直譯】

强衆而敵寡者
강(强)한 무리가 부족한 적(敵)과 마주하면

勢在去其寡
세력(勢力)의 힘으로 적은 무리를 제거(除去)한다.

强寡而敵衆者
강(强)한 자가 적은데 대적(對敵)할 무리가 많으면

勢在成乎衆
세력(勢力)의 무리와 균형을 이뤄야 한다.

【意譯】

「강중이적과자(强衆而敵寡者)」는 '강력(强力)한 무리가 적
은 무리를 대적(對敵)한다.'라는 뜻이다. 다음 구절까지 본 다

음에 의견(意見)을 붙인다.

「세재거기과(勢在去其寡)」는 '세력(勢力)의 힘으로 적은 무리를 제거(除去)한다.'는 뜻이다. 임철초(任鐵樵) 선생은 이 대목에 대한 풀이를 '강약(强弱)에 대한 뜻'이라고 했다. '일주(日柱)의 중과(衆寡)도 있고 사주(四柱)의 중과도 있는데 丙丁이 木火의 계절에 태어나면 가령 관성(官星)에 해당하는 壬癸는 허약(虛弱)한데 일주가 관성을 무시하여 대항(對抗)을 하니 운에서도 강한 비겁(比劫)이 日干을 도와주고 약한 관성은 제거(除去)하는 것이 길(吉)하다.'라고 하였는데 도대체 이게 무슨 말인가? 해석(解釋)을 자유롭게 하는 것이야 역자(譯者)의 권한(權限)이라고 하겠지만 원문(原文)의 뜻이 명료(明瞭)하지 않은 것을 기회(機會)로 삼아서 자신의 주장(主張)을 너무 강하게 관철(貫徹)시키려고 한것인가 싶은 의구심(疑懼心)이 부쩍 들기도 하는 대목이다. 결국 억부법(抑扶法)을 버리고서 종화법(從化法)으로 해석(解釋)하려는 의도(意圖)로 보이는 까닭이다.

이미 앞서 「체용(體用)」편에서는 '요재부지억지득기의(要在扶之抑之得其宜)'라고 했고, 「정신(精神)」편에서도 '요재손지익지득기중(要在損之益之得其中)'이라고 했으며 「쇠왕(衰旺)」편에서는 '능지쇠왕지진기(能知衰旺之眞機), 기우삼명지오(其于三命之奧)'라고 한 구절을 알고 있다. 이것을 요약하면 '강자의억(强者宜抑)하고 약자의부(弱者宜扶)한다.'는 알토란 같은 내용이다. 이보다 더 명료(明瞭)한 자평법(子平法)의 핵심(核心)은 없다고 해도 과언(誇言)이 아니다. 그런데 여기에서 그 이치를 여반장(如反掌)처럼 뒤집어 버렸는데 이것을 원문(原文)에 포함된 것으로 봐야 할까? 아니면 누군가 후에 자신의 주장을 포함시키기 위해서 가탁(假託)한 것일 가능성(可能成)은 없는 것일까? 의심(疑心)하지 않을 수가 없는 내용이다.

낭월의 견해로 풀이를 하고 있는 과정이니 만큼 웬만하면 고인(古人)들의 의견(意見)을 거론(擧論)하지 않으려고 하지만 이렇게 애매(曖昧)한 대목을 만나서는 스스로의 소견이 미흡(未洽)함을 인정하고 도움을 청(請)하게 되는데 이렇게 떡 하니 이치에 맞지 않는 주장(主張)을 황홀(恍惚)하게 전개(展開)하고 있으면 과연 이해하는데 도움을 받을 수 있을 것인지에 대해서도 혼란(混亂)이 발생(發生)할 수밖에 없는 일이다. 왜 그런가 하면, 문제는 예문(例文)에 있다.

예문을 살펴보면 '日干이 火라면 木火가 많을 적에는 관살(官殺)을 용신(用神)으로 삼을 수도 있지만 어찌 용신을 관살로만 보겠는가. 이미 日干이 왕성(旺盛)하고 土가 있다면 당연히 그 土로 용신을 삼고 식상격(食傷格)이 되면 흐름의 이치에도 부합이 되고, 오히려 청기(淸氣)도 되니 얼마나 아름다운가.' 라는 내용인데 '관살인 水가 약(弱)하고 여기에 土라도 있으면' 이라고 말을 말든가 그렇게 해 놓고서는 '水를 사용하지 못하니 비겁(比劫)인 火의 행운(行運)이 더 길(吉)하다.' 라고 하는 것은 과연 임철초(任鐵樵) 선생이 제대로 내용을 파악하고 주해(註解)를 한 것인지도 의심스럽다.

더불어 서낙오(徐樂吾) 선생의 《滴天髓補註(적천수보주)》에서 논하는 내용도 대동소이(大同小異)하여 별다른 점을 발견(發見)하기 어렵다. 그런가 하면, 반자단(潘子端) 선생은 이 부분의 내용은 후세(後世)에 누군가에 의해서 삽입(揷入)된 것으로 간주(看做)하여 아예 이 부분에 대한 언급(言及)을 생략(省略)해 버렸다. 그러니 새로운 견해를 접할 방법이 없는 셈이다. 그냥 두 분의 고인에 대한 의견을 수용(受容)하거나 아니면 반발(反撥)을 하는 것 밖에는 달리 방법이 없다는 이야기이다.

돌이켜 생각을 해 보면, 《적천수강의》를 쓸 적에는 낭월의 학문이 지금보다는 많이 부족했을 것은 당연하다. 초판(初版)이 2000년에 나왔으니 당시의 나이는 마흔 초반이었을 것이고 원고는 더 이전에 작성했을 것이니 30대 후반의 낭월은 《滴天髓徵義(적천수징의)》에 대한 충성심(忠誠心)이 하늘을 찌를 정도였기 때문에 이렇게 그 내면에서 모순적(矛盾的)인 이치가 있을 것이라는 생각은 감(敢)히 할 수도 없었다는 것을 인정(認定)해야 하겠다.

그로부터 또 15년 이상 20여년의 세월이 흐른 지금에 와서 가만히 생각을 해 보면, 아무래도 치기(稚氣)어린 열정(熱情)도 없었다고는 못할 내용이 여기저기에서 나타난다. 물론 대부분의 내용은 훌륭하고 아름답다. 다만 이렇게 부분적으로 난해(難解)한 내용에 대해서는 약간의 수정(修整)을 하지 않을 수가 없다는 생각으로 《적천수이해(滴天髓理解)》를 써야 할 필요를 느꼈다고 해야 하겠다.

더구나 최근(最近)까지도 반자단(潘子端) 선생의 《命學新義(명학신의)》에 포함(包含)된 「滴天髓新註(적천수신주)」를 풀이하여 원고(原稿)를 마무리하고, 퇴고(推敲)까지도 마친 상황(狀況)에서 갑자기 출판을 중단(中斷)하게 된 것도 그 내용에서도 또한 일부분이기는 하지만 낭월과 다른 견해(見解)가 드러나는 것을 느끼면서 아무래도 자신의 생각을 담아야 하겠다는 판단을 했다는 정황(情況)을 전한다. 낭월의 주장(主張)은 딱 하나이다. '강자의설(强者宜洩) 약자의부(弱者宜扶)'이고 한마디로 요약하면 '억부법(抑扶法)'이다. 왜냐하면 이것이야말로 자연(自然)의 상리(常理)이고 불변(不變)의 원칙(原則)이기 때문이다. 자연주의(自然主義)의 관점(觀點)으로 干支를 관찰(觀察)하고 중화(中和)의 사상(思想)에 바탕을 깔고서 자평법(子平法)을 정립(定立)하는 것이 가장 옳다고 믿기 때문이다.

「강과이적중자(强寡而敵衆者)」는 '강자(强者)가 적은데 많은 무리를 대적(對敵)하는 경우'를 뜻한다. 이게 무슨 뜻일까? 강(强)을 日干을 극제(剋制)하는 관살(官殺)로 봐야 한다는 임철초(任鐵樵) 선생의 주장도 완전히 틀렸다는 말을 하기도 어렵겠다. 아무리 대입을 해봐도 그렇게 보는 것이 그나마 이성적(理性的)으로 타당(妥當)해 보이는 까닭이다. 그렇다면 약(弱)한 관살(官殺)로 왕성(旺盛)한 日干을 대적(對敵)한다는 뜻인데 문맥(文脈)의 흐름으로 봐서는 나름대로 일리(一理)가 있어 보인다. 정리를 한다면, '신강(身强)한 상황에서 약한 관살(官殺)을 용신(用神)으로 삼는 경우'를 의미한다.

「세재성호중(勢在成乎衆)」은 '세력(勢力)의 무리와 균형(均衡)을 이뤄야 한다.'라는 뜻이다. 즉 비겁(比劫)이 왕성(旺

盛)한데 관살(官殺)의 세력이 미약(微弱)하므로 관살(官殺)의 운이 들어와서 균형(均衡)을 이뤄주면 좋다라는 정도의 해석은 무난(無難)할 것으로 보인다. 이것은 억부(抑扶)의 이치(理致)에서 벗어나지 않으니 그대로 수용(受容)해도 되겠다. 비록 해석(解釋)은 이렇게라도 해 보지만 실제로는 이러한 내용은 있으나 없으나《滴天髓(적천수)》의 뜻을 이해하는 데는 별다른 영향을 미치지는 못한다. 중과(衆寡)라는 이름으로 뭔가 설명을 하려고 했지만 사실은 오히려 혼란(混亂)만 발생(發生)했을 가능성(可能成)이 더 많음을 생각하면서 이러한 부분은 반자단(潘子端) 선생의 방법(方法)처럼 가볍게 보고 지나가는 것도 현명(賢明)한 해결책(解決策)이라고 하겠다.

33. 震兌(진태)

震兌主仁義之眞機
勢不兩立 而有相成者存

【直譯】

震兌
진괘(震卦)와 태괘(兌卦)

【意譯】

「진태(震兌)」는 '진괘(震卦)와 태괘(兌卦)'를 말한다. 干支를 공부하는데 팔괘(八卦)는 왜 나오는가? 참으로 귀찮은 일이기는 하다. 그러나 어느 시대에서나 기본적인 상식은 있는 법이다. 송대(宋代)에 공부를 좀 한다는 사람이라면《易經(역경)》을 몇 번은 읽어 봤을 것으로 전제(前提)한다는 의미이다.

【原文】

震兌主仁義之眞機
勢不兩立 而有相成者存
진태주인의지진기
세불양립 이유상성자존

【直譯】

震兌主仁義之眞機
木金의 일주(日柱)는 인의(仁義)의 진기(眞機)이나

勢不兩立
서로 다른 세력(勢力)은 양립(兩立)할 수 없으니

而有相成者存
서로 함께 성립(成立)하는 자만 남는다.

【意譯】

「진태주인의지진기(震兌主仁義之眞機)」는 '진(震)과 태(兌)는 인의(仁義)에 대한 진기(眞機)를 주관(主管)한다.'라는 뜻이다. 임철초(任鐵樵) 선생은 음양(陰陽)으로 이해를 했는데 그것은 동의(同意)하기 어렵다. 음양이 안된다고는 못하지만 음양으로 논하려면 다음 항목의 「감리(坎離)」편이 제격이기 때문이다. 진태(震兌)는 동서(東西)에 대한 이야기를 하려는 것으로 보는 것이 타당하고, 동서는 木金에 대한 것이라고 다시 변환(變換)해야만 하니 그래서 괜히 주역팔괘(周易八卦)를 적어놔서 헛갈린다는 것이다. 직설(直說)로 木金이라고 했으면 아무도 혼란스러워하지 않았을 텐데 괜히 멋 부리다가 후학(後學)만 골탕을 먹는다. 여하튼 글자 그대로 놓고 살펴보도록 하자.

진(震)은 동방(東方)의 木이고 木은 오상(五常)에서 인(仁)을 관장(管掌)한다. 그리고 태(兌)는 서방(西方)의 金이고 오상에서는 의(義)를 관장한다. 그래서 진태(震兌)는 인의(仁義)의 진기(眞機)라고 한 것이다. 그러니까 木日干은 인자(仁慈)하다는 말이고, 金日干은 의리(義理)가 있다는 뜻이다. 진기(眞機)라고 했으니 본질(本質)이 그렇다는 의미로 대입(代入)하면 무난하리라고 본다.

「세불양립(勢不兩立)」은 '서로 다른 두 세력(勢力)이 같이 대립(對立)할 수는 없다.' 라는 뜻이다. 그러니까 金과 木은 동서(東西)의 주재자(主宰者)들이면서 본질적(本質的)으로 다른 대립의 성분이기 때문에 함께 있으면 반드시 싸우게 될 가능성이 높다는 의미로 이해하면 될 것이다. 의미를 조금 확장(擴張)해서 목절(木節)인 봄과 금절(金節)인 가을이 한 자리에 같이 있다고 생각하면 얼마나 혼란스러울 것인지를 생각해보는 것도 참고가 되겠다. 봄은 자꾸만 더워지려고 하고 풀어놓으려고 하는데 가을은 자꾸만 추워지려고 하고 묶어놓으려고 할 테니 두 세력은 필히 다툼이 일어날 수밖에 없겠다.

「이유상성자존(而有相成者存)」은 '서로 협력(協力)하여 성립(成立)되는 경우에만 존립(存立)한다.'는 뜻이다. 日干이 木이든 金이든 사주의 구조(構造)에서 양대(兩大) 세력(勢力)이 팽팽(膨膨)하게 있을 적에는 투쟁(鬪爭)을 면할 방법이 없다고 하겠는데, 여기에서 쌍방(雙方)이 같이 존립(存立)할 수가 있다면 그러한 경우에는 공생(共生)이 가능하다.

그러니까 木日干이면 중간에 인성(印星)인 水가 있어서 金生水하고 水生木하여 균형(均衡)을 이뤄주거나, 金日干이면 식상(食傷)이 있어서 또한 金生水하고 水生木하면 서로 살아갈 방법이 가능하므로 유일(唯一)한 해결책(解決策)은 水를 볼 수가 있느냐 없느냐에 달렸다고 하겠다. 원국(原局)에 水가 있으면 더 좋고, 없다면 행운(行運)에서라도 壬癸나 亥子가 들어와서 유통을 시켜 주면 되는 것이다. 이러한 방법을 사용할 수가 없다면 필히 한 쪽이 손상(損傷)을 입게 될 것이므로 주의(注意)해서 살펴보라는 정도의 의미는 타당(妥當)하다.

실제로 임상(臨床)을 하면서 이러한 형태의 사주를 접하기는 쉽지 않을 것이지만 혹 이러한 경우라도 끝없이 싸우는 아수라(阿修羅)의 모습이라고 할 것이 아니라 잘 살펴보면 나름대로 함께 살아갈 방법이 있다는 것을 의미한다. 그리고 그 해결책으로 火를 쓸 수가 없는 것은 木生火하여 火剋金을 하기 때문이고, 土를 쓸 수가 없는 것은 土生金하여 그렇지 않아도 강자(强者)가 더욱 막강(莫强)해지는 것이니 또한 균형(均衡)을 잃게 되는데 유일하게 水는 중재(仲裁)의 역할(役割)을 할 수가 있으니 이것은 통관(通關)의 의미(意味)와도 서로 통(通)한다고 하겠다.

상식의 연장에서 팔괘에 대한 보충설명을 한다. 명학(命學)을 공부하고 있으니 기본적인 팔괘(八卦) 정도는 이해하고 있으리라는 기대감도 없진 않다. 지나는 길에 팔괘를 정리하는 것도 무익(無益)하지 않을 것으로 생각이 들어서 간단하게 표로 나타내고자 한다. 혹 모르는 독자라면 참고가 될 것이다. 우선 팔괘의 모양을 외우는 방법도 있으니 살피고 넘어간다.

건삼련(乾三連) ☰ 태상절(兌上絶) ☱ 이허중(離虛中) ☲
진하련(震下連) ☳ 손하절(巽下絶) ☴ 감중련(坎中連) ☵
간상련(艮上連) ☶ 곤삼절(坤三絶) ☷

건괘(乾卦)는 세 효가 다 연결되었다는 뜻이고, 태괘(兌卦)는 위의 효만 끊어져 있다는 뜻이니 이렇게 이해하고 외워 놓으면 가끔은 유용하게 쓰일 때가 있을 것이다. 다음으로는 팔괘의 명칭이 갖고 있는 의미를 외우면 된다. 일건천(一乾天), 이태택(二兌澤), 삼리화(三離火), 사진뇌(四震雷), 오손풍(五巽風), 육감수(六坎水), 칠간산(七艮山), 팔곤지(八坤地)로 순서를 붙여서 암기하면 된다.

팔괘(八卦)의 명칭(名稱)							
☰	☱	☲	☳	☴	☵	☶	☷
一	二	三	四	五	六	七	八
乾	兌	離	震	巽	坎	艮	坤
天 하늘	澤 연못	火 불	雷 우뢰	風 바람	水 물	山 산	地 땅
陽金	陰金	火	陽木	陰木	水	陽土	陰土

34. 坎離(감리)

坎離宰天地之中氣
成不獨成 而有相持者在

【直譯】

坎離
감괘(坎卦)와 이괘(離卦)

【意譯】

「감리(坎離)」는 '감괘(坎卦)와 이괘(離卦)'의 뜻이다. 이것은 「진태(震兌)」편과 상대(相對)되는 의미(意味)이다. 즉 진태(震兌)는 동서(東西)를 말한다면 감리(坎離)는 남북(南北)을 말하기 때문이다. 물론 방향(方向)과 자평법(子平法)과는 아무런 상관(相關)이 없다.

【原文】

坎離宰天地之中氣
成不獨成 而有相持者在
감리재천지지중기
성불독성 이유상지자재

【直譯】

坎離宰天地之中氣
감리(坎離)는 천지(天地)의 중기(中氣)이니

成不獨成
홀로 이룰 수가 있는 방법은 없으므로

而有相持者在
서로 조절할 수 있는 자만 존립(存立)할 수 있다.

【意譯】

「감리재천지지중기(坎離宰天地之中氣)」는 '감리(坎離)는 천지(天地)의 중기(中氣)를 주재(主宰)한다.'라는 뜻이다. 자평법(子平法)은 항상 오행론(五行論)을 떠나서 존재(存在)할 수도 없고 생각할 수도 없다. 그래서 오행학(五行學)이다. 여기에서 논하는 진태(震兌)나 감리(坎離)도 역시 오행론(五行

論)이다. 일반적인 순서를 논한다면 통신론(通神論)이야 그렇다고 하더라도 천간론(天干論)을 하기 전에 오행론을 먼저 했어야 하는데 《滴天髓(적천수)》는 특이하게도 天干을 먼저 이야기 한다. 그래놓고는 이렇게 중간 중간에서 오행론을 갖고서 보완(補完)하고 있는 느낌이다. 그러니까 '이제 水火에 대해서 논하겠다.'라는 정도의 분위기(雰圍氣)를 생각해 본다.

　'水火는 천지(天地)의 중기(中氣)를 주재(主宰)한다.'는 이야기는 멋지다. 하늘이나 땅이나 만물(萬物)이 살아가기 위해서는 水火의 주재(主宰)를 따라야만 한다. 水가 겨울을 담당(擔當)하고 나면, 다시 火가 여름을 담당하여 부단(不斷)히 순환(循環)함으로써 자연(自然)의 질서(秩序)가 이어지는 것이다. 이러한 이야기는 한난조습(寒煖燥濕)의 부연설명(敷衍說明)이라고 해도 좋을 것이다. 왜냐하면 한난(寒暖)은 천도(天道)이고 조습(燥濕)은 지도(地道)라고 했는데, 이번에는 水火를 끌어다가 다시 자연의 이치를 사주(四柱) 안으로 유도(誘導)하고 있기 때문이다. 그러나 본질(本質)을 본다면 난조(暖燥)는 火에 의해서 이뤄지고 한습(寒濕)은 水에 의해서 이루어진다. 한난조습으로 만물을 탄생(誕生)시켜서 결실(結實)을 이루게 하는 것이니 이것이야말로 천지(天地)의 중간(中間)에 머물러 있는 기운(氣運)으로써 주재자(主宰者)가 되는 것은 당연(當然)한 이치이다.

　「성불독성(成不獨成)」은 '이루어지더라도 홀로 성립(成立)하지 않는다.'라는 뜻이다. 木이나 金은 서로가 없어져도 아무런 문제가 없다고 할 수 있지만 水火는 그것이 불가능(不可能)

하다는 의미이다. 水만 있으면 한빙지옥(寒氷地獄)이 될 것이고 火만 있으면 화염지옥(火焰地獄)이 될 텐데 어떻게 水火가 홀로 만물(萬物)을 완성(完成)시킬 수가 있겠느냐는 의미는 자못 심오(深奧)하다. '성(成)'자가 두 개 있어서 조금 어색하긴 하지만 그래도 의미를 파악하는 데는 별 문제가 없어 보인다. 水火는 서로 잘 견제(牽制)를 하는 상황(狀況)에서 목적한 일이 이루어질 수가 있다는 의미로 보면 되겠다.

「이유상지자재(而有相持者在)」는 '水火의 균형(均衡)을 이룬 자는 존립(存立)할 수 있다.'라는 뜻이다. 水火가 치우치지 않고 균형(均衡)을 이루어서 춥지도 않고, 덥지도 않은 상태가 된다면 이것이 상지(相持)이다. 진소암(陳素庵) 선생의《滴天髓輯要(적천수집요)》에는 이 대목의 내용이 좀 다르다. '감리기불병행(坎離氣不竝行) 이유상제자재(而有相濟者在)'라고 되어 있는데, 이것은 앞의 「진태(震兌)」편에서도 다소 다르지만 대동소이하여 그대로 넘어간다. 여기에서도 크게 다르진 않지만 약간의 느낌에 대한 차이는 있어 보인다.

그리고 '상지(相持)'를 '상제(相濟)'라고 표현(表現)했는데 이것이 오히려 맛깔스러운 느낌이다. '상지(相持)'는 日干의 입장(立場)에서 살펴본 것이라고 한다면, '상제(相濟)'는 전체적인 상황을 보는 것이다. 그리고 水火가 서로 조화를 이루면 '수화기제(水火旣濟)'라고 하는 주역(周易)의 괘(卦)가 있으니 상제도 여기에서 따온 것으로 보면 되겠다. 상제의 뜻은 서로서로 구제(救濟)한다는 의미이다.

제3장 下篇:六親論

1. 夫妻(부처)

夫妻因緣宿世來 喜神有意傍天財

【直譯】

夫妻
남편과 아내

【意譯】

「부처(夫妻)」는 '부부(夫婦)'를 뜻한다. 남편을 남편이라고
하는 것은 자연스러우면서도 아내를 여편이라고 하면 왠지 비
하하는 느낌이 드는 것은 습관의 차이일 수도 있겠다. 그래서
여편이라고 쓰지 못하고 아내라고 쓴다. 사주를 의뢰(依賴)하
는 경우에 반드시 질문에 포함되는 것이 부부의 인연이다. 예
나 지금이나 그 중요성(重要性)에 대해서는 조금도 달라지지
않았으며 현재에는 오히려 다른 가족구성원에 비해서 상대적
으로 부부의 비중(比重)이 더 커졌다고 해도 될 것이다.

夫妻因緣宿世來 喜神有意傍天財
부처인연숙세래 희신유의방천재

【直譯】

夫妻因緣宿世來
부부(夫婦)의 인연(因緣)은 전생(前生)에서 왔다.

喜神有意傍天財
희신(喜神)이 나에게 마음을 주면
옆에 천연(天然)의 재물(財物)을 두는 것과 같다.

【意譯】

「부처인연숙세래(夫妻因緣宿世來)」는 '부부(夫婦)의 인연
(因緣)은 전생(前生)에서 온 것이다.' 라는 뜻이다. 그러니 바
꾼다는 것이 얼마나 어렵겠는지를 생각해 볼 수도 있고, 아무
리 도망을 가도 기어이 찾아서 만나게 된다는 의미도 되겠다.
오죽하면 전생의 원수(怨讐)가 금생에 부부로 만난다는 말까
지 있을까 싶다. 그만큼 애증(愛憎)의 원천(源泉)이 되는 것이
부부의 인연이다.

「희신유의방천재(喜神有意傍天財)」는 '희신(喜神)이 옆에

서 좋은 마음을 갖고 있으면 천연(天然)의 복(福)이 있다.'는 뜻이다. 이름은 부처(夫妻)인데 내용은 처에 대해서만 논하는 분위기이다. 그 이유는 아마도 별도로 여명론(女命論)이 있기 때문으로 보인다. 그러니까 이 항목은 이름만 부처일 뿐이고 실제로는 '아내'편이라고 해야 할 것이다. 희신(喜神)을 처(妻)로 놓고 대입한다는 느낌도 나타난다. 희신이 용신(用神)을 돕고 있으면 처복(妻福)이 있는 것이고, 그렇지 않으면 처의 인연도 박복(薄福)하다고 해석(解釋)을 해야 할 분위기이기 때문이다. 희신을 부부로 본다면 용신은 자녀(子女)로 본다는 것도 언급을 하고 지나가는 것이 흐름에 맞을 것이다. 이것은 자녀에서 다룰 내용이기도 하지만 이러한 논리는 요즘의 관점으로는 타당하지 않은 것으로 정리한다는 이야기를 남긴다.

아내에 대해서 구구절절(句句節節)하게 설명을 한 임철초(任鐵樵) 선생의 견해(見解)는 졸저《적천수강의》3권에서 해석(解釋)을 했으므로 참고 할 수 있을 것이다. 다만 이러한 임철초 선생의 주장은 진소암(陳素庵) 선생의 이론(理論)을 바탕으로 삼고 있는 것으로 보이는데 부친(父親)을 편인(偏印)으로 봐야 하고, 모친(母親)은 정인(正印)으로 봐야 한다는 형식의 유교적(儒敎的) 윤리관(倫理觀)에 바탕을 두고 논한 것이어서 독자가 혼란을 일으킬 수도 있음을 염려한다. 명리학(命理學)은 윤리학(倫理學)과 다르다는 것을 염두(念頭)에 두지 않으면 또 서로의 가치관(價値觀)이 충돌(衝突)을 할 수도 있겠다는 생각을 하게 되는 자료이기도 하다.

그런데 원문(原文)이 너무나 간단하여 경도(京圖) 선생의 뜻이 어디에 있는지를 파악(把握)하기에는 부족한 자료(資料)

이기도 하다. 이러한 부분에 대해서는 후학(後學)이 연구(硏究)한 결실(結實)로 보완(補完)을 하는 것도 좋은 방법으로 보인다. 시대가 바뀌어서 자신의 생각을 책으로 만들기도 크게 어렵지 않은 까닭에 학자들이 저마다 《滴天髓(적천수)》의 부족한 점을 대놓고 탓하기 보다는 스스로 책을 저술(著述)하여 이에 대해 설명하는 방법을 택하고 있기 때문이다.

그리고 부부(夫婦)의 한계(限界)를 어디까지로 할 것인지에 대해서도 생각을 해 본다. 법적(法的)으로 혼인신고(婚姻申告)를 한 관계(關係)는 그리 중요하지 않다. 그것은 법적인 부부에 불과할 뿐이다. 그렇다면 사실혼(事實婚)의 부부(夫婦)만 부부로 논한다는 것을 짐작할 수가 있겠다. 만약에 옛날처럼 처첩(妻妾)을 여럿 거느린다면 어떻게 될까? 그것은 모두 부부(夫婦)의 인연으로 간주(看做)한다. 그러니까 생활비(生活費)를 공급(供給)하고 부양(扶養)하는 여인(女人)을 남자(男子) 입장에서 모두 아내라고 할 수가 있다. 다만 밖에서 만나는 여성(女性)도 첩(妾)의 기준(基準)으로 적용(適用)해서 부부라고 할 수가 있을 것인가도 생각해 볼 수는 있겠는데, 그것은 부부라고 할 수 없다. 그러한 경우에는 그냥 재성(財星)이라고 보면 타당하겠다. 이렇게 재성과 부부궁의 관계를 명료(明瞭)하게 구분(區分)하여 부부인연은 日支의 부부궁(夫婦宮)을 통해서 각자의 배우자(配偶者)에 대한 인연을 살피게 된다.

참고로 항목이 '부부(夫婦)'인지라 혹 궁금해 할 독자를 위해서 낭월의 활용법에 대해서 간단히 언급을 하면, 부부는 하건충(何建忠) 선생의 주장을 수용하여 궁(宮)으로 대입(代入)

을 한다. 부부궁은 日支가 되므로 여기에 있는 십성(十星)의 심리(心理)에 의거(依據)하여 그 사람의 배우자관(配偶者觀)이 형성(形成)되는 것으로 대입하고, 희기(喜忌)를 살펴서 협조력(協助力)의 정도(程度)를 논하게 된다. 日支에 용신(用神)이 있으면 부부(夫婦)의 인연(因緣)도 대길(大吉)하여 항상 일생을 보필(輔弼)하고 외조(外助)하면서 나를 위해서 희생(犧牲)하게 되는 것이고, 반대로 日支에 기신(忌神)이 있으면 사사건건(事事件件) 내가 하는 일에 대해서 쌍지팡이를 들고 나서서 반대를 하게 될 것이니 이것은 상대가 바뀐다고 해서 달라질 문제가 아니다. 그러니까 초혼(初婚)이 맘에 안 들어서 다시 재혼(再婚)을 하게 되더라도 기본적(基本的)인 의미(意味)는 그대로 존재하는 것으로 보면 되는 것이다.

그런데 가끔은 예외(例外)도 있다. 그것은 초혼(初婚)에서는 배우자로 인해서 고통을 받았는데 재혼(再婚)에서는 행복한 경우가 있고, 또 그 반대의 경우가 있을 적에 어떻게 적용시켜야 할 것인지를 생각하게 되는 점이다. 이때에도 日支의 희기(喜忌)에 따라서 도움이 기대되는데 그렇지 못한 배우자와 살고 있다면 너무 일찍 결혼을 한 탓이라고 할 수 있고, 이런 경우에는 늦게 결혼하거나 재혼을 하면 행복해질 가능성(可能性)이 많다는 것을 자주 발견하게 되기도 한다. 하지만 결론은 日支의 용신(用神)과 기신(忌神)의 관계에서 유추(類推)한다는 것을 기본으로 삼는다.

2. 子女(자녀)

子女根枝一世傳 喜神看與殺相連

【直譯】

子女
아들과 딸

【意譯】

「자녀(子女)」는 '아들과 딸'이다. 자(子)는 아들이 분명한데, 여(女)는 딸을 말하는 것이 맞는지를 문득 생각해 본다. 왜 아들에 대한 한자(漢字)는 있으면서 딸에 대한 한자는 없는 것인지 아마도 딸은 여인(女人)과 같이 의미는 아닐까하는 생각을 해 본다. 이것은 중국에서도 마찬가지인 것으로 보인다. 자녀(子女)라고 붙여 놓으면 딸을 의미하는 것인 줄은 알겠지만 곰곰히 생각해 보면 분명히 아들과는 다른 관점이다.

子女根枝一世傳 喜神看與殺相連
자녀근지일세전 희신간여살상련

子女根枝一世傳
자녀는 뿌리와 가지로 한 세대(世代)를 유전(流傳)하니

喜神看與殺相連
희신(喜神)이 관살(官殺)과 이어졌는지를 본다.

「자녀근지일세전(子女根枝一世傳)」은 '자녀(子女)는 뿌리와 가지가 되어 일대(一代)를 유전(流傳)한다.'는 뜻이다. 이 또한 달리 해석을 해야 할 의미는 없다고 하겠다. 그냥 그렇다는 의미이므로 그대로 정리하면 된다. 그야말로 하나마나 한 법문(法門)이다. '착하게 살아라.'와 같은 의미일 뿐이다.

「희신간여살상련(喜神看與殺相連)」은 '희신(喜神)이 칠살(七殺)과 서로 연결(連結)되어 있는지를 보라.'는 뜻이다. 희신이 칠살(七殺)과 서로 연결(連結)되어 있는지를 보라고 했으니 칠살 즉 편관(偏官)을 자녀(子女)로 본다는 의미가 그 안

에 포함되어 있음을 느낄 수 있겠다. 그러니까 앞의 부처(夫妻)에서 말하고 있는 희신은 아이의 어머니가 된다는 말과 일맥상통(一脈相通)하기도 한다. 자녀도 아내와 마찬가지로 간단하게 적어놔서 좀 더 깊이 파고 들어가기 위해서는 상상력(想像力)을 동원(動員)해야 할 지경(地境)이다. 그래서인지 임철초(任鐵樵) 선생도 주석(註釋)에서 처(妻)와 자녀(子女)에 대한 항목에 많은 설명을 했다. 그러나 막상 설명을 보면 핵심(核心)이 무엇인지도 잘 모르게 썼을 뿐더러 장황(張皇)하기만 하여 독자가 연구하는데 오히려 혼란(混亂)만 발생할까 염려(念慮)가 되지만 그 내용을 뜯어보면 관살(官殺)을 자녀라고 하지만 실은 식상(食傷)으로도 봐야 하고, 용신(用神)으로도 봐야 한다는 혼란스러운 이야기가 전개되는데, '영향의 원천(源泉)은 진소암(陳素庵) 선생에게 있다.'는 반자단(潘子端) 선생의 견해(見解)는 탁월(卓越)해 보인다. 임철초(任鐵樵) 선생은 진소암 선생을 숭배(崇拜)했을 것이라는 추측(推測)이 묘(妙)하게도 설득력(說得力)이 있게 다가오는 까닭이다. 진소암 선생의《命理約言(명리약언)》에 논하기를 관살을 자녀로 보는 것은 모순(矛盾)이라고 하면서 오히려 식상(食傷)을 자녀로 봐야 한다는 주장을 전개(展開)하기도 하는데 또한 자세히 분석을 해보면 정작 자신도 확신(確信)이 없다는 느낌을 갖게 된다.

그 이유는 아마도 실제(實際)로 상담실(相談室)에서 방문자(訪問者)와 이야기를 나누는 과정에서 겪고 깨달은 경험(經驗)을 기록해 놓은 것이 아니라 책상(冊床)에서 이론적(理論的)으로만 干支를 논해서일 것이라고 짐작을 해 본다. 학문은 이론(理論)과 실행(實行)을 겸비(兼備)해야만 비로소 완성(完成)이 된다는 가르침이기도 하다.

본문에서 '희신간여살상련(喜神看與殺相連)'의 일곱 글자에서 느끼는 것은 자녀는 관살(官殺)로 보면 되고 희신(喜神)이 옆에서 생조하면 좋겠다는 이야기이다. 그리고 희신은 관살을 生해야 할 것이므로 재성(財星)이 될 것은 당연하고, 그 재성은 처성(妻星)도 되므로 아내가 자녀를 잘 돌봐주는 것인지를 보면 자녀가 잘되고 안되고를 알 수 있다는 암시이다.

여기에서 낭월의 관점(觀點)을 간단히 언급하면, 하건충(何建忠) 선생의 주장에 따라서 時支를 자녀로 본다. 이렇게 보는 이치는 부부궁(夫婦宮)과 동일하다. 자신(自身)의 말년(末年)이 시주(時柱)이고 자녀궁(子女宮)인 까닭이다. 자녀궁의 십성으로 日干과의 마음을 살피고, 時支와 희용신(喜用神)의 관계를 살펴서 길흉(吉凶)을 판단하는 방법이다. 그리고 자녀의 수가 얼마나 될 것인지 등에 대한 논리는 웃음거리로 생각하면 될 것이고 자녀가 잘되고 말고는 자신의 사주에서 살펴보고 참고(參考)는 하되 실제로는 자녀 본인의 사주를 살펴보는 것이 이치에도 합당하고 현실적으로도 부합(附合)이 되는 것으로 생각하면 된다.

자녀(子女)는 나의 유전자(遺傳子)를 갖고 태어난 경우에만 해당이 된다는 것도 겸해서 언급한다. 남편이 데리고 온 자녀나 아내가 데리고 온 자녀는 내 자녀가 아니라는 것에 대해서도 혼동하지 않도록 한다. 이러한 것은 가족은 될 수가 있을지라도 육친궁(六親宮)으로 들어올 자리는 없다는 의미이다. 그러니까 혼전(婚前)에 배우자(配偶者)에게 있던 자녀는 의(義)

자를 붙여서 의부(義父)나 의모(義母)로 분류(分類)하여 의부를 양부(養父)라고 하고, 의모를 양모(養母)나 계모(繼母)라고도 하는데 의미는 같다. 입양(入養)한 자녀와 입양시킨 부모(父母)로 이해를 하면 간단하게 정리가 되니 이러한 관계는 가족(家族)은 되지만 그러한 인연들이 자신의 사주에 있는 궁(宮)으로 들어올 자리는 없다는 의미이다. 그래서 남자에게 양자녀(養子女)는 관살성(官殺星)으로 보고 여인에게 양자녀는 식상성(食傷星)으로 대입하고 이러한 관계의 길흉(吉凶)도 성(星)으로 대입하면 되는데 특히 시주(時柱)에 있는 자녀성(子女星)이 제격이다.

3. 父母(부모)

父母或隆與或替 歲月所關果非細

【直譯】

父母
부친(父親)과 모친(母親)

【意譯】

「부모(父母)」는 '부친(父親)과 모친(母親)'이다. 생부(生父)를 부친이라고 하고 생모(生母)를 모친이라고 한다. 그걸 누가 모른다고 새삼스럽게 정색(正色)을 하고 호들갑을 떠는가 싶은 독자도 있을 것이다. 그러나 그리 간단한 문제만도 아닌 것을 생각해야 하는 것이 명리학자(命理學者)의 고민이다.

【原文】

父母或隆與或替 歲月所關果非細
부모혹융여혹체 세월소관과비세

【直譯】

父母或隆與或替
부모(父母)가 융성(隆盛)하거나 쇠체(衰替)함은

歲月所關果非細
세월(歲月)의 소관(所關)이지만 자세(仔細)하진 않다.

【意譯】

「부모혹융여혹체(父母或隆與或替)」는 '부모(父母)가 잘되거나 못되는 것'을 뜻한다. 부친(父親)이란 어머니에게 정자(精子)를 제공한 남성(男性)을 말한다. 그리고 태어난 다음에 부양(扶養)을 한 존재(存在)이기도 하다. 물론 일반적(一般的)인 이야기이다. 경우에 따라서는 부양을 하지 않는 부친도 있는 까닭이다. 즉 내가 태어나게 된 인연을 맺은 뿌리가 되는 것이지 무조건 어머니의 남편을 의미하는 것은 아니며 내가 직접 유전자(遺傳子)를 받은 남자를 말한다. 이것은 생물학적(生物學的)으로 거론(擧論)하면 될 일이지만 이에 대한 기준이 필요하여 언급하는 것이다.

어머니의 남편은 나의 부친일 수도 있고 아닐 수도 있다. 그러므로 그 실체는 어머니만 알고 있었는데 이제는 과학(科學)의 발전으로 인해서 알 수 있는 방법이 생겼다. 어쩌면 가장 비밀(秘密)스러운 부분일 수도 있고, 모르고 넘어가게 되는 상황도 분명히 있을 것이라는 짐작도 해 볼 수 있을 것이다. 물론 대부분(大部分)의 부친은 나의 생부(生父)일 것이다. 다만 예외(例外)일 수도 있음을 생각할 필요가 있다는 의미이다.

물론 어머니도 나를 낳은 생모(生母)를 논한다는 것에 대해서도 이론(異論)이 없다. 예전에는 입양을 할 적에 본인에게는 몰래 하는 경우가 많이 있어서 생모가 아닌 경우에도 생모로 알고 살아가기도 했음을 생각해 봐야 한다는 것이다.

「세월소관과비세(歲月所關果非細)」는 '세월(歲月)과 연관(聯關)이 되어 있지만 그 결과(結果)가 사주를 보듯이 자세(仔細)한 것은 아니다.'라는 뜻이다. 이건 상담실(相談室)에서 실제(實際)로 임상(臨床)을 하지 않은 사람에게서는 나올 수가 없는 결론(結論)이다. 그래서 박수(拍手)를 치게 된다. "과연(果然)~!"이다.

본인(本人)의 사주를 놓고서 부모에 대해서 상세(詳細)히 논하는 것이 그리 신빙성(信憑性)이 없다는 것을 경도(京圖)선생은 너무나 잘 알고 있었던 것이다. 그리고 그 이면(裏面)에서는 과연 친부(親父)와 친모(親母)인지에 대한 혐의(嫌疑)도 암암리(暗暗裏)에 포함되어 있다는 생각을 해 볼 수도 있다. 더구나 예전에는 그러한 일이 더 심했을 것이라는 시대적(時代的)인 상황(狀況)도 고려해 볼 수 있다.

눈만 뜨면 전쟁으로 이리 몰리고 저리 몰렸을 테니 그 와중에서 여성의 임신(姙娠)이 어찌 자신 남편의 씨앗으로만 이루어진 것이라고 단언(斷言)을 할 수가 있을 것인지에 대해서 생각을 해 볼 수도 있을 것이다. 경도(京圖) 선생의 주장대로 부모에 대해서는 과연 자세하게 알 수가 없겠다는 이야기를 써놓을 수밖에 없는 상황이었을 것이다. 물론 이것을 요즘의 상황으로 대입해서 사주에서 암시하는 대로 부합이 되지 않으면 자신의 부모를 의심하고 유전자 검사를 받아보겠다는 생각을 할 수도 있겠지만 그렇게까지 할 정도로 부모의 암시(暗示)가 신빙성(信憑性)이 있는 것은 아니라는 점도 겸해서 알아두면 될 일이고, 자칫 상담실에서 자신의 판단이 틀렸다고 하는 손님에게 유전자 검사를 권할 일은 아니라고 봐서 참고만 하면 되는 것으로 보면 된다.

그런데 임철초(任鐵樵) 선생은 이러저러한 것을 살피면 그것에 대해서도 잘 알 수 있다고 한다. 아마도 丙午 일주(日柱)의 고집(固執)인가 싶기도 하고, 특별한 재능(才能)이 있어서 그러한 것을 읽어내는 것이 임철초 선생에게는 그야말로 '식은 죽을 먹는 정도'의 간단(簡單)한 일이었는지는 모를 일이지만 낭월의 능력(能力)으로 봐서는 경도(京圖) 선생의 말이 오히려 큰 위안(慰安)이 된다.

독자도 혹 부모의 길흉에 대해서 읽는 일이 잘되지 않으면 낭월처럼 위안을 삼기 바란다. 실로 사주는 개인용(個人用)이다. 그러므로 그 사람의 길흉을 보는 것이 기본이고, 가족(家族)을 살피는 것은 옵션이라고 할 수가 있는데 이러한 것에 집착(執着)을 하다 보면 정작 공부에 대해서 흥미(興味)를 잃게 되지나 않을까 걱정하게 된다. 다시 언급하지만 자평법(子平法)에서의 부모(父母)는 어디까지나 생부(生父)와 생모(生母)를 말한다. 계모(繼母)나 계부(繼父)는 모두 인척(姻戚)으로 만난 관계이므로 논외(論外)로 해야 한다. 호칭(呼稱)이나 역할(役割)이야 부모가 맞더라도 유전자(遺傳子)에서는 전혀 다른 남이다. 그래서 앞의 제목을 설명하면서 길게 부모의 의미를 설명했던 것이기도 하다. 그러므로 생부모(生父母)의 덕은 없어도 양부모(養父母)의 덕은 있는 경우도 보면서 연주(年柱)가 기신(忌神)인데 인성(印星)이 용신(用神)인 경우에는 이러한 경우도 가능하겠다는 유추(類推)를 해 볼 수 있는 것이다.

경도(京圖) 선생은 육친(肉親)의 이치를 윤리관(倫理觀)으로 보지 않고 인연관(因緣觀)으로 보았음을 육친론(六親論)의 배열(排列)에서 알 수 있다. 나를 중심으로 해서 가장 가까운 사람은 부모가 아니라 아내라는 것을 암암리에 제시(提示)하기 위해서 맨 처음에「부처(夫妻)」를 놓고 다음에「자녀(子女)」를 논한 다음에 비로소 부모(父母)를 논하고 있으니 말이다. 그것은 순서(順序)에서 드러난다. 유교적(儒敎的)인 윤리(倫理)대로라면 당연히 제일순위(第一順位)가 부모였어야 한다. 그런데 부모는 3순위로 밀려나고 아내와 자녀를 앞에다 배치(配置)했다.

이러한 모습을 보면서 본질적(本質的)인 인연(因緣)의 비중(比重)에 대해서 고찰(考察)했다는 것을 알 수가 있는 것이다. 만약에 진소암(陳素庵) 선생이었다면 노발대발(怒發大發)했을 것이다. 삼강오륜(三綱五倫)도 제대로 배우지 못한 사주쟁이가 이러한 망발(妄發)을 드러낸 것이라고 하였을 것이니 말이다. 그러나 낭월도 인연으로 봐야지 윤리(倫理)로 보는 것이 아니라고 생각하므로 경도(京圖) 선생의 주장(主張)에 동조(同調)한다. 그런데 진소암 선생의 영향을 받은 임철초(任鐵樵) 선생은 원래의 경도 선생이 생각했던 것을 뒤집어서 진소암화 시켜버렸기 때문에 이것은 후학이 볼 적에는 오류(誤謬)를 범했다고 봐야 하지 않겠나 싶다.

4. 兄弟(형제)

兄弟誰廢與誰興 提用財神看重輕

【直譯】

兄弟
형제(兄弟)와 자매(姉妹)

【意譯】

「형제(兄弟)」는 '형과 아우'를 말한다. 자매(姉妹)를 포함(包含)시켜도 될 것이다. 같은 부모(父母)에게서 태어난 동포(同胞)를 의미하는 까닭이다. 형제와 자매는 月支의 형제궁(兄弟宮)에서 관찰하고 여기에는 성(姓)이 다른 형제는 포함하고, 배가 다른 형제는 제외한다. 왜냐하면 사주는 모계사회(母系社會)이기 때문에 어머니가 같은 것은 문제가 없는 까닭이다.

兄弟誰廢與誰興 提用財神看重輕
형제수폐여수흥 제용재신간중경

【直譯】

兄弟誰廢與誰興
형제(兄弟)의 흥성(興盛)과 쇠약(衰弱)은

提用財神看重輕
제강(提綱)의 용신과 재성(財星)의 경중(輕重)을 본다.

【意譯】

「형제수폐여수흥(兄弟誰廢與誰興)」은 '형제(兄弟)와 자매(姉妹)중에서 누구는 잘되고 누구는 못되는 경우가 있다.'는 뜻이다. 부모(父母)를 살핀 다음에 형제(兄弟)를 보는 것은 타당성(妥當性)이 있다고 하겠다.

「제용재신간중경(提用財神看重輕)」은 '월령(月令)에 있는 용신(用神)과 재성(財星)의 강약(強弱)을 본다.'는 뜻이다. 왜 형제를 보기 위해서 월령(月令)인 제강(提綱)을 거론하는가? 그것은 月支가 형제궁(兄弟宮)이라고 한 하건충(何建忠) 선생의 이론이 여기에서 나오지 않았는가 싶기도 하다. 그리고 연주(年柱)는 부모궁(父母宮)이니 부모를 이어서 이번에는 형제 자매를 거론하는 것은 흐름에서 타당하다고 하겠다. 日支는 부부궁(夫婦宮)이고, 時支는 자녀궁(子女宮)이 되므로 네 개의 궁에 해당하는 대상(對象)을 모두 거론하고 있음을 참고할 수도 있을 것이다. 부부(夫婦)는 0촌이고, 자녀(子女)는 아래로 1촌이다. 그리고 부모(父母)는 위로 1촌이고 형제는 2촌이다. 이렇게 촌수(寸數)로 따져보니 日干을 위주로 해서 가까운 순서부터 논하고 있음을 알 수 있다.

그런데 형제(兄弟)를 보려면 월령(月令)을 보라는 것까지는 이해가 되는데 앞의 구절에서 잘되는 형제와 잘 안되는 형제를 구분한다는 의미(意味)는 좀 이상(異常)하다. 월령의 글자는 한 글자로 공통(共通)인데 이것을 통해서 잘되는 형제와 잘되지 않는 형제를 어떻게 구분한다는 말인지 이해를 할 수가 없는 까닭이다. 그렇다면 특별한 방법이라도 있는가 싶지만 원문에는 전혀 그에 대한 설명이 없다. 그래서 혹 일부분(一部分)이 누락(漏落)되었다면 모를까 그렇지 않은 상황이라고 한다면 이것은 글자로 후학(後學)을 속이는 것이라고 해도 되겠다.

글자에서 말하고 있는 의미만 봐서는 분명히 日干의 형제 중에서 잘되는 자와 안되는 자를 구분한다는 의미로 밖에 볼 수가 없는 까닭이다. 그래서 이 형제(兄弟)편의 경우에는 '대체적(大體的)으로 형제들은 흥성(興盛)하거나 쇠락(衰落)할 것을 월령(月令)의 희기(喜忌)를 살펴서 판단(判斷)하게 된다.'는 정도로만 이해를 한다면 큰 무리는 없다. 이렇게 대입을 한다면 年支의 부모(父母)와 月支의 형제(兄弟), 日支의 부부(夫婦), 時支의 자녀(子女)가 모두 맞아떨어지기 때문에 논리적으로도 매끈한 느낌이 든다.

다만 이것도 또한 참고용(參考用)이라고 해야 할 것이니 형제도 저마다의 사주가 있으므로 그것을 바탕으로 살피는 것이 옳기 때문에 맨 마지막에 거론(擧論)하는 것이라고 해도 될 것이다. 부부와 자녀에 비한다면 크게 신경을 쓰지 않아도 된다는 정도의 느낌이다. 그러니까 부모의 인연에 대해서 설명하면서 '과비세(果非細)'라고 했듯이 형제도 마찬가지로 '과비세'인 것이다. 그러니 너무 형제 중에서 잘되는 자와 잘되지 못하는 자를 구분하여 읽어 내려고 끙끙대지 않아도 될 것이라는 비상구(非常口)를 하나 남겨 놓고 마무리 한다.

5. 何知章(하지장)

何知其人富 財氣通門戶
何知其人貴 官星有理會
何知其人貧 財神反不眞
何知其人賤 官星還不見
何知其人吉 喜神爲輔弼
何知其人凶 忌神輾轉攻
何知其人壽 性定元神厚
何知其人夭 氣濁神枯了

【直譯】

何知章
'어떻게 알 수 있는가'를 논하는 장(章)

【意譯】

「하지장(何知章)」은 '어떻게 알 수 있는가를 논하는 장(章)'이라는 뜻이다. 여기에는 여덟 가지의 하지(何知)가 나온다. 아마도 매번 방문(訪問)하여 감명(鑑命)을 의뢰(依賴)하는 사람들이 꼭 빠지지 않고 질문(質問)하는 내용(內容)을 추려서 모아 놓은 것이라고 해도 될 것이다. 부(富), 귀(貴), 빈(貧), 천(賤), 길(吉), 흉(凶), 수(壽), 요(夭)의 이야기이다. 이 중에 어느 하나라도 가볍게 생각할 수가 있는 것은 없다.

고객(顧客)에 따라서는 원하는 것도 있고 원치 않는 것도 있겠지만 상담실(相談室)에서 이에 대한 질문을 받았을 적에는 그 해답(解答)을 찾아내야 하므로 다분히 실무적(實務的)인 감각(感覺)에서 나온 것이라는 점을 느낄 수가 있다. 그러므로 경도(京圖) 선생은 실질적(實質的)인 상담(相談)을 하면서 이론(理論)을 검증(檢證)하고 축적(蓄積)했을 것이라는 생각을 해 본다. 만약에 이론가(理論家)였다면 부(富)를 먼저 논할 것이 아니라 귀(貴)에 대해서부터 논했을 수도 있기 때문이다.

명색(名色)이 철학적(哲學的)인 책을 쓰면서 그래 품격 떨어지게 재물(財物)을 맨 앞에다 놓을 수가 있느냐는 생각을 할 수도 있지 않겠는가? 그러나 경도(京圖) 선생은 이러한 것에 대해서 과감(果敢)히 현실적(現實的)인 궁금한 사항(事項)을 맨 앞에 놓았다는 것은 알아줘야 하겠다. 그런데《滴天髓輯要(적천수집요)》에서는 귀천(貴賤)을 맨 앞에 다뤘다. 그러한 구조를 보면서 '아니나 다를까. 내 그럴 줄 알았다.' 라는 느낌이다. 역시! 예상을 벗어나지 않는 진소암(陳素庵) 선생이다. 책상학자(冊床學者)의 생각에는 당연히 귀(貴)가 부(富)보다 먼저 있어야 한다고 생각했던 것이다. 참으로 여러 가지로 자신의 사유(思惟)가 글에 그대로 드러난다는 것을 확인(確認)하는 순간(瞬間)이다. 이론학자(理論學者)는 귀(貴)를 먼저 다뤄야 하고, 실천학자(實踐學者)는 부(富)를 먼저 다뤄야 했던 까닭을 확연(確然)하게 알 수가 있는 대목이기도 하다. 그러니까 이론적으로 본다면 심리적(心理的)으로 형이상학(形而上學)에 해당하는 귀천(貴賤)을 논하는 것이 타당(妥當)하고 물질적(物質的)으로 형이하학(形而下學)적인 빈부(貧富)는 뒤에 다뤄야 하는 것이라고 생각했을 것이다.

진소암(陳素庵) 선생의 사고방식(思考方式)이야 《命理約言(명리약언)》에서도 이론가(理論家)의 풍모(風貌)가 이미 넘쳐나고 있는데 이것을 놀랍게도 임철초(任鐵樵) 선생이 그대로 수용(受容)했다는 점이 낭월도 참으로 난해(難解)한 부분이다. 이렇게도 감당(堪當)을 할 수가 없는 이론(理論)들을 실무자(實務者)의 관점(觀點)에서 수용(受容)하려고 애썼다는 것은 종교적(宗敎的)으로 숭배(崇拜)하는 정도(程度)가 아니라면 쉽지 않은 일이었을 것이라는 생각을 하게 된다.

마치, 숭배하는 대상이 하는 것은 모두 옳다는 것을 전제로 한다는 느낌이다. 부처를 숭배하면 부처가 하는 불합리한 것이라도 모두 대단하고 깊은 뜻이 있을 것이라는 생각을 미리 깔아둔다는 이야기이다. 그리고 진리를 추구하는 사람은 부처가 진리에 맞는 이야기를 했기 때문에 수용할 뿐이고 부처라도 이치에 틀린 말을 한다면 그것은 과감하게 '아니오!'라고 할 수가 있는 사람은 숭배자(崇拜者)가 아니라 학자(學者)인 것이고 낭월은 학자(學者)의 길을 선택(選擇)한다.

귀천(貴賤)을 먼저 논하든 빈부(貧富)를 먼저 논하든 그 어느 것도 틀린 것은 아니지만 글을 편집(編輯)한 사람의 마음이 그 안에 깃들어 있다는 것이 신기(神奇)하다. 그래서 책 이름도 '집요(輯要)'였는가 싶다. 원래의 내용을 그대로 담는 것이 아니라 자신의 생각대로 편집(編輯)하고 요약(要約)했다는 뜻이니까 말이다. 그리고 반자단(潘子端) 선생도 이러한 방식(方式)을 물려받았는지 아예 '하지장(何知章)'에 대한 설명도 생략하고, '앞의 청탁(淸濁)에서 이미 말했는데 뭘 또 시끄럽게 늘어놨느냐!' 라는 호통만 남겨놓았나 보다.

그렇지만 부귀빈천(富貴貧賤)을 따로 논한다고 하더라도 그로 인해서 《滴天髓(적천수)》의 내용이 넘치지는 않는다는 생각을 했더라면 조금은 더 친절(親切)한 풀이가 되었을 텐데 얼마나 자신의 입맛에 맞지 않았는지, 과감히 설명을 제외시켜버렸기 때문에 처음에는 속이 시원한 맛도 있었지만 시간이 더흐르고 나서 다시 살펴보니 조금은 성급(性急)했다는 생각도들기는 한다. 여하튼 각자의 생각이 이렇게도 다르다 보니 여러 해설서가 나올 수밖에 없었던 것은 당연하겠고, 여기에 낭월이 또 하나를 추가(追加)하여 학문(學問)의 길에 작은 등불이 되기를 바라는 마음이지만, 정작 후학(後學)은 더욱 혼란(混亂)의 터널을 겪어야 할지도 모를 일이다.

何知其人富 財氣通門戶
하지기인부 재기통문호

何知其人富
그 사람이 부자(富者)인지를 어찌 아는가.

財氣通門戶
재성(財星)의 기운(氣運)이 문호(門戶)를 통과(通過)한다.

「하지기인부(何知其人富)」는 '어떻게 그 사람이 부자(富者)인지를 알겠는가?' 라는 뜻이다. 과연 이것을 알고 싶지 않은 자가 몇이나 되랴! 세상을 살아가야 할 사람이라면 자신(自身)의 사주에서 재물(財物)의 형태(形態)가 어떠한지를 알고 싶은 것은 당연(當然)한 것이고, 그 궁금한 사항을 물어보는 것도 자연스러운 현상(現象)이다. 그리고 이에 대한 답을 주겠다는 경도(京圖) 선생의 도치법(倒置法)이다. 질문을 먼저 써놓고 주의(注意)를 환기(喚起)시키려는 것이 목적이다. 어쩌면 조금은 우쭐한 느낌도 없지 않다. 1천년의 세월이 흐른 현재(現在)에도 낭월에게 찾아오는 방문자(訪問者)의 99%가 재물(財物)에 대해서 질문(質問)을 하는 것만 봐도 이것은 시공(時空)을 초월(超越)해서 인류(人類)의 영원(永遠)한 소망(所望)이라고 해도 되지 않을까 싶다.

「재기통문호(財氣通門戶)」는 '재성(財星)이 문호(門戶)를 통과(通過)한다.'는 뜻이다. '문호(門戶)'라는 단어는 세상(世上)과 소통(疏通)하는 문(門)이 되고 그것은 월령(月令)을 대신(代身)할 수도 있음으로 인해서 월령에 비중을 두고 살펴볼 수도 있지만 반드시 그러한 것은 아니다. 중요한 것은 문 안에 있는 日干과 日干이 출입(出入)하게 되는 용신(用神)이 있다면 여기에서 의미하는 문호는 용신(用神)이 되는 것으로 보는 것이 더욱더 타당(妥當)할 것이다. 《적천수강의》를 쓴 다음으로부터 또 십여 년의 세월이 흐른 다음에서야 깨닫게 된 부분이다. 그러니까 문호(門戶)란 월령(月令)도 되고, 연주(年柱)도 되고 시주(時柱)라도 안될 이유가 없다. 원문에서도 반드시 '월령(月令)'이라고 하지 않았기 때문에 굳이 글자만 보고서 넘겨짚을 필요(必要)는 없고 그로 인해서 오히려 해석(解釋)의 범위(範圍)가 더 좁아지는 우(愚)를 범하지는 않아야겠다는 것을 깨달았다.

재성(財星)이 문호(門戶)를 통과(通過)하면 방 안으로 들어온다는 이야기가 된다. 그렇게 된 경우에는 재물(財物)에 대한 인연도 좋아서 재물의 여유(餘裕)를 누릴 수가 있는 경우라고 하게 된다. 그렇다면 어떤 경우에 재기(財氣)가 문 안으로 들어오는 것인가? 우선, 재성(財星)이 용신(用神)이거나, 희신(喜神)이면 된다. 상황(狀況)을 살펴본다면 대략 세 가지 정도로 정리(整理)를 할 수 있다. 문호로 들어오는 재성이 그리 많지 않음을 생각해 보면 의외로 부유한 사람이 적은 이유에 대해서도 공감(共感)이 될 수 있을 것이다.

먼저 '식신생재격(食神生財格)'과 '상관생재격(傷官生財格)'은 가장 대표적(代表的)인 재기통문호(財氣通門戶)에 잘 어울리는 상황(狀況)이라고 할 수 있겠다. 능력(能力)을 발휘(發揮)해서 재물을 모으는 형태로는 가장 적합한 조합(組合)이다. 식신(食神)은 연구(硏究)하거나 만들어서 재물을 모으고, 상관(傷官)은 물품을 유통(流通)하거나 언변(言辯)을 구사(驅使)하여 재물을 취득(取得)하게 되니 가장 일반적(一般的)이면서도 자연(自然)스러운 흐름이다.

다음으로 '재관격(財官格)'과 '재자약살격(財滋弱殺格)'도 또한 재성(財星)이 제대로 좋은 역할을 하고 있는 형태(形態)이다. 이것은 자신의 능력을 팔아서 재물을 취득(取得)하는 형태가 되니 주로 연봉(年俸)이나 월급(月給), 일당(日當)이 이에 해당할 것이고, 아르바이트의 경우에는 시급(時給)도 이에 해당할 것이다. 통상적(通常的)으로 직장(職場)에서 노력하고 월말(月末)에 받는 재물이 이에 해당한다. 이것도 재물이 문을 통해서 들어오는 것이므로 또한 재기통문호(財氣通門戶)라고 할 만하겠다.

마지막으로 '기인취재격(棄印就財格)'은 특수(特殊)한 경우의 상황으로 생각해 볼 수가 있겠다. 인성(印星)이 많아서 재성(財星)으로 용신(用神)을 삼은 경우라고 하겠는데, 이러한 상황은 반자단(潘子端) 선생의 「水花集(수화집)」을 참고한다면, 기운 센 천하장사[인성과다(印星過多]가 어떻게 밥을 만들어 먹는가에 대한 이야기인데, 그는 차력(借力)을 배워서 군중(群衆)에게 보여주거나 힘을 사용하여 재물을 획득하는 방법으로 방향(方向)을 모색(摸索)하는 것이라고 했으니 적절(適切)한 비유(譬喩)이다. 이렇게 '재기통문호(財氣通門戶)'에 해당하는 세 가지의 경우에는 모두 먹고 사는 문제를 해결할 수가 있다고 보면 된다.

여기에서 많이들 궁금해 하는 재력(財力)에 대해서 생각을 해 본다. 그러니까 어디까지가 부자(富者)에 해당하느냐는 기준(基準)에 대해서 독자(讀者)는 생각을 해 본 적이 있는지를 묻는 이야기다. 어떻게 생각하는가? 부자의 기준은 저마다 다르기 때문에 공식적(公式的)인 기준점을 만든다는 것이 어려운 것은 사실이다. 그럼에도 불구하고 나름대로 기준을 정한다면 어떻게 하면 될 것인지에 대한 생각을 해 보는 것이다. 낭월의 기준은 이렇다. 부(富)에 해당하는 사람은 '스스로 밥을 먹고 사는데 큰 어려움이 없는 정도'를 기준으로 삼아야 한다고 생각한다. 물론 대부분의 독자는 동의(同意)하지 않을 것이다. 왜냐하면 이미 우리 사회(社會)에서는 부의 기준이 엄청난 인플레이션을 겪고 있기 때문이다. 이것은 옛날의 부자(富者)와 지금의 부자(富者)를 생각해 보면 알 수가 있다.

옛날에는 동네에서 논밭을 자기 소유로 갖고 있으면서 남에게 빚을 진 것이 없이 사는 정도면 부자였다. 물론 너무나 가난(家難)했던 당시의 상황(狀況)이 기준이 되는 것은 당연하다. 그런데 지금은 이 정도로는 아무도 부자라고 생각하지 않을 것이다. 상담실에서 대화를 나눠보면 그러한 것을 더욱 극명(克明)하게 느낀다. 요즘에는 보통 한 달에 사용할 수가 있는 금전적(金錢的)인 정도(程度)를 기준으로 삼는다. 낭월의 생각으론 한 가정(家庭)을 기준하여 500만 원 정도를 쓸 수가 있다면 부자라고 해도 되지 싶다. 물론 이것도 대도시(大都市)와 농촌(農村)의 경우는 많이 다르다. 그러나 시골 부자가 서울 가면 거지가 되는 공식으로 기준을 삼을 수는 없다. 그러니까 현재의 기준으로 중산층(中産層)이라고 생각하는 사람들은 모두가 끼니 걱정은 하지 않으니 그들을 일러서 부자라고 보는 것이다.

아마도 겨우 가난을 면한 정도라고 본다면 부자는 아니라고 생각할 수 있을 것이다. 그러나 낭월은 그렇게 생각하지 않는다. 인간의 욕망(慾望)은 끝이 없어서 있는 자들만 바라보고 기준을 정하려고 하기 때문에 상대적(相對的)인 빈곤감(貧困感)에 빠지게 되어서 느끼는 감정일 뿐이지 먹고 사는데 지장이 없다면 그것은 당연히 부자라고 해야 한다는 생각이다. 여기에서 과욕(過慾)을 부리다가 항상 낭패(狼狽)를 당하는 사람들이 너무도 많아서 나름대로 객관적(客觀的)인 공식(公式)을 만들어 본 것이다. 이것은 상류층(上流層)을 논하는 것이 아닌데 자신들이 느낄 적에는 그 정도는 되어야 부자라는 생각이 드는 모양이다. 이것이 자신을 괴롭히고 심리적(心理的)인 허기증(虛飢症)에 시달리게 만드는 요인(要因)이라는 것을 깨닫는다면 이미 자신이 가지고 있는 것이 적지 않다는 것을 알게 되련만 어쩐일인지 은행(銀行)의 잔고(殘高)는 10억 정도는 되어야 하고, 연봉(年俸)은 1억은 되어야 비로소 부자(富者)라고 할 수가 있지 않겠느냐는 이야기를 들을 때마다 '평생(平生)을 가난하다는 생각을 벗어날 기약 없이 살다가 떠나겠구나…….' 싶은 생각을 한다.

독자가 동의하든 말든 그것은 문제가 되지는 않는다. 이것도 낭월의 기준이므로, 어쩌면 빈곤의 시절을 거쳐온 사람의 관점일 수도 있겠다. 중요(重要)한 것은 현재 우리의 인식(認識)에는 부자(富者)에 대한 기준이 너무 높아서 평생을 뛰어도 도달할 수가 없는 곳에 놓여 있다는 것에 대해서만 동의한다면 모두 옳다고 할 참이다. 독자(讀者)는 이미 부자인가? 아니면 아직은 가난한가? 참고로 10억의 아파트가 있다는 것은 의미가 다르다. 낭월이 말하는 금액(金額)은 자신의 가족이 매월 사용할 수가 있는 돈을 말하는 것이다. 평생 곤궁(困窮)하게 살면서 겨우 아파트 한 채에 올인한 경우를 두고 부자라고 생각하는 것은 이미 옛날이야기인 까닭이다. 요즘 하는 말로 '하우스푸어(House poor)'라는 말이 그것을 증명해 준다. 다른 말로 '십억걸인(十億乞人)'이라고 할 수 있을 것이니 이것은 여전히 가난한 사람일 뿐이다. 그러니까 재산(財産)의 총액(總額)이 얼마이든 그것은 소용(所用)없다는 것을 착각(錯覺)하지 않도록 해야 하겠다. 중요한 것은 생명유지(生命維持)를 기준으로 한다는 것이다. 하루 세끼 먹을 수 있으면 부자(富者)라는 기준이다. 생명에는 아무런 지장이 없으니까 말이다. 이렇게만 되어도 먹고 사는 것이라고 할 수 있는데, 하염없이 위만 쳐다보다가 목이 돌아가는 일은 생기지 않아야 할 것이다. 다시 부자(富者)에 대해서 대중소(大中小)로 나누어서 이해를 해 보자.

[소부(小富)]

소부(小富)는 '작은 부자'라는 뜻이다. 그야말로 '먹고 살 만한 정도의 부자(富者)'이다. 월 수익이 400~500만 원 정도의 가장(家長)이라면 소부라고 할 수 있을 것이다. 느낌으로는 '끼니 걱정을 하지 않는 정도'이다. 이것을 가난이라고 생각한다면 그것은 욕망(慾望)의 굴레에서 남들의 부유(富裕)한 모습에 정신을 빼앗긴 마음이라고 해야 할 것이다. '소부근작(小富勤作)'이라고 했다. 부지런히 일하는 사람은 작은 부자가 될 수 있다는 의미이다. 그리고 20년을 부지런히 일한 사람에게 주어지는 대가(代價)를 기준(基準)하여 소부(小富)를 결정(決定)하는 것이다. 그런데 상대적 빈곤감에 의해서 스스로를 빈자(貧者)라고 생각할 수가 있다. 왜 그런 생각을 하고 살아야 하는지는 다시 생각해 봐야 할 일이지만 이 정도의 삶이라면 소부(小富)라고 하는 것이 옳다고 본다.

[중부(中富)]

중부(中富)는 '중간(中間)의 부자(富者)'라는 뜻이다. 20여년을 열심히 일하였는데 자기 집도 지니고 있으면서 월수입은 1천만 원 전후가 된다면 중부라고 할 수 있을 것이다. 이 정도가 되면 '여유(餘裕)롭다'는 말을 할 수가 있는 정도이다. 연봉(年俸)으로 대략 1억 원 정도라면 이에 해당한다고 봐도 되지 싶다. 그리고 일반적(一般的)인 정서(情緒)로 봐서 중산층(中産層)이라고 하는 것도 이에 준한다고 보면 크게 벗어나지 않을 것이다. 그 집이 강남(江南)에 있든 시군(市郡)의 소도시

(小都市)에 있든 그것은 중요(重要)하지 않다. 왜냐하면 집이란 머무는 곳이지 재산(財産)의 가치(價値)로 논하는 것이 아닌 까닭이다. 이것은 경제논리(經濟論理)와는 연관(聯關)이 없음을 혼동(混同)하지 않기를 바란다.

[대부(大富)]

대부(大富)는 '큰 부자'라는 뜻이다. 월수입이 2천만 원을 넘어간다면 대부라고 해도 될 것이다. 자신이 살아가는 집과 임대(賃貸)를 해 준 집이 있을 수도 있을 것이다. 즉 여러 채라는 이야기이다. 사업장(事業場)도 여러 군데일 수도 있다. 스스로 노력(努力)을 해서 결실(結實)을 거둘 수도 있고, 부모(父母)의 혜택(惠澤)으로 부유(富裕)함을 누릴 수도 있다. 아마도 세상에서 살아가는 많은 사람들의 꿈이 이에 해당(該當)할 수도 있겠다. '대부천작(大富天作)'이라고 하였듯이 이것은 노력을 한다고 해서 누구나 얻을 수가 있는 것은 아니라고 본다. 노력하면 된다는 사람은 이미 전생(前生)에 쌓은 공덕(功德)이 결실(結實)을 이룬 것이라고 봐야 하지 않겠느냐는 숙명론(宿命論)의 관점(觀點)으로 살피는 것도 가능할 것이다. 대부(大富)를 다시 상중하(上中下)로 나누는 것은 각자 관심이 있다면 해 보는 것은 자유이겠지만 부호(富豪)라고 하는 이름에 걸맞은 최상층(最上層)의 부자(富者)들은 하늘이 도와야 가능하지 않겠느냐는 생각이다. 그러나 이러한 것을 사주에서 읽는다는 것은 어렵다.

흔히 1백억 재산가(財産家)의 사주도 연구하고, 1천억 재산가의 사주도 궁리하지만 이것을 읽어 낼 방법이 없다는 것만 깨닫게 된다. 즉 빌게이츠의 사주라고 해서 문호(門戶)에 재성(財星)이 바글바글하게 모여 있을 것이라고 생각하면 그것도 헛된 착각(錯覺)이니 경제적인 논리로 그러한 부유함을 구분하는 것은 가능할지 모르겠으나 자평법(子平法)의 논리로 그것을 푼다는 것은 낭월의 능력으로는 모를 일이다.

그러므로 부호(富豪)의 재산(財産)을 사주팔자(四柱八字)로 논하겠다고 달려드는 것은, 아마추어에게는 아무런 문제가 없겠지만 전문적으로 공부하는 학인(學人)이라면 괜한 일에 맘을 빼앗겨서 헛되이 아까운 시간을 탕진(蕩盡)하는 결과가 될 가능성이 매우 많음을 강조(强調)한다. 돈을 잘 사용하는 것보다 더 중요한 것이 시간을 잘 사용하는 것이라는 점을 알고 있다면 이러한 문제를 밝혀내고 말겠다는 생각은 하지 않을 것으로 본다.

예전에 명리학(命理學)을 입문하던 시절에 머물던 절의 주지(住持)가 하는 말이, '사주 잘 본다는 사람에게 어느 대통령의 사주를 보여줬더니 거지 사주라고 하더라.'라는 말을 했다. 그 의미를 낭월은 안다. '그것도 모르는 것이 사주학(四柱學)이 아니겠느냐.'라는 비아냥거림일 것이다. 물론 당시에는 그러한 것을 구분(區分)할 학문(學問)이 되지 못해서 기분이 나빴지만 나중에 공부가 조금 더 진척(進陟)이 있고서 그 사주를 봤을 적에 과연 그렇게 보는 것이 타당했겠단 생각을 했다. 그로 인해서 부귀(富貴)에 대한 기준(基準)이 달라졌다.

사회적(社會的)인 통념(通念)과 사주적(四柱的)인 관점(觀點)은 판이(判異)할 수도 있다는 것을 알게 되었던 것이다. 그래서 '반전무인(盤前無人)'이라는 말을 떠올린다. 이것은 바둑판에서 쓰는 말이지만 사주판도 명반(命盤)이라고 하니 서로 묘하게 통용(通用)이 된다. 의미는 간단하다. '바둑을 둘 적에는 앞에 앉아 있는 사람이 어린 아이든 조훈현이든 분별하지 말고 바둑판만 보고 바둑을 두어야 한다.'는 이야기이다. 그러니까 이것을 활용(活用)하여, '사주를 볼 적에는 앞에 있는 사람이 대통령(大統領)이든 노동자(勞動者)이든 구분하지 말고 사주만 보고 풀어라.'는 의미로 적용(適用)시키게 된다. 그리고 이 말은 낭월에게 인연(因緣)이 되어서 개인지도(個人指導)를 받으러 오는 제자(弟子)에게는 반드시 해 주는 말이기도 하다. 부호든 재벌(財閥)이든 구분을 할 필요가 없다는 것이다. 다만 중요한 것은 그들도 또한 하루 밥 세끼를 먹고 산다는 것이다. 재물에 대해서 이런저런 말들이 여러 가지이다. 공부하는 독자는 늘 혼란스러울 수도 있겠다는 생각이 들어서 중언부언(重言復言) 했다. '부자(富者)'를 정리하는데 약간의 참고가 되었으면 좋겠다는 바램뿐이다.

何知其人貴 官星有理會
하지기인귀 관성유리회

【直譯】

何知其人貴
그 사람이 귀(貴)한지를 어떻게 아는가.

官星有理會
관성(官星)의 이치에서 깨달아 알게 된다.

【意譯】

「하지기인귀(何知其人貴)」는 '그 사람이 귀(貴)하게 될 것인지를 어떻게 알 수 있겠는가?' 라는 뜻이다. 사주를 봐서 그 사람이 고귀(高貴)하게 될 사람인 것을 알아 볼 수가 있다는 자신만만한 어투(語套)가 느껴진다. 우선 '귀(貴)'란 무엇인지에 대해서부터 생각을 해 볼 필요(必要)가 있겠다. 무엇을 귀(貴)라고 하는가? 그것은 매우 존중(尊重)한다는 의미(意味)가 있다. 귀중품(貴重品)이나 귀인(貴人)의 의미를 살펴보면 소중(所重)한 느낌이 묻어난다.

그렇다면 광물(鑛物)에서는 보석(寶石)이 귀금속(貴金屬)이고, 식물(植物)에서는 멸종(滅種)에 가까운 것을 희귀종(稀

貴種)이라고 하듯이 인간(人間)에게는 정신세계(精神世界)가 탁월(卓越)하여 남의 삶에 지침(指針)이 될 만한 사람을 귀인(貴人)이라고 한다. 부(富)는 물질적(物質的)인 풍요(豊饒)를 말한다면, 귀(貴)는 정신적(精神的)인 풍요를 의미한다고 해도 될 것이니 이것은 심성(心性)의 품격(品格)이기 때문이다. 귀품(貴品)은 남을 해(害)롭게 하지 않을 뿐더러 이(利)롭게 하고자 애를 쓴다. 이와 상반(相反)된다면 천품(賤品)이라고 보면 크게 틀리지 않을 것이다.

부자(富者)의 옆에 있으면 콩고물이 떨어지겠지만 귀자(貴者)의 옆에 있으면 지혜(智慧)가 떨어진다. 지혜는 삶을 살아가는데 큰 방향(方向)을 잡아 주는 나침반(羅針盤)과 같은 것이다. 코란에서도 '자식(子息)이 배가 고프다고 하거든 낚싯대를 주어라.'라고 했다는데, 이것은 물질적인 방법으로 해결하려고 하지 말고 지혜를 전해줘서 오래도록 쓸모가 있도록 하라는 의미일 것이니 참으로 멋진 말이라고 하겠다. 이렇게 그 사람의 품격(品格)이 사주에서 나타난다면 당연히 알아봐야 할 것이고 그 방법에 대해서 지금 설명하려는 것이다.

「관성유리회(官星有理會)」는 '관성(官星)의 모습을 보면 깨달아 알 수가 있다.'는 뜻이다. 부자(富者)를 보는 기준(基準)으로는 '재기(財氣)'를 살피라고 했는데, 귀자(貴者)를 보는 기준으로는 '관성(官星)'을 보라고 한다. 이것이 자평법(子平法)의 기준이다. 왜일까? 부(富)는 자리(自利)의 작용(作用)을 하는 성분(性分)이기 때문에 재성(財星)에서 실마리를 찾는 것이고, 귀(貴)는 이타(利他)의 작용을 하는 성분으로 관성

(官星)에서 실마리를 찾는다. 이렇게 자신의 이익(利益)을 추구하는 결과(結果)와 남의 이익을 추구하는 결과는 판이하다.

물론 음양의 이치(理致)를 깨닫게 된다면 자리이타(自利利他)를 하는 것이 더 중요할 것이다. 이것을 부귀(富貴)라고 하는 것이다. 부유하면 남에게 베풀 수도 있는데 희사심(喜捨心)이 없으면 유부무귀(有富無貴)가 되는 것이고, 인색(吝嗇)한 재벌(財閥)은 이와 같은 형태의 삶을 살 것이니 비록 재물은 모았을지라도 품격(品格)은 하천(下賤)하다고 하는 것이다. 어떻게 해서든 세금(稅金)은 한 푼이라도 덜 내려고 궁리를 하고, 노동자(勞動者)들의 임금(林檎)은 최저(最低)보다도 더 적게 주려고 궁리하는 모습들에서 이러한 군상(群像)을 본다.

귀품(貴品)을 논(論)하는 자리에서 왜 부자(富者)를 같이 거론하는가 하면, 또한 비교(比較)를 통해서 이해를 도울 수가 있기 때문이다. 왕왕 부유(富裕)하면 귀품이 저절로 만들어지는 것으로 생각하는 사람도 있는데 이것은 잘못된 생각이라는 것을 차제에 알아보자는 의미이기도 하다. 부유하여 잘 베푸는 사람은 부귀(富貴)를 갖춘 사람이다. 그런 사람이 흔치 않으므로 희귀(稀貴)한 대접(待接)을 받게 되는 것이지만 실은 당연(當然)히 그래야 하는 것이기도 하다. 이것을 프랑스에서는 '노블레스 오블리주(noblesse oblige)'라고 한다던가? 그러니까 가진 자의 책임(責任)으로 없는 자를 보살펴야 한다는 뜻이다. 이것은 프랑스식 부귀이고 그런 사람이야 말로 귀족(貴族)이 될 수 있는 것이다. 돈만 많으면 귀족이 되는 것이 아님을 생각하게 하는 단어이다.

그러니까 사주에서 나타나는 귀품(貴品)은 관성(官星)이 이치(理致)에 맞게 자리하고 있으면 된다는 이야기를 하고 있는 경도(京圖) 선생이다. 왜냐하면 관성(官星)은 이타적(利他的)인 심리구조(心理構造)를 일으키게 만드는 성분이기 때문이다. 그런데 그것이 합당(合當)하게 자리를 잡고 있어야 한다는 조건(條件)을 잊지 말라는 의미가 그 안에 깃들어 있다. 사실 '이회(理會)'라는 글자의 조합(組合)에는 깊은 뜻이 들어있다. '도리(道理)를 깨달아서 알게 되는 것'이라는 형이상학적(形而上學的)인 의미가 포함되어 있는 까닭이다. 그냥 지식(知識)을 의미하는 것이라기보다는 여기에서 한 발 더 들어가서 핵심적(核心的)인 이치(理致)를 깨달아야 한다는 의미이다. 관성(官星)이 이치에 맞게 작용하는 경우에 대해서 생각해 보면 대략 서너 가지의 경우를 생각해 볼 수 있겠다.

'관인상생격(官印相生格)'은 무엇보다도 인덕(仁德)을 겸비(兼備)한 상품(上品)이라고 할 만한 조합(組合)이다. 日干은 다소 약(弱)하다. 그러므로 오만(傲慢)함을 방지(防止)할 수가 있는 효과(效果)를 얻는다. 인성(印星)이 옆에서 도움을 주고 있으니 성품(性品)이 관후(寬厚)하다. 이러한 성품은 남의 입장(立場)을 잘 헤아리는 아량(雅量)을 소유(所有)한다. 여기에다가 그 인성(印星)을 외호(外護)하면서 에너지를 팍팍 불어넣는 구조(構造)가 되었을 경우에 비로소 관인상생(官印相生)이라는 말을 쓸 수가 있는 것이니 이러한 구조가 되었다면 일단 '관성유리회(官星有理會)'라고 할 수 있는 모습이다. 물론 여기에 비겁(比劫)이 많든지 인성(印星)이 과다(過多)하다면 또한 성립(成立)되지 않는다. 관살(官殺)이 너무 많아도 혼탁(混濁)해지니 청기(淸氣)가 흐려진다. 그래서 흐름을 잘 타고 있어야 귀기(貴氣)가 발생(發生)하고 그것이 日干을 감싸줘야 비로소 귀품(貴品)이 완성(完成)된다는 것으로 정리(整理)를 하게 된다.

'겁중용관격(劫衆用官格)'은 다소 미흡(未洽)한 감이 있다. 인성(印星)의 흐름이 결여(缺如)되었기 때문이다. 그럼에도 불구하고 이것도 귀품(貴品)이 되는 것은 틀림없다. 마치 홍길동(洪吉童)이 활빈당(活貧黨)을 만들어서 선행(先行)을 하였던 것도 귀(貴)한 행동(行動)이라고 할 수 있다면 말이다. 남의 재물(財物)을 강탈(强奪)한 것은 오류(誤謬)이므로 관인상생(官印相生)에는 미치지 못한다는 의미이다. 그럼에도 불구하고 일반적으로 홍길동을 도적(盜賊)으로 보지 않는 것은 그의 동기(動機)가 탐관오리(貪官汚吏)를 혼쭐내고 가렴주구(苛斂誅求)에 시달린 백성을 위해서이기 때문이다. 그래서 충분히 귀품이라고 할 수 있는 것이다.

'재관격(財官格)'은 부자(富者)의 경우(境遇)와도 겹친다. 재물이 많아서 남에게 희사(喜捨)를 하는 형태(形態)가 되니 빌게이츠의 선행(先行)은 지구인(地球人)이면 다 알고 있는 것과 같다고 하겠다. 그러므로 여태까지 살아온 모습의 그는 부귀(富貴)한 사람이라고 할 수 있는 것이다. 물론 앞으로는 또 알 수가 없는 것이기에 여운(餘韻)으로 남겨 놓는다. 사람은 관(棺)의 뚜껑을 덮어야만 마무리가 되는 까닭이다. 다만 이미 현재까지의 모습을 보아하니 앞으로도 그렇게 이어가지 않겠느냐는 생각을 하는 것은 어제와 내일이 별다르지 않기 때문이다.

이렇게 세 가지의 경우를 대표적인 귀품(貴品)으로 생각해 볼 수 있거니와, 유독(惟獨) 관성(官星)에 대해서만 언급(言及)한 것에 대한 불만(不滿)이 있을 가능성(可能成)도 생각해 본다. 그러니까 원칙(原則)은 원칙인 것이니 너무 속상해 할 필요는 없다. 만약에 식신생재(食神生財)나 상관생재(傷官生財)의 경우에도 돈을 벌어서 봉사(奉仕)를 한다고 하면 물론 귀품이 되는 것이다. 그런데 대부분(大部分)은 겉으로는 봉사를 하지만 속으로는 사업(事業)의 확장(擴張)에 뜻을 두고 있을 수도 있으니 그것이야 말로 식상(食傷)의 본질(本質)적인 특성 때문이다. 대부분이라고 했으니 전부(全部)는 아니라는 의미로 빠져나갈 구멍을 만들어 두는 낭월이다. 다만 본질적(本質的)으로는 이렇게 작용을 할 수가 있는 것이 심리적(心理的)인 십성(十星)의 작용(作用)이라는 선입견(先入見)이고 실제로는 사주와 무관하게 선행(善行)과 공덕(功德)을 쌓는 사람들이 귀품(貴品)이라는 것은 명확(明確)하게 알아야 할 것이다.

선악(善惡)은 사주(四柱)에 있는 것이 아니라 그의 행동에 있는 것이고, 비록 사주는 沖剋으로 험상궂더라도 마음에 큰 깨달음이 있다면 또한 그가 보살(菩薩)인 것이다. 대역죄인(大逆罪人)이라도 회개(悔改)하고 참회(懺悔)하면 또한 허물은 씻어지는 이치도 있음이다. 그러므로 행여라도 '사주가 그렇게 생겼으니 그렇게 살지~!'라는 선입견(先入見)으로 모든 것을 단정(斷定)하지는 말라는 여운(餘韻)을 남겨 놓는다.

【原文】

何知其人貧 財神反不眞
하지기인빈 재신반부진

【直譯】

何知其人貧
그 사람이 가난(家難)한지를 어찌 아는가.

財神反不眞
재물(財物)의 신(神)이 도리어 참되지 않다.

【意譯】

「하지기인빈(何知其人貧)」은 '어떻게 그 사람이 가난한 자임을 알 수가 있겠는가?'라는 뜻이다. 여기에 대해서는 달리 주석(註釋)을 붙일 필요가 없으니 그대로 넘어간다.

「재신반부진(財神反不眞)」은 '재물의 신이 도리어 참되지 않다.'라는 뜻이다. '가난(家難)하다'는 것은 집안에 재물(財物)이 없어서 살아가는 나날이 어렵다는 뜻이다. 그리고 그렇게 되는 암시(暗示)는 사주에서 재성(財星)이 참되지 않은 이유(理由)라는 설명이니 결론(結論)을 말한다면 '재성(財星)이 기신(忌神)'이라는 뜻을 포함한다. 여기에서 '부진(不眞)'

의 의미를 잘 이해하면 가난한 사주의 구조(構造)에 대해서 해답(解答)을 얻을 수 있을 것이다.

이것을 이해하기 위해서 '재기통문호(財氣通門戶)'를 비교해 본다. '통문호(通門戶)'와 '반부진(反不眞)'의 사이에는 빈부(貧富)의 현실(現實)이 놓여 있는 것이다. 그러니까 부자는 재성(財星)이 문 안으로 들어온다면, 빈자(貧者)는 재성이 올바르지 않은 차이라고 할 수 있으니 이것은 어떤 경우에 해당하는 것일까? 이에 해당하는 상황(狀況)을 살펴본다면 대략 다음과 같은 경우(境遇)라고 할 수 있겠다.

'탐재괴인(貪財壞印)'은 빈곤(貧困)한 사주의 제일순위(第一順位)라고 할 수 있을 것이다. 의미는 재물을 탐하여 어머니를 버린다는 뜻이니 느낌이 싸~하다. 이미 정신적(精神的)으로 물질적(物質的)인 탐착(貪着)에 빠져 있음을 의미하기 때문이다. 이러한 경우에는 '돈이면 다 한다.'는 주의(主義)라고 할 수 있다. 물질만능(物質萬能)을 주신(主神)으로 떠받들어 모시고 살아가는 사람이며, 이러한 열정(熱情)으로 인해서 일시적(一時的)으로나마 재물을 획득(獲得)할 수도 있는데 이를 우리는 '졸부(猝富)'라고 한다. 그러나 물욕(物慾)의 거침없는 돌진(突進)으로 인해서 가진 것을 모두 다 탕진(蕩盡)하고 곤궁(困窮)하게 될 조짐(兆朕)은 언제라도 품고 있는 구조(構造)이다. 이러한 경우에는 모쪼록 '황금(黃金)을 돌로 보라.'는 금언(金言)을 머리맡에 붙여 놓고 오늘의 삶에 만족(滿足)하는 것을 권하지만 그것이 맘대로 된다면 또한 도인(道人)이라고 할 것이다.

'군겁쟁재(群劫爭財)'는 사주에 온통 비겁(比劫)이 넘쳐나는데 뿌리조차 없는 재성(財星)이 식상(食傷)의 생조(生助)도 못 받고 있는 상태(狀態)를 의미한다. 이때의 재성(財星)은 분명(分明)히 용신(用神)일 것이다. 그럼에도 불구하고 '재신부진(財神不眞)'에 속하는 것은 주변(周邊)의 상황(狀況)이 너무나 혼탁(混濁)하기 때문이다. 군겁쟁재는 흡사(恰似) 늑대들이 우글대는 우리에 양이 한 마리 들어 있는 꼴이기 때문이다. 그러니 용신이라고는 하더라도 오히려 그로 인해서 서로 물고 뜯는 혈전(血戰)이 벌어질 수 있으므로 '빈상(貧相)'이라고 보는 것이다.

'식재범람(食財泛濫)'은 식신(食神)이나 상관(傷官)이 넘쳐나는데 여기에다가 재성(財星)까지도 지나치게 왕성(旺盛)한 상황(狀況)이다. 물론 이것은 용신격(用神格)이라고 하지 않고, 사주의 상황(狀況)이라고 해야 할 것이다. 여기에는 용신(用神)이 없는 까닭이다. 용신의 제일후보(第一候補)인 인성(印星)이 있다면 상관용인격(傷官用印格)이나 식상용인격(食傷用印格)이 되겠지만 그것은 상황 따라서 판단을 할 일이라고 보고, 우선은 형상에 대해서만 생각을 해 보는 것이다.

가난한 사주는 인성(印星)이 있어서 돕고자 하지만 무시무시한 재성(財星)이 버티고 눈을 부라린다. 비겁(比劫)으로 재성을 제어하고자 하지만 식상(食傷)이 그 사이에 끼어들어서 비겁의 힘을 무력화(無力化)시켜버리니 어떻게 해 볼 방법이 없다. 그래서 식재범람(食財汎濫)인 것이다. 이러한 구조의 경우에는 직장(職場)이나 다니면 될텐데 그러한 것에는 간(肝)에 기별(奇別)도 가지 않는 상황이다. 그러므로 욕망(慾望)의 함정(陷穽)으로 스멀스멀 빠져 들어가게 되어 나중에는 자신이 실패(失敗)한 이유(理由)를 101가지나 나열(羅列)하겠지만 결론(結論)은 하나이다. 망(亡)했다는 것이다.

첫 번째의 잘못은 실수(失手)라고 하고 두 번째의 잘못은 실패(失敗)라고 한다. 세 번째의 잘못도 또한 실패이다. 이후로는 모두 실패이다. 이것이 반복(反復)되면 패망(敗亡)이 되는 것이다. 그러면서도 다음에는 일을 벌이지 말아야 한다는 깨침을 얻기는 고사(考査)하고, 좋은 경험(經驗)을 얻었다고 생각을 하게 되니 이 멈출 수 없는 상태(狀態)는 '브레이크가 없는 폭주열차(暴走列車)'와 같은 꼴이다. 또한 가난(家難)을 면(免)할 방법이 애초에 없는 것이니 어쩌다가 요행(僥倖)히 성공(成功)을 한다고 하더라도 또한 그것을 발판으로 삼아서 더 큰 일을 벌이게 되니 이것도 숙명(宿命)이라고 할 뿐이다.

'재살태과(財殺太過)'는 재성(財星)과 관살(官殺)이 너무 많은데 이것을 유통(流通)시켜서 日干을 생조(生助)할 인성(印星)이 변변치 못한 상황(狀況)을 의미한다. 그야말로 아무리 뛰고 또 뛰어도 제자리걸음도 유지(維持)하지 못하고 오히려 형편은 더 나빠져만 가는 모습이니 옆에서 보는 사람조차도 안타까움을 금할 길이 없다. 1970년대의 구로공단(九老工團)에서 노동(勞動)을 하던 사람들이나, 2010년대의 직장(職場)에서 조직(組織)의 아픔을 겪으면서 웃어야만 하는 감정노동자(感情勞動者)들도 모두 이러한 형태(形態)의 삶으로 이해(理解)를 할 수 있겠다.

거대(巨大)한 조직(組織)에 맞서서 저항(抵抗)을 할 수도 있지만 결국은 '계란타암(鷄卵打岩)'의 비참(悲慘)함을 깨닫게 되는 현실적(現實的)인 모습과도 겹친다. 참다가 또 참다가

도저히 안되겠어서 비명(悲鳴)을 지르고 크레인에 올라가서 항의(抗議)하고 회사 앞에서 단식(斷食)을 하지만 그런다고 해서 크게 달라지는 것도 없음을 역사의 기록(記錄)을 통해서 알고 있다. 물론 그렇게라도 해서 부자(富者)들에게 약간(若干)의 긴장감(緊張感)이라도 줄 수는 있겠지만 결국(結局) 부자는 정권(政權)의 비호(庇護)를 업고서 별로 달라질 마음이 없다. 경찰을 동원하여 물대포를 쏘고, 최루탄(催淚彈)을 터뜨리고, 곤봉(棍棒)을 휘두르며 노동자(勞動者)들을 압박(壓迫)할 뿐이다. 이러한 사회상(社會相)은 참으로 안타깝지만 자평법(子平法)으로 본다면, 이 또한 '재살태과(財殺太過)에 일간 허약(日干虛弱)'의 모습과 겹치는 것은 어쩔 수가 없다.

최저임금(最低賃金)을 협상(協商)하면서 분노(忿怒)해야 하고, 자신의 주장(主張)을 펼치기라도 할 참이면 이번에는 해고(解雇)를 통보(通報)받는다. 그리고는 아예 비정규직(非正規職)이라는 굴레를 씌운다. 저항(抵抗)하지 못하게 하기 위해서이기도 하다. 그렇게 해 놓으면 정규직(正規職)이 되어야 한다는 목적(目的)으로 인해서 굴욕(屈辱)을 참고 복종(服從)해야 되기 때문이다. 그리고 비정규직이나마 감지덕지(感之德之)한 사람은 또 누구인가? 그들은 임시직(臨時職)이다. 특정(特定)한 일만 해결하기 위해서 한시적(限時的)으로 고용(雇傭)되는 형태(形態)를 말한다. 일이 끝난 다음에는 또 어떻게 될지 모르기 때문에 삶에 대한 불안감(不安感)이 항상 밑바닥에서 웅크리고 있는 모습이다.

그러나 이마저도 부럽다는 사람들이 있다는 것을 또 생각하게 된다. 그들은 언제라도 내일부터 나오지 말라는 통보(通報)

를 받을 준비를 하고 있어야 하는 삶이다. 새 날이 밝아 와도 일은 할 수 없고 꼬박꼬박 찾아오는 끼니마다 밥은 먹어야 하는 것이다. 이러한 상황이야말로 빈자(貧者)이다. 이와 같이 임시직에서 삶의 최하층(最下層)의 고통(苦痛)을 각골(刻骨)하면서 하루하루를 살아가는 사람도 얼마나 많은지를 생각하지 않는다면 또한 잘 살핀 것이라고 할 수 없을 것이다.

이러한 형태(形態)의 삶을 유지(維持)하는 사람들을 일용직(日用職)이라고 부른다. 그야말로 하루 벌어서 하루를 살아가는 사람들이다. 이들에게 내일에 대한 희망(希望)은 사치(奢侈)일 뿐이다. 그냥 오늘 하루 일을 할 수만 있다면 노동조합(勞動組合)이나 사대보험(四大保險)에 대한 것은 언감생심(焉敢生心)이다. '천층만층구만층(千層萬層九萬層)'이라고 하더니만 참으로 가난(家難)의 모습도 이렇게 다양(多樣)하다. 이러한 모습으로 살아가는 사람들은 재물(財物)의 압력(壓力)과 고용주(雇用主)의 위력(威力)을 벗어날 수가 없으니 이름도 '재살태과(財殺太過)'인 것이다.

이것은 3천년 전이나 현금(現今)이나 조금도 변하지 않은 모습이기에 이것을 명리학(命理學)에서는 숙명(宿命)이라고 이름하고, 불교(佛敎)에서는 전생(前生)에 쌓은 공덕(功德)이 부족(不足)하거나 악업(惡業)을 인연(因緣)한 까닭이라고 읽을 수밖에 없으니 논리적(論理的)으로는 '열심히 노력하면 잘 산다.'는 공식이 있음에도 불구하고 실제로는 그렇지 못하다.

【原文】

何知其人賤 官星還不見
하지기인천 관성환불견

【直譯】

何知其人賤
그 사람의 천박(淺薄)함을 어찌 아는가.

官星還不見
관성(官星)이 도리어 보이지 않는다.

【意譯】

「하지기인천(何知其人賤)」은 '어떻게 하면 그 사람이 천박(淺薄)한지를 알 수가 있겠는가?' 라는 뜻이다. 그러니까 이 항목은 귀(貴)와 더불어 심리적(心理的)인 품격(品格)을 논하는 것이다. 천(賤)은 박(薄)하다고 하는 것과 짝을 이루고 귀(貴)는 후(厚)하다는 것과 짝을 이룬다. 그래서 후덕(厚德)한 사람과 박덕(薄德)한 사람은 상대적인 위치를 차지하는 것과 비교를 하면서 이해하면 도움이 될 수도 있지 싶다.

「관성환불견(官星還不見)」은 '관성(官星)이 도리어 보이지 않는다.' 는 뜻이다. 그렇다면 무관(無官)을 의미하는 것으로 생각할 수도 있겠다. 또한 관성이 기구신(忌仇神)의 역할(役割)을 하고 있는 경우에도 보이지 않는다고 할 수 있다. 그러니까 적어도 관성이 없거나 있어도 기구신의 역할을 하고 있는 경우라고 보면 될 것이다. 천(賤)의 상대(相對)는 귀(貴)이다. 빈(貧)은 부(富)와 짝을 이루고, 물질적(物質的)인 재물(財物)의 다과(多寡)를 말하는 것이라고 하겠고, 천(賤)은 귀(貴)와 짝을 이뤄서 정신적(精神的)인 부분의 청탁(淸濁)을 말하는 것이다. 이에 대해서는 이미 「청탁(淸濁)」편에서 논했으니 다시 거론(擧論)할 필요가 없다고 주장하는 반자단(潘子端) 선생의 생각도 이해는 되지만 그럼에도 불구하고 낭월은 이렇게 써놓은 경도(京圖) 선생의 생각에 더욱 동조(同調)를 하는 까닭에 이 대목에서도 조금 더 부연(敷衍)하고자 한다.

빈부(貧富)를 논함에는 재성(財星)을 기준(基準)으로 삼고, 귀천(貴賤)을 논함에는 관성(官星)을 기준으로 삼는다. 천품(賤品)은 관성의 모습이 아름답지 않음을 논하는 것이기도 하다. 이에 대한 사주의 구조를 정리한다면 못할 것은 없겠지만 다양한 경우(境遇)의 수(數)가 있기 때문에 오히려 독자의 공부를 바탕으로 하여 유추(類推)하는 것이 더 나을 것으로 본다. 다만 핵심적(核心的)인 의미를 논한다면 결국은 이타적(利他的)인 심성(心性)의 소유자(所有者)는 귀품(貴品)에 가깝고, 이기적(利己的)인 심성의 소유자는 천품(賤品)에 가깝다고 정리한다면 무난(無難)할 것이다. 이것이 빈부와는 또 다른 의미임을 혼동(混同)하지 않아야 한다. 빈한(貧寒)하더라도 귀품(貴品)이 있고, 부유(富有)하더라도 천품이 있기 때문이다.

독자(讀者)는 이러한 장면(場面)에서 자신의 사주는 귀천(貴賤)이 어떻게 읽혀지는지도 궁금할 수 있을 것이다. 그리고 귀품(貴品)에 가깝다면 까닭모를 흐뭇함을 느낄 수도 있겠지만 그렇지 않은 경우에는 마음에 상처(傷處)를 받을 수도 있는 것이야 당연(當然)히 인지상정(人之常情)아니겠는가? 가난은 자랑이 아니라고 하지만 그렇다고 해서 비난을 받을 일도 아니다. 그러나 천박(淺薄)함은 비난(非難)을 받기도 한다.

왜냐하면 가난의 화(禍)는 본인(本人)이나 그 가족(家族)에게 미치는 것이지만 천박(淺薄)의 화는 자칫하면 인류(人類)에 영향을 미칠 수가 있기 때문이다. 뭔가 거창해 보이지만 마음의 문제는 한 개인으로 그치지 않는다는 점을 생각해 보는 것이다. 천박한 지도자(指導者)의 경솔(輕率)한 행동(行動)으로 인해서 인류(人類)의 생존(生存)을 염려(念慮)해야 할 상황(狀況)이 올 수도 있음을 생각한다면 결코 단순(單純)한 호들갑이 아니다.

상담가(相談家)는 어떨까? 귀품(貴品)이 있는 상담가는 어떤 말로 방문자에게 조언을 할 것이며, 천품(賤品)의 상담가는 또 어떤 말로 방문자와 대화를 나눌 것인지에 대해서도 생각을 해 볼 수가 있을 것이다. 자평법(子平法)을 배우는 것이야 누구나 할 수 있지만 그것을 타인에게 전달하게 될 경우에는 전혀 다른 형태가 될 수도 있음은 당연한 것이다. 그리고 혹세무민(惑世誣民)하여 사회적으로 지탄(指彈)을 받는 경우라고 한다면 아무래도 천(賤)에 가깝다고 해도 되지 않을까 싶다.

오로지 돈벌이의 수단(手段)으로 자평명리학(子平命理學)을 사용(使用)할 수도 있고, 인생(人生)의 등대(燈臺)로 사용할 수도 있는 것이니 이것은 각자의 몫이다. 다이너마이트 (dynamite)를 만든 사람은 광산(鑛山)에서 발파(發破)하는 일을 쉽게 하기 위한 목적이 있었지만 그것을 사용하는 사람에게는 또 다른 목적을 이루기 위해서 쓸 수도 있는 것처럼 말이다. 이기적(利己的)으로 사용하는 것과 이타적(利他的)으로 사용하는 것의 차이는 이렇게 큰 차이가 있는 것이다. 그래서 귀천(貴賤)을 논하게 되고 사주의 구조에서 그러한 조짐을 읽을 수가 있다면 방법을 찾으려고 하는 것도 당연한 것이다.

여기에서 문제는 '천품(賤品)으로 타고난 자신을 발견(發見)하게 되었을 적에는 어떻게 해야 할까?'이다. 처음에는 억울(抑鬱)할 수도 있고, 분노(忿怒)할 수도 있지만 곰곰 생각해 보면 그럴만한 이치(理致)가 있음을 느낄 수도 있을 것이다. 물론 아무리 생각해 봐도 자신의 사주가 잘못 되었거나 자평법(子平法)이 허황(虛荒)하다는 것으로 결론(結論)을 내릴 수도 있지만 그것은 각자(各者)의 판단(判斷)에 맡기는 수밖에 없는 일이다. 그런 경우는 제외(除外)하고 자신의 내면(內面)에서 들려오는 소리가 있어서 스스로 정신세계(精神世界)가 많이 부족(不足)함을 느낀다면 이미 개선(改善)의 여지(餘地)가 생겼다고 봐야 한다.

하루아침에 큰 변화가 생기길 바라는 것은 과욕(過慾)이다. 오랜 세월(歲月)을 두고, 나아가서 다겁(多劫)의 생래(生來)로 훈습(薰習)된 업장(業障)이 그리 쉽게 녹을 것이라고 생각하는 것도 하품(下品)의 옹색(壅塞)한 생각이라고 해야 할 것이다. 오로지 묵묵하게 한 걸음 한 걸음 그렇게 밝은 곳으로 나아가는 것, 그것이 바로 '도(道)'인 것이다. 도(道)의 글자 조합(組合)을 보면, '머리[首]로 생각하면서 쉬엄쉬엄[辶] 수행(修行)하는 것'이니 더 말할 나위도 없겠다. 그리고 이렇게 실행(實行)하려고 노력(努力)하는 자는 이미 도인(道人)이다. 그렇게 조금씩 조금씩 지혜(智慧)로 다가가고 있을 것이기 때문이다.

'천(賤)'을 이야기 하면서 '개천법(改賤法)'을 이야기 한다. 왜냐하면 수행자(修行者)는 당연히 그렇게 될 가능성(可能性)이 있기 때문이다. 그리고 음양오행(陰陽五行)을 공부하는 학인(學人)도 당연히 수행자이므로 이와 같은 방향(方向)으로 진행(進行)하는 것이 목적에도 부합(附合)되는 까닭이다. 놀라운 것은 이렇게라도 변화하기를 원하는 사람도 생각보다 흔치 않다는 점이다. 그래서 저마다의 업력(業力)에 의해서 그렇게 살아가는 것이라고 해야 할 충분한 이유가 있는 것이기도 하다. 선택(選擇)은 항상(恒常) 지금 이 순간(瞬間)에 결행(決行)하는 것이다. 그렇게 하면 천품(賤品)도 귀품(貴品)이 될 수 있고, 비로소 사주팔자를 개선할 수도 있는 것이다.

정신세계(精神世界)에서 본다면 사주에 관성(官星)이 있고 없고는 그리 중요한 것이 아닐 수도 있다. 응당(應當) 누구라도 수행을 해야 하는 것이 불문율(不文律)이기 때문이다. 그래서 사주에 연연할 일만은 아닌 것이 확실(確實)하다. 적어도 철학자(哲學者)의 길을 가고자 스스로에게 결정(決定)을 했다면, 이번에는 관성의 존재와는 무관하게 이타심(利他心)으로 자리이타(自利利他)를 실행(實行)하는 노력만이 필요할 뿐이다. 이러한 경지(境地)에서는 귀천(貴賤)의 의미는 이미 다른 세상의 넋두리에 불과(不過)하다는 것을 알게 될 것이다.

【原文】

何知其人吉 喜神爲輔弼
하지기인길 희신위보필

【直譯】

何知其人吉
그 사람이 길(吉)한 것을 어떻게 아는가.

喜神爲輔弼
희신(喜神)이 지켜 주고 감싸 준다.

【意譯】

「하지기인길(何知其人吉)」은 '그 사람의 삶이 길(吉)한 일만 많이 생길 것이라는 점을 어떻게 알 수 있을까?'라는 의미이다. 그리고 어쩌면 자신의 사주가 이러하기를 바라는 희망사항(希望事項)도 갖게 될 것이다.

「희신위보필(喜神爲輔弼)」은 '도움을 주는 글자들이 옆에서 보필(輔弼)한다.'는 뜻이다. 어쩌면 너무도 당연(當然)한 이야기를 써놓은 것으로 보이기도 한다. 그래서 군소리라고 반자단(潘子端) 선생이 한 것도 공감(共感)이 된다. 아마도 만인(萬人)이 희망(希望)하고 열망(熱望)하는 제일순위(第一順位)에 자리하는 '대길(大吉)'을 생략(省略)할 수가 없어서 추가(追加)했을 수도 있겠다.

　용신(用神)이 있으면 희신(喜神)이 있기 마련이고, 희신이 용신을 보호(保護)하고 감싸고 있으면 그 사람의 삶에서도 여간(如干)해서는 흉사(凶事)에 개입(介入)되지 않거나, 혹 자신도 모르는 사이에 나쁜 일에 휘말리게 되더라도 누군가의 도움을 받아서 위기(危機)를 벗어날 수가 있다면 이러한 사람은 길(吉)하다고 할 수 있을 것이다. 이것은 용신과 희신이 단결(團結)되어 있는 것을 말한다. 희신이 있더라도 서로 멀리 떨어져서 바라보고만 있다면 또한 도움이 필요할 적에 도울 수가 없으니 보고도 돕지 못하는 상황이 되어 이것은 오히려 도움을 받지 못함으로 인해서 원망(怨望)이 생길 수도 있다. 그래서 희용신(喜用神)은 서로 긴밀(緊密)하게 연결(連結)되고 소통(疏通)되는 구조(構造)이기를 희망하는 것이다.

　이러한 구조(構造)의 용신격(用神格)을 논한다면, 관인상생격(官印相生格), 살인상생격(殺印相生格), 재관격(財官格), 재자약살격(財滋弱殺格), 식신생재격(食神生財格), 상관생재격(傷官生財格) 등이 이에 부합(附合)하는 형태(形態)가 된다. 이러한 사주는 용신과 희신이 서로 뜻을 같이 하면서 바짝 붙어서 부조(扶助)를 하고 있는 까닭이다. 이렇게 된다면 길격(吉格)이라고 해도 될 것이다. 이 정도의 설명으로도 길한 사주에 대한 이해는 충분(充分)하겠고, 여기에 더 긴 설명을 붙이는 것이야말로 사족(蛇足)이라고 하겠으니 이 정도에서 간단(簡單)히 정리한다.

【原文】

何知其人凶 忌神輾轉攻
하지기인흉 기신전전공

【直譯】

何知其人凶
그 사람의 흉(凶)함을 어찌 알겠는가.

忌神輾轉攻
기신(忌神)이 돌아가면서 공격(攻擊)한다.

【意譯】

「하지기인흉(何知其人凶)」은 '그 사람이 살아가면서 노력하는 일들이 흉악(凶惡)하게 될 것을 어찌 알 수가 있겠는가?'라는 뜻이다. 흉(凶)은 길(吉)의 상대적(相對的)인 작용력(作用力)이라고 이해(理解)하면 충분(充分)할 것이다. 매사(每事)에 나를 돕는 사람이 있는 경우도 있고, 또 반대(反對)로 사사건건(事事件件) 시비곡절(是非曲折)을 겪으면서 힘든 나날을 견뎌야 하는 사람도 있는 것이니 이런 경우를 놓고 흉(凶)하다고 할 수가 있는 것이다. "난 왜 하는 것마다 저절로 되는 것이 없을까? 항상 꼬이고 얽혀서 힘을 다 한 다음에서야 겨우 이루어지거나 그래 놓고서도 결국에는 실패로 끝나게 되는지 알 수가 없군."이라고 말하는 사람이 있다면 이러한 경우가 바로 흉(凶)에 해당한다고 하겠다. 그렇다면 이러한 사주는 어떤 구조를 하고 있기에 그러한 것일까?

「기신전전공(忌神輾轉攻)」은 '기구신(忌仇神)이 돌아가면서 희용신(喜用神)을 공격(攻擊)하고 있다.'는 뜻이다. 그냥 공격하는 것도 아니고 돌아가면서 공격을 해댄다면 여간한 인내심이 있다고 하더라도 견디기 어려울 것이라는 불길(不吉)한 예감(豫感)이 든다. 그것이 흉(凶)한 사주를 갖고서 세상을 살아가야 하는 사람의 숙명(宿命)이다. 길(吉)의 반대편에 있는 흉이라면 길의 이치를 뒤집어서 적용(適用)하면 해답(解答)이 나올 것이다. 그래서 추론(推論)을 해 본다면, 용신(用神)을 공격(攻擊)하고 있거나, 공격을 받고 있는 용신을 구조(構造)할 희신(喜神)이 없거나 있다고 하더라도 멀리 있어서 도움의 손길이 미치지 못한다면 이러한 구조는 모두 안타까움을 넘어서 연민(憐愍)의 마음이 절로 생겨난다. 더구나 이러한 구조를 하고 있는 사주를 들고서 방문하는 사람은 오죽이나 많겠는가? 왜냐하면 만사(萬事)가 뜻대로 되지 않아서 고통(苦痛)을 당하는 사람이 찾아가는 곳이 운명상담소(運命相談所)이겠기 때문이다. 잘 풀리는 사람은 바빠서 상담을 할 시간도 없고 그럴 필요도 느끼지 못하는 것이니 아무리 객관적(客觀的)으로 통계(統計)를 낸다고 하더라도 확연(確然)한 차이(差異)가 날 것은 당연하다.

사주라고 해 봐야 사간사지(四干四支)의 여덟 글자뿐이다. 이렇게 좁은 공간(空間)에서도 팔만사천(八萬四千)가지의 변화(變化)가 일어나고 있으니 신기(神奇)하다면 참으로 신기한 일이라고 해야 할 것이다. 그중에서도 沖剋으로 이루어진 사주는 탁(濁)한 경우라고 앞서 언급을 했지만 여기에서 다시 거론한다고 해도 또한 같은 이야기가 될 것이다. 결국은 혼탁(混濁)한 사주가 흉(凶)한 사주일 것은 당연한 인과관계(因果關係)이기 때문이다.

가능하면 흉(凶)한 상황을 해소(解消)할 방법(方法)을 찾아보겠지만 아무리 애를 써도 안되는 것은 안되는 것이다. 그래서 팔자의 작용(作用)은 있는 것이라고 하겠고, 이러한 사주를 갖고 태어난 인연이라면 더욱 공덕(功德)을 쌓으라고 하게 되는데 실은 쌓으려고 해도 뭐가 있어야 하지 않겠느냐는 푸념만 늘어놓게 될 가능성이 많은 것도 이해가 된다. 그러니까 결론(結論)은 아무리 노력(努力)을 해도 안되는 것도 있다는 것을 인정(認定)하고 마음이나마 편안하게 갖고서 아등바등하지 않고 여유(餘裕)로운 삶을 꾸려가라고 권하는 것이다. 그것인들 쉽겠느냐고 하겠지만 '그렇다면 생긴 대로 살아가는 수밖에 더 있겠느냐.'는 말까지는 참아야 하지 않을까 싶다.

【原文】

何知其人壽 性定元神厚
하지기인수 성정원신후

【直譯】

何知其人壽
그 사람이 장수(長壽)하게 됨을 어찌 아는가.

性定元神厚
성품(性品)은 안정(安定)되고 원신(元神)은 두텁다.

【意譯】

「하지기인수(何知其人壽)」는 '그 사람이 장수(長壽)할 수 있는지를 어찌 알겠는가?'라는 뜻이다. 수명(壽命)이 길어지기를 바라는 것이야 인간(人間) 뿐만이 아니라 지구의 모든 생명체(生命體)들도 다 원하고 바라는 것이다. 그러니 인간이야 더 말해서 무엇하겠느냐는 의미도 생각하게 된다. 그런데 그렇게 장수(長壽)하는 것도 사주에 나와 있다는 의미이니 과연 그것이 타당할 것인지에 대해서 궁리(窮理)를 해 봐야 하겠다. 왜냐하면 수명이 직접적으로 사주와 연관(聯關)이 되어 있다는 것은 시간이 흘러가면서 점점 회의심(懷疑心)을 갖게 되는 까닭이다. 왜냐하면 사주가 좋은 사람도 때론 단명(短命)을 하는가 하면, 깨어지고 망가진 사주를 갖고서도 '골골십년'이라고 하는 말이 잘 어울릴 정도로 장수(長壽)를 하는 것을 보면서 갖게 되는 상념(想念)이다.

「선정원기후(性定元神厚)」는 '성품(性品)은 안정(安定)되고 원신(元神)은 두텁다.'라는 뜻이다. 내용(內容)을 보면 두 가지의 조건(條件)을 제시(提示)하여 수명(壽命)의 장수(長壽)를 논하고 있음을 알 수가 있는데, 재미있는 것은 그 모든 것은 성품(性品)에서 기인(起因)한다는 암시(暗示)이다. 장수도 희망사항(希望事項)이기는 하지만 더 중요한 것은 건강장수(健康長壽)일 것이다. 중병(重病)으로 20년을 보낸다는 것은 그 자체만으로도 고통(苦痛)이라고 할 수 있을 것이기 때문이다. 그리고 건강(健康)하면서 장수하는 것을 사주로 논한다면 결국은 성품에 달렸다는 이야기는 타당(妥當)하다.

질병(疾病)에 대한 분류를 살펴보면 심인성(心因性)이 매우 큰 영향(影響)을 미치고 있기 때문이다. 성격에 따라서 수명이 단축(短縮)되기도 하고 늘어나기도 한다면 마음을 다스리는 것이야말로 무엇보다도 중요(重要)한 제일순위(第一順位)라고 해야 할 것이다.

그냥 읽어서는 성정(性情)일듯 싶은데 글자를 보면 정(情)이 아니라 정(定)이다. '정(定)'은 안정적(安定的)인 의미가 있다. 격렬(激烈)한 성품을 가지고 조석(朝夕)으로 변화(變化)하는 종잡을 수가 없는 마음을 갖게 되면 극심(極甚)한 스트레스를 받게 되기 쉽고 그로 인해서 수명도 짧아지게 된다는 의미로 해석이 된다. 이것은 음식물(飮食物)을 섭취(攝取)

하는 것에서도 영향을 미치게 된다. 항상 적당(的當)한 영양소(營養素)를 생각하면서 부족(不足)하거나 과다(過多)하지 않을 정도의 노력을 하는 사람은 '정(定)'이라고 할 수 있고, 상황(狀況)에 따라서 폭음(暴飮)에 폭식(暴食)을 하는 경우에는 '부정(不定)'이라고 해야 할 것이다.

혼히 놀라운 일을 당하면 '십년감수(十年減壽)했다.'고 한다. 이렇게 간단한 말 가운데에서도 수명의 의미가 어떻게 해석되는지를 이해할 수 있는 것이다. 마음이 안정(安定)된 사람은 감수(減壽)를 할 일도 없다는 이야기이니 주변(周邊)의 상황에 따라서 냄비처럼 우르르 끓어올랐다가 또 얼음처럼 싸늘하게 식어버리는 변화무쌍(變化無雙)한 마음이라면 분명히 수명에 영향을 미칠 것으로 봐야 할 것이다. 그래서 부동심(不動心)을 가지고 세상의 인간사(人間事)를 응시(凝視)하는 것이야말로 장수(長壽)의 비법(秘法)이라고 하겠다.

임철초(任鐵樵) 선생이 장수(長壽)의 사례로 제시한 사주를 보면 모두가 청아(淸雅)한 사주들이다. 이것은 평소(平素)에 마음을 어떻게 쓰고 살았을 것인지를 짐작케 하는 자료라고 하겠다. 그러나 현실적(現實的)으로는 그러한 사주를 가지고 태어난다는 것은 참으로 드문 일이다. 그야말로 맹귀우목(盲龜遇木)이라고 해야 할 정도(程度)이니, 장수의 사주를 한 마디로 한다면 청격(淸格)이라고 해도 될 것이다. 그 말은 비록 사주는 혼탁(混濁)하더라도 마음을 청고(淸高)하게 쓴다면 타고난 수명보다 더 오래도록 살면서 지혜(智慧)를 더불어 나눌 수가 있는 귀인(貴人)의 역할(役割)을 할 수도 있을 것이라는 희망(希望)의 복음(福音)도 된다. 독자는 이렇게 책을 읽는 인연으로 오래도록 마음을 평정(平靜)하게 유지(維持)하면서 즐거운 삶이기를 앙망(仰望)한다.

성정의 뒤에 있는 글은 '원기후(元氣厚)'이다. 이것은 사주에 대한 이야기이다. '성정(性定)'은 심인성(心因性)이 원인(原因)이라고 한다면, 원기후(元氣厚)는 사주성(四柱性)이 원인이라는 말이다. 그러니까 마음을 다스리는 것도 중요한 것은 사실이지만 그러기 위해서는 원국(原局)에서도 힘을 받고 있어야만 가능하지 않겠느냐는 의미가 된다. 이것이 바로 청격(淸格)의 대표적(代表的)인 구조(構造)에 대한 이야기인 까닭이다. 원기(元氣)는 무엇인가? 인성(印星)은 日干을 生하고, 인성(印星)은 다시 관살(官殺)이 生하며, 관살(官殺)은 다시 재성(財星)이 生하는 가운데 日干은 식상(食傷)을 生하는 모습이 바로 원기(元氣)가 중후(重厚)한 것이다. 그리고 세상에 그런 사주가 몇이나 되겠느냐는 생각을 하게 되지만, 여하튼 이치적(理致的)으로는 그렇다는 것을 이해하는 것도 필요하다는 의미이다. 이렇게 원류(源流)의 조건(條件)에서 봐도 아름답고, 청탁(淸濁)의 조건에서 봐도 아름다운 사주라면 이론적으로 장수(長壽)를 하게 될 가능성이 많은 것은 당연하다. 다만 실제의 상황에서는 반드시 그렇지만도 않은 것에 대해서도 생각을 할 필요는 당연히 있는 것이다. 그래서 80%만 생각하라는 말을 한다. 100%의 적중률(適中率)을 찾다가 소중한 자신의 인생을 허비(虛費)하지 말라는 조언(助言)이다.

何知其人夭 氣濁神枯了
하지기인요 기탁신고료

【直譯】

何知其人夭
그 사람이 요절(夭折)할 것을 어떻게 아는가.

氣濁神枯了
기운(氣運)은 혼탁(混濁)하고, 정신(精神)은 시들었다.

【意譯】

「하지기인요(何知其人夭)」는 '그 사람이 요절(夭折)할 것인지를 어떻게 알 수 있는가?' 라는 뜻이다. 요절(夭折)은 주어진 수명(壽命)을 다 누리지 못하고 젊어서 애석(哀惜)하게 세상을 떠나는 것을 말한다. 일반적으로는 40세 이전(以前)에 죽은 사람에게 해당한다고 할 수 있겠다. 특히 천부적(天賦的)인 재능(才能)을 갖고 태어나서 많은 사람들의 주목(注目)을 받았던 사람이 젊어서 죽었을 경우에 사용하는 말로 적절(適切)하다. 그런데 이것을 사주로 알 수가 있다는 말인가 보다. 예전에 낭월의 도반(道伴)을 집으로 데리고 갔더니 모친(母親)의 말씀이 '저 스님은 관상(觀相)을 보니 명줄이 든 곳을 못 찾겠구나!'라고 하셔서 무슨 뜻인가 했는데 느낌으로도 단명지상 (短命之象)을 알 수가 있는가 보다. 그렇다면 사주를 통해서도 나름대로의 해석은 할 수도 있겠다는 생각도 들기는 하지만 문 제는 사주나 관상이 그렇다고 하더라도 실제로 단명(短命)하고 요절(夭折)할 것인지에 대해서는 또한 의문(疑問)이 가득하다. 그래서 그냥 하나의 공식적(公式的)인 기준(基準)이라고만 해 두는 것을 원칙(原則)으로 삼는다.

「기탁신고료(氣濁神枯了)」는 '기운(氣運)은 혼탁(混濁)하고, 정신(精神)은 시들었다.'는 뜻이다. 글자 다섯 개를 모아 놓았을 뿐인데 그 느낌은 사뭇 침울(沈鬱)하다. 왠지 희망(希望)이 보이지 않는 느낌이다. 이런 분위기라면 과연 요절(夭折)하게 될 가능성도 있다고 해야 할 것만 같은 모습이다. '기탁(氣濁)'은 탁기(濁氣)와 같은 말이니, 탁기는 '탁한 기운'이고, 기탁은 '기운이 탁하다.'는 정도의 차이일 뿐이다. 이미 「청탁(淸濁)」편에서 충분(充分)히 이에 대한 이야기를 했기 때문에 추가(追加)로 언급하지 않아도 될 내용이기도 하다. '신고료(神枯了)'는 정신(精神)이 고목(枯木)처럼 말라버려서 생동감(生動感)이 없다는 의미이다.

바싹 메말라 버린 정신에서 활기(活氣)를 찾기는 어려울 것이니 이러한 사주는 어떤 형상(形狀)인가? 대표적(代表的)인 것으로는 단절(斷絶)과 沖剋이 되어 있을 경우에 해당한다. 유장(悠長)하고 생성(生成)되는 것을 신정(神精)이라고 할 수가 있으니 장수(長壽)의 원인(原因)이라고 한다면, 사주가 탁기 (濁氣)로 가득하여 혼란(混亂)스럽다면 신고(神枯)라고 할 수 있을 것이니 수명도 보장(保障)하기 어려운 것으로 풀이하게 된다. 그러나 수명에 대해서 논하는 것이 과연 자평명리학의 논리로써 타당한 것인지에 대해서는 다시 생각을 해 봐야 할 것이다. 왜냐하면 사주의 영역(領域) 밖에 있는 것을 끌어 들여서 어떻게 해 보겠다는 억지(抑止)가 보이는 까닭이다. 이에 대해서 낭월의 의견을 조금 첨부한다.

■ 사주(四柱)와 수명(壽命)의 관계(關係)

최소한(最小限)으로 생각을 하더라도 청탁(淸濁)이 어떤 형태로든 간에 수명에 영향(影響)을 미칠 수는 있을 것으로 봐야 할 것이다. 그러나 영향을 미치는 것은 절대적(絕對的)으로 작용(作用)하는 것과는 사뭇 다르다는 것을 생각해야 할 것으로 본다. 왜냐하면 세상을 살아오면서 주변에서는 오래 사는 사람도 만나고 일찍 죽는 사람도 만나게 되는데, 그들의 사주를 들여다보면서 어떤 연관성(聯關性)을 찾아보려고 했지만 확률(確率)은 50%이다. 그러니까 '혹 맞기도 하고, 혹 틀리기도 한다.'는 정도이다. 이것으로 어떤 논리의 기준을 삼기에는 무리(無理)가 따르겠다는 것으로 결론(結論)을 내리게 되는 이유(理由)이다.

일반적(一般的)으로 사주를 이해하고 있는 경우 "운이 나쁘면 고생하고, 더 극심(極甚)하게 나쁘면 사망(死亡)한다."는 논조(論調)이다. 그러나 이것도 반드시 일치하는 것이 아님을 현장(現場)에서 임상(臨床)하고 있는 학자(學者)라면 능히 알고 있는 내용일 것이다. 그러니까 주장(主張)하는 의미로만 본다면 운(運)의 영향(影響)에 따라서 생사(生死)를 가름한다는 의미(意味)로 이해가 된다. 그러나 실제로 나타나는 상황(狀況)을 접하게 되면 그것도 아니라는 생각으로 고개를 가로 젓게 된다. 수명이 사주와 절대적(絶對的)인 관계(關係)도 없고, 운의 길흉(吉凶)과도 직접적(直接的)인 관계가 없다면 도대체 이것은 어떻게 이해하고 판단(判斷)해야 할 것인가?

세상에 존재(存在)하는 모든 운명학(運命學)은 수명(壽命)을 논하지 않는 것이 옳다고 보는 견해(見解)로 정리하는 낭월이다. 물론 견문(見聞)이 부족(不足)한 소치(所致)에 의해서 단견(短見)을 가지고 있을 수도 있다는 것을 전제(前提)해야 할 것이기는 하다. 그만큼 단정(斷定)을 하기는 어렵다는 조심성으로 인해서이다. 그러나 내심(內心)으로는 거의 확정적(確定的)인 결론(結論)을 얻었다. 다만 독자의 생각과 같거나 다를 수가 있다는 점을 생각할 뿐이다. 그렇다면 어째서 자평법으로 수명을 논하는 것이 이치적으로 타당하지 않은지에 대한 의견(意見)을 제시(提示)한다. 먼저 물어야 할 것이 있다. 여기에 대해서 독자가 동의를 해 줄 것이라고 생각하면서.

"사주가 먼저인가 생명이 먼저인가?"

답(答)은 당연히 생명이 먼저라고 해야 할 것이다. 왜냐하면 생명이 잉태(孕胎)되고 나서 출산(出産)의 과정(過程)을 거친 다음에 비로소 사주가 주어지는 까닭이다. 물론 정신적(精神的)인 주체를 말하는 것이 아니라 육체적(肉體的)인 존재(存

在)를 말하는 것이다. 그러므로 사주를 통해서 생명을 판단할 수가 없다는 전제(前提)를 하나 마련하게 된다. 여기에 대해서 동의(同意)가 필요하다. 왜냐하면 이것을 부정(否定)하게 된다면 우리의 이야기는 겉돌고 말 것이기 때문이다. 여기에 대해서 동의를 한다면 다음 단계로 임종(臨終)에 대해서도 생각을 해 볼 수가 있다. 죽음의 순간(瞬間)에는 사주는 의미가 없다. 생명(生命)을 유지(維持)하다가 마지막으로 최후(最後)의 호흡(呼吸)을 내 쉬는 순간을 말하는 것이다. 왜냐하면 그 숨을 다시 들이쉬게 된다면 아직 죽음이 아닌 까닭이다.

그렇게 마지막 숨을 쉬게 될 적에 사주는 의미가 없어지는 것이다. 그러니까 생명이 잉태되어 뱃속에서 열 달을 자라고 있는 동안에도 사주는 없었고, 생명을 마무리하게 되는 단계에서도 사주는 의미가 없다. 왜냐하면 그 상황을 사주로 설명을 할 방법이 없기 때문이다.

여기에서 사주란 무엇인지를 생각해 봐야 할 순간이기도 하다. 살아가면서 의식(意識)의 활동(活動)이 원활(圓滑)하고 신체적(身體的)으로 활동도 순조(順調)롭게 될 경우에는 존재한다고 해도 될 것이다. 한 예로 식물인간(植物人間)을 떠올려 볼 수가 있다. 식물의 상태로 자리를 지키고 있는 사람에게 운이 좋다고 하면 그것이 무슨 의미일까? 자리를 털고 일어난다는 의미라도 된다면 좋겠지만 그렇지도 못할 상황이라면 사주이니 용신이니 하는 말이 모두 공허(空虛)한 메아리일 뿐인 것이다.

하물며 임종(臨終)을 바라보면서 거친 숨을 몰아쉬고 있을 상황에서 사주는 무슨 의미가 있는가를 생각해 보는 것이다.

그러나 이러한 상황에서도 아직은 수명이 붙어 있다는 것을 인정(認定)해야 한다. 그렇게 되었을 적에 사주는 태어난 이후부터 수명을 거두기 전까지만 작용하는 것으로 정의(定義)를 할수가 있을 것이다. 이것이 낭월의 소견(所見)이다. 겸해서 비명횡사(非命橫死)에 대해서도 잠시(暫時) 생각을 해 봐야 할시점(時點)이다. 독자들이 궁금해 하는 것이기도 하다.

대형참사(大型慘事)는 사주와는 무관하다. 대형참사에서 수백 명씩 동시(同時)에 사망(死亡)하게 되는 경우의 운명론(運命論)에 대해서 질문(質問)을 하고 싶은 독자에게 드리는 말씀이다. 그들은 모두 죽을 운명이었겠느냐는 것이다. 여기에 대해서 이미 답은 질문 속에 나와 있다는 것만 알려 주면 해결될 일이지만 이것도 복잡(複雜)하게 논의(論議)한다면 점점 미궁(迷宮)으로 빠져들 뿐이다. 질문 속에 답이 있다는 것은 "비명횡사를 하는 사람도 사주에 나와 있나요?"라는 질문을 의미한다. 무엇을 일러서 비명횡사라고 하는가? 항공기(航空機)나 선박(船泊)을 이용하다가 불의(不意)의 사고(事故)를 당하는 경우를 말한다. 자동차(自動車)로 이동(移動)하다가도 졸지(猝地)에 사고사(事故死)를 당하기도 한다. 이러한 것을 묶어서 '비명횡사(非命橫死)'라고 한다. 그래서 비명횡사의 의미를 헤아리면 또한 답은 그 안에서 얻게 되는 것이다.

비명(非命)이란 '운명(運命)이 아니다.'라는 뜻이다. 그 말은 '죽을 운명이 아니다.'라는 의미가 된다. 그리고 횡사(橫死)는 '갑작스러운 죽음'을 의미한다. 만약에 그냥 횡사라고만 한다면 명리(命理)가 그 안에 작용한다고 생각을 할 수도 있을 것이다. 그런데 놀랍게도 앞에다가 비명을 붙여 놓았다.

아마 오래 전부터도 고인(古人)들이 이점에 대해서 많이도 고민(苦悶)하고 궁리(窮理)했을 것이라는 짐작이 되는 호칭(呼稱)이기도 하다. 오죽 연구를 하다가 답을 못 찾았으면 이렇게 이름을 붙였겠느냐는 말이다. 물론 나름대로 총명한 학자는 그러한 것조차도 다 알 수가 있다고 생각할 수도 있을 것이다. 그러나 낭월의 짧은 안목(眼目)으로는 죽음에 대한 논리를 자평법에서 찾는 것은 괜한 시간낭비(時間浪費)라는 것으로 결론(結論)을 내렸으며 자평법 뿐만이 아니라 지구(地球)의 어떤 학문(學問)으로도 접근불가(接近)할 것이라는 생각까지도 하고 있으니 현명한 철학자(哲學者)의 큰 가르침을 고대(苦待)한다.

6. 女命章(여명장)

論夫論子要安詳 氣靜平和婦道章
三奇二德虛好語 咸池驛馬半推詳

【直譯】

女命章
여인(女人)의 운명(運命)을 논하는 장(章)

【意譯】

「여명장(女命章)」은 '여인(女人)의 명조(命造)를 논하는 장(章)'이라는 뜻이다. 여인이라고 해서 특별할 것은 없지만 아마도 오늘날에 경도(京圖) 선생이 살아 있었더라면 이러한 장(章)을 넣지는 않았을 것이라는 생각도 짐작해 본다. 보통은 남자를 위주(爲主)로 감명(鑑命)하면서 여인은 기왕지사(旣往之事) 보는 김에 덤으로 슬쩍 봐주는 것 같은 느낌의 그 이상(以上)도 이하(以下)도 아닌 것 같다.

【原文】

論夫論子要安詳 氣靜平和婦道章
三奇二德虛好語 咸池驛馬半推詳
논부론자요안상 기정평화부도장
삼기이덕허호어 함지역마반추상

【直譯】

論夫論子要安詳
지아비나 자녀를 논함에는
안정(安靜)되고 차분함을 요(要)한다.

氣靜平和婦道章
기운이 안정(安靜)되고 평화(平和)로우면
지어미가 해야 할 일을 잘 하게 된다.

三奇二德虛好語
삼기(三奇)나 이덕(二德)은
허황(虛荒)하여 의미 없는 말일 뿐이고

咸池驛馬半推詳
함지(咸池)나 역마(驛馬)는 약간 참고(參考)해 보던가.

【意譯】

「논부논자요안상(論夫論子要安詳)」은 '지아비나 자녀를 논함에는 안정(安靜)되고 차분함을 요(要)한다.' 는 뜻이다. 남편에 대해서만 논해도 몇 줄은 될 것이고, 자녀에 대해서만 논하더라도 또한 몇 줄은 써야 할 텐데 이렇게 칠언절구(七言節句)로 뭉뚱그려서 해결(解決)을 하게 되니 참 가치(價値)가 없어 보이기도 한다. 여인은 모름지기 안정되어서 집안을 잘 돌봐야 하고 아이를 잘 양육(養育)해야 하므로 자상(仔詳)해야 할 필요(必要)도 있었을 것이다. 물론 여인의 이러한 가치(價値)는 세월이 흘러도 감소(減少)하지 않는다. 사회학자(社會學者)나 여권운동가(女權運動家)의 눈으로 본다면 동의(同意)하기 어려울지 몰라도 일반적(一般的)인 정서(情緒)로 본다면 크게 달라지지 않았음을 생각할 수 있다.

다만 현대(現代)의 시각(視覺)으로 본다면 공감(共感)을 할 여인들이 별로 없지 싶다. 왜냐하면 남녀가 모두 같은 교육(敎育)을 받은 입장이니 자신도 아이들만 아니면 밖에서 활동을 하고자 하는 열망(熱望)이 더 많을 것이기 때문이다. 이것은 결혼적령기(結婚適齡期)가 점점 늦어지는 것만 봐도 알 수가 있다. 결혼(結婚)이 여인에게 있어서 최대의 목표였다면 학교(學校)를 졸업하자마자 바로 결혼 상대를 찾을 것이다.

그런데 현실적으로는 결혼에 대한 매력(魅力)이 점점 감소(減少)하고 있다. 그보다는 자아실현(自我實現)의 목표(目標)가 뚜렷해짐으로 인해서 한 남자[그것도 크게 존경(尊敬)스러운 대상(對象)도 아닌]에게만 매여서 자신의 꿈을 포기(抛棄)

해야 한다는 것에 대해서 쉽게 받아들이려고 하지 않는 것이 또한 고등교육(高等敎育)을 받은 여성(女性)들이 갖게 되는 일반적인 생각이기도 하다.

심지어(甚至於) 사회적으로 활동을 할 능력(能力)이 되지 않으니까 집에서 애나 키우고 산다는 선입견(先入見)까지 포함(包含)되어 있으니 이러한 현상(現象)들이 점점 결혼을 망설이거나 뒤로 미루게 되는 결과(結果)를 가져오게 되는 것이고, 그로 인해서 노산(老産)이 늘어나고 아예 아이가 없이 살아가려는 생각조차도 가지고 있으니 모정(母情)이라는 말은 이제 점점 그 가치(價値)를 잃어가고 있는 것인가 싶기도 하다. 그도 그럴 것이 아이를 갖게 되면 경쟁적(競爭的)인 사회(社會)에서 자꾸만 뒤로 밀릴 수밖에 없는 현실(現實)을 잘 알고 있기 때문이다.

「기정화평부도장(氣靜平和婦道章)」은 '기운(氣運)이 정숙(靜肅)하여 안정(安靜)되고 평화(平和)로우면 지어미가 할 일을 잘 수행하게 된다.'는 뜻이다. 아마도 1천여 년 전에는 이것은 일말(一抹)의 의심(疑心)도 할 것 없이 옳았을 것이다. 하긴 고분고분하게 순종을 해도 언제 소박(疏薄)을 당할지 모르는 판국(版局)에, 뻣뻣하고 고집(固執)스럽다면 누가 그 꼴을 보려고 했겠느냐는 생각도 했을 것은 당연(當然)하다. 그리고 이러한 현상(現象)은 지금이라고 해서 무조건적(無條件的)으로 거부반응(拒否反應)을 보일 필요는 없다. 왜냐하면 오늘날에도 현명(賢明)한 아내가 되어서 자녀를 잘 가르치면서 남편의 뒷바라지를 잘 하는 것으로 자신의 역할(役割)을 충실(充

實)하게 완수(完遂)하는 여인도 아름답기는 매한가지인 까닭이다. 그래서 옛날이나 지금이나 근본적(根本的)인 환경(環境)은 크게 달라지지 않았으므로 유순(柔順)한 여인의 아름다움이 활동적(活動的)인 여성보다 못하다는 관념(觀念)을 일반화(一般化)시킬 필요는 없는 것이다.

특히 음양관(陰陽觀)의 시각(視覺)이라고 한다면 당연히 여성은 음(陰)이므로 집안에서 가정(家庭)을 돌보고 남성(男性)은 양(陽)이므로 밖에서 활동(活動)하는 것이 자연(自然)스럽기도 하다. 그래서 저마다의 관점(觀點)에 의한 차이(差異)로 인해서 자유로운 생활이 가능해졌다는 것만 추가(追加)하고 기본형(基本形)은 그대로 유지(維持)하는 것으로 이해한다고 해도 무리(無理)는 없을 것이다.

기실(其實)은 많은 여성들이 사회활동(社會活動)을 한다면서도 현실(現實)은 격무(激務)에 시달리면서 힘들어 하거나 상사(上司)와의 갈등(葛藤)을 생각한다면 역시 고법(古法)이 옳았다는 생각도 할 수 있겠다. 특히 밖에서 일을 하면서 만나게 되는 남자들로 인해서 성적(性的)인 차별(差別)과 멸시(蔑視)를 당하여 상처(傷處)를 받거나, 성추행(性醜行)을 당하여 고통(苦痛)스러워 하는 것도 이 시대의 산물(産物)이며 나아가서는 폭행(暴行)과 불륜(不倫)으로 인한 고통도 또한 함께 생각해야 할 어두운 면이기도 하다.

이러한 관점(觀點)으로 본다면 여전히 '기정화평(氣靜平和)'의 의미는 생기(生氣)를 띠고 있다고 해도 되겠으니 이것이 가장 자연스러운 천연(天然)의 이치(理致)인 까닭이다. '맞벌이시대'라는 명제(命題)를 어떻게 풀어야 할 것인지에 대해서는 또 다른 고민(苦悶)을 해 봐야 하겠지만 남들처럼 살아보 겠다고 하는 경쟁심(競爭心)으로 인해서 허둥대지만 않는다면 훨씬 더 많은 여인들은 오늘을 행복(幸福)하게 보낼 수도 있을 것이라는 생각을 해 본다.

다만 그렇게 해서는 도저히 생활의 유지(維持)가 되지 않아 서 어쩔 수 없이 벌어야 한다면 아무래도 경쟁(競爭)에서 뒤쳐 질 가능성이 있다고 하는 점에서는 아쉬움이 될 것이다. 결국 은 많이 벌어다 주는 남편을 만나서 경제적(經濟的)인 면에서 구애(拘礙)를 받지 않고 가정(家庭)에만 충실(充實)할 수가 있다면 그것만으로도 '부도장(婦道章)'이라고 할 수 있을 것 이니 삶의 전선(戰線)에서 힘들게 밖으로 뛰어다니는 여성을 안쓰러운 눈으로 바라 볼 수도 있을 것이다.

「삼기이덕허호어(三奇二德虛好語)」는 '삼기(三奇)나 이덕 (二德)은 허황(虛荒)된 말인 줄을 알라.'는 뜻이다. 자료(資 料)를 찾아보면 삼기(三奇)도 여러 가지의 종류(種類)가 있 다. 천상삼기(天上三奇), 지하삼기(地下三奇), 인중삼기(人中 三奇)도 나오고, 재성(財星)과 관성(官星)과 인성(印星)을 삼 기라고도 하니 그중에 어느 것을 의미(意味)하는 것인지는 명 료(明瞭)하지 않으나, 최소한(最小限) 재관인(財官印)의 삼기 는 아닐 것으로 봐도 되지 싶다. 왜냐하면 재관인이 있는 것을 '웃기는 소리'라고 할 까닭은 전혀 없기 때문이다. 결국(結局) 은 신살류(神殺類)를 말하는 것일 테니 일고(一顧)의 가치(價 値)도 없다는 것으로 의미가 충분(充分)히 전달(傳達)된다. 이 덕(二德)은 또 무엇인가? 보통은 천덕(天德)과 월덕(月德)을 말한다. 물론 이것도 신살(神殺)의 부류(部類)이다. 그냥 무시(無視)하라는 이야기로 못을 박으니 또한 경도(京圖) 선생의 통찰력(統察力)이라고 하겠다. 실무적(實務的)으로 임상(臨床)을 해 본 결과(結果)에 의해서 나온 확신(確信)일 것이기 때문이다.

「함지역마반추상(咸池驛馬半推詳)」은 '함지(咸池)나 역마(驛馬)는 조금 참고(參考)해 보던가.'라는 뜻이다. 함지(咸池)는 '함지살(咸池殺)'이라고도 하고 '도화살(桃花殺)'이라고도 하니 여성에게 적용시킬 적에는 음란(淫亂)의 느낌이 많이 있는 분위기이다. 그래서 여성(女性)에게 도화살(桃花殺)이 있으면 꺼렸는데 이것도 별로 신경을 쓸 것이 없다는 이야기이다. 참고(參考)하거나 말거나 상관(相關)이 없음을 의미(意味)한다. 그럼에도 불구하고 여전히 이러한 것이 중요하다고 생각하고 상담을 할 적에 반드시 거론(擧論)하는 경우(境遇)도 있으니 또한 습관(習慣)의 전승(傳承)이 얼마나 끈질긴 것인지도 생각해 본다.

역마(驛馬)는 '역마살(驛馬殺)'이다. 역마살은 관청에서 관리(官吏)들이 이동(移動)하는 수단(手段)으로 사용하는 말인데 지금은 관용차(官用車)로 보면 되겠고, 비슷한 유형(類型)으로는 택시를 생각해도 무방할 것이다. 여하튼 끊임없이 돌아다닌다는 것이 주요(主要) 핵심(核心)이다. 사주에 역마살(驛馬殺)이 있으면 정처(定處)없이 떠돌아다니게 되는데 하물며 가정을 지켜야 할 여인에게 이러한 것이 있다면 얼마나 불안할 것인지를 생각해 보면 과연 예전에는 많이 꺼렸을 법도 하다. 그러한 것을 경도(京圖) 선생은 단칼에 잘라버리고 중요하지 않은 것이라고 했으니 당시로 봐서는 참으로 파격적(破格的)이었을 것이다. 요즘도 이러한 말을 한다면 웬만한 사람들은 뭔 소리를 하느냐고 할 수도 있을 것이기 때문이다. 결론(結論)은 여명(女命)에서도 신살(神殺)을 적용(適用)시켜서 이러쿵저러쿵 하지 말라는 이야기이다. 그리고 여기에 대해서는 당연히 낭월도 전적(全的)으로 동감(同感)이다.

항간(巷間)에는 '팔자가 세다.'는 말이 있는데 이것이 바로 함지(咸池)와 역마(驛馬)가 있는 여인(女人)을 놓고 하는 말이라고 해도 과언(誇言)이 아니다. 불안정(不安定)하고 떠돌아 다녀야 하는 유랑(流浪)의 인생(人生)을 두고 하는 말이라고 봐도 되겠기 때문이다. 그러니까 요즘 세상에서도 안정된 생활을 하면서 가정적(家庭的)으로 부도(婦道)를 따르는 여인이 나쁠 이유는 전혀 없다고 해도 될 것이다. 아무리 남녀평등(男女平等)이라고 해도 여성은 아이를 키우면서 집안 청소도 하면서 사회생활(社會生活)을 한다는 것이 결코 행복(幸福)한 삶이라고만 하기는 그 책임(責任)이 너무 과중(過重)하다는 것을 모두 잘 알고 있음이다. 그러므로 요즘의 팔자가 센 여인은 밖에서 바쁘게 활동해야 하는 상황도 해당(該當)한다는 것으로 정리를 할 수가 있겠다.

임철초(任鐵樵) 선생은 여명(女命)에 대한 것을 주제(主題)로 하여 다양(多樣)한 상황(狀況)을 놓고 설명하고 있다. 처음에는 대단히 깊은 내용일 것이라고 생각해서 궁리하고 또 적용도 해 보면서 적지 않은 시간을 보냈으나, 점차(漸次)로 다 믿을 것은 없고 그냥 참고만 하면 된다는 정도로 의미가 희석(稀

釋)되어 버렸다. 무슨 내용인지 관심(關心)이 있는 독자는 관련 자료를 찾아서 살펴볼 수도 있겠지만 사실은 들여다봐도 일관성(一貫性)이 없어서 혼란(混亂)만 발생(發生)할 수가 있음을 미리 예고(豫告)하는 바이다. 물론 모든 것이 다 쓸데없다는 것은 아니다. 다만 얼른 보면 그럴싸하지만 자세히 뜯어보고 이것을 실제로 적용하려고 하면 오히려 자기의 발에 걸려서 넘어지는 오류(誤謬)가 일어날까 두려우니 오히려 가볍게 보아 넘기는 것을 권한다. 물론 읽어보지 않아도 아무런 문제가 없을 것임을 강조(强調)하고자 하는 의미이기도 하다.

7. 小兒(소아)

論財論殺論精神 四柱和平易養成
氣勢攸長無斷喪 殺關雖有不傷身

【直譯】

小兒
어린 아이

【意譯】

「소아(小兒)」는 '12세 미만의 어린 아이'이다. 6세 이전에
는 유아(乳兒)라고도 한다. 이렇게 어린 아이에 대해서 별도
(別途)의 장을 마련했다는 것도 이채(異彩)롭다. 어린 아이는
오죽하면 이름을 천박(淺薄)하게 지으면 오래도록 생존(生存)
을 할 수 있다고 생각하여 '개똥이'나 '쇠똥이'라고 할 정도였
다. 이것도 각종 전염병(傳染病)이 해결되지 않았던 예전에는
크나큰 숙제였을 것은 틀림없는 일이었을 것이다.

論財論殺論精神 四柱和平易養成
氣勢攸長無觝喪 殺關雖有不傷身
논재논살논정신 사주화평이양성
기세유장무착상 살관수유불상신

【直譯】

論財論殺論精神
재(財)와 살(殺)과 정신(精神)을 논하지만

四柱和平易養成
사주(四柱)가 평화(平和)로우면 키우기 쉽다.

氣勢攸長無觝喪
기세(氣勢)가 유장(悠長)하고 충극(沖剋)이 없으면

殺關雖有不傷身
신살(神殺)이 있다고 한들 몸을 상(傷)하게 하지 못한다.

【意譯】

「논재논살논정신(論財論殺論精神)」은 '재(財)·살(殺)·정신(精神)에 대해서 논한다.'는 뜻이다. 왜 재성(財星)을 논하는가? 그것은 아마도 재성이 많으면 아이를 기르기 어렵다는 의미를 부여(附與)하기 위해서라고 하겠다. 왜냐하면 수명(壽命)은 인성(印星)으로 보기도 하는데 재성이 많으면 인성이 손상(損傷)을 받을 것은 자명(自明)한 일이고 그로 인해서 아이를 기르는데 어려움이 있을 가능성을 논하는 것이니 일리가 있다고 하겠다. 또 칠살(七殺)을 논하는 것은 日干이 공격(攻擊)을 받게 되는 까닭이다.

인성(印星)은 수원(壽源)이라고도 했으니 밥으로 볼 수도 있겠는데 재극인(財剋印)을 하게 되면 밥을 먹는데 어려움이 발생할 수가 있고, 칠살(七殺)은 日干의 정신(精神)을 공격하니 또한 고통을 당할 수가 있어서 주의(注意)하라는 이야기를 할 수 있는 것이다. 그리고 정신(精神)을 논하는 것도 정신이 올바르면 부모(父母)의 뜻에 순종(順從)할 것이므로 위험(危險)한 지경(地境)에 처하는 것을 방지(防止)할 수가 있으니 잘 살펴야 한다. 이렇게 세 가지의 상황을 잘 살펴야 한다는 의미는 일리(一理)가 있으니 참고하여 판단한다.

「사주화평이양성(四柱和平易養成)」은 '사주(四柱)가 평화(平和)로우면 키우기 쉽다.'라는 뜻이다. 중국에서는 화평(和平)이라고 하고 우리는 평화(平和)라고 하지만 뜻은 같다. 이것은 마치 남한에서는 상호(相互)라고 하고 북한에서는 호상(互相)이라고 하는 것과 같다. 그 의미는 당연히 沖剋이 없고 흐름이 원만(圓滿)해서 청기(淸氣)가 감도는 사주임을 말하는 것은 두말할 필요도 없다. 그렇게 되면 키우기에도 쉬울 것이고 순탄(順坦)하게 성장(成長)을 해 줄 것이니 참으로 다행

(多幸)스럽다고 하겠다. 여기에 대해서 더 설명하면 다시 청탁론(淸濁論)을 전개(展開)해야 할 것이니 이쯤에서 줄인다.

「기세유장무착상(氣勢攸長無斵喪)」은 '기세(氣勢)가 길게 이어지고 沖剋이 없다.'는 것을 뜻한다. 기세(氣勢)는 기운(氣運)의 세력(勢力)이 되고 유장(攸長)하다는 것은 生하고 또 生해서 단절(斷絶)이 없다는 것을 의미한다. 착(斵)은 깎아내는 것을 의미하니 재극인(財剋印)을 생각해도 될 것이고, 상(喪)은 극제(剋制)를 말하는 것으로 살극아(殺剋我)로 보아도 될 것이다. 사주에 이러한 장애가 없다면 어린 아이라도 키우기에 어려움이 적다는 뜻이다.

「살관수유불상신(殺關雖有不傷身)」은 '신살(神殺)이 있다고 한들 몸을 해치지는 못한다.'는 뜻이다. 살관(殺關)은 다른 말로 '소아관살(小兒關殺)'이라고도 하는데, 해당 항목을 보면 참으로 많은 신살(神殺)들의 명칭(名稱)이 나열되어 있다. 사주관살(四柱關殺), 사계관살(四季關殺), 장군전(將軍箭), 염왕관살(閻王關殺), 급각관살(急脚關殺), 기패관살(基敗關殺), 백일관살(百日關殺), 단교관살(斷橋關殺), 무정관살(無情關殺), 욕분관살(浴盆關殺), 수화관살(水火關殺), 심수관살(深水關殺), 금쇄관살(金鎖關殺), 야제관살(夜啼關殺) 화상관살(和尙關殺) 등의 이름을 가진 관문(關門)이 있어서 아이들을 못살게 군다는 이야기이다. 이렇게 아무짝에도 쓸모없는 관살(關殺)들의 명칭(名稱)을 나열(羅列)하는 것이 헛된 일이기는 하지만 그 이름들에서 풍기는 느낌이라도 전달(傳達)하고 싶은 것이니 너무 나무라지 말기를 바란다. 이렇게 많은 관살은 아기를 키우는데 장애물(障碍物)이 될 것이고, 사주에 이러한 것이 있으면 주의(注意)하라는 조언(助言)도 할 것이지만 중요한 것은 이러한 것이 신체(身體)를 손상(損傷)시키지는 못한다는 것이 경도(京圖) 선생의 설법(說法)이다. 그리고 이러한 판단(判斷)에 박수(拍手)를 보내는 낭월이다.

하편(下篇)의 이름이 육친론(六親論)이라고 하면 여기에서 끝이 나야 한다. 그런데 어쩐 일인지 뒤로도 계속(繼續)해서 육친(肉親)과는 무관(無關)해 보이는 내용들이 이어지고 있다. 실로 이후에 이어지는 대목에서부터는 '일고(一顧)의 가치(價値)도 없다.'고 하여 풀이도 하지 않은 반자단(潘子端) 선생의 기분도 알 것 같다. 앞에서 한 이야기를 다시 중언부언(重言復言)한다는 호통과 함께 원래《滴天髓(적천수)》에 이러한 구절(句節)이 있었을 것이라는 생각조차도 하지 않는 것으로 보인다.

《滴天髓(적천수)》의 깊은 뜻은 여명장(女命章)을 거쳐서 소아장(小兒章)에서 모두 다 드러났다. 이후로 붙어 있는 모든 항목은 연구하고 궁리(窮理)할 가치도 없기 때문이다. 다만 원문(原文)만 그냥 두는 것은 비교하여 살펴보기라도 하라는 뜻일 뿐.'이라고 했으니 낭월도 이 대목에서 감탄(感歎)을 했다. 왜냐하면 그렇게도 속을 썩이던 「종상(從象)」, 「화상(化象)」, 「가종(假從)」, 「가화(假化)」에 대한 일체의 내용들을 쓸데없는 것으로 처리해 버린 것이 너무도 속 시원했던 까닭이다.

물론 「질병(疾病)」편에 대한 평가(評價)도 매우 냉혹(冷酷)

했고, 그것이 또한 옳다는 것에 대해서도 동조(同調)한다. 그래서 낭월도 재덕(才德)의 이후로는 풀이를 할 흥미(興味)가 반감(半減)되는 것은 어쩔 수가 없지만 그럼에도 불구하고 풀이를 하는 것은 또한 이것도 인연인 까닭이다. 즉 원래(原來)의 경도(京圖) 선생이 쓴 것이든 후에 누군가에 의해서 가필(加筆)이 된 것이든 간에 이것이 《滴天髓(적천수)》에 붙어 있다는 것이다.

마치 《장자(莊子)》의 「내편(內篇)」만이 장자의 글에 가깝고, 「외편(外篇)」과 「잡편(雜篇)」은 장자가 지은 것이 아니라는 판명(判明)이 났음에도 불구하고 그냥 장자(莊子)에 포함(包含)시켜서 유전(流傳)되는 것과 같다고 하겠다. 물론 역자(譯者)의 견해(見解)에 따라서 「내편(內篇)」만 풀이하기도 하고, 전체(全體)를 다 풀이할 수도 있듯이, 낭월은 《滴天髓(적천수)》의 전체를 다 풀이하는 방향(方向)으로 가닥을 잡았다. 왜냐하면 비록 본질적(本質的)으로는 군더더기에 해당(該當)할지라도 그중에서도 음미(吟味)를 해볼 만한 내용(內容)이 전혀 없겠느냐는 희망(希望)도 포함되어 있는 까닭이다. 그리고 한두 마디에 불과(不過)하더라도 또한 고인(古人)의 가르침인 것은 분명(分明)하기에 이런 줄을 알면서도 의미(意味)를 풀이하는 것에 대해서 약간의 수고(受苦)하는 것을 아끼지 않는 것이다.

8. 才德(재덕)

德勝才者 局全君子之風
才勝德者 用顯多能之象

【直譯】

才德
재능(才能)과 덕성(德性)

【意譯】

「재덕(才德)」은 '재능(才能)과 덕성(德性)'을 뜻한다. 원국
(原局)의 바탕이 순수(純粹)한 모습에서 덕성(德性)을 찾고
용신(用神)이 활발한 모습에서 능력(能力)을 본다. 옛 사람들
은 재(才)는 기능으로 봐서 낮게 평가하고, 덕(德)은 풍모로
봐서 높게 평가를 한 경향이 있으며 내용에서도 이러한 당시의
정서가 포함되어 있다.

德勝才者 局全君子之風
才勝德者 用顯多能之象
덕승재자 국전군자지풍
재승덕자 용현다능지상

【直譯】

德勝才者
덕성(德性)이 재능(才能)을 이기는 자는

局全君子之風
원국(原局)에 군자(君子)의 풍모(風貌)가 가득하고

才勝德者
재능(才能)이 덕성(德性)보다 뛰어난 자는

用顯多能之象
다양한 재능(才能)을 갖고 있는 모습으로 나타난다.

【意譯】

「덕승재자(德勝才者)」는 '덕성(德性)이 재능(才能)을 이기는자'의 뜻이다. 덕(德)과 재(才)의 차이(差異)에 대해서 해석

(解釋)을 어떻게 하느냐는 점이 이 대목의 관건(關鍵)이다. 덕성(德性)은 청귀(淸貴)한 느낌에서 찾고 재능(才能)은 탁강(濁强)한 느낌에서 찾는 것으로 이해를 할 수 있겠는데 이것이 최선(最善)의 대입(代入)인지는 확실하지 않다. 그만큼 표현(表現)이 애매(曖昧)하다는 것을 의미하기도 한다.

「국전군자지풍(局全君子之風)」은 '원국(原局)에 군자(君子)의 풍모(風貌)가 가득하다.'는 뜻이다. 뜻은 알겠는데 그야말로 뜬구름을 잡는 듯한 이야기라는 느낌을 지울 수가 없다. 말하자면, 멋은 있는데 실속은 없는 느낌이다. "그래서? 뭘 어쩌란 말인가? 학문(學問)으로 장난 치냐?"라는 느낌이 드는 것도 어쩔 수가 없다. 독자도 이러한 느낌이 들었다면 낭월의 마음과 반자단(潘子端) 선생의 마음을 함께 공유(共有)한 것이라고 해도 되지 싶다.

원국(原局)이 완전(完全)하다는 것은 무슨 뜻인가? 연주상생(連珠相生)으로 이어지거나, 하다못해 관인상생(官印相生)으로 갖추어지는 것을 의미한다면 군자의 풍모(風貌)가 느껴진다고 해도 될 것이다. 왜냐하면 관성(官星)은 이타적(利他的)이고 인성(印星)은 수용적(受容的)인 까닭에 이 정도의 구조일 경우에 해당하는 뜻이기 때문이다. 근데 이미 앞에서부터 이에 대해서 여러 차례 언급을 했다는 것이다. 그러니까 다시 새삼스럽게 왜 재론(再論)하냐는 이야기이다. 괜한 이야기를 하고 있다는 것에 대해서 반자단(潘子端) 선생은 짜증이 났던 것이다. 그리고 낭월은 그것을 이해하겠다는 것이고, 독자도 공감을 했으면 하는 바램이기도 하다.

「재승덕자(才勝德者)」는 '재능(才能)이 덕성(德性)보다 뛰어나다.'는 뜻이다. 관인(官印)은 덕성(德性)으로 통(通)하고 식재(食財)는 재능(才能)으로 통한다. 재(財)는 재물(財物)을 의미하니 재능을 발휘해서 결과를 취득(取得)하는 것으로 해석을 하면 그 차이점이 뚜렷하다. 덕(德)은 베푸는 것이니 이타적(利他的)이고, 재(才)는 누리는 것이니 이기적(利己的)다. 이 둘은 서로 음양(陰陽)처럼 연결고리를 하고 있다.

「용현다능지상(用顯多能之象)」은 '다양한 재능(才能)을 갖고 있는 모습으로 나타난다.'라는 뜻이다. 능력(能力)이란 자신의 이익(利益)을 위해서 노력하는 것이고 그 결과(結果)가 나타나는 것이다. 덕(德)은 결과가 없다고 한다면, 재(才)는 결과가 항상 나타나게 된다. 그것은 재물(財物)이 될 가능성이 많고, 명성(名聲)이 될 수도 있다. 그래서 다능(多能)이라고 표현(表現)하는 것이다.

그리고 느낌으로는 약간(若干)의 폄훼(貶毀)하는 어감(語感)이 있다. 이러한 점에서 이 글은 경도(京圖) 선생의 친필(親筆)이 아닐 가능성(可能性)을 제기(提起)하는 것이기도 하다. 음양(陰陽)으로 봐야 하는 것은 단지(但只) 상대적(相對的)일 뿐이고 그것으로 인해서 고하(高下)로 나눌 수는 없는 일인데 원문(原文)에서는 이미 군자(君子)의 풍모(風貌)와 다능(多能)의 수단(手段)을 구분(區分)하고 있으니, 마치 대인(大人)과 소인(小人)의 나눔과 같은 느낌이기도 하다.

그렇거나 말거나 틀렸다고 할 수도 없다. 당연히 이타심(利他心)은 위대(偉大)하고 이기심(利己心)은 협소(狹小)하기 때문이다. 마치 본문에서 유교적(儒教的)인 선비의 꼬장꼬장한 진소암(陳素庵) 선생이 보이는 것 같기도 하다. 그냥 느낌이 그렇다는 것이니 너무 정색(正色)을 하진 말자.

9. 奮鬱(분울)

局中顯奮發之機者 神舒意暢
象內多沈埋之氣者 心鬱志灰

【直譯】

奮鬱
분발(奮發)과 우울(憂鬱)

【意譯】

「분울(奮鬱)」은 '분발(奮發)과 우울(憂鬱)'의 뜻이다. 이것은 심리적(心理的)인 영향(影響)이 사주의 형상(形象)에서 나온다는 의미이니 일고(一顧)의 가치(價値)가 충분(充分)하다고 하겠다. 평소(平素)에 마음을 쓰는 것도 사주와 연관(聯關)이 있다고 한다면 우울(憂鬱)한 마음도 나올 수 있고, 활발(活發)한 마음도 나올 수가 있으니 이에 대해서 생각해 보자는 것이다.

局中顯奮發之機者 神舒意暢
象內多沈埋之氣者 心鬱志灰
국중현분발지기자 신서의창
상내다침매지기자 심울지회

【直譯】

局中顯奮發之機者
원국(原局)에 분발(奮發)의 기틀이 나타나는 자(者)는

神舒意暢
정신(精神)이 펼쳐지고 의사(意思)가 화창(和暢)하다.

象內多沈埋之氣者
형상(形象)에 침체(沈滯)되어 활기(活氣)가 없으면

心鬱志灰
마음은 우울(憂鬱)하고 의지(意志)는 불꺼진 재와 같다.

【意譯】

「국중현분발지기자(局中顯奮發之機者)」는 '원국(原局)에 분발(奮發)의 기틀이 나타나는 자'를 뜻한다. 분발(奮發)은 활

기(活氣)이다. 무엇이든 적극적(積極的)으로 생각하고 행동(行動)하는 현상(現象)이 나타나는 것이다. 기미(機微)는 조짐을 의미한다. 그래서 전반적(全般的)으로 이러한 분위기에 대한 상황(狀況)이라고 할 경우를 말한다. 그런 조짐은 흐름을 타고 나아가는 것이라고 할 수 있을 것이니 식상(食傷)과 재성(財星)의 동태(動態)를 살펴봐야 한다. 식상은 항상 미래지향적(未來指向的)으로 나아가려고 하는 성분(性分)이고 재성(財星)은 결실(結實)을 맺으려고 하는 목적(目的)을 갖고 있기 때문에 이러한 성분이 있을 경우에는 분발(奮發)의 기틀이 된다고 해석(解釋)한다.

「신서의창(神舒意暢)」은 '정신(精神)이 활짝 펼쳐지고 의사(意思)가 화창(和暢)하다.'는 뜻이다. 그야말로 정신적(精神的)인 면에서 볼 적에 거침없이 앞으로 달려가면서 명랑(明朗)하고 쾌활(快活)하게 모든 일을 긍정적(肯定的)으로 관찰(觀察)한다. 생각도 활짝 열려 있어서 사방(四方)으로 뻗어 나가는 모습을 나타낸다. 그러다 보니까 의식(意識)도 개방적(開放的)인 형태(形態)가 되고 누구와도 잘 어울려서, 주변의 사람들도 함께 하면 기분이 좋아지므로 오랜 시간이 지나가도 더 함께하고 싶어지니 무슨 일이거나 성공(成功)할 가능성(可能性)이 높아지는 것이다. 이러한 작용을 하는 것은 십성(十星)으로 봐서 식상(食傷)과 재성(財星)의 영역(領域)으로 간주(看做)하게 된다. 또한 지나간 과거(過去)에 집착(執着)하지 않으니 어제의 불행(不幸)했던 일은 다 잊어버리고 내일의 희망(希望)에 대해서만 생각하는 낙천적(樂天的)인 성향(性

向)을 갖게 된다.

「상내다침매지기자(象內多沈埋之氣者)」는 '사주의 형상(形象)이 침체(沈滯)되어 활기(活氣)가 없다.'는 뜻이다. 이러한 현상(現狀)은 심리학(心理學)으로 본다면 대인기피증(對人忌避症)이나 대인공포증(對人恐怖症)까지도 거론(擧論)할 수가 있는 형태(形態)이다. 자신의 리듬이 바닥으로 가라앉아 있을 적에는 주변에서 흥분하고 있는 사람들이 부담스러울 수밖에 없으므로 자꾸만 깊은 곳으로 들어가려고도 하고 홀로 있으려고도 하기 때문에 점점 사람들과 함께 하는 시간이 줄어들기 마련이다.

그러나 이러한 것은 바람직하지는 않다. 모쪼록 사람은 인간(人間)이라고 하였으니 사람과 사람 사이에서 존재(存在)해야 하는데 침체되어서 그것이 마음대로 되지 않는다면 참으로 안타까운 일이다. 그럼에도 불구하고 이러한 경우는 반드시 존재(存在)하기 마련이고, 그러한 상황으로 나타날 수가 있는 사주의 구조를 생각해 본다면, 관살태과(官殺太過)에 대한 것이 먼저 떠오른다. 밖의 모든 존재는 위험물(危險物)이고 두려움의 대상이 되어버릴 수 있는 까닭이다.

다른 경우로는 인성과다(印星過多)도 또한 이와 같은 현상을 유발(誘發)시킬 수 있는 조건(條件)을 갖추고 있다. 특히 편인(偏印)이 과다(過多)한 경우라면 이러한 현상은 더욱 두드러질 가능성이 많다. 왜냐하면 편인의 긍정적(肯定的)인 작용이라면 신비로운 것에 대한 관심이라고 할 수가 있겠지만 이것이 부정적(否定的)으로 작용한다면 의심(疑心)하고 어울리지 못하는 성향(性向)으로 인해서 고독(孤獨)한 작용이 나타나서 사람들과 함께 어울리는 것이 무척이나 어렵게 될 가능성이 많기 때문이다.

「심울지회(心鬱志灰)」는 '마음은 우울(憂鬱)하고 의지(意志)는 불이 꺼진 재와 같다.'는 뜻이다. 십성(十星)으로 논한다면 관살(官殺)과 인성(印星)이 적당(的當)하게 균형(均衡)을 이루고 있을 적에는 청기(淸氣)가 되는 것도 이렇게 과중(過重)하게 되면 오히려 탁기(濁氣)로 변하는 음양(陰陽)의 조화(造化)라고 밖에 설명할 방법이 없다. 그래서 청(淸)과 탁(濁)의 사이는 종이 한 장 차이라고 할 수도 있는 것이니 사주의 구조를 정밀(精密)하게 살펴서 대입하지 않으면 또한 놓치게 될 수도 있다.

그래서 '분발지기(奮發之氣)'인 식신(食神)이나 상관(傷官)이 균형을 잘 이루고 있는지도 봐야 하고, 또 부정적(否定的)으로 작용하게 되면 '우울지기(憂鬱之氣)'가 될 수 있는 편관(偏官)이나 편인(偏印)의 과다(過多)한 현상에 대해서도 잘 관찰한다면 읽어내는 것이 마냥 어렵기만 한 것은 아니다. 이러한 작용은 오로지 십성(十星)의 변화(變化)에서 기인(起因)하는 것이므로 십성에 대해서 깊은 연구가 이루어진다면 활용(活用)을 하는 과정(過程)에서는 자연스럽게 드러나게 될 것이다.

'뜻이 재와 같다.'는 것은 불이 꺼지고 싸늘하게 식은 재를 말한다. 이미 모든 화력(火力)을 다 소진(消盡)하고 싸늘하게 식어버린 재는 다시 불이 붙는 것이 불가능(不可能)하다. 숯은 열기(熱氣)를 불어 넣으면 불이 붙지만 재는 그렇지가 못하니 과연 이러한 마음을 갖고 있는 사람은 우울증(憂鬱症)을 감당(堪當)하지 못하고 삶의 막바지로 자신을 몰아가다가 급기야는 돌아오지 못할 강을 건너게 되는 일도 허다(許多)하다. 특히 사업(事業)을 하다가 뜻대로 되지 않아서 고뇌(苦惱)하다가 빚에 대한 압박(壓迫)을 벗어나지 못하고 죽음의 길을 택하는 경우에도 우울증이 가장 큰 원인이라고 봐야 할 것이다.

일반적인 상식(常識)으로 논한다면 '죽을 궁리를 할 힘이 있으면 살아갈 궁리를 하는 게 낫지~!' 라고 한다. 그러나 세상에서 모든 희망(希望)을 잃어버린 사람은 살아가야 할 의미도 없는 것이 문제이다. 비록 사업을 망(亡)한다고 하더라도 모두 다 죽을 궁리를 하는 것은 아니다. 식재(食財)의 형태로 구성되어 있는 사주에서는 뻔뻔하게도 다음을 기약하면서 재기(再起)를 꿈꾸게 되므로 죽어야 할 이치(理致)는 없다. 문제는 관살(官殺)이 과다하거나, 인성(印星)이 과다하여 부정적인 영향(影響)을 미치게 되는 경우에 발생을 할 수가 있는 것이다.

10. 恩怨(은원)

兩意情通中有媒 雖然遙立意尋追
有情卻被人離間 怨起恩中死不灰

【直譯】

恩怨
은혜(恩惠)와 원한(怨恨)

【意譯】

「은원(恩怨)」은 '은인(恩人)과 원망(怨望)'의 뜻이다. 은인
(恩人)이 양(陽)이라면 원수(怨讐)는 음(陰)이 되겠다. 명칭
(名稱)이 음양(陰陽)으로 짝을 이루고 있음이다. 나에게 도움
을 주는 사람은 은인이 되고 해(害)를 끼치는 사람은 원수가
되는 것은 극단적인 상황이라고 하더라도 의미심장(意味深長)
한 점(點)이 있다. '미움도 사랑이다.'라는 말을 떠올리게 하
는 대목이다.

【原文】

兩意情通中有媒 雖然遙立意尋追
有情却被人離間 怨起恩中死不灰
양의정통중유매 수연요립의심추
유정각피인이간 원기은중사불회

【直譯】

兩意情通中有媒
두 마음이 정(情)으로 통(通)하고
중간에 매개체(媒介體)가 있다면

雖然遙立意尋追
비록 그렇게 바라보고 서 있지만
마음은 이미 서로를 따르고 있다.

有情却被人離間
두 사람이 서로 유정(有情)한데
사람으로 인해 이간(離間)을 당하면

怨起恩中死不灰
은혜(恩惠)가 원한(怨恨)으로 변하니
싸늘하게 식은 마음이 된다.

【意譯】

「양의정통중유매(兩意情通中有媒)」는 '두 마음이 정(情)으로 통하는데 중간에 매개체(媒介體)가 있다.'는 뜻이다. 중매(中媒)가 필요하다는 것으로 봐서 남녀(男女)의 결혼(結婚)을 말하는 것으로 이해하면 되겠다. 두 사람의 의사(意思)가 유정(有情)하여 상통(相通)하고자 한다면 중간(中間)에 매파(媒婆)가 들어야 한다는 이야기이니 요즘같이 직거래(直去來)의 시대(時代)에서는 다소 구태의연(舊態依然)한 감도 없진 않지만 의미(意味)하는 바를 잘 이해하는 것이 중요(重要)한 것이니 트집을 잡을 일은 아니다. 직접적(直接的)으로 말하기 곤란(困難)한 경우에는 중간에서 누군가 도움을 주고 연결(連結)을 시켜 주는 것이 오히려 여러 면에서 편안할 수도 있는 것이다. 그런데 이러한 이야기를 사주 속에다 집어넣으려니까 핵심(核心)이 어디에 있는지를 찾아야 하는 숙제(宿題)가 남는다.

은원(恩怨)의 관계(關係)를 십성(十星)의 이치(理致)로 논해 본다면, 日干이 재성(財星)을 바라보려면 식상(食傷)을 거쳐야 하고, 관살(官殺)을 내 편으로 만들고자 한다면 인성(印星)이 중간에서 유통(流通)을 시켜줘야만 가능한 것이고, 재성의 기운을 인성으로 흘려보내려면 관살이 그 중간에서 연결을 시켜줘야만 하는 이치를 논하는 것으로 보는 것이 가장 합당(合當)하다.

그렇다면 이것은 「통관(通關)」편에서 다루었던 견우(牽牛)와 직녀(織女)의 상황과 같은 이야기라고 하겠으니 별도로 언급(言及)을 하지 않아도 이미 알고 있는 이야기인 것이다. 이러한 것이 중복(重複)이다.

「수연요립의추심(雖然遙立意尋追)」은 '비록 그렇게 바라보고 서 있지만 마음은 이미 서로를 쫓고 있다.'는 뜻이다. 그러니까 간구(懇求)하는 마음이 있다는 것이니 자신에게 꼭 필요(必要)한 五行이라면 당연한 것이다. 그런데 왜 바라보고 서 있을까? 그것은 조건(條件)이 원하는 대로 이루어지지 않았다는 의미(意味)이다. 중간에 뭔가 장애물이 있거나 거리가 있거나 여하튼 아쉬움을 갖게 만드는 존재(存在)가 있을 때, 달려가서 도와달라고도 못하고서 바라보면서 마음으로만 애절(哀切)하니 그것은 어쩔 수가 없는 현실적(現實的)인 문제가 가로놓여 있을 것이기 때문이다.

「유정각피인이간(有情卻被人離間)」은 '유정(有情)한데 도리어 피해(被害)를 당하여 사람으로 인해 더욱 멀어지게 된다.'는 뜻이다. 이것은 앞의 내용과는 사뭇 다른 의미가 된다. 나를 도와주기만 간절히 바라는데 그 글자는 다른 글자와 合을 하게 된 경우를 생각해 볼 수 있다. 사주에서 나타나는 유형(類型)으로는 용신기반(用神羈絆)이 있다. 내가 절실(切實)하게 의지(依支)해야 하는 한 글자에 대한 애정(愛情)은 각별(各別)할 텐데 정작 그 용신(用神)이 다른 곳을 향하고 있으면 은인(恩人)에게 원한(怨恨)을 품을 만도 하겠고 원망(怨望)이 변하여 원한이 되기도 한다. 그렇다면 어린 아이가 어머니의 치맛자락을 놓지 않으려고 움켜쥐고 있는데 그 어머니는 가위로 모질게 잘라버리고 떠나간다면 아이의 마음은 어떨까? 이러한 원망이 어찌 가슴 깊은 곳에 아로새겨지지 않겠는가. 그로 인해서 원한이 되어 평생(平生)을 두고 잊지 못하게 되니 그 안타까움이야 이루 말로 다 할 수가 없음이다.

「원기은중사불회(怨起恩中死不灰)」는 '은인(恩人)에게 원망(怨望)이 일어나 마음이 싸늘하게 식은 재와 같다.' 는 뜻이니, 죽을 때까지도 용서(容恕)할 수가 없음을 의미한다. 그래서 사주의 구조에서 일약(日弱)한 경우의 용신기반(用神羈絆)은 이렇게도 원망(怨望)이 깊은 것이다. 나중에 어머니가 마음으로 참회(懺悔)하고 다시 자식(子息)을 찾았을 적에 이미 자식의 마음은 불 꺼진 재처럼 싸늘하게 식어서 "아줌마는 누구세요?"라고 할 것이고, 어미라고 용서하라고 하면, "난 그런 어머니 몰라요~!"라고 할 것은 충분히 공감(共感)이 되고도 남는다. 이러한 이야기를 경도(京圖) 선생이 하지 않았기 때문에 어느 후학(後學)이 친절(親切)을 베풀어서 한마디 추가(追加)한 것으로 짐작을 해 본다.

11. 閑神(한신)

一二閑神用去麼 不用何妨莫動他
半局閑神任閑着 要緊之場作自家

絆神

出門要向天涯游 何事裙釵恣意留
不管白雲與明月 任君策馬朝天闕

【直譯】

閑神
한가로운 신(神)

【意譯】

「한신(閑神)」은 '한가로운 신(神)'이라는 뜻이다. 무엇을 일러 한신이라고 하는가? 희용신(喜用神)과 기구신(忌仇神)을 제외(除外)하고 남는 五行이 한신(閑神)이 된다. 木火가 용희신(用喜神)이라면 金水는 기구신이니 土가 한신이 된다. 또 火土가 용희신이면 水木이 기구신이고 金은 한신이 된다. 土金이 용희신일 경우에는 木火가 기구신이므로 水는 한신이 된다. 이렇게 기본적으로 희기(喜忌)에 따라서 한신이 정해진다. 다만 이것은 기본형(基本形)이다.

상황에 따라서는 또 변수(變數)도 있기 때문에 한신을 판단하는데 약간(若干)의 혼란(混亂)이 생길 수도 있다. 여하튼 해당하는 五行이 한신(閑神)이라고 결정이 났다면 어떻게 봐야 할 것이냐는 것이 이 항목의 주제(主題)이다. 대부분은 하나의 五行에게 한신의 이름을 붙여 주지만 원국(原局)의 상황(狀況)에 따라서는 두세 가지가 되기도 한다는 점도 참고로 알아 둔다.

一二閑神用去麽 不用何妨莫動他
半局閑神任閑着 要緊之場作自家
일이한신용거마 불용하방막동타
반국한신임한착 요긴지장작자가

【直譯】

一二閑神用去麽
한둘의 한신(閑神)은 쓸모가 없다.

不用何妨莫動他
쓰지 않으니 아무에게도 해(害)를 끼치지 않는다.

半局閑神任閑着
절반(折半)이 한신(閑神)이라도 가만히 내버려 두면

要緊之場作自家
필요(必要)한 때에 스스로 집을 짓는다.

【意譯】

「일이한신용거마(一二閑神用去麽)」는 '한둘의 한신(閑神)
은 쓸모가 없다.'는 뜻이다. 그냥 '신경(神經)을 쓰지 않아도

된다.'는 정도의 느낌도 괜찮다. 한신(閑神)의 원문(原文)이
진소암(陳素庵) 선생의 글과 조금 달라서 옮겨 본다. 대동소이
(大同小異)하면서도 느낌은 다르다. 오히려 이렇게 써놓은 것
이 풀이하기에는 편한 것으로 봐서 학식(學識)이 조금 높은 사
람의 작품(作品)이 아닌가 싶기도 하다. 수준이 높으면 누가
봐도 이해하기 쉽게 글을 쓰기 때문이다. 실은 이렇게 내용에
서 글자들이 많이 다른 것도 후세(後世)에 누군가에 의해서 가
필(加筆)이 된 대목일 것이라는 혐의(嫌疑)가 생기는 요인(要
因)이기도 하다.

《滴天髓輯要(적천수집요)》의 「한신(閑神)」편

一二閑神未爲疵 不去何妨莫動伊
半局閑神任閒着 要緊之地立根基
일이한신미위자 불거하방막동이
반국한신임한착 요긴지지입근기

한두 한신은 결함(缺陷)이 된다고 하지 않으니
제거(除去)하지 않아도 난동(亂動)을 부리지 않는다.
절반(折半)이 한신이라도 가만 내버려 두어라
요긴(要緊)한 자리에서 뿌리를 세우게 된다.

이렇게 해석이 된다. 별반 차이는 없으나, 풀이하기가 조금
은 쉽다. '용거마(用去麼)'와 '미위자(未爲疵)'의 한문(漢文)
을 보면, '미위자'가 훨씬 소화(消化)하기 쉬우니까 말이다.
이렇게 해설서(解說書)에 따라서 약간의 차이가 있다는 점을

이해하라는 의미에서 언급한다.

「불용하방막동타(不用何妨莫動他)」는 '쓰지 않으면 아무에게도 해(害)를 끼치지 않는다.'는 뜻이다. 한신(閑神)이야 원래 쓸모가 없는 글자라서 한신인 것이다. 그러니까 그냥 가만히 내버려 두면 되는 것이고, 그 한신이 다른 글자에게 큰 영향(影響)을 끼치는 것도 아니기 때문이다. 다만 여기까지는 원국(原局)의 상황(狀況)에 대한 이야기이다. 운(運)에서 들어오는 한신은 뭔가 도움이 되거나 해가 될 가능성이 있다는 것을 생각해야 한다는 뜻이다.

「반국한신임한착(半局閑神任閑着)」은 '절반(折半)이 한신(閑神)이라도 가만히 내버려 둔다.'는 뜻이다. 괜히 써놓은 듯한 느낌도 든다. 앞의 구절과 이번 구절의 의미에서는 별다른 의미가 없어 보여서이다. 다만 다음 대목이 세운(歲運)에서 일어나는 변화(變化)를 논하므로 중요하다고 하겠다.

「요긴지장작자가(要緊之場作自家)」는 '필요(必要)한 때가 되면 스스로 집을 짓게 될 것이다.'라는 뜻이다. 실(實)은 이 한마디를 전하기 위해서 괜한 글자들만 끌어다가 고생시킨 꼴이다. 한신(閑神)이 원국(原局)에서는 놀고 있다가 행운(行運)에서 干支로 들어오는 글자와 生剋의 이치(理致)나 결합(結合)의 조건(條件)에 따라서 변화(變化)를 일으키는데 여기에서는 길신(吉神)을 돕거나 기신(忌神)을 돕는 역할을 하기 때문에 긴장해야 하는 것이므로 '요긴(要緊)'인 것이다. 이것만 알면 한신의 변화는 통달(通達)을 한 것이나 마찬가지다. 이해를 위해서 간단한 예(例)를 들어본다.

甲이 용신(用神)이고 甲이 약(弱)하면 희신(喜神)은 水가 된다. 이때 한신은 火가 되는데 원국(原局)에 戊己가 많을 경우에는 丙丁이 한신에 불과(不過)하여 거들떠보지 않아도 되었건만 일단 운에서 들어오면 예고(豫告)가 된 대로 흉가(凶家)를 짓게 된다. 이것은 숙명(宿命)이다. 그래서 원국의 한신이 운세(運勢)의 변화에 따라서 흉(凶)한 작용을 하게 될 수도 있음을 알아야 한다는 것이다.

반면에 한신이 좋은 집도 짓는다. 가령 甲이 용신(用神)이고 甲이 강(强)하면 희신은 火가 된다. 이때는 土가 한신(閑神)의 역할을 담당하게 되는 것이 원국의 상황이다. 그런데 운(運)에서 土가 들어와서 기신(忌神)의 노릇을 하고 있는 경우에 水를 공격(攻擊)하게 된다면 이번에는 가만히 있던 한신의 역할이 공훈(功勳)을 세우는 작용을 하게 되는 것이니 이러한 것도 또한 '작자가(作自家)'라고 할 수 있는 것이다. 그래서 항상 글자의 하나하나를 얕잡아 보지 말고 조심해서 늘 동태(動態)를 살펴야 하는 것이다.

결론을 말한다면, 기본적(基本的)으로 원국에 한신이 있더라도 그 작용은 이미 정해져 있다. 그래서 운(運)을 대입하기 전에 충분(充分)히 그 글자가 어디로 뛸 것인지를 인지(認知)할 수가 있는 것이니 이것이 맘대로 되지 않는다면 아직은 내공(內功)이 부족(不足)한 상태(狀態)라고 할 수 있을 것이다. 그리고 이러한 의미를 잘 헤아리라는 뜻에서 이「한신(閑神)」편은 그 가치(價值)를 인정(認定)받는 것이다.

【原文】

絆神
반신

【直譯】

絆神
기반(羈絆)의 신(神)

【意譯】

　「반신(絆神)」은 '기반(羈絆)의 신(神)'이란 뜻이다. 기반(羈絆)은 말의 고삐를 기둥에 묶어 놓는 것을 의미하고 이것은 合을 말하는 것이니 干合이다. 合이 되면 사사(私事)로운 정념(情念)에 이끌려서 자신의 일을 제대로 못하는 것에 대한 이야기이다.

　이 대목은 《滴天髓徵義(적천수징의)》에서는 「기반(羈絆)」이라고 되어 있고, 《滴天髓輯要(적천수집요)》에서는 「반신론(絆神論)」이라고 하였으며, 어떠한 연유(緣由)인지 《滴天髓闡微(적천수천미)》에서만 「한신(閑神)」편에다가 묶어 놓았다. 물론 내용(內容)을 봐서도 서로 분리(分離)하는 것이 타당(妥當)해 보이지만 《滴天髓闡微(적천수천미)》의 구조에 따라서 이렇게 정리한다.

　기반(羈絆)은 특히 干合이 용신(用神)에게서 일어난 경우에 사용하는 말이다. 甲己, 乙庚, 丙辛, 丁壬, 戊癸가 서로 붙어 있으면 干合이라고 하는데 日干의 옆에 붙어 있으면 日干合이 되는 것이고, 용신과 붙어 있으면 용신합(用神合)이 된다. 다만 이 경우에는 특별(特別)히 용신기반(用神羈絆)이라는 용어(用語)를 사용하여 구분(區分)하는데 그 이유는 日干에게 너무나 소중(所重)한 절대적(絶對的)인 용신이 合을 만나서 묶였기 때문이다. 이러한 일은 사주 내에서 일어나서는 안되는 금기사항(禁忌事項)을 범(犯)한 것이므로 경고장(警告狀)을 받은 것이나 마찬가지이다. 이러한 상황이 되면 특히 더 주의하라는 뜻이다.

【原文】

出門要向天涯游 何事裙釵恣意留
不管白雲與明月 任君策馬朝天闕
출문요향천애유 하사군차자의류
불관백운여명월 임군책마조천궐

【直譯】

出門要向天涯游
문을 나가 세상(世上)을 유람(遊覽)하려는데

何事裙釵恣意留
무슨 일로 아녀자가 마음을 머무르게 하는가.

不管白雲與明月
백운(白雲)과 명월(明月)은 서로 아무런 관계도 없으니

任君策馬朝天闕
그대여 말을 몰아 대궐(大闕)로 나가시오.

【意譯】

「출문요향천애유(出門要向天涯游)」는 '문을 나가 세상(世上)을 유람(遊覽)한다.'는 뜻이다. 이것은 용신이 日干의 명령

(命令)을 받아서 세상으로 나가서 부여받은 임무(任務)를 수행(遂行)하려고 하는 상황(狀況)이다. '천애(天涯)'는 하늘 끝이고 세상의 구석진 곳까지를 포함하는 것으로 이해하면 되겠다. 그러니까 어디든 日干이 가라고 하면 가려는 의지(意志)가 있다는 뜻이다.

「하사군차자의류(何事裙釵恣意留)」는 '무슨 일로 아녀자(兒女子)가 방자(放恣)하게 장부(丈夫)의 마음을 붙잡는가.'라는 뜻이다. '군차(裙釵)'는 치마와 비녀인데 여인네를 의미하는 용어이다. '차(釵)'는 음(音)에서 '비녀 채'라고도 하는데 뜻은 같아서 '차'로 음역(音譯)한다. 다만 군채라고 해도 아무런 문제가 없음을 참고하면 되겠다. 무슨 일로 아녀자가 방자(放恣)하게 길을 떠나는 사람을 머뭇거리게 만드느냐는 것이니 이 허물이 아녀자에게 있는 것인지 용신에게 있는 것인지 생각을 해 볼 필요도 있겠다.

참고로 용신(用神)이 甲이라면 己와 합이 되는 것이고, 이 경우에 甲은 양(陽)이므로 남자라고 전제(前提)했을 적에 己는 음(陰)이므로 아녀자라고 했다는 것 정도는 설명하지 않아도 되겠지만 그래도 혹시나 하는 노파심(老婆心)이다. 이런 설명이 없음을 이유로 해서 己가 용신일 경우에는 해당이 없다고 생각할까 걱정스러운 까닭이다. 이때에는 '능력 있는 여인(女人)이 일을 하러 가려는데 무슨 일로 백수건달(白手乾達)의 남편이 잡고 늘어지는가.'로 고치면 간단히 해결될 것이다.

「불관백운여명월(不管白雲與明月)」은 '백운(白雲)과 명월

(明月)은 서로 아무런 관계(關係)가 없다.' 라는 뜻이다. 《滴天髓徵義(적천수징의)》와 《滴天髓輯要(적천수집요)》에는 백운(白雲)으로 되어 있는데 유독 《滴天髓闡微(적천수천미)》에서만 백설(白雪)로 표기가 되어 있어서 어느 것이 타당할 것인지를 생각해 봤는데 구름과 달은 서로 연관이 있다고 느껴지지만 눈과 달은 생뚱맞은 대비(對比)라고 봐서 운(雲)을 따르기로 했다. 물론 뜻에는 별반 차이가 없는데 운(雲)과 설(雪)이 비슷해서 오식(誤植)이 아닌가 싶은 생각도 해 본다.

기반(羈絆)이 된 용신은 아무것도 할 수가 없다는 의미에 정면(正面)으로 부정(否定)하는 말이다. 마치 '착각(錯覺)하지 마라, 合이 되었다고 해서 뭔 일이 생긴단 말이냐? 아무것도 아니다. 괜히 호들갑 떨지 마라!' 라는 느낌으로 읽어야만 이해가 될 내용이다. 이로 미루어 보건대 경도(京圖) 선생의 시대(時代)에도 용신기반(用神羈絆)이라는 말은 유행(流行)했었다는 이야기이고 그것은 괜한 낭설(浪說)이라는 것을 제시(提示)하고 싶었을 것이다.

아니면 후대(後代)에 어느 학자가 썼다고 하더라도 문제는 전혀 없다. 중요한 것은 자평학(子平學)에서 기반(羈絆)이라는 말은 전혀 신경을 쓸 필요가 없다는 것을 명료(明瞭)하게 정리(整理)하는 것으로만 알아두면 될 일이다. 이렇게 의미를 다시 부여(附與)하려는 것은, 干合은 그냥 合이라고만 하면 되지 合으로 묶여서 아무 일도 할 수가 없다는 식의 확대해석(擴大解釋)은 하지 말라는 가르침이다.

그렇게 되면 합화(合化)는 고사(固辭)하고 合조차도 신경을 쓸 일이 없다는 말이 되어버린다. 그렇다면 干支에서 合으로 인한 변화(變化)는 전혀 고려(考慮)할 필요가 없다는 이야 기인데 이것은 참으로 예리(銳利)한 통찰력(統察力)이라고 해 야 할 것이다. 다만 심리적(心理的)인 슴으로만 논하면 된다는 이야기로 요약(要約)을 할 수가 있을 뿐이다. 이미 본론(本論) 에서 그러한 의미를 풍기고 있으니 말이다. 왜냐하면 여인네가 붙잡는 것은 마음이지 몸은 아니라는 것을 명백(明白)하게 밝 히고 있기 때문이다. 그러니까 머뭇거리는 놈의 마음이 문제인 것이지 실제로는 크게 염려를 할 것은 아니라는 것이다. 괜한 침소봉대(針小棒大)를 하지 말고 있는 그대로만 生剋의 이치 (理致)를 살펴서 판단하면 된다는 뜻이다. 이것은 다음 구절에 서 더욱 밝아진다.

「임군책마조천궐(任君策馬朝天闕)」은 '그대는 맡은바 대로 말을 몰아 대궐(大闕)로 나가시오.' 라는 뜻이다. '천궐(天闕)' 은 '천애(天涯)'와 상대적으로 쓴 뜻이다. 벼슬을 할 용신이라 면 천자(天子)가 계시는 대궐로 갈 것이고, 사업을 할 용신이 라면 세상의 끝으로 가야 할 것이라는 뜻이다. 가야 할 곳으로 그냥 가면 되므로 머뭇거리지 말고 말을 채찍질하여 달려가라 는 의미이니 글자대로만 읽으면 매우 간명(簡明)한 뜻이 드러 난다. 임철초(任鐵樵) 선생은 이에 대해서 슴도 논하고 화(化) 도 논하고, 沖도 논하니 정신없이 부산하다.

낭월도 임철초(任鐵樵) 선생의 주장(主張)을 그대로 답습 (踏襲)하였던지라 용신기반(用神羈絆)이 된 것을 매우 꺼리다 가 점점 세월이 흐르고 임상(臨床)이 쌓이면서 그래도 50%는 작용(作用)하는 것으로 개선(改善)을 했는데 이제는 완전(完全)히 무시(無視)를 하고 아예 고려하지 않아도 되겠다는 생각이 든다. 이렇게 다시 보면 또 다른 내용이 눈에 들어오게 되고, 임철초 선생의 주장을 벗어나서 바라보면 또 그 안에 깃든 의미가 드러나기도 하니, 모쪼록 책은 많이 읽어야 한다는 것이 정답(正答)인 듯하다. 다만 심리적(心理的)으로는 습의 현상이 없다고 못할 것이니 그 정도의 영향력(影響力)은 있는 것으로 봐주자. 그러니까 심리적으로 움직이는 것을 물질적(物質的)으로까지 확대(擴大)해서 대입(代入)할 필요(必要)는 없고 그래서도 안된다는 것으로 기반(羈絆)에 대해서 정리하면 된다.

12. 從象(종상)

從得眞者只論從 從神又有吉和凶

【直譯】

從象
순종(順從)하는 형상(形象)

【意譯】

「종상(從象)」은 '순종(順從)하는 형상(形象)'을 뜻한다. 무엇이 순종하는 형상인가? 사주의 구조에서 어느 한 방향으로 지나친 세력(勢力)을 형성하고 있어서 日干이 감(敢)히 그 세력을 거역(拒逆)하지 못하고 억지(抑止)로 끌려가는 것을 종격(從格)이라고 말한다. 고서(古書)에 의하면 종격에는 크게 다섯 가지가 있다.

① 인성(印星)만으로 된 경우 인성을 따라 종강격(從强格)

② 비겁(比劫)만으로 된 경우 비겁을 따라 종왕격(從旺格)
③ 식상(食傷)만으로 된 경우 식상을 따라 종아격(從兒格)
④ 재성(財星)만으로 된 경우 재성을 따라 종재격(從財格)
⑤ 관살(官殺)만으로 된 경우 관살을 따라 종살격(從殺格)

　이렇게 일방(一方)으로 치우치게 강왕(强旺)한 五行을 따라서 순종(順從)해야만 日干이 살아남게 되므로 이러한 변칙적(變則的)인 방법(方法)을 자평법(子平法)에 적용(適用)시킨다는 이론이다. '종상(從象)'에 대한 글을 쓴 사람[반드시 경도(京圖) 선생이라고 할 필요는 없으므로]이 특별(特別)한 의도를 갖고서 쓴 것이라면 또 모르겠으나 일반적(一般的)인 종상(從象)에 대한 의미는 이렇게 해석하는 것이 보통이므로 낭월도 이렇게 이해를 하고 있다.

　종상에 대한 임철초(任鐵樵) 선생의 장광설(長廣舌)이 강력(强力)한 필치(筆致)로 전개(展開)되니 이러한 글을 읽으면서 매료(魅了)되지 않을 수가 없는 것이다. 그로 인해서 많은 학자들은 종격병(從格病)에 깊이 빠져들어서 오랫동안 혼란(混亂)의 터널에서 헤어나지 못하고 고통(苦痛)을 받게 되는 것도 부지기수(不知其數)이다. 다만, 여기에는 두 가지의 커다란 오류(誤謬)를 품고 있기 때문에 낭월은 종격(從格)에 대해서 불가(不可)하다는 입장(立場)이니 이제부터 그 이유를 설명(說明)하고자 한다. 그리고 이러한 이야기를 꼭 해야만 하겠다는 생각을 한 지도 오래 되었지만 이제 그 기회를 얻어서 나름대로 생각을 해 온 것과 임상과정에서 얻은 경험을 토대(土臺)로 삼아서 정리하고자 한다.

■ 종화격(從化格)의 불가론(不可論)

※ 종격을 언급하면서 화격(化格)도 더불어 거론한다.

① 억부법(抑扶法)과의 모순(矛盾)

첫째로 生剋의 이치에 부합하지 않는다. 자평법(子平法)의 핵심은 억부법(抑扶法)이다. 「강자의억(强者宜抑) 약자의부(弱者宜扶)」의 여덟 글자에 하나도 더하거나 뺄 것이 없다. 이것이 자평명리학(子平命理學)의 핵심(核心)이다. 이러한 논리(論理)에 푹 빠져서 干支의 이치(理致)를 탐구(探究)하고 몰입(沒入)하게 되는 것이다. 그런데, 그렇게도 존중(尊重)하며 달달 외웠던 《滴天髓(적천수)》에 떡하니 이러한 이야기가 자리하고 있다. 어떻게 해야 할까? 당연(當然)히 수용(受容)해야 하는 것처럼 기계적(機械的)으로 받아 들였다.

그로부터 적어도 5년 동안은 이 이론으로 인해서 고충(苦衷)을 겪었다. 이에 대해서 누구를 붙잡고 물어봐도 속 시원한 대답을 얻지도 못했다. 왜냐하면 그들도 또한 이러한 이론(理論)을 수용(受容)하는 수밖에 없었고 왜 그래야 하는지조차 모르고 있었기 때문이었을 것으로 이해한다. 이제 조금 더 공부에 진전(進展)이 있고나서 다시 생각해 보니 이것이야말로 가장 어리석은 논리(論理)였다는 것을 어렴풋이나마 깨닫게 된 것이다.

어쩌면 독자는 낭월의 주장(主張)에 대해서 거부감(拒否感)을 갖게 될 수도 있음을 잘 안다. 그것을 무릅쓰고 이렇게 자신의 소견(所見)을 밝히는 것은 일단 생각이라도 해 보고 그래도 수용하기 어려우면 그냥 흘려버리면 그것으로도 잃을 것은 없겠기 때문이다. 스스로 수용(受容)하기 어려운 논조(論調)에 대해서 고민하지 않을 수가 없는 것은 《滴天髓(적천수)》가 갖고 있는 위력(威力)으로 인해서이다. 여기에 대해서 반발(反撥)을 한다는 것은 《滴天髓(적천수)》를 전부 부정해야만 하는 문제도 생각해야 하는 까닭이다. 그런데 생각하지도 못한 구원자(救援者)가 나타났으니, 바로 수요화제관주(水繞花堤館主) 반자단(潘子端) 선생이다. 그의 글을 접하고 나서 낭월의 생각은 더욱 확고(確固)해졌다. 그가 「소아장(小兒章)」까지만 《滴天髓(적천수)》의 본래 내용으로 수용(受容)하고 그 뒤로 나오는 것들은 모두 일고(一顧)의 가치(價値)도 없는 것으로 단정(斷定)하고 한 칼에 잘라버렸기 때문이다. 그것을 읽으면서 얼마나 통쾌(痛快)하였던지!

그런데 낭월이 처음 접했던 《滴天髓徵義(적천수징의)》는 이렇게 뭉텅이로 잘라내도록 되어 있질 않았다. 그것은 서낙오(徐樂吾) 선생이 책임(責任)을 져야 할지도 모르겠다. 아니면 진소암(陳素庵) 선생이 책임져야 할 수도 있겠다. 왜냐하면 진소암 선생의 《滴天髓輯要(적천수집요)》에서도 같은 형식(形式)으로 편집(編輯)을 했기 때문이다. 이렇게 범벅이 되어버렸기 때문에 감히 잘라내야 한다는 생각도 못했는데 반자단(潘子端) 선생이 《滴天髓新註(적천수신주)》를 통해서 《滴天髓闡微(적천수천미)》와 같은 순서(順序)로 된 내용을 알려 주었기 때문에 비로소 문제점에 대해서 정리하는 것이 가능하겠다는 생각을 하게 된 것이다.

그러니까 최소한《滴天髓(적천수)》가 유통(流通)된 이후로 한 사람 정도는 종상(從象)에 대해서 반발을 하였었다는 흔적(痕迹)을 발견(發見)하게 되었던 것이고 그로 인해서 스스로 모든 것을 책임져야 할 부담감(負擔感)에서 벗어날 수가 있었던 것이다. 여기에 낭월을 포함(包含)하면 종상(從象)이나 화상(化象)에 반대를 한 사람은 최소한(最小限) 두 사람이다. 물론 말은 하지 않았더라도 내심(內心)으로 이와 같은 이론에 동조(同調)를 하는 학자도 모두 포함(包含)한다.

오랜 시간을 논리적(論理的)으로 타당하지 않음에도《滴天髓(적천수)》의 위력(威力)을 등에 업고서 난동(亂動)을 부린 종화론(從化論)의 죄(罪)를 물어야 하겠는데 워낙《滴天髓(적천수)》의 힘이 막강(莫强)하기에 감히 어떻게 하지 못했다는 것이 부끄럽기도 했다. 그런데 불과 32세의 반자단(潘子端) 선생이 과감(果敢)하게 이에 대해서 이의(異義)를 제기(提起)했다는 것만으로도 박수(拍手)를 쳐야 하겠는데 그것이 평소(平素)에 낭월의 고민(苦悶)이었다는 것에서 환희용약(歡喜勇躍)을 할 수밖에 없었던 심정(心情)을 독자도 이해(理解)할 수 있었으면 좋겠다.

②논리적(論理的)인 불합리성(不合理性)

둘째로 세력(勢力)에 순종(順從)하는 것은 정복자(征服者)에게 굴종(屈從)하는 이치(理致)에나 존재(存在)하는 '힘의 논리'일 뿐이다. 이러한 이치가 중화(中和)를 핵심 논리로 삼고 있는 자평법(子平法)에 들어와서 자리를 잡는다는 것이 아이러니하다고 해야 할 모양이다. 이렇게도 모순(矛盾)되는 이 야기가 버젓이 살아서 힘을 발휘(發揮)하고 있으니 말이다. 임 철초(任鐵樵) 선생도 비록 상담을 하는 과정에서 종격(從格) 으로 봐야만 해결이 되는 경우가 있더라도 五行의 생극법(生 剋法)에 위배(違背)되는 줄을 몰랐을 리는 없을 텐데, 그렇게 도 많은 자료를 투입(投入)해서 반드시 존재(存在)하는 것으 로만 인식(認識)을 하지 않으면 안되게끔 했는지 안타깝다. 약 자(弱者)는 보호(保護)해야 하는 것이 인지상정(人之常情)인 데 어쩌자고 이렇게 무력(武力)으로 침탈(侵奪)하는 논리(論 理)를 수용(受容)하고 그것을 전개(展開)한 것인지에 대해서 는 참으로 아쉬움이 많은 장면이다.

그렇다면 낭월은 종격(從格)으로 보이는 사주를 만나면 어 떻게 하는지를 묻고 싶은 독자도 있을 것이다. 이에 대해서 분 명(分明)히 답을 한다. 그냥 生剋의 이치로 놓고 대입하고 억 부법(抑扶法)에서 벗어나지 않도록 적용(適用)시키는 것으로 충분(充分)하다. 그 외에 또 다른 법이 있다면 그것은 이율배 반(二律背反)의 자기모순(自己矛盾)에 빠질 뿐이다. 자평법 (子平法)은 자연법(自然法)이다. 그러므로 자연의 이치에서는 누구라도 자신의 모습으로 생존(生存)하는 것을 원칙(原則)으 로 삼는다. 비록 약하더라도 죽어야 하는 것은 없다. 전략적(戰 略的)으로 상대를 제압(制壓)하는 수단(手段)은 있을 수가 있 겠지만 동물(動物)이든 식물(植物)이든 자신의 종족(種族)을 유지하고 번창(繁昌)시킬 목적으로 일어나는 일일 뿐이라는 점을 주지(主旨)하면 자연적으로 해결이 될 문제이니 이 부분 에 대해서는 더 이상 긴 말이 필요 없다고 하겠다.

③현실적(現實的)인 불일치(不一致)

셋째로 아무리 이론적(理論的)으로는 부합(附合)이 되지 않더라도 실제(實際)로 임상(臨床)을 하면서 그러한 상황이 자주 등장(登場)을 한다면 아직은 그 부분에 대해서 이해를 하지 못한 시스템이 존재(存在)할 가능성(可能性)을 염두(念頭)에 두고서 연구(研究)를 더 해야 할 것은 당연하다. 그런데 실제로 임상을 하면서 완전(完全)히 뿌리가 없어서 종살(從殺)이나 종재(從財)를 하거나 종아(從兒)를 해야만 할 상황의 사주임에도 불구하고 의연(依然)히 인겁(印劫)을 기다리고 있는 경우를 너무나 많이 만나게 되면서 이 의구심(疑懼心)조차도 머릿속에서 말끔히 사라져 버리게 되었다. 이상과 같은 이유로 해서 낭월은 종화격(從化格)에 대해서 거론(擧論)하지 않고 감명(鑑命)을 하지만 특별히 문제가 된 경우가 없었다. 그러므로 낭월의 설을 따르고 말고는 독자가 알아서 할 일이지만 현장(現場)에서 임상(臨床)을 하면서 얻은 경험에서는 이와 같다는 것을 밝히는 것이다.

특히 종화격(從化格)의 내용이 경도(京圖) 선생의 주장(主張)에서 나온 것인지는 알 수가 없지만 《滴天髓(적천수)》가 대단한 것은 경도 선생의 주장이어서가 아니고 내용이 이치에 부합(附合)되어 타당(妥當)하기 때문에 대단한 것이다. 하물며 종화(從化)에 대한 논리가 이치에 부합하지 않는다면 그것은 부처의 말이라고 해도 내쳐야 할 것이니, 이것이 선가(禪家)의 법칙(法則)이다. 부처의 말도 옳지 않으면 따르지 않을 것인데 하물며 누구인지도 모르는 사람이 붙여 놓은 《滴天髓(적천수)》의 말미(末尾)에 대해서 더 말해 무엇하랴!

【原文】

從得眞者只論從 從神又有吉和凶
종득진자지론종 종신우유길화흉

【直譯】

從得眞者只論從
종격(從格)을 얻어 진실(眞實)하면
다만 종격(從格)으로 논한다.

從神又有吉凶
종격(從格)의 십성(十星)도 또한
길(吉)이 변(變)하여 흉(凶)이 되기도 한다.

【意譯】

　「종득진자지론종(從得眞者只論從)」은 '종격(從格)을 얻어
진실(眞實)하면 다만 종격(從格)으로 논한다.'는 뜻이다. 별도
로 해석을 할 필요를 느끼지 않으니 생략한다.

　「종신우유길화흉(從神又有吉和凶)」은 '종격(從格)의 干支
도 또한 길(吉)이 변(變)하여 흉(凶)이 되기도 한다.'는 뜻이
다. 종상(從象)도 논하지 않는데 길흉(吉凶)을 논하는 것은 화
사첨족(畫蛇添足)에 불과한 군더더기이니 설명을 생략한다.

13. 化象(화상)

化得眞者只論化 化神還有幾般話

【直譯】

化象
변화(變化)하는 형상(形象)

【意譯】

「화상(化象)」은 '변화(變化)하는 형상(形象)'을 의미한다. 앞의 항목인 「종상(從象)」편과 더불어 「화상(化象)」편도 정신 (精神)이 온전한 사람을 웃게 만드는 난설(亂說)이다. 기본적 (基本的)인 의미는 합화(合化)하여 변화(變化)하게 되면 변화 한 五行으로 논한다는 것이 요지(要旨)이다. 가령 日干이 丙인 데 옆에 辛이 있어 합이 되고, 다시 원국(原局)에 壬癸와 亥子 가 태왕(太旺)하면 辛을 따라서 종(從)을 하면서 자신도 水의 五行으로 변화한다는 논리(論理)이다.

【原文】

化得眞者只論化 化神還有幾般話
화득진자지론화 화신환유기반화

【直譯】

化得眞者只論化
화격(化格)을 얻어 진실(眞實)하면
다만 화격(化格)으로 논(論)한다.

化神還有幾般話
화신(化神)에도 도리어 몇 가지 이야기가 있다.

【意譯】

「화득진자지론화(化得眞者只論化)」는 '화격(化格)을 얻어 진실(眞實)하면 다만 화격(化格)으로 논(論)한다.'는 뜻이다. 그냥 고개만 끄덕이고 맘에는 담아 두지 않으면 된다. 그렇지만 이러한 것이 비록 공감(共感)이 되지 않는다고 해서 무턱대고 삭제(削除)를 할 필요는 없다고 봐서 그냥 둔다. 왜냐하면 또 다른 세월(歲月)에서 분명(分明)히 낭월보다 뛰어난 명안종사(明眼宗師)가 출현(出現)할 것이고, 그러한 안목(眼目)으로 이 대목을 봤을 적에 낭월이 미처 발견하지 못했던 심오(深奧)한 의미를 찾아 낼 수도 있을 것이기 때문이다. 그러므로 수용(受容)하지는 않더라도 삭제(削除)까지 하는 것은 어쩌면 경솔(輕率)할 수도 있기에 조심스럽게 보관(保管)하자는 정도의 의미이다. 이것은 뒤에 나올 「가종(假從)」편과 「가화(假化)」편도 마찬가지이다.

「화신환유기반화(化神還有幾般話)」는 '화신(化神)에도 도리어 몇 가지 이야기가 있다.'는 뜻이다. 이야기가 무엇이든 간에 듣고 싶지 않으면 안 들으면 된다. 이러한 대목에 대한 이야기가 궁금한 독자는 낭월의 번역(飜譯)으로 된 《적천수강의》를 참고하거나 여러 학자가 풀이한 번역서(飜譯書)를 보면 될 것이다.

14. 假從(가종)

眞從之象有幾人 假從亦可發其身

【直譯】

假從
거짓된 순종(順從)

【意譯】

「가종(假從)」은 '거짓된 순종(順從)'의 뜻이다. 이것은 종상(從象)의 변수(變數)이다. 순종을 하는 경우에는 자신이 의지할 뿌리가 없는 경우이거나 태강(太强)하거나 태왕(太旺)한 경우인데 이 경우에는 의지를 할 뿌리가 있거나 용신(用神)으로 삼을 만한 글자가 있음에도 불구하고 세력(勢力)을 따라서 순종(順從)을 한다는 의미이다.

眞從之象有幾人 假從亦可發其身
진종지상유기인 가종역가발기신

【直譯】

眞從之象有幾人
진실(眞實)로 순종(順從)하는 형상(形象)이
몇 사람이나 있겠는가.

假從亦可發其身
거짓으로 순종(順從)하는 것도
또한 출세(出世)를 할 수 있다.

【意譯】

「진종지상유기인(眞從之象有幾人)」은 '진실(眞實)로 순종
(順從)하는 형상(形象)이 몇 사람이나 있겠는가.'라는 뜻이다.

「가종역가발기신(假從亦可發其身)」은 '거짓으로 순종(順
從)하는 것도 또한 출세(出世)를 할 수 있다.'라는 뜻이다.

15. 假化(가화)

假化之人亦多貴 孤兒異姓能出類

【直譯】

假化
거짓된 변화(變化)

【意譯】

「가화(假化)」는 '거짓된 변화(變化)'의 뜻이다. 이에 대한 원류(源流)는 「화상(化象)」편에서 나왔다. 화상(化象)에서 결함(缺陷)이 생겼을 경우에 가화(假化)로 대입하지만 이미 화상(化象)을 통해서 거듭 논하는 것이 의미가 없음을 이해를 했다면 다시 언급(言及)하는 것은 의미(意味)가 없다고 봐서 생략(省略)한다.

【原文】

假化之人亦多貴 孤兒異姓能出類
가화지인역다귀 고아이성능출류

【直譯】

假化之人亦多貴
거짓으로 화(化)한 사람도
또한 부귀(富貴)한 자가 많다.

孤兒異姓能出類
성(姓)이 다른 고아(孤兒)라도
능히 뛰어날 수 있다.

【意譯】

「가화지인역다귀(假化之人亦多貴)」는 '거짓으로 화(化)한
사람도 또한 부귀(富貴)한 자가 많다.' 라는 뜻이다. 느낌으로
는 친일파(親日派)가 떠오르지만 해석(解釋)은 생략(省略)하
기로 한다.

「고아이성능출류(孤兒異姓能出類)」는 '성(姓)이 다른 고아
(孤兒)라도 능히 뛰어날 수 있다.' 는 뜻이다. 비유(譬喩)는 그
럴싸하다. 다만 원리(原理)가 이미 정도(正道)를 벗어난 곳에

서 출발(出發)하고 있으니 아무리 미사여구(美辭麗句)로 장식(裝飾)을 한다고 해 본들 그것이 되살아나지는 않는다. 이미 끝난 이야기라고만 생각하면 될 일이다. 이렇게 종화론(從化論)을 정리(整理)하면서 한 가지 언급(言及)을 해 두고 싶은 것이 있다.

■ 종화(從化)론의 정리(整理)

임철초(任鐵樵) 선생의 실제상담(實際相談)한 내용(內容)을 접하게 되면 누구라도 종화격(從化格)이 존재(存在)하는 것처럼 생각되고, 그렇지 않으면 해결(解決)할 방법(方法)이 없는 것처럼 느껴지기조차 한다. 이것은 인생(人生)을 살아가면서 겪게 되는 모든 희노애락(喜怒哀樂)이 100% 사주에 의해서 결정(決定)된다는 것을 전제(前提)로 하였기 때문이 아닐까 싶다. 그러한 관점에서는 어떻게 해서라도 그 사람의 삶에서 일어난 모든 일들을 풀이해야 할 부담감(負擔感)을 많이 느꼈을 것이다.

이것은 아마도 숙명론자(宿命論者)의 숙명(宿命)일 수도 있겠다. 그러나 인생의 여로(旅路)는 그렇게 단순(單純)하지가 않다. 이것에 대해서 임철초(任鐵樵) 선생이 어느 정도의 생각만 했더라도 이렇게까지 극단적(極端的)인 종화론(從化論)으로 몰아가지는 않았을 것이라는 안타까움을 가져본다. 그렇다면 삶에 영향을 미치는 것은 어떤 것이 있을까? 이제 진지(眞摯)하게 이 부분에 대해서 생각을 해봐야 할 때이다.

숙명(宿命)에 간섭(干涉)하는 요인으로 환경(環境)에 대해서 먼저 생각하지 않을 수가 없다. 같은 사주로 태어났더라도 저마다 환경은 다르기 마련이다. 쌍둥이로 태어난 경우라면 그 래도 환경이 비교적 같겠지만 부모도 다르고 지역도 다르다면 그 차이는 판이(判異)하다고 할 것이다. 그런 상황에서 오로지 사주로만 모든 것을 해결하려는 것은 사주학에 대한 충성도(忠誠度)는 훌륭하다고 할지 몰라도 학문적(學問的)인 접근(接近)에서는 문제점을 안고 있다고 해야 할 것이다.

자평학(子平學)을 정복자(征服者)의 논리가 아니라, 이치적으로 사유(思惟)하고 궁리(窮理)하는 철학적(哲學的)의 관점(觀點)에서 접근해야 한다면 아무래도 환경에 의한 변수(變數)를 당연히 최우선(最優先)으로 고려(考慮)해야 할 것으로 본다. 그럼에도 불구하고 이러한 것조차도 사주에서 해답(解答)을 얻어야 하지 않느냐는 강경(强硬)한 입장(立場)이라면 낭월이 말리고 싶지는 않다. 다만 그만큼 실패(失敗)를 할 가능성(可能性)이 많다는 것만 언급(言及)하고자 한다.

예를 들어, 사업(事業)을 해서 금전적(金錢的)인 수확(收穫)을 얻고자 하는 사람에게도 환경(環境)은 매우 중요하다. 사주상담을 받아본 다음에 '운(運)이 좋다.'는 말에 퇴직금(退職金)을 모두 투자(投資)하여 식당(食堂)을 차린다면 과연 성공을 할 수 있을 것인지를 생각해 보자.

일반적인 상식으로 생각을 해 봐도 경험도 없는 상태에서 무모(無謀)하게 약간의 돈이 있다는 것만으로 사업에 뛰어든다면 성공(成功)할 확률(確率)이 높을까? 창업자(創業者)가 성공(成功)할 가능성은 10%라고 하는 경제학자(經濟學者)의 말을 들었는데 과연 얼마나 많은 사람이 쉽게 창업(創業)을 하고 또 쉽게 폐업(閉業)을 하고 있는지 주변을 둘러보면 알 일이니 구태여 긴 설명은 필요 없다고 하겠다.

또 북한(北韓)에서는 어떨까? 개인적인 사주가 좋고 운(運)이 좋더라도 출신성분(出身性分)이 당원(黨員)이 아니라면 이미 현격(懸隔)한 차이를 맛보게 될 수밖에 없는 일임을 잘 알고 있다. 물론 당의 간부로 태어난 아이는 사주도 좋다고 한다면 더 할 말은 없다. 그럼에도 불구하고 환경(環境)은 중요(重要)하지 않다고 할 것인지를 생각해 보면 이내 판단(判斷)이 될 것이다.

노력(努力)도 환경만큼이나 중요하고 어쩌면 사주보다 더 중요하다고 할 수도 있을 것이다. 운(運)이 좋아도 노력을 하지 않는다면 찾아 먹을 것이 없다는 것은 자명(自明)한 일이기 때문이다. 어쩌면 '노력조차도 사주에 나와 있지 않느냐.'는 생각을 한다면 자평학에 대한 충성도(忠誠度)는 100점이다. 그러나 철학자(哲學者)의 관점(觀點)으로 본다면 아무래도 반드시 그렇게 높은 점수를 줄 수는 없지 싶다. 노력을 열심히 하는 사주도 있기는 하다. 식상(食傷)도 노력하고 관살(官殺)도 노력한다. 그리고 노력에 게으른 성분도 있다. 인성(印星)이나 비겁(比劫)은 아무래도 노력에 대해서 덜 힘을 쓰는 성분으로 봐야 할 것이다. 그럼에도 불구하고 사주를 떠나서 노력을 해야 하는 것만은 틀림이 없는 것이다. 가령 가정에서 아이만 키우는 전업주부(專業主婦)의 경우에는 흉운(凶運)도 그럭저럭 넘어가지만 반대로 길운(吉運)도 또한 그럭저럭 넘어간다는 것을 생각해 보면 노력의 여부(與否)는 상당한 영향(影響)을 미치고 있다는 것을 알 수가 있을 것이다.

그렇다면 이것 빼고 저것 제하고 결국 자평학은 존재(存在)의 의미가 있느냐고 반문(反問)을 할 수도 있다. 이미 그러한 이야기도 들었기 때문이다. 그러나 낭월은 그것이 운명학(運命學)이라고 생각한다. 이 책과 인연한 독자는 운명학을 너무 맹신(盲信)하지 말라는 점을 차제(此際)에 말하고 싶다. 그렇다면 사주공부를 왜 하는가? 그야 참고(參考)하려고 공부하는 것이다. 인생의 기나긴 길에서 잠시 자신의 적성(適性)과 방향(方向)과 시기(時期)를 물어보는 용도(用度)라면 결코 나쁘다고 탓을 하지는 않을 것이다. 다만 이것을 너무 믿은 나머지 운이 불길(不吉)하다고 하면 어떻게 해야 길운(吉運)으로 만들 수가 있느냐는 방법론(方法論)이 등장(登場)하게 되고 그 틈을 비집고 사기꾼이 개입(介入)하게 될 여지(餘地)가 생긴다는 것도 명심(銘心)해야 할 것이다.

운명의 논리만으로 모든 것을 재단(裁斷)하려고 하는 순간(瞬間)에 왜곡(歪曲)도 일어나고 착시(錯視)도 일어나기 마련이고, 종화격(從化格)에 대한 대입(代入)도 서슴없이 받아들이게 되는 것이다. 물론 나아가서 신살론(神殺論)이나 기타의 폐기(廢棄)된 이론(理論)조차도 다시 끌어다가 해석(解釋)의 합리화(合理化)를 시키려고 안달이 날 가능성은 점점 높아질 뿐이다. 이것이 옳다고 생각하면 그대로 할 수밖에 없겠지만 이성적(理性的)으로 냉철(冷徹)하게 판단하면 어느 것이 타당한 자연의 순리(順理)인지를 이해하는데 많은 시간이 필요치는 않을 것이다.

거짓말은 또 다른 거짓말을 부르기 마련이고 잘못된 이론(理論)의 대입은 또 다른 변명(辨明)을 만들게 되는 것도 당연하다. 그래서 오른쪽에 맞추면 왼쪽이 어긋나고 또 위쪽에 맞추면 이번에는 아래가 어긋난다. 이렇게 오랜 시간을 허무(虛無)하게 보내는 것이 너무도 안타까워서 낭월이 모든 것을 짊어지고 가기로 작정을 했으니 현명(賢明)한 독자의 숙고(熟考)를 고대(苦待)할 뿐이다.

16. 順局(순국)

一出門來只見兒 吾兒成氣構門閭
從兒不管身强弱 只要吾兒又得兒

【直譯】

順局
순응(順應)의 형국(形局)

【意譯】

「순국(順局)」은 '순응(順應)의 형국(形局)'의 뜻이다. 식
상(食傷)으로 종(從)하는 사주를 논하는 장이니 다른 말로는
'종아격(從兒格)'이라고도 한다. 이 또한 「종상(從象)」편에서
이야기를 하였는데 다시 추가하니 군더더기라고 할 수 있는 항
목이다. 그리고 이후로 언급하는 순국(順局), 반국(反局), 전
국(戰局), 합국(合局)의 사국(四局)과 군상(君象), 신상(臣
象), 모상(母象), 자상(子象)의 사상(四象)은 그냥 뛰어넘는
것이 오히려 공부에 도움이 될 수도 있음을 귀띔한다.

【原文】

一出門來只見兒 吾兒成氣構門閭
從兒不管身强弱 只要吾兒又得兒
일출문래지견아 오아성기구문려
종아불관신강약 지요오아우득아

【直譯】

一出門來只見兒
문 밖을 나가니 오직 아이만 보이고

吾兒成氣構門閭
내 아이들이 문 앞에서 웅성거린다.

從兒不管身强弱
아이를 따르면 신강약(身强弱)은 관계 없고

只要吾兒又得兒
오직 아이가 다시 아이 얻기를 요(要)한다.

【意譯】

「일출문래지견아(一出門來只見兒)」는 '문 밖을 나가니 오직
아이만 보인다.' 는 뜻이다. 사주에 식상(食傷)만 보이고 다른

것은 보이지 않는다는 이야기이니 그야말로 만국식상(滿局食傷)의 구조(構造)를 말하는 것이다.

「오아성기구문려(吾兒成氣構門閭)」는 '내 아이들이 문 앞에서 웅성거린다.' 는 뜻이다. 月支에도 식상(食傷)이 있음을 표현(表現)한 것이지만 같은 소리만 같은 톤으로 계속 말하고 있으니 소음(騷音)에 가깝다.

「종아불관신강약(從兒不管身强弱)」은 '아이를 따르면 신강약(身强弱)은 관계 없다.' 는 뜻이다. 이건 또 무슨 망발(妄發)인가 싶다. 과연 이러한 말을 경도(京圖) 선생이 했을까 싶은 의문(疑問)이 드는 것은 이런 대목에서 더욱 짙어진다.

「지요오아우득아(只要吾兒又得兒)」는 '오직 아이가 다시 아이 얻기를 요(要)한다.' 는 뜻이다. 그러니까 종아격(從兒格)이 되었으면 다시 재성(財星)을 봐서 종아생재격(從兒生財格)이 되는 것이 가장 좋다는 의미인 것 같다. 뜻은 알겠는데 도무지 말도 되지 않는 내용으로 한 줄을 채워 놓았다는 생각이 드는 것은 어쩔 수가 없다. 아기타령만 하다가 만 꼴이기 때문이다. 식상(食傷)이 과다(過多)한 사주에서 해결(解決)해야 할 이치(理致)는 간단하다. 식상이 많으면 인성(印星)을 찾는 것이고, 인성이 없으면 비겁(比劫)에게라도 도움을 받으면서 인성이 운에서라도 들어오기를 기다려야 하는 길 뿐이다. 진리(眞理)는 단순명료(單純明瞭)한 것이고, 억부(抑扶)를 벗어나면 자평법이 아닐 뿐이다.

17. 反局(반국)

君賴臣生理最微 兒能救母洩天機
母慈滅子關頭異 夫健何爲又怕妻

【直譯】

反局
반역(反逆)의 형국(形局)

【意譯】

「반국(反局)」은 '반역(反逆)의 형국(形局)'이란 뜻이다. 이
것은 앞에서의 「순국(順局)」편과 대비(對備)를 이룬다. 순국
(順局)이 아래로 흘러가는 물과 같은 의미라면 반국(反局)은
위로 거슬러 올라가는 불과 같은 의미이다. 순국의 의미가 신
통(神通)하지 못했다면 반국도 또한 마찬가지일 것이라는 선
입견(先入見)이 생기는 것은 어쩔 수가 없지만, 뜻이나 살펴보
자는 마음으로 읽으면 된다.

君賴臣生理最微 兒能救母洩天機
母慈滅子關頭異 夫健何爲又怕妻
군뢰신생이최미 아능구모설천기
모자멸자관두이 부건하위우파처

【直譯】

君賴臣生理最微
임금이 신하의 생(生)을 의지하는 것은
그 이치가 가장 은밀(隱密)하다.

兒能救母洩天機
아이가 능히 어미를 구하니
천기(天機)를 누설(漏洩)한다.

母慈滅子關頭異
어미가 자애(慈愛)로워 자식을 멸(滅)하니
머리와 연관(聯關)되어 다를 수 있다.

夫健何爲又怕妻
남편이 강건(剛健)한데 무슨 까닭으로
또 아내를 두려워하는가.

【意譯】

「군뢰신생이최미(君賴臣生理最微)」는 '임금이 신하의 생(生)을 의지하는 것은 그 이치가 가장 은밀(隱密)하다.' 라는 뜻이다. 이미 첫 구절부터 허풍(虛風)이 전해 온다. 원래 허풍쟁이가 떠들 적에는 반발(反撥)하면 시끄러워진다. 그냥 가만히 있으면서 미소(微笑)만 지어주면 오래 가지 않아서 말을 멈추게 될 것을 알고 있기 때문이다. 그 외에 다른 방법(方法)은 없다.

임철초(任鐵樵) 선생의 수다도 한 몫을 한다. 하도 말이 안 되니까 '군(君)이 日干'이라고도 한다. 기본적(基本的)으로 임금을 논할 적에는 정관(正官)으로 대입(代入)하는 것이 타당한데 아마도 뭔가 꼬여있다는 것을 느꼈던 것으로 보인다. 원래 헛소리를 할 적에는 '이게 가장 중요한데~'라고 하기도 한다. '이최미(理最微)'와 같은 멋진 장식(裝飾)으로 덧씌워서 뭔가 있어보이게 할 요량인 모양이다. 그런 글에 속아서 또 한참을 방황(彷徨)하게 되는 독자는 누가 책임질 것인가.

임금이 왜 신하의 생(生)을 의지해야 하는가? 이것이 말이 되는가? 임금은 정관(正官)이고 신하(臣下)는 日干이라야 직관적(直觀的)으로는 타당하지만 그렇게 놓고는 말이 되지 않는다. 그렇다면 다시 신하를 日干의 신하로 놓고 대입해야 할 상황으로 전개된다. 그렇다면 정관이 재성(財星)의 生을 바라게 되는 형국(形局)이라는 의미가 된다. 그건 타당성이 있다고 하겠다. 그러나 쉽게 생각을 해 보자. 정관이 약하면 재성으로 돕는다. 이것을 '재관격(財官格)', 혹은 '재자약살격(財滋

弱殺格)'이라고 한다는 이야기에서 조금도 벗어나지 않는다. '이최미(理最微)'인지 아닌지는 모르겠지만 의미는 이렇게도 간명(簡明)한 것을 말이다.

「아능구모설천기(兒能救母洩天機)」는 '아이가 능히 어미를 구하니 천기(天機)를 누설(漏洩)하는 것이다.'라는 뜻이다. 갈수록 태산(泰山)이다. '설천기(洩天機)'라니, 앞의 '이최미(理最微)'와 더불어 허풍의 극(極)을 달린다. 한편으로는 재미있기도 하다. 그러나 공부하는 글을 이렇게 써놓으면 될 일인가? 오히려 무협지(武俠誌)에서나 봄직한 글귀를 접하게 되니 참 씁쓰레하다. 학문적(學問的)인 관점(觀點)에서는 이런 말은 모두 사기(詐欺)에 속한다고 할 수 있는 까닭이다. 그냥 '아능구모(兒能救母)'에 대한 설명이나 하면 될 일인데 말이다. 여하튼, 아능구모(兒能救母)는 무슨 뜻인가 보자. 아이는 식상(食傷)일까? 아니면 日干일까? 설명이 없으니 추측(推測)을 할 수밖에 없다.

그렇다면 어미는 또 인성(印星)일까? 아니면 日干일까? 이것도 모호(模糊)하다. 이야기를 이렇게 모호하게 해 놓고서 설천기(洩天機)라니 후학(後學)은 그냥 답답하여 속이 터질 지경(地境)이다. 설마 아이는 식상이고 어미는 인성일까? 임철초(任鐵樵) 선생은 이렇게 봤다. 동목(冬木)은 인성이 얼어 있어서 아이인 火로 따뜻하게 해줘야 한다는 이야기는 그 뜻이기 때문이다. 일견(一見) 일리가 있어 보인다. 그렇다면 '아능구모(兒能救母)'를 '동목희화(冬木喜火)'라고 했으면 될 것을 참 묘하게도 비틀어 놓았다.

그러니까 '겨울나무는 온기가 필요하다.'는 의미로 충분히 표현이 되는 것을 거창하게 '설천기(洩天機)'까지 들고 나오는 것을 보면 이 글을 쓴 사람은 정신적(精神的)인 수준(水準)이 좀 낮은 것은 아닌가 싶은 의심(疑心)도 든다.

「모자멸자관두이(母慈滅子關頭異)」는 '어미가 자애로워 자식을 멸(滅)하니 머리와 연관(聯關)되어 다를 수 있다.'는 뜻이다. 이것은 인성과다(印星過多)의 상황(狀況)을 논하는 것이다. 木에게 인성(印星)이 태과(太過)하면 물에 잠긴다는 상황으로 이해할 수가 있으니, 이러한 경우에는 재성(財星)인 土를 만나서 인성을 제어(制御)하고 뿌리를 내릴 토양(土壤)을 얻어야 한다. 이렇게 되면 '기인취재격(棄印就財格)'의 구조가 된다. '인성이 과다(過多)하면 재성을 용신으로 삼는다.'는 의미이다. 이것도 흐름을 거스르는 것이니 반국(反局)이라고 할 만하겠다. 그런데 또 뒤에 붙어 있는 세 글자인 '관두이(關頭異)'가 난해(難解)하다. 두(頭)는 天干을 말한다면, 어찌 족(足)에 해당하는 地支와는 연관이 없겠는가라는 생각이 뒤를 따르기 때문이다. 임철초(任鐵樵) 선생은 종강격(從强格)의 분위기로 설명을 했으나 이것은 난센스로 봐야 할 것이니 항상 이야기 하는 대로 억부법(抑扶法)의 이치를 벗어나는 까닭일 뿐 다른 이유는 없다.

「부건하위우파처(夫健何爲又怕妻)」는 '남편이 강건(剛健)한데 무슨 까닭으로 또 아내를 두려워하는가.'라는 뜻이다. 이 구절이 앞의 문맥(文脈)과 서로 통하려면 '부건파처우하위(夫

健怕妻又何爲)'라고 해야 할 것 같다. '남편이 강건하면서도 처를 두려워하는 까닭은 또 무엇인가?'라고 해석을 하는 것이 오히려 일관성(一貫性)이 있어 보여서 해 보는 생각이다. 일주(日柱)가 비록 뿌리가 단단하게 박혔더라도 주변에 재성(財星)이 과다(過多)하고 또 재성이 관살(官殺)을 거느리고 있으면 아무래도 두려워할 수가 있다는 의미로 이해하면 충분하다.

왠지 日干의 간(肝)이 쪼그라드는 듯한 느낌이라고나 할까. 그런 분위기이므로 필요한 것은 인성(印星)의 도움을 받는 것이다. 쉽게 이야기 하면 '재살(財殺)이 강하므로 인성(印星)을 의지한다.'는 정도이다. 이것은 「중과(衆寡)」편에서 다룬 이야기를 다시 거론하고 있는 것이니 또한 군더더기라고 해야 할 모양이다. 다만 정도(程度)가 조금 완화(緩和)되었다는 상황을 설명하기 위해서 언급을 하고 싶었는지는 모르겠지만 자평법이 억부론(抑扶論)으로 통일(統一)되면 문제가 없으므로 조금 약한 것은 많이 약한 것과 같은 공식(公式)이 적용(適用)될 뿐이니 괜한 소란(騷亂)이다.

18. 戰局(전국)

天戰猶自可 地戰急如火

【直譯】

戰局
전쟁(戰爭)하는 형국(形局)

【意譯】

「전국(戰局)」은 '전쟁(戰爭)하는 형국(形局)'의 뜻이다. 沖
剋이 있는 장면(場面)을 말한다. 사주마다 생조(生助)도 있고
沖剋도 있으니 저마다 모양이 다르지만 의미는 같다고 해도 될
것이다. 그러니까 따로 전국이라고 할 필요는 없는 것이다. 이
것도 괜히 일을 크게 벌이려는 음모(陰謀)에서 나온 것인지도
모르겠고, 앞에서 순국(順局), 반국(反局), 전국으로 국(局) 시
리즈를 만들고 있는 것 같은 느낌도 든다. 다음에는 또 합국(合
局)이 기다리고 있으니 이른바 사국(四局)이다.

【原文】

天戰猶自可 地戰急如火
천전유자가 지전급여화

【直譯】

天戰猶自可
천간(天干)의 전쟁(戰爭)은 오히려 괜찮지만

地戰急如火
지지(地支)의 전쟁(戰爭)은 불같이 급(急)하다.

【意譯】

「천전유자가(天戰猶自可)」는 '天干의 전쟁(戰爭)은 오히려 괜찮다.'라는 뜻이다. 天干에 전쟁(戰爭)이 있던가? 그런 것은 없다. 괜히 작자(作者)가 만들어 낸 것일 뿐이다. 甲庚沖이라고 하지만 金剋木일 뿐이고, 壬丙沖이라고 하지만 水剋火일 뿐이다. 그런데 없는 전쟁을 만들어서 호들갑을 떤다. 그럼 왜 전쟁이란 말을 만들어 냈는가 하면 대충(對沖)을 놓고 한 말일 것이다. 대충은 또 무엇인가?

그것은 나경(羅經)에서 서로 마주보고 있는 24좌향(坐向)의 글자들 중에서 干支가 서로 마주보고 있는 것에 붙여 놓은 말이다. 이것을 갖고서 확대해서는 서로 만나면 전쟁이 된다고 하는데 실은 生剋만 존재(存在)한다. 마주보고 있는 것이 풍수학(風水學)에서는 당연(當然)히 100%지만 干支에서는 서로 마주 볼 일이 없다. 왜냐하면 공간(空間)은 원형(圓形)이 될 수도 있지만 시간(時間)은 원형(圓形)이 아니라 선(線)이기 때문이다. 그런데 풍수학(風水學)의 구조(構造)가 간지학(干支學)으로 전이(轉移)되면서 이렇게 황당(荒唐)한 논리(論理)가 그대로 유입(流入)이 되었던 것으로 짐작이 된다.

「지전급여화(地戰急如火)」는 '地支의 전쟁(戰爭)은 불같이 급(急)하다.'라는 뜻이다. 지전((地戰)은 또 무엇인가? 子午沖이나 卯酉沖과 같은 沖剋을 말하는 것임은 자명(自明)하겠다. 이것이 전쟁인가? 물론 아니다. 또한 극제(剋制)의 현상(現狀)일 뿐이다. 그런데 급(急)하다는 말은 그래도 전혀 황당(荒唐)하다고는 하지 않아도 되지 싶다. 왜냐하면 수화상전(水火相戰)이 일어나면 양패구상(兩敗俱傷)을 하게 될 염려(念慮)를 해야 하겠기 때문이다.

기본적(基本的)으로는 승패(勝敗)가 갈리지만 상황(狀況)에 따라서 일수이화(一水二火)가 붙거나 일금이목(一金二木)이 붙게 되면 전쟁(戰爭)이라고 해도 될 가능성이 높아지기 때문이다. 사실 인간들의 전쟁도 양대 세력이 팽팽하면 싸우지 않는다. 균형이 무너지기를 기다렸다가 기회(機會)가 왔을 때 강하다고 생각한 쪽에서 선제공격(先制攻擊)을 하고 약한 쪽에서는 연합전선(聯合戰線)을 만들어서 대항(對抗)하게 되는 것이 보통이다. 그것의 확인(確認)은 역사적(歷史的)인 대전(大戰)을 보면 바로 알 수가 있을 것이다.

일대일(一對一)로 붙으면 승패가 명약관화(明若觀火)하므로 전쟁이라고 하지 않고 剋이라고만 하면 된다. 그런데 이것조차도 전쟁이라고 하는 것은 또한 풍수학(風水學)에서 온 것이다. 즉 대충(對沖)의 개념으로 水火가 동등(同等)하다고 보는 관점(觀點)이 그대로 들어오는 바람에 이러한 말이 생겨나게 되었고, 그대로 전승(傳承)하고 있는 것이다. 풍수에서는 子午가 대등(對等)하고, 卯酉도 대등하다. 그로 인해서 글자만 쳐다보고 학문적(學問的)인 특성(特性)은 고려하지 않은 채로 대입을 하다 보니까 卯酉가 있으면 동서(東西)의 전쟁(戰爭)이라고 하고, 子午가 있으면 남북(南北)의 전쟁이라고 하는 것이 그대로 옮겨지게 된 것이다.

거듭 말하지만 동서남북(東西南北)은 대충(對沖)의 방향(方向)이니 풍수에서 온 말임을 능히 짐작하고도 남음이 있다. 풍수는 전후(前後)를 논하고 좌우(左右)를 논하지만 자평학(子平學)은 오로지 五行의 生剋을 논한다. 동남서북(東南西北)은 五行의 흐름으로 진행되는 계절(季節)의 흐름이고 그래서 자평학(子平學)에서는 대충(對沖)의 의미는 논외(論外)로 하고 오직 상황에 따라서 剋도 되고 沖도 되고 전쟁(戰爭)도 된다는 것으로 유연하게 수용하는 것이 옳겠다.

19. 合局(합국)

合有宜不宜 合多不爲奇

【直譯】

合局
결합(結合)의 형국(形局)

【意譯】

「합국(合局)」은 '결합(結合)의 형국(形局)'이라는 뜻이다.
사주에서 合을 논하는 것은 干合이 전부이다. 地合에도 三合이
나 六合이 있고 어정쩡한 방합(方合)도 있기는 하지만 모두 논
외(論外)로 한다. 간지학(干支學)에서 그들이 合을 해야 할 이
치는 없기 때문이다. 그리고 地合에 대해서는 이미 「방국(方
局)」편에서 논했고, 干合은 「화상(化象)」편에서 거론을 했지
만 여기에서 다시 재론(再論)을 하는 것도 반복(反覆)이기는
하다. 그래도 내용이 과히 나쁘진 않으니 그나마 다행이다.

【原文】

合有宜不宜 合多不爲奇
합유의불의 합다불위기

【直譯】

合有宜不宜
합(合)이 있으면 옳은 것과 아닌 것이 있으나

合多不爲奇
합(合)이 많은 것은 기특(奇特)하지 않다.

【意譯】

「합유의불의(合有宜不宜)」는 '합이 있으면 옳은지 아닌지를 구분(區分)한다.'는 뜻이다. 합은 상황에 따라서 길흉(吉凶)이 달라질 수 있으니 살피는 것이 타당하다. 일고(一顧)의 가치가 있다는 의미이다. 그런데 「한신(閑神)」편에서 이미 다 언급을 했던 내용이어서 별다른 감흥(感興)은 없지만 부연(敷衍)하여 설명하는 것도 괜찮지 싶다. 빤한 이야기이지만 용신(用神)이 합되면 마음이나마 끌림이 있으니 이것은 불의(不宜)가 된다. 즉 日干을 돕는데 최선을 다하지 않을까 염려(念慮)가 되는 까닭이다. 이와 달리 기구신(忌仇神)이 합되면 오히려 반갑다고 해야 할 것이니 이것이 바로 유의(有宜)에 해당하는 합이다. 이렇게만 이해를 해도 핵심(核心)은 얻은 것이다. 또 日干의 습도 있다. 日干이 용신과 습하는 것은 유의(有宜)가 되고, 기신(忌神)과 습하는 것은 불의(不宜)가 되는 것도 당연한 이치이다. 내용에 무슨 문제가 있는 것은 아니지만 이러한 것을 논하는 것 자체가 조금 유치하다고나 할까 그런 느낌이므로 재미는 적다.

「합다불위기(合多不爲奇)」는 '습이 많은 것은 기특(奇特)하지 않다.'는 뜻이다. 습이 많아서 좋을 일이 많지는 않을 텐데 왜 이런 글을 써냈을까? 어쩌면 당시의 학자들은 습이 좋은 것이라는 선입견(先入見)을 갖고 있었던 것은 아닐까 싶다. 그렇다면 약간은 높은 목소리로 '그건 아니거든요~!'라고 하고 싶은 마음으로 글을 썼을 수도 있을 것이다. 그런데 이러한 분위기는 요즘에도 그대로인 것으로 보인다. 습은 좋은 것이라는 것은 아마도 화합(和合)의 습을 떠올린 것이 아닐까 싶다.

그러나 화합과 干습은 전혀 다른 이야기인데 글자가 같다고 해서 뜻도 같은 것으로 묶어버리는 오류를 범하는 것일 수도 있다. 특히 궁합을 의논하면서 습이 있으면 천생연분(天生緣分)이라고 풀이를 하는 사람들이 적지 않은가 보다. 여기에서 '학자'라고 하지 않고 '사람들'이라고 하는 것에 주목해도 좋다. 그러한 주장을 한다면 학자라고 하기는 함량이 미달이라는 생각이 들어서 구분해 보는 것이다.《滴天髓(적천수)》의 이 한 구절만 읽었더라도 '습도 습 나름'이라는 정도의 유연성은 잃지 않을 텐데 말이다. 그래서 습에 대한 이야기가 나온 김에 현재의 상황도 별반 달라지지 않았음을 상기해 본다.

■ 별론(別論) : 三合의 타당성(妥當性)

합에 대해서 별도로 하고 싶은 이야기가 있어서 이렇게 별론을 마련했다. 三合은 寅午戌, 巳酉丑, 申子辰, 亥卯未의 네 종류가 있다. 방합(方合)이나 六合은 논외(論外)로 한다. 왜냐하면 비중이 三合보다 못하기 때문에 三合을 깨부수어 버린다면 나머지는 자동으로 흩어질 것이기 때문이다. 寅午戌을 기준으로 예를 들어서 三合의 의미가 있는지를 생각해 보도록 한다.

寅午戌이 합이라는 말이 어디에서 나온 것인지는 알 수가 없다. 다만 풍수학(風水學)에서 나온 것이 아닐까 싶은 정도의 혐의만 두고 있다. 왜냐하면 地支를 평면적(平面的)으로 늘어놓고 보면 정삼각형(正三刻形)이 그려지는데 그것을 합이라고 말하는 까닭이다. 이로 미루어보건대 地支에 따라붙은 군더더기들은 대부분 풍수학에서 왔다는 것으로 정리를 할 수가 있을 것이다. 이미 독자의 수준이라면 지면(紙面)에 동그라미를 그려 놓고 빙 둘러서 地支를 나열한 다음에 줄을 그어 봤을 것으로 생각된다. 그러니 이에 대해서는 더 설명하지 않아도 무슨 의미인지 이해가 되었을 것이다. 우리는 자평법에서의 三合은 어떤 의미가 있는가를 생각해 보는 것이 중요하다.

寅午가 있으면 木生火이고, 午戌이 있으면 火生土이며 寅戌이 있으면 木剋土이다. 이외의 다른 논리는 모두 미신(迷信)이라고 정리를 하면 될 것이다. 그렇다면 寅午戌을 채용할 여지(餘地)는 전혀 없는 것일까? 그렇진 않다. 나름대로 활용을 할 수는 있다. 이에 대해서는 약간의 속사정을 언급해야 하겠다.

火의 一生		
寅 卯 辰 巳 **午** 未 申 酉 **戌**		亥子丑
(生) → → → (旺) → → → (庫)		(휴식기)

火의 일생을 줄여서 寅午戌이라고 한다면 전혀 문제가 없다. 인간의 일생을 줄여서 초년(初年)·중년(中年)·말년(末年)으로 말하는 것과 같은 이치이다. 왜냐하면, 火는 寅에서 生하고, 午에서 왕(旺)하며, 戌에서 입고(入庫)된다는 것을 모두 알고 있기 때문에 이러한 이유로 처음과 중간, 그리고 끝의 地支를 모아서 하나의 의미를 부여한다면 그래도 무방하다고 보는 것이다. 다시 확장하면, 寅월에 태어난 火는 卯辰을 지나면서 성장하고, 巳에서 힘을 얻어 午에서 왕성(旺盛)했다가 未에서 점차로 쇠(衰)해져서 申酉를 거치면서 완전히 기운이 빠진 다음에 戌에서 다시 쓸 기회를 기다리면서 창고(倉庫)로 들어가는 과정이라고 할 수가 있을 것이다. 나머지도 이렇게 유추(類推)하면 되므로 번잡(繁雜)한 부연(敷衍)은 생략한다. 중요한 것은 이렇게 되었다면 寅午戌은 대표자들을 모아 놓은 것이지 결합(結合)과는 아무런 연관(聯關)이 없다는 것으로 정리를 하면 되는 것이다. 심지어는 寅午戌은 화국(火局)이라는 논리까지 전개(展開)하면서 寅과 戌이 모두 불이 되었다는 식의 이야기는 무슨 말인지 도통 모르겠다.

20. 君象(군상)

君不可抗也 貴乎損上以益下

【直譯】

君象
군왕(君王)의 형상(形象)

【意譯】

「군상(君象)」은 '군왕(君王)의 형상(形象)'을 뜻한다. 군왕
은 日干을 다스리는 것이니 관성(官星)으로 보는 것이 타당하
다고 하겠다. 앞에서는 사국(四局)을 이야기 하더니 이번에는
사상(四象)인가? 이름 한 번 묘하게 갖다 붙였다. 군상(君象),
신상(臣象), 모상(母象), 자상(子象)으로 상(象)자 시리즈가
이어지니 말이다.

【原文】

君不可抗也 貴乎損上以益下
군불가항야 귀호손상이익하

【直譯】

君不可抗也
군왕(君王)에게 항거(抗拒)하는 것은 불가(不可)하니

貴乎損上以益下
위를 덜어서 아래를 이롭게 함이 귀(貴)하다.

【意譯】

「군불가항야(君不可抗也)」는 '군왕(君王)에게 항거(抗拒)하는 것은 불가(不可)하다.'는 뜻이니 당연하다. 그리고 사주에서 항거하기 어렵다고 하는 대상이 日干일까? 관살(官殺)일까? 당연히 관살임을 알겠는데 유백온(劉伯溫) 선생도 원주(原注)에다가 군(君)을 日干이라고 했으니 임철초(任鐵樵) 선생도 어쩔 수가 없이 그대로 받아 적은 것이 아닐까 싶다. 그래서 이름의 권위(權威)에 눌려서 본래의 뜻은 그것이 아닌 줄을 알면서도 흐지부지하게 넘어가는 오류(誤謬)를 범하게 된것은 아닐까 싶다. 여기에서 유백온 선생의 원주(原注)를 굳이 적을 필요는 못 느낀다. 궁금한 독자는 책을 찾아보면 될 것이므로 문제점이 보이는 것을 언급하는 것으로 낭월의 역할은 다 되었다고 볼 참이다. 그러니까 이 항목의 뜻은 '관살에게는 대항(對抗)면 안된다.'는 뜻이 맞을 것으로 본다.

아마도 관살(官殺)이 무척 강했던 모양이다. 그렇다고 해서 관살과 싸울 수는 없는 일이다. 어쩌면 관살이 약했을 수도 있을까? 그렇다면 싸울 수도 있지 않을까? 그것을 반란(叛亂)이라고 할 것이지만 성공하면 제국(帝國)을 건설(建設)하는 것이기도 하다. 그 평가는 후세(後世)에서 내릴 일이다. 그런데 겨루기가 불가능(不可能)하다고 못을 박아놨으니 엄청 강력(强力)한 걸왕(桀王)쯤 되는 군왕(君王)이라는 것을 미루어서 짐작하고도 남겠다. 그렇다면 어떻게 해야 할까? 아니, 어떻게 하기 전에 꼭 이렇게 했어야 하느냐는 불평을 하고 넘어간다.

이것이 그나마 후학이 그 뜻을 알아내려고 적지 않은 시간을 고민하고 혼란스러웠던 것에 대한 소심한 복수(復讐)이다. 이렇게라도 해야 맘속의 억울(抑鬱)함이 조금이나마 위로(慰勞)를 받을 것 같아서이기도 하다. 그냥 쉽게 '관살태과(官殺太過)'라고 하면 될 일을 갖고서 온갖 억측(臆測)을 난무하게 만든 원인(原因)의 제공자(提供者)에게 불평(不平)을 하고 싶고 글을 갖고 장난치면 안된다는 생각을 전하는 것이기도 하다. 독자의 생각은 어떤가? 간단하게 말할 수도 있는 것을 있어보이게 하려고 비비 틀어서 군왕(君王)을 들고 나온 것에 대해서 있어 보인다고 생각을 할 것인가?

「귀호손상이익하(貴乎損上以益下)」는 '위를 덜어서 아래를 이롭게 함이 귀(貴)하다.'는 뜻이다. 여기에서 위는 군왕

(君王)이 될테니 관살(官殺)이고 아래는 비겁(比劫)이라고 볼 수 있으므로 日干이 되는 것이다. 여기에만 동의(同意)한다면 나머지는 순풍(順風)이다. 관살이 왕성(旺盛)하니 日干이 약(弱)할 것은 당연한 이치(理致)이고 이러한 상황(狀況)에서는 관살의 기운을 아래로 흘려보내서 인성(印星)을 거친 다음에 다시 日干으로 돌아가서 에너지가 되도록 하는 것 밖에는 다른 이치가 없기 때문이다. 이것을 '손상익하(損上益下)'라고 하는 것이다. 여기에서 관건(關鍵)은 인성에 있다. 인성이 없으면 위를 덜어낼 방법이 없는데 덜어내는 것이 식상(食傷)으로 설기(洩氣)하는 것임은 긴 설명이 필요 없을 것이다. 그러니까 간단히 말하면 '살중용인격(殺重用印格)'의 구조라는 이야기이다. 이렇게 간단하게 설명할 수가 있는 것을 복잡하고 있어 보이게 하려고 빙빙 돌리고 있는 것이 귀찮기는 하지만 의미를 바로 이해하는 것으로 정리하면 그뿐이다.

군상(君象)은 관살태과(官殺太過)의 상황(狀況)을 말하는 것으로 봐야 하겠다. 그러니까 임금의 형상(形象)으로 편중(偏重)된 상황을 이야기하는 것이다. 참고로 사상(四象)을 정리해 보면 다음과 같은 구조(構造)이다.

① 군상(君象) - 관살태과(官殺太過)
② 신상(臣象) - 비겁태왕(比劫太旺)
③ 모상(母象) - 인성태왕(印星太旺)
④ 자상(子象) - 식상태왕(食傷太旺)

이렇게 정리를 해 놓고 보니 하나가 빠졌다. 그것은 재상(財象)이다. 그런데 재성(財星)에 대해서는 끼워주지 않을 모양이다. 그래서 제외(除外)하고 넷에 대해서만 논하는 것으로 보인다. 물론 치우친 구조에 대해서 해결(解決)하는 방법(方法)을 설명(說明)하는 것이기는 하지만 이미 앞에서 여러 차례 언급을 한 내용인데 다시 거론하는 바람에 총명(聰明)한 독자는 짜증이 날 수도 있겠으나 그래도 인내심(忍耐心)을 발휘(發揮)해서 약간의 이목(耳目)을 집중(集中)하기 바란다. 그래도 얻을 것이 있다면 천만다행(千萬多幸)인 것이고, 비록 얻을 것은 없더라도 잃을 것도 없을 것이기 때문이다.

임철초(任鐵樵) 선생은 군왕(君王)을 日干이라고 했는데 상황에 따라서 왔다 갔다 한다. 때론 관성(官星)이라고 했다가 또 때로는 日干이라고 하면 글을 읽는 사람에게 혼란이 발생하는 것은 당연하다. 물론 원주(原注)에서도 군(君)이 日干이라고는 했지만 원문(原文) 이외에는 참고(參考)만 하고 비중(比重)을 많이 두지 않기로 한 이상 꿋꿋하게 원문의 의미를 생각하기로 한다. 「군상(君象)」편을 쓴 사람의 의도가 어디에 있었는지는 알 길이 없지만 통념상(通念上)으로 봤을 적에 이렇게 대입하는 것이 타당하다고 보는 까닭이다.

'임금의 형상'이라니. 자평법(子平法)을 공부하는데 이런 말을 꼭 해야만 하는 것이었을까? 너무 현학적(玄學的)인 냄새를 풍기려고 애쓴 것은 아닐까 싶기도 하다. 이런 말들이 삽입(揷入)되어 있으니 후학(後學)이 《滴天髓(적천수)》를 공부하기 어려운 책(冊)으로 단정(斷定)을 짓고 회피(回避)를 할 수밖에 없는 것이다. 이렇게 되면 정작 경도(京圖) 선생의 심오한 干支의 이치(理致)조차도 거부(拒否)당하는 엄청난 손실(損失)이 일어날 수도 있다는 것을 생각해야 하는 것이다. 그래서 글쓴이가 《滴天髓(적천수)》를 좀 더 멋져보이게 하려고 이러한 문구들을 삽입한 노력은 가상하나 정작 그로 인해서 기피(忌避)하는 책이 되어버린다면 이것이야말로 대단히 큰 허물이 되어 처음의 의도(意圖)와는 달리 결과는 안타깝게 되는 것이다. 그냥 평이(平易)하게 썼으면 좋았을 것을…….

21. 臣象(신상)

臣不可過也 貴乎損下而益上

臣象
신하(臣下)의 형상(形象)

【意譯】

「신상(臣象)」은 '신하(臣下)의 형상(形象)'을 뜻한다. 앞에서 군상(君象)을 했으니 여기에서 신상(臣象)을 하는 것은 흐름상 타당하다고 하겠다. 문제는 신하(臣下)가 무엇을 의미하는지에 대해서 또 생각해 봐야 하는 번거로움이 있다는 것이다. 유백온(劉伯溫) 선생은 일주(日主)가 신하라고 했다. 그렇겠다. 자신이 신하가 되는 것은 또 타당하다고 봐도 되지 싶다. 왜냐하면 군신(君臣)이 한 세트이기 때문이다.

臣不可過也 貴乎損下而益上
신불가과야 귀호손하이익상

【直譯】

臣不可過也
신하(臣下)가 지나치면 안된다.

貴乎損下而益上
귀(貴)함은 아래를 덜어 위를 돕는 것이다.

【意譯】

「신불가과야(臣不可過也)」는 '신하(臣下)가 지나치면 안된다.'는 뜻이니 비겁(比劫)의 세력(勢力)을 두고 하는 말이다. 비겁이 너무 태왕(太旺)하면 안되기 때문에 이에 대한 주의(注意)를 요(要)하는 것으로 본다. 그러니까 관살(官殺)이 허약할 수밖에 없다는 이야기도 되는 것이다. 즉 '일왕관약(日旺官弱)'의 상황(狀況)으로 유추(類推)하면 될 것이다.

「귀호손하이익상(貴乎損下而益上)」은 '귀(貴)함은 아래를 덜어 위를 돕는 것이다.'라는 뜻이다. 아래를 덜어야 한다는 말은 비겁(比劫)의 기운을 줄이도록 하라는 뜻이고, 위를 이익

(利益)되게 하라는 말은 허약한 관살(官殺)을 도와야 한다는 이야기로 정리를 할 수가 있겠다. 이것을 쉽게 풀이하면 재성 (財星)으로 관성(官星)을 도와야 한다는 의미이다. 그러니까 재성이 식상(食傷)을 이용(利用)해서 日干의 힘을 유통시켜야 한다는 이야기인데 식상이 있으면 그냥 식상을 용신으로 삼을 일이지 뭣 하러 임금을 찾느라고 괜한 수고를 하겠느냐는 의미에서 이것은 아니라고 본다. 그러니까 식상까지 논하는 것은 확대해석(擴大解釋)이라고 봐서 재성이 관살을 生하는 것까지만 수용(受容)하기로 하자.

그렇게 되면 '익상(益上)'은 재성으로 관살을 생조(生助)하는 것으로 해석하면 되겠는데 '손하(損下)'에 대한 답이 나오지 않는다. 임철초(任鐵樵) 선생은 꿋꿋하게 '木이 日干이라면 火을 거느린 土라야 한다.'는 이야기를 한다. 그렇게 말하는 뜻을 이해는 하겠지만 괜한 수고를 하고 있는 것은 아닌가 싶은 생각이 든다. 다만 원국(原局)에 식상(食傷)이 없을 경우에 해결책(解決策)이라고 하면 달리 할 말은 없지만, 식상인 火가 들어온다면 허약한 관살을 그냥 두겠느냐는 공식(公式)과는 앞뒤가 맞지 않는 모순(矛盾)을 드러내고 있다. 그래서 이 대목은 모순을 안고 있는 셈이다.

당시에는 관성만이 출세의 길이 보장되었던 봉건시대(封建時代)의 산물(産物)이라고 해도 되겠다. 그러나 현재에는 또한 고리타분한 이야기에 불과할 뿐이니 그냥 재성(財星)으로 生하는 것까지만 논한다. 그렇게 되면 '재관격(財官格)'이거나, '재자약살격(財滋弱殺格)'으로 정리를 하면 된다.

22. 母象(모상)

知慈母恤孤之道 始有瓜瓞無疆之慶

【直譯】

母象
모친(母親)의 형상(形象)

【意譯】

「모상(母象)」은 '모친(母親)의 형상(形象)'을 뜻한다. 여기에서 모친은 인성(印星)으로 보면 가장 이치에 타당할 것이다. 그런데 유백온(劉伯溫) 선생은 日干이라고 했다. 日干이 어머니가 되고 식상(食傷)은 자식이 되는 관계로 놓고 설명을 하였는데 왜 그래야 하는 것인지에 대해서는 납득이 되지 않는다. 아마도 사상(四象)의 주체(主體)를 모두 日干으로 놓고 대입(代入)하려고 하지 않았는가 싶은 생각이 들기도 한다.

이쯤에서 유백온(劉伯溫) 선생에 대해서도 의혹(疑惑)이 연기처럼 살살 피어오른다. 과연 그의 주해(註解)가 타당성(妥當性)이 있는 것인지가 의심(疑心)스럽다. 어쩌면 유백온(劉伯溫) 선생과는 아무런 연관(聯關)이 없는 것은 아닐까? 그렇지 않고서야 이렇게 두서없는 주석(註釋)을 달아 놓은 것에 대해서 이해하기가 어려운 까닭이다. 또 하나의 의심은 이미 「소아장(小兒章)」이후의 원문(原文) 자체가 유백온 선생과는 아무런 상관이 없는 것이므로 주해도 당연히 원문을 추가시킨 사람이 일관성을 위해서 적당히 써넣었을 가능성도 있기는 하다.

왜 그랬는지는 모르겠으나 가장 쉽게 인성과다(印星過多)의 형태(形態)로 이해하는 것이 무난할 것으로 보인다. 빙빙 돌려봐야 통하는 의미가 같다면 쉽게 예를 드는 것이 최선(最善)이다. 물론 뜻이 달라진다면 그것은 불가(不可)한 일이나 그렇지 않은 경우라면 굳이 어렵게 설명을 할 필요는 전혀 없고 그래서도 안된다. 그럼 이제부터 모친(母親)을 인성(印星)으로 놓고 설명하는 내용(內容)을 보면서 말이 안된다거나 억지(抑止)스러움이 있다면 반론(反論)을 제기해 주기 바란다.

【原文】

知慈母恤孤之道 始有瓜瓞無疆之慶
지자모휼고지도 시유과질무강지경

【直譯】

知慈母恤孤之道
자애(慈愛)로운 어머니가
자식을 가엾이 여기는 이치를 알면

始有瓜瓞無疆之慶
비로소 오이의 넝쿨처럼 끊임없이 이어지는
경사(慶事)가 있다.

【意譯】

「지자모휼고지도(知慈母恤孤之道)」는 '자애(慈愛)로운 어머니가 자식을 가엾이 여기는 이치를 알면'이라는 뜻이다. 자애(慈愛)롭다는 의미는 어머니의 정이 넘친다는 뜻이고, 그것은 인성(印星)이 과다(過多)하다는 것을 표현(表現)한 것이다. 휼고(恤孤)는 고아(孤兒)를 의미하는데 어머니가 고아를 불쌍히 여긴다는 것이 뭔가 어색(語塞)하다. 그래서 고아라기보다는 외로운 아이라고 조금은 완화(緩和)해서 이해하는 것이 좋겠다. 그러면 '휼고지도(恤孤之道)'는 외로운 자식을 불쌍히 여기는 이치(理致)라는 뜻으로 해석해야 할 것이다. 그리고 인성이 너무 많아서 자식이 죽을 지경이 된 것을 '모자멸자 (母慈滅子)'라고 한다.

지금 하는 이야기는 '모자멸자(母慈滅子)'의 이야기와 비슷한 의미인데 앞의 「반국(反局)」편에서 '모자멸자관두이(母慈滅子關頭異)'로 설명을 한 것이 뭔가 미흡했던 모양인지 여기에서 다시 재연(再演)하는 것인가 싶기도 하다. 그렇긴 하다. 문제만 있고 해답(解答)이 없는 일곱 글자였으니까 말이다. 그래서 다시 그 이치를 알아야 한다고 강조하니 참 어수선하기가 이루 말을 할 수가 없다. 여하튼 조금 더 인내심(忍耐心)을 가지고 지켜보도록 하자.

「시유과질무강지경(始有瓜瓞無疆之慶)」은 '비로소 오이의 넝쿨처럼 끊임없이 이어지는 경사(慶事)가 있다.'라는 뜻이다. 이건 또 무슨 말인가? 여전히 해답(解答)은 없고 구름 잡는 비유(譬喩)만 난무(亂舞)한다. 이런 이야기를 써놓아서, 연구(硏究)하는 학자(學者)를 어지럽게 하니까 반자단(潘子端) 선생이 잘라버려야 한다고 했던 것이다. 핵심(核心)은 없고 구호(口號)만 요란(搖亂)하니 말이다. 그래서 학자(學者)마다 해석(解釋)이 분분(紛紛)하고 그것을 읽는 사람도 무슨 소린지 명료(明瞭)하게 정리(整理)가 되지 않을 수밖에 없는 여정(旅程)이 지루하게 이어진다. 독자는 알겠는가? 왜 자모(慈母)가 외로운 자식을 불쌍히 여기는 이치인지를. 그것을 알아야 오이 넝쿨처럼 뻗어가는 경사(慶事)의 이치를 알겠는데 자모의 마음을 알 수가 없으니 자식의 경사도 알 방법이 없다는 생각이 드는 것은 우둔(愚鈍)한 낭월만의 생각일까?

임철초(任鐵樵) 선생의 설명도 혼란스럽기는 마찬가지이
다. 뭔가 말이 되게 꿰어 맞추기 위해서 고생했다는 흔적은 느
껴지지만 그렇게 고생을 한 보람이 있었을지는 의문이다. 서낙
오(徐樂吾) 선생은 차라리 모든 것을 다 설명하는 방식으로 취
했으니 훨씬 합리적(合理的)이라고 하겠다. 그러니까 인성(印
星)과 日干의 관계(關係)는 또 다른 관점에서 日干과 식상(食
傷)으로 대입을 해도 된다고 했으니 말이다.

모자멸자(母慈滅子)가 될 정도로 인성(印星)이 과다(過多)
한 경우의 日干은 재성(財星)을 찾아야 하는 것이 상론(常論)
이다. 재성으로 인성을 剋하여 기인취재격(棄印就財格)을 이
루기 위한 목적이 되는 까닭이다. 그런데 재성이 없거나 있어
도 매우 무력(無力)한 경우에는 식상(食傷)을 의지하는 수밖
에 없다. 그렇게 되면 인성(印星)은 日干을 넉넉하게 生하고
그 힘으로 日干은 다시 식상을 生하면 되는 것이다. 이것이 오
이가 넝쿨을 뻗어 가면서 열매가 주렁주렁 달리듯이 계속 이어
가니 이것이야말로 경사(慶事)라고 할 만하겠다.

이렇게 간단하게 설명하면 다소 이해력(理解力)이 부족(不
足)한 독자라도 정리하는데 도움이 될 것이다. 그러니까 이 경
우에는 '인중용식격(印重用食格)' 혹은 '인중용상격(印重用
傷格)'으로 이름을 부여하고 언젠가 재운(財運)이 들어오면
다시 오이 넝쿨은 더 뻗어나가서 결실(結實)이 풍요(豊饒)로
울 것임을 설명하는 내용으로 이해를 한다면 그럭저럭 무난한
정리라고 하겠다.

여기에서 종강격(從强格)을 생각해 볼 수도 있겠다. 인성(印

星)으로 가득한 사주에서 재성(財星)조차 없는 상황이라고 한
다면 인성을 따라서 종하여 '종강격(從强格)'이라고 이름을
짓고 인성(印星)으로 용신(用神)을 삼는 종상(從象)으로 대
입을 할 수도 있는데 본문에서 그러한 의미는 없다. 그냥 흐름
으로 이어가는 자연(自然)의 순리(順理)를 따르는 것으로 정
리가 가능하므로 인성(印星)의 넘치는 기운을 日干이 설기(洩
氣)하여 다시 식상(食傷)으로 이어지고 또 재성(財星)으로 이
어지는 과정(過程)을 이해한다면 원문에 가장 적합(適合)하다
고 하겠지만 이것도 '억지춘향격'으로 엮어 놓아서 말이 되는
것이지 본문(本文)만으로 이해를 하기는 여전히 오리무중(五
里霧中)이다.

23. 子象(자상)

知孝子奉親之方 始克諧成大順之風

【直譯】

子象
자식(子息)의 형상(形象)

【意譯】

「자상(子象)」은 '자식(子息)의 형상(形象)'을 뜻한다. 군신
(君臣)에서 모자(母子)로 이어지는 흐름의 마지막 구절이다.
물론 해석은 또 각자가 알아서 느낌대로 상식대로 풀이를 하는
수밖에 없겠지만 본문(本文)을 살펴보면 이 대목은 식상과다
(食傷過多)의 상황이다.

【原文】

知孝子奉親之方 始克諧成大順之風
지효자봉친지방 시극해성대순지풍

【直譯】

知孝子奉親之方
효자(孝子)가 부모를 받드는 방향(方向)을 안다면

始克諧成大順之風
비로소 대순(大順)하는 바람과 조화로움이 이뤄진다.

【意譯】

「지효자봉친지방(知孝子奉親之方)」은 '효자(孝子)가 부모를 받드는 방향(方向)을 안다면'이라는 뜻이다. 식상(食傷)이 과다(過多)한 상황이라면 日干은 매우 허약(虛弱)할 것이고, 그러면 앞에서 말한 종상(從象)에서 종아(從兒)로 흐른다고 하는 것이 차라리 솔직하다고 하겠다. 그런데 여기에서는 그런 뜻도 없다. '알긴 뭘 알려줬느냐?'고 반문(反問)을 하고 싶지만 답을 해 줄 글쓴이는 없다. 그래서 알고 있는 대로 日干은 인성(印星)을 찾는 수밖에 없고, 인성이 없으면 비겁(比劫)이라도 의지(依支)하면서 인성이 들어오는 운(運)을 기다리는 것이다. 그러니까 본문의 내용은 그것을 알면 된다는 의미일까? 그렇다면 이것

520 滴天髓理解

이 효자가 모친(母親)을 봉양(奉養)하는 것과 무슨 상관(相關)
이 있을까? 이미 식상과다(食傷過多)라면 그 식상은 기신(忌
神)의 이름이 붙을 가능성만 있는데 효자를 만들어서 이름을 붙
여주면 무슨 혜택(惠澤)이라도 돌아올 것인지도 물어보고 싶어
진다.

　「시극해성대순지풍(始克諧成大順之風)」은 '비로소 큰 흐름
을 따르는 풍모의 조화로움이 이루어진다.'는 뜻이다. 그런데
원인(原因)도 없이 결과(結果)만 있다. '왜?'라는 설명이 없으
니 외로운 메아리만 허공(虛空)을 맴돈다. 낭월의 볼멘소리는
독자의 심경(心境)을 대신(代身)하고자 하는 마음도 포함되어
있다. 아마도 이미《滴天髓(적천수)》를 읽어 보면서 이러한 대
목의 뜻을 알아보려고 고심(苦心)을 했다면 이러한 이야기가
조금은 위로(慰勞)가 될 수도 있지 않을까 싶어서이다.

　여하튼 사국(四局)과 사상(四象)은 이렇게 해서 얼버무렸다.
아마도《滴天髓(적천수)》의 본문 중에서 가장 지루하고 난해
(難解)하면서 상대적(相對的)으로 영양가(營養價)도 없는 대
목이다. 순국(順局)의 서두에서도 말했듯이 이 여덟 개의 항목
은 그냥 뛰어넘는 것이 더 현명할 수도 있음을 참고하고 혹 의외
(意外)로 깊은 이치(理致)를 찾아낸다면 부디 낭월에게 한 수
알려 주기를 앙망(仰望)한다.

24. 性情(성정)

　五氣不戾 性情中和
　濁亂偏枯 性情乖逆

　火烈而性燥者 遇金水之激
　水奔而性柔者 全金木之神

　木奔南而軟怯 金見水以流通

　最拗者西水還南 至剛者東火轉北

　順生之機 遇擊神而抗
　逆生之序 見閑神而狂

　陽明遇金 鬱而多煩
　陰濁藏火 包而多滯

　羊刃局 戰則逞威 弱則怕事
　傷官格 清則謙和 濁則剛猛

　用神多者 性情不常
　時支枯者 虎頭蛇尾

【原文】

性情
성정

【直譯】

性情
이성(理性)과 감정(感情)

【意譯】

「성정(性情)」은 '이성(理性)과 감정(感情)'을 뜻한다. 심리(心理)보다 조금 더 구체적(具體的)인 용어(用語)라고 할 수 있겠고 이것은 심리학(心理學)의 영역(領域)이라고 보면 될 것이다. 물론 낭월이 알고 있는 한에서 사주심리학(四柱心理學)은 하건충(何建忠) 선생의 논리만 한 것이 없다고 본다. 그래서 《八字心理推命學(팔자심리추명학)》을 바탕으로 놓고 연구하는 것이 최상(最上)의 사주심리학이라고 생각하다 보니 여기에서 논하는 이야기는 지극(至極)히 관념적(觀念的)이고 추상적(抽象的)이라는 생각을 하게 되어서 큰 공감(共感)을 일으키지 못했던 것도 사실이다. 그럼에도 옛날에 이러한 정도의 내용으로 인간의 내면에 잠재(潛在)하고 있는 심리를 읽어내려고 노력했다는 것이 감사하므로 한 번 정도는 살펴봐도 될 것으로 여긴다.

두뇌(頭腦)가 지배(支配)하는 이성(理性)과 마음이 지배하는 감정(感情)을 묶어서 성정(性情)이라고 한다. 내용을 살펴보면 일리(一理)가 있는 내용들도 있어서 눈여겨 볼만 하겠다는 생각이 든다. 다만 실제(實際)로 사주를 통해서 이것을 적용시키는 것은 만만치 않을 것이다. 그러니까 이론적(理論的)으로 그러한 심리를 갖고 있는 사람의 사주에는 이러저러한 성향(性向)의 십성(十星)들이 배합(配合)되어 있을 가능성(可能性)을 생각한다면 문제(問題)는 없을 것이다.

【原文】

五氣不戾 性情中和
濁亂偏枯 性情乖逆
오기불려 성정중화
탁란편고 성정괴역

【直譯】

五氣不戾
오행(五行)의 기운(氣運)이 일그러지지 않으면

性情中和
성정(性情)이 중심(中心)이 있어 조화(調和)롭다.

濁亂偏枯
탁기(濁氣)가 혼란(混亂)하여 편고(偏枯)하면

性情乖逆
성품(性品)은 일그러지고 감정(感情)은 삐딱하다.

【意譯】

「오기불려(五氣不戾)」는 '五行의 기운(氣運)은 일그러지지
않는다.' 라는 뜻이다. 五行이 치우치지 않고 균형(均衡)을 이

루며 沖剋도 없는 상태를 말한다. 이렇게만 된다면 더 바랄 것이 없겠다. 심리구조(心理構造)를 살피는 면에서도 또한 고려(考慮)를 해볼 수 있는 부분(部分)이다.

「성정중화(性情中和)」는 '성정(性情)이 중심(中心)에서 치우치지 않고 조화(調和)롭다.'는 뜻이다. 성품(性品)은 중심(中心)을 지키고 감정(感情)은 온화(溫和)한 사람이 될 가능성이 당연히 높다고 하겠다. 그렇다면 누구나 그와 함께 있고싶어 할 것이고 언제라도 웃음을 잃지 않고 화목한 모습으로세상을 살아갈 것이니 걱정이 없는 사람처럼 보이기도 하겠다. 그리고 이러한 모습으로 모든 현상(現狀)을 자연(自然)의 이치로 생각하고 수용(受容)하게 된다면 근심 걱정이 없어서 항상 편안할 것이니 이보다 더 마음 편한 사람도 없을 것이다. 이렇게 五行이 조화(調和)를 이룬 공덕은 마음의 구석까지도 평화(平和)롭게 만들어 준다.

「탁란편고(濁亂偏枯)」는 '탁기(濁氣)가 혼란(混亂)하여 편고(偏枯)하다.'는 뜻이다. 干支가 沖剋이 심하고 흐름은 단절(斷絶)되어 日干이 허약(虛弱)한 상황(狀況)을 떠올리면 될것이다.

「성정괴역(性情乖逆)」은 '성품(性品)은 일그러지고 감정(感情)은 삐딱하다.'는 뜻이다. 그야말로 심성(心性)의 바탕을한마디로 요약(要約)하는 것 같다. 이것이 사주를 통해서 읽을수가 있는 성정(性情)이다. 사주가 순청(純淸)하면 심성도 합리적(合理的)이고 온화(溫和)하고, 혼탁(混濁)하면 성정도 사주의 생긴 모습과 같이 일그러지게 되어서 인내심(忍耐心)이 부족하거나 합리적으로 사유(思惟)하는 것도 어렵게 될 것이니 사소(些少)한 일에도 괴팍(乖愎)한 행동을 보여서 주변 사람을 불안하게 하고 사사건건(事事件件)마다 삐딱하게 생각하게 된다는 것은 많은 의미를 함축적(含蓄的)으로 보여주고 있으니 이것만 바로 이해한다면 그 나머지는 미뤄서 짐작을 할 수가 있을 것이다.

여기까지만 영양가(營養價) 있는 이야기이다. 이후(以後)로 잔뜩 붙어 있는 이야기들은 별 도움이 되지는 못한다. 그래서 읽어보는 것조차도 귀찮을 수 있을 것이다. 그렇지만 남의 글을 보는 학인(學人)에게는 피할 수 없는 현실(現實)이니 다소 지루하더라도 인내심(忍耐心)을 발휘(發揮)해 줘야 할 때도 있는 것이다.

【原文】

火烈而性燥者 遇金水之激
水奔而性柔者 全金木之神
화열이성조자 우금수지격
수분이성유자 전금목지신

【直譯】

火烈而性燥者
화기(火氣)가 맹렬(猛烈)하고
성품(性品)이 조열(燥熱)한 것은

遇金水之激
금수(金水)의 격동(激動)을 만난 탓이다.

水奔而性柔者
물이 넘쳐도 성품(性品)이 유순(柔順)함은

全金木之神
금기(金氣)와 목기(木氣)를 갖춰서이다.

【意譯】

「화열이성조자(火烈而性燥者)」는 '화기(火氣)가 맹렬(猛

烈)하고 성품(性品)이 조열(燥熱)한 것은'의 뜻이다. 맹렬(猛烈)하다면 급하기가 불같아서 불의 기운은 조급(躁急)한 성품(性品)에 영향(影響)을 미치게 된다는 의미이다.

「우금수지격(遇金水之激)」은 '金水의 격동(激動)을 만난 탓이다.'라는 뜻이다. 즉 이글대는 불 속에 물을 끼얹는 형국(形局)을 상상(想像)하면 되겠다. 그러니까 화열(火熱)하더라도 金水의 격동을 만나지 않는다면 또한 이렇게 성품이 조열(燥熱)하진 않을 것이라는 의미도 겸해서 생각해 볼 수 있다. '조(燥)'는 마르다는 의미 밖에 없는데. 적당(的當)한 단어(單語)를 찾아보니 초조(焦燥)라고 해도 타당할 것으로 보인다. 비슷한 의미로 건조(乾燥)하다는 단어도 가능할 것이나 또한 느낌이 조금 다르다. '조열(燥熱)하고 맹렬(猛烈)하다.'는 느낌으로 퍽퍽하고 사납다는 말로 풀이를 하면 적당하다. 인정(人情)도 없고 이해심(理解心)도 없고 불같이 성질(性質)만 내는 사람에게 해당(該當)하는 것으로 정리(整理)한다.

「수분이성유자(水奔而性柔者)」는 '물이 넘쳐도 성품(性品)이 유순(柔順)하다.'라는 뜻이다. 원래(原來)는 壬癸로 태어난 日干이 다시 사주에 수다(水多)하면 노도(怒濤)가 되어서 넘쳐나는 것이 일반적(一般的)이니 「천간(天干)」편의 '통근투계(通根透癸) 충천분지(沖天奔地)'가 생각하며 심리적(心理的)으로도 그렇게 될 것이라고 가정(假定)을 하게 된다. 그런데 성품(性品)이 유순(柔順)한 경우(境遇)가 있으니 이것은 왜 그런지를 설명(說明)하려고 이어서 꺼낸 이야기이다.

「전금목지신(全金木之神)」은 '금기(金氣)와 목기(木氣)를 갖추어서이다.'라는 뜻이다. 그러니까 金生水하고 다시 水生木으로 흐름을 찾았기 때문에 유순(柔順)한 성품(性品)을 갖게 되었다는 이야기이다. 특히 중요한 것은 火土가 섞이지 않았다는 것이다. 그래서 온전히 金木으로만 되어 있다는 조건(條件)을 충족(充足)해야만 적용(適用)이 가능한 상황(狀況)이다.

물론 金木이 있더라도 서로 맞붙어서 서로 싸우면 안된다는 것을 암시(暗示)해야 한다. 그렇게 되면 유순하려고 해도 어려울 것이기 때문이다. 물이 흘러가야 하는 통로(通路)가 金의 공격(攻擊)을 받아서 찌그러지거나 봉쇄(封鎖)되어 버린다면 다시 왕성(旺盛)한 水는 격랑(激浪)을 이루고 천지(天地)를 휩쓸게 될 것이니 출구(出口)를 찾지 못한 상황의 부작용(不作用)이 발생하기 때문이다.

木奔南而軟怯 金見水以流通
목분남이연겁 금견수이유통

【直譯】

木奔南而軟怯
木이 남으로 달아나면 연약(軟弱)하고 비겁(卑怯)하며

金見水以流通
金이 水를 보면 유통(流通)이 된다.

【意譯】

「목분남이연겁(木奔南而軟怯)」은 '木이 남으로 달아나면 연약(軟弱)하고 비겁(卑怯)하다.'는 뜻이다. 이 내용은 金木이 상관(傷官)을 만났더라도 그 심리적(心理的)인 구조(構造)는 다르게 작용한다는 것을 설명하려는 것이다. 목화상관(木火傷官)의 심리구조(心理構造)를 언급하는 것이니 내용(內容)은 명료(明瞭)하나 의미(意味)에는 동의(同意)를 할 수 없겠다. 이것이야말로 관념적(觀念的)인 해석인 까닭이다. 아마도 허약(虛弱)한 木으로 가정(假定)하고 사주에 火가 많은 상황(狀況)에서 해 본 생각일 수는 있겠다. 그러나 실제로 임상(臨床)을 하면서 살펴본 바로는 식상(食傷)이 많아서 허약(虛弱)하더라도 비겁(卑怯)하거나 연약(軟弱)한 모습을 한 경우는 거의 보지 못했다. 그래서 이러한 관점은 매우 관념적인 책상이론(冊床理論)이라고 밖에 못하는 것이다.

더구나 이러한 이론으로 실제(實際)의 임상(臨床)에서 적용(適用)시킨다면 아마도 백용불일중(百用不一中)이다. 즉 백번을 대입해 봐도 한 번도 제대로 부합(附合)되기 어려울 것이다. 이러한 이론(理論)으로 인해서 오히려 공부하는 사람이 혼란(混亂)만 가중(加重)된다면 그것도 식자우환(識字憂患)이 될 수 있다. 그러므로 잘 살펴서 판단(判斷)해야 하고 고전(古典)을 보더라도 늘 실제로 그렇게 될 것인지에 대해서는 의심(疑心)하고 확인(確認)한 다음에 비로소 수용(受容)하는 노력(努力)이 필요(必要)할 것이다.

「금견수이유통(金見水以流通)」은 '金이 水를 보면 유통(流通)이 된다.'는 뜻이다. 또한 이치적(理致的)으로는 아무런 문제가 없다. 금수상관(金水傷官)의 이치(理致)를 논하는 것이니 앞의 대목과 대비(對比)해서 그 차이점(差異點)을 일깨워 주고 싶었던 것으로 보인다. 木火는 연약(軟弱)하고 겁쟁이라고 한다면 金水는 유통되어서 좋다는 느낌이다. 그러니까 이것은 木은 불을 만나면 불타버린다는 선입견(先入見)이 느껴지고 金은 워낙 단단해서 水가 있어도 허약(虛弱)해지는 느낌을 받기 어려워서 써놓은 것이라는 생각을 해 본다.

그런데 실무적(實務的)으로 생각을 해 보면, 金木이 다 같은 주체(主體)이고 식상(食傷)도 다 같은 본질(本質)을 갖고 있으므로 서로 구분(區分)해서 대입하는 것이 옳다고 본다. 심리

구조는 五行의 生剋도 중요하지만 그것만으로 모두를 다 감당 (堪當)하기에는 너무도 복잡(複雜)하고 다양(多樣)하다. 그 래서 이론적으로 써놓은 한 구절로 인해서 후학의 혼란을 야 기(惹起)시킬 수가 있다는 것도 생각했어야 하지 않을까 싶다. 그러니까 木火가 허약(虛弱)하다고 겁(怯)만 내고 있는 것도 아니고, 金水가 허약하면 또한 겁약(怯弱)할 수도 있다는 것을 생각하면서 넘어가면 될 것이다.

最拗者西水還南 至剛者東火轉北
최요자서수환남 지강자동화전북

【直譯】

最拗者西水還南
가장 잘 꺾이는 것은 가을 물이 남(南)을 향하는 것이고

至剛者東火轉北
가장 강한 것은 봄의 불이 북(北)으로 향하는 것이다.

【意譯】

「최요자서수환남(最拗者西水還南)」은 '가장 잘 꺾이는 것은 가을 물이 남(南)을 향하는 것이다.' 라는 뜻이다. 이번 내용은 가을의 물과 봄의 불에 대한 이야기이니, 水火가 역행(逆行)하는 상황(狀況)을 설명(說明)하는 것으로 보인다. 먼저 논하는 것은 추수(秋水)이다. 월령(月令)을 얻은 申酉월의 水는 기본적(基本的)으로 인성(印星)의 계절을 얻었기 때문에 강왕(强旺)하다. 그런데 남방(南方)을 향하게 되면 갑자기 허약(虛弱)해진다는 의미로 밖에 풀이를 할 수가 없는 원문이다. 왜 이렇게 설명을 하고 있을까?

水日干이 의지하는 월령(月令)의 金이 남방(南方)의 火를

만나면 허약(虛弱)해지기 때문에 日干인 水도 그 영향(影響)을 받지 않을 수가 없으므로 그렇게 된다는 뜻이 아닐까 싶다. 가령(假令) 庚申월이나 辛酉월의 壬午 일주라면 추수(秋水)가 남방(南方)을 만난 것으로 볼 수 있겠는데 이렇게 된다고 해서 壬이 잘 꺾인다는 의미는 왠지 허구(虛構)라는 생각조차 든다.

혹 운(運)에서 巳午를 만나면 그렇게 된다는 뜻일까? 그러나 그것도 어불성설(語不成說)이다. 왜냐하면 이미 강한 水라면 火를 만나면 재성(財星)이고 판단력(判斷力)과 결단력(決斷力)이 더욱 강화(強化)될 수밖에 없는 상황(狀況)이 전개(展開)되는데 어떻게 무조건 좌절(挫折)을 한다는 말인가? 이것은 앞뒤로 따져 봐도 도무지 타당(妥當)하지 않아서 그냥 책상머리에 앉아서 공상(空想)을 해 본 것으로 정리한다.

「지강자동화전북(至剛者東火轉北)」은 '가장 강한 것은 봄의 불이 북(北)으로 향하는 것이다.' 라는 뜻이다. 춘화(春火)가 水를 만났을 경우를 상정(想定)하고 써놓은 것으로 짐작(斟酌)은 된다. 아마도 이렇게 생각을 한 것은, 火가 水를 만나면 보통은 허약(虛弱)해진다는 것을 생각했을 것이다. 그 다음에 춘화는 월령(月令)을 얻었으므로 기본적(基本的)으로 의지할 힘은 있다고 하겠는데 이것은 추수(秋水)도 마찬가지이므로 특별(特別)한 상황(狀況)은 아니다. 그런데 水를 대입하게 되니까 상황이 달라져 버린다.

즉 水를 만나게 되더라도 월령(月令)의 木이 水生木으로 부담스러운 水를 흡수(吸收)하기 때문에 전혀 두려워 할 필요가 없고 오히려 인성(印星)이 더 강해짐으로 해서 日干도 덩달아

강해지기 때문에 지강(至剛)이라는 글로 표현(表現)을 했을
것이라는 추론(推論)이다. 물론 이론적(理論的)으로 누군가에
게 이렇게 설명을 한다면 아니라고 반박(反駁)을 하기는 쉽지
않을 것이다.

　가령, 甲寅월이나 乙卯월의 丙일주라면 아마도 이 논리(論
理)에 부합(附合)이 될 것으로 보인다. 이 경우의 丙은 매우 강
강(剛强)하다는 이야기이다. 그러나 丙子나 丁亥처럼 앉은 자
리에 水가 있다면 日干은 그렇게 강(强)해 보이지 않고 실제로
도 그렇다. 그래서 멋만 있고 실속이 없는 공론(空論)으로 생
각하고 비중을 두지 않으면 큰 부작용(不作用)은 없을 것이다.

【原文】

順生之機 遇擊神而抗
逆生之序 見閑神而狂
순생지기 우격신이항
역생지서 견한신이광

【直譯】

順生之機
순리(順理)로 생(生)하는 기틀은

遇擊神而抗
공격(攻擊)하는 글자를 만나면 저항(抵抗)한다.

逆生之序
거꾸로 생(生)하는 순서(順序)에서

見閑神而狂
한신(閑神)을 보면 발광(發狂)한다.

【意譯】

「순생지기(順生之機)」는 '순리(順理)로 生하는 기틀'이라
는 뜻이다. 임철초(任鐵樵) 선생의 해석(解釋)을 그대로 적용

(適用)해도 무리(無理)가 없어 보인다. 식상(食傷)으로 흐르는 것이 순(順)이고, 식상이 다시 재성(財星)을 生하는 것이 生이라고 했는데 무리가 없는 논리(論理)이다.

「우격신이항(遇擊神而抗)」은 '공격(攻擊)하는 글자를 만나면 저항(抵抗)한다.'는 뜻이다. 저항(抵抗)을 하는 이유는 식상(食傷)으로 흐르고 재성(財星)의 방향으로 잘 흘러가고 있는데, 갑자기 공격(攻擊)하는 관살(官殺)이나 인성(印星)을 만났을 적에 일어나는 상황으로 보면 이해를 못할 정도는 아니지만, 이것을 심리적(心理的)으로 적용(適用)시키려니 난감(難堪)하다는 것이 문제(問題)이다.

식상생재(食傷生財)로 흘러가는 구조에서 관인(官印)을 만나는 경우에 대해서 생각을 해 봐야 하겠는데, 실제로 식상(食傷)이 관인을 만났다고 해서 심리적으로 그렇게 과격(過激)해진다고 대입하기는 어렵다. 그러한 구조라고 하더라도 日干 가까이에 어떤 십성(十星)이 있느냐에 따라서 판이(判異)하게 달라지는 것을 항상 접하다 보니 이렇게 원국(原局)의 전체적(全體的)인 상황(狀況)을 놓고서 설명하는 것에 대해서는 신빙성(信憑性)이 높지 않은 것은 당연하다.

그래서 이 또한 책상심리학(冊床心理學)의 범주(範疇)에서 이해하는 것으로 정리를 하면 좋을 것으로 본다. 풍수학(風水學)에서도 이러한 말이 있다. 책으로 풍수학의 이론을 논하는 경우에 안방풍수라고 한다. 산천(山川)을 누비면서 생생한 현장(現場)에서의 이론이 어떻게 적용되고 있으며, 길흉(吉凶)이 이론에 따라서 실제로 나타나는지 확인(確認)하면서 내공을 쌓아야 하는데 책만 열심히 읽어서 이해만 하고 있는 풍수가(風水家)를 두고 비아냥거리는 말투이기도 하다.

자평학(子平學)도 마찬가지이다. 이론만 열심히 익힌 진소암(陳素庵) 선생과 같은 경우에 왕왕 이론과 실제의 상황이 맞지 않아서 난감해지는 경우와 같다. 그러니 심리학을 적용시키는 것도 이렇게 生剋의 이치만으로 논하는 것이 얼른 생각하면 그럴싸해 보이지만 막상 실제로 적용시키려고 하면 난관(難關)이 한둘이 아니다. 그래서 이론을 공부한 다음에는 다시 현장(現場)에서 직접 상담을 통하여 대화를 나누면서 경험(經驗)을 쌓는 것이 필요하다. 이것을 선가(禪家)에서는 동중공부(動中工夫)라고 하거니와 깨달음은 현장학습(現場學習)보다 뛰어난 것은 없는 법이다.

「역생지서(逆生之序)」는 '거꾸로 生하는 순서(順序)'의 뜻이다. 앞의 순생(順生)과 반대(反對)되는 개념(槪念)일 테니 식재(食財)로 흐르는 반대라면 인성(印星)과 관살(官殺)로 흐르는 것을 말하겠는데 이것은 흐름이라고 할 수가 없다. 역류(逆流)라면 또 모르겠지만 역(逆)으로 生한다는 말을 붙이기에는 많이 어색하다. 임철초(任鐵樵) 선생은 日干이 이미 강(强)한데 인성이 生하는 것이라고 했다. 이것은 일리가 있어 보인다. 그렇다면 인성도 강한데 관살이 인성을 生하는 것도 마찬가지로 역생(逆生)이 되겠다.

그렇다면 日干의 강약(强弱)과 무관하게 관인(官印)으로 生하는 것을 역생(逆生)이라고 해도 되지 않을까 싶다. 이편이 오히려 더 자연스러워 보여서이다. 왜냐하면 순생(順生)에서도 日干의 강약(强弱)을 논하지 않았는데 역생이라고 해서 강약을 논할 필요가 있겠느냐는 생각이 들어서이다. 그러니까 관생인(官生印)하고 인생아(印生我)하는 구조로 되어 있다면 이것을 '역생(逆生)'이라고 하고 아생식(我生食)하고 식생재(食生財)로 흐르는 것을 '순생(順生)'이라고 하는 정도로만 이해하면 된다.

「견한신이광(見閑神而狂)」은 '한신(閑神)을 보면 발광(發狂)한다.'는 뜻이다. 그런데 용신(用神)에 대한 언급(言及)도 없이 한신(閑神)을 보면 발광(發狂)한다는 이야기는 심하게 앞서 간 느낌이다. 만약에 관인상생격(官印相生格)이라면 한신은 비겁(比劫)이 되는 것으로 보겠는데, 비겁을 만나면 이 사람의 마음이 발광한다는 말인가? 아니면 용신이 발광한다는 말인가? 참으로 애매모호(曖昧模糊)한 원문(原文)이다. 日干의 마음과 무관(無關)하게 상황에 따라서 용신(用神)이 발광하면 日干도 따라서 날뛴다는 의미(意味)로 대입하기에는 제공된 자료(資料)가 너무나 부실(不實)하여 오해(誤解)만 낳기 십상이다. 이러한 이론으로 얼버무릴 바에는 아예 말을 하지 않는 것이 오히려 더 나을 것이다. 따지고 보면 순생(順生)도 마찬가지이다. 그래서 순생과 역생은 그냥 한 번 그렇게 툭! 던져 보는 것으로만 생각하고 건드리지 않는 것이 좋을 듯 싶다.

【原文】

陽明遇金 鬱而多煩
陰濁藏火 包而多滯
양명우금 울이다번
음탁장화 포이다체

【直譯】

陽明遇金
양명(陽明)한데 金을 만나면

鬱而多煩
우울(憂鬱)하고 번민(煩悶)이 많다.

陰濁藏火
음울(陰鬱)하고 혼탁(混濁)한데 火는 암장(暗藏)되니

包而多滯
포장(包裝)되어 막힘이 많다.

【意譯】

「양명우금(陽明遇金)」은 '양명(陽明)한데 金을 만나면'의
뜻이다. 양명은 木火의 기운을 말하는 것으로 이해할 수가 있

겠고, 金을 만난다는 것은 木火의 기운이 많은 사주에서 金이 있는 상황을 말하는 것으로 이해를 해 보지만 뭔가 막연(漠然)한 느낌이 드는 것은 어쩔 수가 없다. 그래서 십성(十星)을 통한 심리분석(心理分析)을 깊이 다뤘던 반자단(潘子端) 선생도 이러한 내용들이 있기 때문에 황당(荒唐)한 이야기라고 못을 박아버린 것이라고 해도 되겠다. 상황(狀況)의 설정이 다소 못마땅하긴 하지만 그냥저냥 넘어가 본다. 그렇다고 해서 삭제(削除)를 해 버릴 필요는 없다고 봐서이다.

「울이다번(鬱而多煩)」은 '우울(憂鬱)하고 번민(煩悶)이 많다.'는 뜻이다. 양기(陽氣)가 강한 사주에서 음기(陰氣)를 유발시키는 金이 있으면 그 金은 허약(虛弱)할 것이므로 우울(憂鬱)하게 된다. 이 내용을 긍정적(肯定的)으로 놓고 생각을 해 본다면, 일단 흐름이 없으니 답답할 것으로 생각된다. 日干은 木火일 것이고, 金은 암장(暗藏)되어 있으면 土金으로 흘러가야 할 텐데 그것이 마음대로 되지 않으니 목적(目的)에 대한 의식(意識)도 희박(稀薄)해 질 것이므로 이와 같은 상황이 길게 이어진다면 우울해질 가능성이 있는 것으로 이해를 할 수 있을 것이다. 이것은 다음의 구절인 '음탁장화(陰濁藏火)'와 서로 짝을 이룬다.

양명(陽明)한데 金을 만난 경우에는 뜻을 펴지 못하고 결실도 기대를 할 수가 없어서 우울해지는 것으로 이해를 할 수가 있겠지만 단지 이것만으로 모두가 다 그럴 것이라는 단정을 하기는 어렵다. 그냥 그렇게 될 가능성도 있는 정도로만 수용(受容)을 한다면 큰 문제가 되지는 않을 것이다. 기본적으로 日干

을 위주(爲主)로 해서 주변(周邊)의 십성(十星)을 살펴서 상황(狀況)을 판단하고, 生剋의 모습을 살펴서 구체적(具體的)으로 결론(結論)을 유추(類推)해야 하겠지만, 또 때로는 형상(形象)을 보고서 어떤 느낌이 든다면 그것으로 성정(性情)의 상황을 추론(推論)해 볼 수도 있을 것이다.

「음탁장화(陰濁藏火)」는 '음울(陰鬱)하고 혼탁(混濁)한데 火는 암장(暗藏)되다.' 라는 뜻이다. 이것은 가끔 활용(活用)하는 내용(內容)이기도 하다. 실로 日干도 金水이고 전반적(全般的)으로 金水가 많은데 화기(火氣)는 지장간(支藏干)에 암장(暗藏)되어 있으면 활기(活氣)가 부족(不足)하고 침체(沈滯)될 가능성이 많다고 하겠는데 사주를 접하게 되었을 적에 첫인상에서도 그러한 느낌이 드는 경우도 많은 편이다.

「포이다체(包而多滯)」는 '포장(包裝)되어 막힘이 많다.' 라는 뜻이다. 그도 그럴 것이 내장(內藏)되어 있는 화기(火氣)가 밖으로 나올 수가 없으니 이것은 화병(火病)에 해당한다고 해도 될 것이다. 뭔가를 꺼내어서 밝혀야 하고 이야기를 해야 하는데 환경에 억압(抑壓)되어서 그럴 수도 없는 조선(朝鮮)의 여인네와 같은 입장(立場)에서 화병이 드는 느낌을 생각하면 '포이다체(包而多滯)' 에 대한 의미는 이해가 될 수 있을 것이다. 전반적(全般的)인 상황을 살펴서 활발(活潑)한 기운이 부족하고 정체(停滯)된 감정(感情)이 느껴진다면 그것이 심리구조(心理構造)의 현상(現狀)에 영향(影響)을 미칠 수도 있는 것으로 봐도 좋을 것이다.

다만, 그 이전(以前)에 日干의 주변(周邊)에 어떠한 십성(十星)이 배치(配置)가 되어 있는지도 살펴야 한다는 것은 당연(當然)한 이야기이다. 그래서 전체적인 상황도 보고 부분적인 상황도 살펴서 심리분석(心理分析)을 해야만 오류(誤謬)를 줄이고 듣는 상대방(相對方)으로 하여금 고개를 끄덕이게 만들 수 있다. 이런저런 이야기로 중언부언 늘어놓기만 하는 것 보다는 심금(心琴)을 울리는 한 마디의 말이 필요하기 때문이다.

결국에는 상담(相談)도 심리분석에 입각해서 해야 한다. 물질적(物質的)인 성공(成功)과 실패(失敗)에 대해서 논하는 것도 상담이기는 하지만 마음의 고통(苦痛)으로 힘들어 하는 사람에게 물질적인 이야기만 하는 것은 또한 주객(主客)의 대화(對話)가 서로 맞지 않으니 가려운 곳을 긁어주지 못하는 셈이 될 뿐이다. 그리고 심리공부를 열심히 하면 또한 그에 대한 힌트를 얻을 수가 있으니 열심히 정진(精進)하는 것이 상책(上策)이다.

【原文】

羊刃局 戰則逞威 弱則怕事
傷官格 淸則謙和 濁則剛猛
양인국 전즉영위 약즉파사
상관격 청즉겸화 탁즉강맹

【直譯】

羊刃局
양인(陽刃)의 형국(形局)이라면

戰則逞威
전쟁(戰爭)할 때에는 사납고 용맹(勇猛)하지만

弱則怕事
허약(虛弱)하면 매사(每事)를 두려워한다.

傷官格
상관(傷官)의 격식(格式)이 되었다면

淸則謙和
청정(淸淨)하면 겸손(謙遜)하고 온화(溫和)하나

濁則剛猛

혼탁(混濁)하면 강력(强力)하고 용맹(勇猛)하다.

【意譯】

「양인국(羊刃局)」은 '양인(羊刃)의 형국(形局)'을 뜻하는데, 명칭은 양인(陽刃)이라고도 하고 양인(羊刃)이라고도 하므로 같은 뜻인 줄 알면 된다. 양인으로 국세(局勢)를 이루고 있다면 그 세력(勢力)이 매우 강(强)하다는 느낌을 가져야 할 것 같은데 양인은 겁재(劫財)를 보게 되는 경우지만, 그것만도 아닌 것으로 인해서 신살(神殺)로 대접을 받기도 한다. 이에 대한 구조는 다음과 같다.

甲 → 卯　　乙 → 辰
丙 → 午　　丁 → 未
戊 → 午　　己 → 未
庚 → 酉　　辛 → 戌
壬 → 子　　癸 → 丑

이러한 구조로 되어 있는 공식(公式)인데, 자세히 보면, 甲丙庚壬만 겁재(劫財)에 해당하고, 나머지는 뭔가 꼬여있음을 알 수 있다. 특히 丙戊가 같고, 丁己가 같은 것을 보면 土는 火에 기생(寄生)하는 십이운성(十二運星)과 같은 구조(構造)라는 것도 알 수가 있으니 五行의 이치를 벗어난 논리일 뿐이다.

그러니 이것도 또한 논리적(論理的)인 것은 못된다고 해야 할 것이므로 천하(天下)의 《滴天髓(적천수)》에서 양인(羊刃)이라고 했다는 것은 적지 않은 오점(汚點)을 남기게 된 것인데, 통념(通念)으로 양간(陽干)이 겁재(劫財)를 地支에 본 경우라고 에둘러서 좋게 정리하려고 한다. 여하튼 무척이나 강력(强力)할 것이라는 느낌을 가졌으면 좋겠다는 것이 글쓴이의 마음일 것이라고 짐작을 해 보는 것이다.

신살(神殺)을 거론(擧論)하지 않는 것이 《滴天髓(적천수)》의 핵심(核心)인데 이렇게 신살타령(神殺打令)을 하고 있으니 이미 이러한 원문들은 어딘가에서 묻어왔다는 혐의(嫌疑)를 피할 길이 없는 셈인지라 과감(果敢)하게 삭제를 해도 되겠지만 그것도 너무 예민(銳敏)하다고 할지 모르니 대략 풀이하고 넘어가는 것으로 타협(妥協)을 본다.

그런데 원문(原文)의 배치(配置)를 보면 각각 문구를 나눠서 설명하다가 여기에 와서는 묶어서 해결하는 형태이다. 물론 낭월은 일일이 나눠서 설명을 하고 있지만 원서(原書)에는 그렇게 뭉뚱그려서 적어놨는데, 아마도 내용을 봐서 별 것이 없어서일 수도 있고, 최초(最初)의 주해(註解)를 한 유백온(劉伯溫) 선생의 생각에도 말도 안되는 소리가 계속 이어지니까 지루해져서 그랬을 수도 있겠다.

물론 유백온(劉伯溫) 선생과는 아무런 연관(聯關)이 없을 수도 있다는 이야기는 앞에서도 했으니 참고할 일이거니와, 여하튼 뭔가 푸대접을 받고 있는 대목이라는 느낌이 든다. 더구나 내용조차도 별로 얻어먹을 것이 없으니 혐의(嫌疑)는 더욱 짙어진다. 이러한 점에서 본다면 《滴天髓(적천수)》의 해설가(解說家) 중에서는 반자단(潘子端) 선생이 최고수(最高手)라고 할 수 밖에 없다. 단호(斷乎)하게 한 칼에 쳐버렸으니까 말이다. 그의 용기(勇氣)가 부럽다.

다만, 구차(苟且)한 변명(辨明)을 하자면 이러한 대목에 대해서 확실(確實)하게 해 놓지 않으면 또 독자(讀者) 중에는 대단한 의미가 있는 것으로 생각하고 열심히 파고들어서 외우고 써먹으려고 소란(騷亂)을 피울 것이 빤하기 때문이다. '봐라! 《滴天髓(적천수)》에서 조차도 양인(羊刃)을 언급했잖아~!' 라는 이야기를 하면서 침을 튀기는 일은 없기를 바라는 마음으로 지루할 것을 감내(堪耐)하면서 사설(辭說)을 늘어놓는 것임을 헤아려 주는 독자도 한둘은 있지 않을까 싶다.

「전즉영위(戰則逞威)」는 '전쟁(戰爭)을 할 때에는 위력(威力)이 굳세다.' 라는 뜻이다. 대뜸 전쟁이야기를 들고 나온다. 이런 식으로 干支의 이치를 고정화(固定化)시키는 것이야말로 유연(柔軟)하게 사유(思惟)하는 철학자(哲學者)의 장애물(障碍物)에 불과(不過)할 뿐이다. 겁재(劫財)보다 더 강한 의미로 약간은 난폭하다는 분위기를 강조하고 싶었던 것으로 보이기는 하지만 그렇다고 해서 '양인(羊刃)은 싸움쟁이' 라는 선입견(先入見)을 심어 주는 것은 옳지 않은 처사(處事)이다.

「약즉파사(弱則怕事)」는 '허약(虛弱)하면 매사(每事)를 두려워한다.' 는 뜻이다. 아무리 양인(羊刃)의 위력(威力)이 강맹(强猛)하더라도 허약하다면 아무런 힘도 없고 오히려 매사(每事)에 두려움만 갖게 된다는 의미인데 참으로 아무런 도움도 되지 않는 구절(句節)이다. 구태여 좋게 봐 준다면, '양인조차도 힘이 없으면 사납지 않다.'는 정도이다. 그런데 이미 모순(矛盾)인 것이 양인국(羊刃局)이라고 해 놓고서 약한 경우를 이야기하는 것을 보면 알 수가 있다. 양인이 국을 이뤘는데 약하다는 것은 무슨 귀신 씻나락 까먹는 소리인지 모를 일이다.

「상관격(傷官格)」은 '상관(傷官)의 격식(格式)'을 뜻한다. 십성(十星)에서의 상관(傷官)을 말할 수도 있고, 月支의 상관을 놓고 말을 할 수도 있지만 그 모두를 포함하는 것이 무난할 것이다.

「청즉겸화(淸則謙和)」는 '청정(淸淨)하면 겸손(謙遜)하고 온화(溫和)하다.'는 뜻이다. 아무리 막돼먹은 상관(傷官)이라고 하더라도 흐름이 잘 짜여 있으면 겸화(謙和)하다는 이야기인데 이것이 바로 지루한 설명이라는 말이다. 이미 앞에서 수도 없이 흐름의 청탁(淸濁)에 대해서 논했고, 성정(性情)의 첫 구절에서도 '오기불려(五氣不戾)'라고 했으니 더 말을 하지 않아도 될 텐데 이렇게 콕 집어서 '상관(傷官)'을 물고 나오니, 듣고 있는 상관이 기분 좋을 리는 없다. 왜냐하면 이 말의 이면(裏面)에는 '상관은 원래 좀 싸가지가 없잖니~!'라는 어감(語感)이 눌어붙어 있기 때문이다. 아니나 다를까 바로 이어서 본심(本心)이 나온다.

「탁즉강맹(濁則剛猛)」은 '혼탁(混濁)하면 강력(强力)하고 용맹(勇猛)하다.'는 뜻이다. 치켜세워 주는 듯하면서 깎아내리는 것이 목적이었는지도 모르겠다는 의심이 들기도 한다.

用神多者 性情不常
時支枯者 虎頭蛇尾
용신다자 성정불상
시지고자 호두사미

【直譯】

用神多者
용신(用神)이 많은 자는

性情不常
성정(性情)이 일정(一定)하지 않다.

時支枯者
시지(時支)가 편고(偏枯)한 자는

虎頭蛇尾
호랑이 머리에 뱀의 꼬리이다.

【意譯】

「용신다자(用神多者)」는 '용신(用神)이 많은 자'의 뜻이다.
이러한 글귀를 보면서 그냥 웃으면 된다. 용신은 많을 수가 없는데 어떻게 이런 글자의 조합(組合)이 가능하냐는 생각만 갖고 있으면 되는 까닭이다.

「성정불상(性情不常)」은 '성정(性情)이 일정(一定)하지 않다.'는 뜻이다. 즉 변덕(變德)이 많아서 어디로 튈지를 모른다는 의미로 풀이를 할 수가 있는데, 아마도 '용신(用神)이 많은 자'란 말은 '종화격(從化格)'을 의미하는 것으로 보인다. 왜냐하면 生剋의 이치에서는 용신이 많을 수가 없기 때문이다. 그런데 종화격이 「종상(從象)」편이나 「화상(化象)」편에서는 외격(外格)으로 존중(尊重)을 해 주는 듯 했는데 이제 와서 변덕이 많다고 한다. 그야말로 먼 산을 보면서 웃을 수 밖에.

「시지고자(時支枯者)」는 '時支가 편고(偏枯)한 자'의 뜻이다. 사주의 구조에서 時支가 편고(偏枯)할 수도 있을 것이니 이것을 갖고서 뭐라고 할 것은 아니다.

「호두사미(虎頭蛇尾)」는 '호랑이 머리에 뱀의 꼬리'라는 뜻이다. 용두사미(龍頭蛇尾)와 같은 의미인듯 싶다. 또한 하나마나 한 이야기라는 것을 이제 독자도 눈치 챘을 것이다. 쓸데없는 글들이 많기도 하지만, 특히 「양인(羊刃)」, 「상관(傷官)」, 「용신(用神)」편과 이 時支의 이야기들은 모두 불론(不論)이니, 또한 탁상(卓上)에서 천하(天下)를 논하는 것일 뿐이다.

《滴天髓(적천수)》가 대단하다는 것은 사실이로되, 이러한 구절까지도 모두 그만한 동격(同格)의 가치(價値)가 있다고 하는 것은 아님을 정확(正確)하게 이해하면 된다. 괜히 멋진

글에 붙어서 호가호위(狐假虎威)를 하려는 위작자(僞作者)의
의도(意圖)가 분노(忿怒)를 넘어서 측은(惻隱)하다고 해야 하
겠다. 그렇게 당당(堂堂)하다면 스스로 책을 쓰면 될 일인데
이렇게 은근슬쩍 붙어서 후학(後學)들의 공부를 혼란(混亂)스
럽게 하는 허물을 지었구나.

25. 疾病(질병)

五行和者 一世無災
血氣亂者 平生多疾

忌神入五臟而病凶
客神遊六經而災小

木不受水者血病 土不受火者氣傷

金水傷官 寒則冷嗽 熱則痰火

火土印綬 熱則風痰 燥則皮癢

論痰多木火 生毒鬱火金

金水枯傷而腎經虛
水木相勝而脾胃泄

【原文】

疾病
질병

【直譯】

疾病
질환(疾患)과 병증(病症)

【意譯】

「질병(疾病)」은 '질환(疾患)과 병증(病症)'의 뜻이다. 몸에
이상(異常)이 생길 적에 처음에는 조짐(兆朕)이 미세(微細)하
게 나타난다. 이것은 나뭇가지 끝에 바람이 일어나서 흔들리는
것과 같다. 이것을 조짐이라고 한다. 바람이 일어날 조짐이 되
는 것이다. 그러다가 점점 강도(强度)가 심해지면 증상(症狀)
이라고 한다. 그리고는 마침내 극심(極甚)한 고통(苦痛)으로
신음(呻吟)하게 되면 병환(病患)이라고 하게 되는데 이러한
과정을 묶어서 질병(疾病)이라고 하는 것이다. 그러니까 사주
를 통해서 인간이 겪게 될 질병을 논하고자 하는 것이 이번 항
목의 의미이다. 처음에는 낭월도 이러한 대목을 보고서 신바람
이 난 적도 있다. 이제 의사(醫師)들은 다 굶어 죽을지도 모른
다고 생각했기 때문이다. 그렇게 어리석었던 시절(時節)도 있
었더란 이야기이다. 여하튼 모르면 용감한 법이다.

그러다가 '이것은 아니지 않은가……?' 싶은 생각을 하게 되었고, 주변(周邊)의 인물(人物)들을 통해서 실제(實際)로 겪고 있는 질환(疾患)과 사주의 구조(構造)를 대비(對比)하면서 연구(研究)를 하다가 질병에 대한 궁리는 덮어버리고 말았다. 그리고 스스로 의학적(醫學的)인 상식(常識)이 부족(不足)한 탓이라고 생각하고, 五行의 변화(變化)에 대한 공부가 더 깊어지면 알게 될 것이라는 희망(希望)의 끈을 놓지 않고 보류(保留)를 했었다. 그리고 마침내 '사주와 질병의 관계'로부터 자유로워졌으니 이제 질병(疾病)에 대해서는 100% 손을 놓아버린 것이다.

이러한 확신(確信)을 갖게 된 것은 바로 반자단(潘子端) 선생의 경력(經歷)을 알고 나서였다. 본서(本書)의 앞에서도 언급했지만 그는 전통의학(傳統醫學), 그러니까 한의학(漢醫學)에 대한 조예(造詣)가 일반인(一般人)의 지식(知識)을 훨씬 뛰어넘었다는 것을 알고 나서였다. 한의학에 조예가 깊었던 것으로 생각되는 운철초(惲鐵樵) 선생이 상하이에서 운영하는 『철초함수중의학교(鐵樵函授中醫學校)』에서 제대로 연구를 했었다는 것으로 인해서 어렴풋이나마 갖고 있던 회의심(懷疑心)에 마침표를 찍게 되었던 것이다. 아마도 낭월과 같은 무지렁이가 '사주를 통해서는 질병(疾病)을 알 수가 없다.' 라고 했더라면 자신의 무지(無知)를 망각(妄覺)하고 헛소리를 하는 것으로 생각할 것이 당연했을 것이다. 그리고 심오(深奧)한 자평명리학의 도도(滔滔)한 흐름에 오점(汚點)을 남기고 있는 것이라는 비난(非難)을 면(免)키도 어려웠을 것이다.

그런데 《滴天髓(적천수)》에 대해서 거론한 대가(大家)들 중에서는 의학(醫學)에 조예(造詣)가 깊어서 객관적(客觀的)인 추론(推論)이 가능한 반자단(潘子端) 선생이 '「질병장(疾病章)」은 헛소리'라는 단정(斷定)을 했다면 이것은 다른 문제인 것이다. '질병(疾病)에 논하고 있는 내용(內容)들은 더욱 황홀(恍惚)하니 삭제(削除)하는 것이 마땅하다.'는 이야기는 오히려 자평학의 영역(領域)에 대한 경계선(境界線)을 보여주는 것 같아서 고맙기조차 하다.

또 하나 경계(警戒)를 해야 할 것이 있다. 섣부르게 木이 기신(忌神)이면 간암(肝癌)이고, 土가 기신이면 위암(胃癌)이라는 식의 무시무시한 폭언(暴言)을 일삼는다면 필시(必是) 이러한 상담가(相談家)는 죽어서 발설지옥(拔舌地獄)행의 특급열차(特急列車)에 영혼(靈魂)을 싣게 될 것이라는 점이다. 낭월도 이러한 점이 부담(負擔)스러워서 더욱 신중(愼重)하게 질병(疾病)으로 고통(苦痛)받는 이웃들을 보면서 사주와의 연관성(聯關性)에 대해서 검토(檢討)하고 궁리(窮理)하지 않을 수가 없었다.

그럼에도 불구하고 맞기도 하고 틀리기도 하는 자료를 보면서 《滴天髓(적천수)》라고 해서 다 믿을 것이 못 된다는 생각을 하게 되었다. 사주에는 특별한 문제가 없어도 악병(惡病)에 걸리고, 문제가 심각(深刻)해도 무탈(無頉)하게 건강(健康)한 몸으로 살아가는 것을 보았기 때문이다.

물론 심리적(心理的)인 면에서 본다면 검토를 할 부분이 없진 않을 것이다. 그러한 질병을 의학(醫學)에서는 '심인성질환(心因性疾患)'이라고 하거나 '신경성질환(神經性疾患)'으로 통칭(通稱)하기도 한다. 심인성 정신장애(精神障碍), 심인성 소화장애(消化障碍)라고도 하지만, '심인성(心因性)'이라는 말이 서양 의학자들에게 께름칙한 기분을 갖게 될 수도 있어서 신경성(神經性)이나 불면증(不眠症) 등과 같이 현실적으로 신체 내부에 존재하는 신경을 물고 늘어지기도 하지만 결과는 같은 뜻임을 아는 사람은 다 안다.

사주의 구조에 따라서 이러한 심리적인 원인에 의한 질환을 참고하는 것이라면 그것은 굳이 말리지 않아도 될 것이다. 왜냐하면 사주는 심리(心理)를 다루는 학문이기 때문이다. 다만 그것을 확대해서 신체적(身體的) 질환(疾患)까지 넘어가게 된다면 여기에서부터 오류(誤謬)가 발생하게 된다는 점을 선험자(先驗者)의 관점(觀點)에서 언급(言及)하는 것이니 독자는 이 점에 대해서 신중(愼重)한 판단(判斷)이 있기 바란다. 더구나 그러한 확실하지도 않은 이야기를 운명가(運命家)에게서 전해 듣고는 마음이 불안해서 잠을 이루지 못한다면 이것이야말로 五行의 독(毒)이라는 점도 명심해야 할 것이다.

의학은 비약적(飛躍的)으로 발전(發展)하고 있다. 이미 과거(過去)에도 그랬다. 그렇기 때문에 같은 지반(地盤)에 뿌리를 둔 명학(命學)과 의학(醫學)에서 의학이 독립(獨立)을 선언(宣言)하게 되었는지를 생각해 보면 알고도 남을 일이다. 즉, 음양오행(陰陽五行)만으로 질병을 논하기에는 역부족(力不足)이라는 것을 눈치 채고서 얼른 빠져나가서 새살림을 차린 것이고 그것은 매우 현명(賢明)했던 것으로 보인다. 예전에 모 대학(大學)의 한의대(韓醫大) 학생들이 그룹을 지어서 자평법(子平法)으로 질병(疾病)을 연구하는데 강의(講義)를 해 줄 수가 있느냐고 해서 사양(辭讓)했던 적이 있었다. 이미 그

때부터 자평학은 질병을 논하는 것이 아니라 심리(心理)를 논하는 것이라는 눈치를 챘기 때문이다. 물론 지금도 이 생각에는 변함이 없다. 그럼에도 불구하고 五行의 관점(觀點)에서 풀이를 해야 하는 것은 또한 《滴天髓(적천수)》의 원문에 떡! 하니 자리를 잡고 있기 때문이다. 그렇기에 미리 마음가짐을 이렇게 하고서 접근(接近)하면 만무일실(萬無一失)이라는 생각을 먼저 남기는 것이다.

그렇다면 질병(疾病)은 어떻게 관찰(觀察)해야 할 것인가? 우선은 유전자(遺傳子)의 영향(影響)이 가장 크다고 본다. 혈통(血統)에서 전해지는 질환(疾患)은 기본적으로 발병(發病)의 요인(要因)을 안고 태어나는 것이나 마찬가지인 까닭이다. 대표적(代表的)인 예(例)로 당뇨병(糖尿病)을 생각해 볼 수 있을 것이다. 그리고 재미있는 것은 그러한 질환(疾患)에 대한 유전성(遺傳性)을 가지고 있는 경우에는 식습관(食習慣)도 무관(無關)하지 않더라는 점을 생각하게 된다. 그러므로 그러한 점을 잘 깨달아서 '입에는 달지만 몸에는 독이 되는 음식'을 잘 가려서 섭취(攝取)한다면 발병(發病)을 지연(遲延)시키거나, 혹은 아예 없앨 수도 있으니 이것이야말로 현명한 용심(用心)이라고 하겠다.

다음으로 영향을 미치는 것은 환경(環境)이다. 공기(空氣)가 오염(汚染)되어 있는 공단지역(工團地域)에서 거주(居住)하는 사람들에게는 호흡기(呼吸器) 계통(系統)의 질환(疾患)이 더 많은 것은 이미 알고 있는 사실(事實)이다. 이러한 것을 도외시(度外視)하고서 사주에서 金이 기구신(忌仇神)이면 폐병(肺病)을 앓게 된다는 식의 단정(斷定)은 무책임(無責任)한 것이기도 하고 망발(妄發)이기도 하다. 더구나 핵발전소(核發電所)가 지진(地震)으로 망가져서 대기(大氣)가 오염된 상황은 또 어떻게 해석을 할 것인가? 그러므로 유전인자(遺傳因子)가 가장 큰 요인(要因)이고 다음으로 환경이 영향을 미친다고 보면 될 것이다. 이것은 사주와는 무관한 것이다. 설마하니 '사주에 金이 기신인 사람은 오염된 공기로 가득한 공단 옆에 살게 된다.'는 해석을 하려는 것이 아니라면 말이다.

다음으로는 식습관(食習慣)이다. 청정(淸淨)한 음식을 먹고 사는 사람은 오염된 음식을 먹고 사는 사람에 비해서 질환(疾患)에 걸릴 가능성이 낮아지는 것은 당연한 상식이다. 식습관이 사주에 나타날 가능성도 조금은 있다고 하겠지만 그것을 떠나서 인스턴트로 된 음식으로 생활하는 사람에게는 금강(金剛)같이 튼튼한 유전자(遺傳子)를 물려받았더라도 견디기 힘들 것이다.

특히 밤 11시에 방송(放送)을 보면 어김없이 배달음식이 광고(廣告)된다. 그것을 보고 전화(電話)하고 싶은 충동(衝動)을 느끼는 것은 인지상정(人之常情)이다. 그럼에도 불구하고 '야식(夜食)은 독약(毒藥)'이라는 신념(信念)으로 유혹(誘惑)을 참는 사람은 주문하라는 전화번호를 누르고 있는 사람보다 건강할 가능성이 훨씬 많을 수 있으니 이러한 것조차도 사주 탓을 하고 습관을 그대로 따라간다면 아무도 건강에 대한 보장(保障)을 해 주지 않을 것이다.

그럼에도 불구하고 이러한 위의 세 가지를 잘 지키면서 자신의 몸 관리를 했음에도 병환(病患)으로 고통(苦痛)을 받을 수는 있다. 그렇지만 위의 세 가지를 잘 이해하고 피하여 생활한다면 분명히 그렇지 않은 경우에 비해서 확률적(確率的)으로 건강(健康)을 유지(維持)할 가능성은 높아지기 마련이다. 이렇게 질병(疾病)들을 사주에서 답을 찾아낼 것이라고 도전(挑戰)하는 것이야 말리지는 않겠지만 결과(結果)는 아마도 뜻대로 되지 않을 것이라는 점을 미리 알고 시작하기 바란다.

그래야 도중(途中)에라도 뭔가 어긋나는 낌새를 느끼는 순간에는 얼른 던져버리고 되돌아 올 수가 있기 때문이다. 이것도 중요하다. 그동안 투자한 시간이 아까워서 조금 더 가보겠다는 사람보다 더 어리석은 사람도 없을 것이기 때문이다. 그런데 스스로 그것을 느꼈으면서도 관습(慣習)에 의해서 그냥 흘러가는 경우도 적지 않음을 볼 적에는 많이 안타깝다.

【原文】

五行和者 一世無災
血氣亂者 平生多疾
오행화자 일세무재
혈기난자 평생다질

【直譯】

五行和者
오행(五行)이 조화(調和)로운 자는

一世無災
일평생(一平生) 재앙(災殃)이 없다.

血氣亂者
혈기(血氣)가 혼란(混亂)한 자는

平生多疾
평생(平生)동안 질환(疾患)이 많다.

【意譯】

「오행화자(五行和者)」는 '五行이 조화(調和)로운 자'의 뜻
이다. 이미 앞에서 언급했던 내용을 다시 재탕(再湯)하는 것으

로 봐도 될 것이다. 「성정(性情)」편에서만 해도 '오기불려(五氣不戾) 성정중화(性情中和)'라고 하지 않았던가. 같은 뜻을 글자만 달리 해서 재탕하고 있는 것이니 이것만으로도 벌써 식상(食傷)하다. 그런데 식상이라고 써놓으니 식신(食神)과 상관(傷官)처럼 보인다. 학자의 눈에는 학문만 보이나 보다. 아무리 옳은 글이라도 자꾸 반복되면 지루한 법이다.

「일세무재(一世無災)」는 '일평생(一平生) 재앙(災殃)이 없다.'는 뜻이다. 참 좋은 말이다. 다만 새로울 것이 없는 말이라는 것이 문제이다. 재앙(災殃)은 병환(病患)의 뜻으로 해석(解釋)을 해야 하겠지만 사실은 이것도 올바른 글자 배합은 아니다. '일세무병(一世無病)'이라고 하거나, '일세무질(一世無疾)'이라고 해야 할 것이기 때문이다. 별것도 없는 내용을 있어 보이게 포장하려다 보니 이러한 문제도 생겨나는 것이겠거니 한다.

「혈기난자(血氣亂者)」는 '혈기(血氣)가 혼란(混亂)한 자'의 뜻이다. 그런데 사주에 무슨 혈기를 논하는가? 차라리 '탁기난자(濁氣亂者)'라고 했으면 그렇겠거니 하겠는데 이것도 두서(頭緖)없이 써놓은 글이라는 생각이 들게끔 한다. 그래서 점점 신빙성(信憑性)이 떨어지게 되고, 반자단(潘子端) 선생도 고개를 돌리고 말았던 것일 게다. 선생도 처음에는 기대(期待)를 갖고 「질병(疾病)」편을 열심히 읽었을 것이다. 왜냐하면 이미 건강장수(健康長壽)에 대해서 관심(關心)이 많았었기 때문이다. 그런데 막상 내용을 들여다보니까 이것은 뭐 아무런 도움도 되지 않는 헛소리만 가득하다는 것을 알아내는데 오랜 시간이 걸리지 않았을 것으로 보인다. 그리고 실소(失笑)를 머금고 던져버리는 것으로 결론을 내린 듯 싶다.

「평생다질(平生多疾)」은 '평생(平生)동안 질환(疾患)이 많다.'는 뜻이다. 그야말로 '하나마나한 소리'이다. 이러한 글을 보면 사주에 沖剋이 만연(漫然)한 사람은 실망(失望)을 넘어서 좌절(挫折)하게 된다. 실제로 그럴 수도 있고 그렇지 않을 수도 있다. 그런데 자꾸만 그런 쪽으로 생각을 하게 된다면 결국은 그렇게 될 암시(暗示)로 이어지게 될 것이라는 점이 문제이다. '만병(萬病)은 마음에서 일어난다.'고도 하니 말이다. 그 마음에 나쁜 암시를 걸어버리게 되면 결국은 심약(心弱)한 사주를 갖고 살아가야 하는 사람에게는 대못이 되어서 가슴을 찌를 것은 빤한 일이기 때문이다. 아마도 사주에 沖剋이 많으면 심리적(心理的)으로도 불안정(不安定)할 가능성은 있고, 그것이 깊어져서 병인(病因)이 될 수도 있을 것이다. 그러니까 이것으로 단정적(斷定的)인 판단(判斷)을 하는 것은 주의(注意)해야 할 것이다.

【原文】

忌神入五臟而病凶
客神遊六經而災小
기신입오장이병흉
객신유육경이재소

【直譯】

忌神入五臟而病凶
기신(忌神)이 오장(五臟)에 들면 흉(凶)한 병(病)이고

客神遊六經而災小
객신(客神)이 육경(六經)을 떠돌면 작은 병(病)이다.

【意譯】

「기신입오장이병흉(忌神入五臟而病凶)」은 '기신(忌神)이 오장(五臟)에 들면 흉(凶)한 병(病)이다.'라는 뜻이다. 이론적(理論的)으로는 그럴싸하다. 기신이 지장간(支藏干)에 들어 있으니 그것은 못된 병(病)이 오장(五臟)에 들어 있는 것과 연결(連結)이 되는 까닭이다. 지장간(支藏干)의 장(藏)과 오장(五臟)의 장(藏)은 글자조차 똑같으니 착시효과(錯視效果)조차 있음이다. 그러나 그럴싸해 보이는 이론도 타당한 것에다가 적용(適用)을 시켜야 빛이 나는 지혜(智慧)의 보고(寶庫)가

되는 것이지 엉뚱한 곳에다가 연결시켜 놓으면 이게 복숭아나무의 눈을 떼어다가 배나무에 접붙인 것과 같아서 목적을 이룰 수가 없는 것은 당연한 것이다. 복숭아는 개복숭아나무에 접붙이고, 감은 고욤나무에 접붙여야 하는 것은 알면서 질병은 지장간(支藏干)에다가 접붙여서 오장(五臟)에 집어넣는 것이 얼마나 큰 오류(誤謬)인 줄을 모르니 그것이 문제이다.

「객신유육경이재소(客神遊六經而災小)」는 '객신(客神)이 육경(六經)을 떠돌면 작은 병(病)이다.'라는 뜻이다. 이론적인 이야기이므로 실제로 부응(符應)하는 것에 대해서는 기대(期待)를 하지 않아야 한다. 사실 그렇게만 되면 얼마나 좋겠는가? 그러나 실제로 대입을 해 보면 그게 아니라는 강한 부정(否定)만 남게 되고 객신(客神)이든 기신(忌神)이든 두려워할 필요가 없는 것이 질병(疾病)이라는 것을 깨닫게 될 것이다. 물론 살아가는 과정에서는 당연히 중요한 것들이고 주의해야 할 존재들이지만 이것을 질병에 대입하게 되면 마치 수학(修學)의 공식(公式)을 문학(文學)에 대입한 것과 비슷하다고 할 수 있다. 참고로 객신은 원국에서 크게 힘이 없는 한신(閑神)을 의미하거나 운(運)에서 들어오는 힘 없는 한신이라고 해도 될 것이다. 육경(六經)은 오장(五臟)과 대응(對應)하는 육부(六腑)를 말하거나 여섯 경락(經絡)을 말하는데, 이것도 앞에서 오장을 말했으면 뒤에서는 육부를 말해야 이치가 타당할 텐데 갑자기 육경을 들고 나온다.

참고로 아는 척을 좀 한다면, 육경(六經)이란, 태음경(太陰經), 소음경(少陰經), 양명경(陽明經), 태양경(太陽經), 궐음경(厥陰經), 소양경(少陽經)이고, 이것이 수(手)와 족(足)으로 나뉘어서 12정경(正經)이라고 하는 경락(經絡)을 이루어서 인체(人體)를 순환(循環)하는 것이다. 원래 질병은 육부(六腑)에 있으면 가볍고, 오장(五臟)에 있으면 깊다고 했는데 그런 의미에서 이 구절의 육경(六經)은 육부(六腑)로 보는 것이 그나마 이치에 타당하다고 하겠다. 물론 모두 다 뜬구름 잡는 소리에 불과할 뿐이라는 것도 함께 생각해야 한다. 의학(醫學)은 의학에서 논해야 한다는 것을 잊지 말자.

【原文】

木不受水者血病 土不受火者氣傷
목불수수자혈병 토불수화자기상

【直譯】

木不受水者血病
木이 水를 받지 못하면 혈병(血病)이고

土不受火者氣傷
土가 火를 받지 못하면 기병(氣病)이다.

【意譯】

「목불수수자혈병(木不受水者血病)」은 '木이 水를 받지 못하면 혈병(血病)이다.'라는 뜻이다. 원래(原來) 水生木인데 木이 水의 생조(生助)를 받지 못하는 상황(狀況)인 것이다. 하나는 받고 싶어도 없어서 못 받는 것이고, 다른 하나는 너무 많아서 받기 싫어 안 받는 것이다. 이러한 것을 묶어서 불수(不受)라고 할 수가 있는데 혈액(血液)은 水이고, 水를 받지 못하였으니 혈병(血病)이 될 것이라는 가정(假定)과 상상(想像)을 한 것이다. 혈병은 백혈병(白血病)이나 패혈증(敗血症), 에이즈(AIDS)와 같은 혈액을 타고 다니는 질병을 말하면 되겠는데 물론 논할 가치는 없지만 무슨 뜻인지는 알고 넘어가자는 의미에서 약간의 풀이를 해 본 것이다.

「토불수화자기상(土不受火者氣傷)」은 '土가 火를 받지 못하면 기병(氣病)이다.' 라는 뜻이다. 병(病)에는 혈병(血病)도 있고, 기병도 있다. 감기(感氣)와 같은 것은 기병이라고 할 수 있는 것이고, 그것은 체내(體內)의 기운(氣運)이 손상(損傷)을 받아서 생기는 병이라는 정도만 이해하면 될 것이다. 火는 화기(火氣)이니 土가 火의 生을 받지 못하거나 너무 火가 많아서 이것으로 인해서 병이 된다는 논리라는 것만 이해하고 실제로 그렇게 되고 말고는 신경 쓰지 않아도 된다. 그냥 모든 것을 사주로만 풀이하겠다는 '오직 팔자(八字)~!!' 만 외치는 자가 말하는 질병론(疾病論)이라는 정도로만 이해하면 될 일이다.

金水傷官 寒則冷嗽 熱則痰火
금수상관 한즉냉수 열즉담화

【直譯】

金水傷官
경신금(庚辛金)이 해자(亥子)월에 태어나서

寒則冷嗽
한냉(寒冷)하면 해수(咳嗽)가 되고

熱則痰火
조열(燥熱)하면 천식(喘息)이 된다.

【意譯】

「금수상관(金水傷官)」은 '庚辛金이 亥子월에 태어나서' 라
는 뜻이다. 金이 겨울에 태어나면 온기(溫氣)를 필요(必要)
로 한다는 이야기가 생각난다. 당연한 이야기이다. 五行은 모
두 온기(溫氣)가 필요하다. 그리고 동시(同時)에 습기(濕氣)
도 필요하다. 그래서 온도와 습토가 잘 맞아야 좋은 환경에서
만물(萬物)이 성장(成長)하고 번식(繁殖)을 할 수가 있으므로
그것을 갖추면 다행이지만 그렇지 못하면 안타까운 것이다.

「한즉냉수(寒則冷嗽)」는 '한냉(寒冷)하면 해수(咳嗽)가 된다.'라는 뜻이다. 해수는 보통 해소, 기침에서 말하는 해소이고, 해수가 변해서 이 해소가 된 것이다. 그리고 해소와 천식(喘息)을 붙여서 말하기도 한다. 한금(寒金)이 온기를 만나지 못하면 기침을 하게 된다는 말은 金의 장부(臟腑)가 폐(肺)와 대장(大腸)이기 때문이다. 폐는 기관지(氣管支)를 담당(擔當)하고 있으니 폐가 따뜻해야 하는데 그렇지 못하면 제대로 원활하게 작용을 하지 못하게 되어서 기침을 하게 된다는 이야기는 또한 그럴싸하다. 그래서 오행학자(五行學者)의 설명인 것은 틀림이 없다. 다만 적용을 잘못 시켜서 후학들로 하여금 혼란을 겪게 한 허물을 탓할 뿐이다.

「열즉담화(熱則痰火)」는 '조열(燥熱)하면 천식(喘息)이 된다.'는 뜻이다. 숨을 쉬는데 헐떡거리는 형태를 천식(喘息)이라고 한다. 그러니까 이번에는 폐장(肺臟)이 火剋金을 당해서 고통스러워하는 것이 호흡장애(呼吸障碍)로 나타나게 된다는 설명이니 또한 나도 모르게 고개를 끄덕이게 된다. 왜냐하면 이론적으로는 문제가 없어 보이는 五行과 장부(臟腑)의 연결이기 때문이다. 그러다 보니 한의학을 공부하는 학동(學童)들이 이 문제를 파고들어 보겠다고 용감하게 달려들었던 것이고, 결과적으로는 안된다는 것을 깨달았으므로 그것도 성공이라고 해야 할까 싶다. 왜냐하면 목적을 이루는 성공도 있지만 아닌 줄을 아는 것도 절반의 성공이라고 할 수 있는 까닭이다.

火土印綬 熱則風痰 燥則皮瘍
화토인수 열즉풍담 조즉피양

【直譯】

火土印綬
土가 사오(巳午)월에 태어나서

熱則風痰
더우면 풍담(風痰)이 되고

燥則皮瘍
건조(乾燥)하면 피부병(皮膚病)이 된다.

【意譯】

「화토인수(火土印綬)」는 '戊己가 巳午월에 태어나서' 라는
뜻이다. 여름의 土가 되는 것이다. 금수상관(金水傷官)을 했으
니 화토인수(火土印綬)도 해 보는 모양이다. 그래도 다섯 가지
의 상관(傷官)과 다섯 가지의 인성(印星)을 일일이 논하지 않
아서 천만다행(千萬多幸)이고, 다섯 가지 관살(官殺)이나 다
섯 가지의 재성(財星)에 대해서 논하지 않는 것은 더더욱 다
행이다. 이런 것을 모두 다 늘어 벌였더라면 어찌 할 뻔 했느냐

생각이 문득 들어서이다.

「열즉풍담(熱則風痰)」은 '더우면 풍담(風痰)이 된다.' 라는 뜻이다. 생소(生疎)하겠지만 풍담(風痰)은 중풍(中風)을 일으키는 원인(原因)이라고 생각하면 된다. 풍(風)은 중풍을 말하고, 담(痰)은 옆구리가 뜨끔하고 통증이 지속되면 '담 붙었다'고 하는 결림 현상을 두고 하는 말인가 싶기도 하다. 이것도 말은 되는 것이, 중풍이 어떻게 발병(發病)하는지를 생각해 보면 된다. 드라마에서 뒷목을 잡고 쓰러지는 회장님의 모습을 상상해도 좋을 것이다. 엄청 강한 열을 받게 되면 뇌혈관(腦血管)이 파열(破裂)되어서 쓰러지게 되는데, 이러한 상황이 되면 '풍을 맞았다.' 고 한다. 풍(風)은 바람이고, 맞았다는 것은 적중(的中)했다는 뜻으로 중(中)을 쓴 것이다.

이러한 상황에서는 시간과의 전쟁이다. 응급으로 처치(處置)가 되면 회생(回生)이 가능하지만 시간이 지연(遲延)되어서 혈액(血液)이 굳어지게 되면 시간도 오래 걸리고 반신불수(半身不隨)가 되는 상황도 발생한다. 문득 土로 태어난 사람이 그렇다면 다른 五行으로 태어난 사람은 중풍에 걸리지 않는 것인가? 싶은 생각을 해 볼 수도 있다. 물론 그럴 리는 없다. 분노의 火를 잘못 다스려서 발병(發病)을 할 수는 있지만 사주와는 무관(無關)하다고 해야 할 것이기 때문이다.

그런데 혈관파열(血管破裂)로 인한 신경장애(神經障碍)를 왜 풍(風)이라고 할까? 그것은 내 의지(意志)와 상관(相關)없이 움직이기 때문이다. 제 맘대로 움직인다는 뜻에서 바람이라고 했을 것이라는 짐작이다. 마치 바람이 불어오면 나뭇가지가 흔들리는 것처럼 나무는 가만있으려고 하지만 바람이 그냥 두지 않는 현상을 보고서 '바람 맞았다.'고 표현했을 것이다.

그리고 바람을 피하기 위해서는 화를 내지 않아야 한다는 좋은 가르침을 얻었다. 왜 화를 내면 바람을 맞게 될까? 화는 열(熱)이다. 열이 나면 기류(氣流)가 움직이게 된다. 대류현상(對流現狀)이다. 이것이 서서히 움직이면 순환(循環)이라고 하고 거세게 움직이면 태풍(颱風)이라고 하는 것이니 대부분의 태풍은 태평양(太平洋)의 고온(高溫)에서 만들어진다는 것을 생각해 보면 이해가 빠를 것이다. 이것은 사주와 무관하게 마음을 잘 다스려야 한다는 금언(金言)이 되는 것이다.

「조즉피양(燥則皮癢)」은 '건조(乾燥)하면 피부병(皮膚病)이 된다.'는 뜻이다. 또한 그럴싸하다. 피부(皮膚)가 가려운 것은 土가 지나치게 건조하기 때문이다. 수분(水分)이 부족하면 가렵고 긁으면 피가 나기도 한다. 문득 어린 아이들의 아토피가 생각난다. 못 견디도록 가려운 것을 아이들이 어찌 참고 견디겠는가를 생각해 보면 피부병도 여간 고역(苦役)이 아니다. 물론 그 원인이 단순하게 '화토인수(火土印綬)'가 건조해서 발생하는 것이 아니라는 점만 알아 둔다.

■ 오운육기론(五運六氣論)

이쯤에서 「운기론(運氣論)」에 대해서 한 마디 언급하고 싶은 것이 있다. 풀어서 '오운육기(五運六氣)'라고도 한다. 이것이 자평학과 한의학에 두루 얽혀 있어서 출발점이 같다는 이유가 될 것이다. 오운육기는 《황제내경(黃帝內經)》의 「소문(素問)」편에서 나오는데 오운(五運)과 육기(六氣)를 합친 말이다. 오운은 干合을 말하다 보니 "엉? 干合? 나도 아는데~!!"라는 생각으로 집적거리게 되는 명리학자가 생길 수도 있는 요인으로 나타나게 된다. 원리와 작용을 잘 이해하지 못한 것에서 이러한 오류(誤謬)가 일어나게 될 가능성이 있으므로 모쪼록 올바른 이해가 중요하다는 것이 절실하다. 이름이 같다고 해서 뜻도 같은 것이 아니라는 것을 말이다. 마치 같은 평화통일(平和統一)이라도 남북통일(南北統一)과 북남통일(北南統一)처럼 이름은 같고 뜻은 전혀 다른 것처럼 말이다.

오운(五運)은 태과(太過)와 불급(不及)으로 나뉜다. 이것은 일정(一定)하게 정해진 규칙에 의해서 나뉘는 것이다. 가령 年干에 甲이 있거나 己가 있다고 하면, 甲己는 화토(化土)하므로 토운(土運)이 되는데 甲년은 양토(陽土)여서 태과가 되고, 己년은 음토(陰土)여서 불급이 된다. 또 乙庚의 해가 되면 금운(金運)이라고 하는데, 乙년은 금기(金氣)가 불급하여 금기를 보완(補完)해야 건강하게 한 해를 살 수가 있고, 庚년에는 금기가 태과하여 그것으로 인한 발병(發病)이 된다는 해석이다.

이러한 논리를 상업적(商業的)으로 잽싸게 활용(活用)한다면, 미리 내년의 干支를 봐서 어떤 병이 유행(流行)할 것인지를 파악(把握)하고 그에 해당하는 약재(藥材)를 엄청 사 놓았다가 폭리(暴利)를 취할 수도 있다. 여하튼 이것은 한의학(漢醫學)에서 일부 의사가 논하는 오운론(五運論)이다. 왜 모든 의사가 논하지 않는지에 대해서는 낭월도 모르지만 다 믿을 것이 못된다는 생각을 해서가 아닐까 싶은 짐작만 해 본다. 오히려 사상체질(四象體質)이니 팔상체질(八象體質)이니 하는 체질론(體質論)에 더 비중을 두는 것은 아마도 천지(天地)의 운보다 개인의 체질이 더 작용을 많이 하는 까닭이 아닐가 싶다.

그리고 오운육기론에서도 사주를 작성해서 질병을 본다는 것이 재미있다. 그래서 이것을 사용하는 한의사는 당연히 만세력(萬歲曆)을 필요로 하게 된다. 물론 컴퓨터 시대에는 프로그램을 사용할 것이겠지만 생년월일시(生年月日時)를 논하는 것이니 자평학을 조금만 배우면 사주도 볼 수 있지 않겠느냐는 생각을 하게 될 한의사도 있을 것이고, 그것을 인연으로 공부하게 되는 경우도 적지 않다. 다만 그것은 그들의 이야기이다.

이것을 명리학자가 착각(錯覺)해서 자신도 한의사들처럼 질병을 진단할 수 있을 것이라는 생각은 하지 않는 것이 좋을 것이다. 질병을 보려면 의학(醫學)을 공부하고 사주를 보려면 명학(命學)을 공부해야 하는 것이 당연지사(當然之事)인데 명칭의 혼란(混亂)으로 인해서 접근했다가 낭패(狼狽)를 당하는 일이 없도록 시작부터 잘 판단해야 하는 것이다.

육기(六氣)는 地支의 六沖으로 논하는 것이다. 子午는 소음군화(少陰君火), 卯酉는 양명조금(陽明燥金), 寅申은 소양상화(少陽相火), 巳亥는 궐음풍목(厥陰風木), 辰戌은 태양한수(太陽寒水), 丑未는 태음습토(太陰濕土)라고 이름을 붙여 놓고서 하늘에는 오운(五運)이 움직이고 땅에는 육기(六氣)가 움직이는 것을 보면서 질병을 연구하는 것을 운기론(運氣論)이라고 한다. 궁금하지 않으면 이 정도로 충분하고 궁금하면 자료를 찾아 보기 바란다.

【原文】

論痰多木火 生毒鬱火金
논담다목화 생독울화금

【直譯】

論痰多木火
木火가 많으면 담(痰)으로 논하고

生毒鬱火金
火金의 울체(鬱滯)로 인해서 독소(毒素)가 생겨난다.

【意譯】

「논담다목화(論痰多木火)」는 '木火가 많으면 담(痰)으로 논한다.'는 뜻이다. 한의사(韓醫師)가 설명하는 이야기를 들어보면 가래로 불리기도 하는 담(痰)은 참으로 복잡하다고 한다. 속에서 불타고[炎] 있으니 몸의 어느 구석인들 제대로 유지가 되겠느냐는 생각을 해 볼 수가 있겠다. 물은 얼게 하고 정체(停滯)되게 하지만 불은 다 태워버리니 참으로 골칫거리임에 틀림없을 것이라는 생각도 드는 이름이 '담(痰)'이다. 그리고 담을 논할 적에는 木火를 많이 거론(擧論)하게 된다는 뜻인가 보다. 木生火로 불기운을 더욱 강하게 만들 터이니 그럴 만도 하겠다는 이론에서 나온 이야기일 것이라는 짐작을 해 본다.

「생독울화금(生毒鬱火金)」은 '火金의 울체(鬱滯)로 인해서 독소(毒素)가 생겨난다.'는 뜻이다. 火剋金으로 구성(構成)이 된 사주라면 독소(毒素)가 생겨나서 우울하게 된다는 의미로 해석(解釋)을 하게 된다. 이것은 앞에서 '양명우금(陽明遇金) 울이다번(鬱而多煩)'이라고 한 것의 재탕(再湯)이니 지루한 이야기일 뿐이다.

金水枯傷而腎經虛
水木相勝而脾胃泄
금수고상이신경허
수목상승이비위설

【直譯】

金水枯傷而腎經虛
金水가 마르고 손상(損傷)되면 신경(腎經)이 허하고

水木相勝而脾胃泄
水木이 서로 왕성(旺盛)하면 비위(脾胃)가 약하다.

【意譯】

「금수고상이신경허(金水枯傷而腎經虛)」는 '金水가 마르고 손상(損傷)되면 신경(腎經)이 허하다.'는 뜻이다. 모든 질병(疾病)은 오행론(五行論)으로 해결(解決)할 수 있다는 듯이 전개한다. 그럴 수밖에 없는 것이 五行은 절대적(絶對的)이기 때문에 존재(存在)하는 모든 것은 五行의 영향(影響)을 벗어날 수가 없는 까닭이다. 물론 제대로 적용시켰을 적에 해당하는 이야기임은 두말할 나위도 없다. 金水가 편고(偏枯)하고 손상(損傷)되면 신경(腎經)이 허약(虛弱)하다는 이야기인데 신경(腎經)은 木의 담당(擔當)이다. 그러니까 金生水도 안되니까 水生木도 어렵게 되어서 결과적으로 木의 담당인 신경도 허약하게 될 것이라는 가설(假說)이다. 五行에 대해서 이치가 웬만큼 잡혀있는 학자라면 이러한 궁리를 해 볼 수도 있겠다는 점에서 이해는 된다.

「수목상승이비위설(水木相勝而脾胃泄)」은 '水木이 서로 왕성(旺盛)하면 비위(脾胃)가 약하다.'는 뜻이다. 비(脾)는 비장(脾臟)을 말하고 위(胃)는 위장(胃腸)을 말하며 이들은 土의 장부(臟腑)에 속한다. 소리는 같은 장이라도, 위장과 비장은 글자가 다르니 주의하면 된다. 흔히 '비위가 약하다.'고 할 적에는 냄새나 맛에 대해서 과민반응(過敏反應)을 보여서 적응이 되지 않는 상태를 말한다. 그리고 그 이유를 水生木하여 木剋土를 하기 때문에 그럴 것이라는 가정(假定)으로 받아들이면 된다. 물론 실제로 그렇게 나타나는 사람도 있을 것이고 그렇지 않은 사람들도 있을 것이다. 그래서 이에 부합이 되는 사람은 기가 막히게 잘 맞는다고 할 것이고, 부합이 되지 않는 사람은 헛된 소리라고 할 것이다.

이렇게 맞기도 하고 혹은 틀리기도 하면 50%라고 한다. 이것은 아무래도 학설(學說)로 수용(受容)하기에는 미흡(未洽)한 수치(數値)라고 해야 하지 않을까 싶다. 적어도 80%는 되어야 비로소 뭔가 연구할 흥미(興味)가 발동(發動)하는데 그렇게 되려면 '대부분은 맞는다.'는 말이 나와야 하는 것이다. 간혹 예외가 있는 정도라야 된다는 이야기이다. 왜냐하면 세상의 이치가 100%인 것은 없다고 봐야 할 것이기 때문이다. 항상 변수(變數)가 존재하는 것이 자연(自然)이므로 인생(人生)도 마찬가지라고 생각하면 크게 벗어나지 않을 것이다.

그러나 어떤 이론이든 이론을 정립해 놓으면 문제는 달라진다. 그 이론을 적용시켜서 혹은 맞기도 하고 틀리기도 한다면 그것은 곤란하기 때문이다. 신살(神殺)도 마찬가지이다. 전혀 맞지 않는 0%가 아니라, 맞거나 틀리거나 하는 50%인 것이다. 이것으로 인해서 믿는 사람은 잘 맞는다고 생각하는 것이고, 믿지 않는 사람은 틀린다고 생각하는 것이다. 만약에 신살의 작용력(作用力)이 80%가 된다면 대부분은 믿을 수밖에 없을 것이고, 그렇게 된다면 우리가 어떤 원리(原理)에서 움직이는 것인지는 몰라도 최소한(最小限) 신살(神殺)의 존재를 부정(否定)할 수는 없을 것이다. 여하튼 지루한 질병론(疾病論)도 여기까지이다. 비록 믿을 것은 없더라도 그 바람에 이런저런 생각들을 해 보게 된 공덕(功德)은 있을 것이니 무익(無益)한 것만은 아니라고 위로(慰勞)를 한다.

26. 出身(출신)

巍巍科第邁等倫 一個元機暗裏存

清得盡時黄榜客 雖存濁氣亦中式

秀才不是塵凡子 淸氣還嫌官不起

異路功名莫說輕 日干得氣遇財星

【直譯】

出身
출생(出生)한 신분(身分)

【意譯】

「출신(出身)」은 '출생(出生)한 신분(身分)'의 뜻이다. 즉 태어난 환경(環境)에 대한 이야기가 된다. 태어난 환경을 사주에서 어찌 알 수가 있으랴! 그래서 임철초(任鐵樵) 선생도 답이 안 보였는지 풍수학(風水學)의 이야기까지 끌고 와서 이러쿵저러쿵 하는 것을 보면 이 항목도 자평학과는 연관(聯關)이 없는 내용이라고 보면 될 것이다.

巍巍科第邁等倫 一個元機暗裏存
외외과제매등륜 일개원기암리존

【直譯】

巍巍科第邁等倫
높고 높은 과거에 급제하여 벼슬하는 것은

一個元機暗裏存
하나의 원기(元氣)가 그 속에 들어 있기 때문이다.

【意譯】

「외외과제매등륜(巍巍科第邁等倫)」은 '높고 높은 과거에 급제하여 벼슬하다.' 라는 뜻이다. 벼슬길로 나아가서 정승이나 판서를 하게 되면 높은 벼슬이라고 한다.

「일개원기암리존(一個元機暗裏存)」은 '하나의 원기(元氣)가 그 속에 들어 있기 때문이다.' 라는 뜻이다. 그러니깐 내 그럴 줄 알았다라는 느낌이다. 원기(元機)가 무엇인가? 으뜸이 되는 기틀이다. 그것이 속에 숨어 있다는 이야기는 지장간(支藏干)을 말하는 것으로 보이는데 이게 무슨 의미인지는 알겠으나 암장된 하나의 조짐으로 인해서 고관대작(高官大爵)의 벼슬을 한다는 것이 좀 우습게 느껴진다. 어려운 일을 당하여 귀인(貴人)을 만난다는 정도로 이해를 한다면 무난하겠지만 앞뒤의 글귀를 맞춰보면 그게 아니라는 것에서 헛웃음이 나올 뿐이다. 소란스럽게 대단한 발표를 하겠다고 해 놓고서는 정작 내용은 별 것도 없을 적에 우리는 '소문난 잔치엔 먹을 것이 없다.'는 말로 그 상황을 대신하는데 지금의 내용이 이 말과 잘 어울린다.

왜냐하면 암리존(暗裏存)이 너무 뜬구름 잡는 말이기 때문이다. 원기왕성(元機旺盛)이라고 하였으면 그냥 고개를 끄덕였을 텐데 미약한 원기(元機)가 속에 들어 있는 정도로 고관대작(高官大爵)이 된다는 것은 아무래도 난센스의 느낌이다.

【原文】

淸得盡時黃榜客 雖存濁氣亦中式
청득진시황방객 수존탁기역중식

【直譯】

淸得盡時黃榜客
맑은 기운을 다 얻으면 명문가(名門家)이고

雖存濁氣亦中式
비록 탁기(濁氣)가 있더라도 과거를 한다.

【意譯】

「청득진시황방객(淸得盡時黃榜客)」은 '맑은 기운을 완전히 얻으면 명문가(名門家)이다.' 라는 뜻이다. 그야말로 뜬구름을 잡는 도술(道術)의 경지(境地)에서나 거론(擧論)할 이야기이다. 그냥 사주가 청(淸)하고 좋으면 귀(貴)한 가문(家門)에서 태어나 벼슬을 할 수도 있다는 정도의 가능성(可能性)만 열어 둔다면 그렇겠거니 하겠는데 이렇게 떠벌이는 것은 좀 허황(虛荒)되어 보인다.

「수존탁기역중식(雖存濁氣亦中式)」은 '비록 탁기(濁氣)가 있더라도 과거를 한다.' 라는 뜻이다. 그러니까 혼탁(混濁)한 기운이 있더라도 과거(科擧)를 봐서 벼슬길로 나갈 수 있다는 이야기이다. 이렇게 폭넓은 그물을 던져 놓고서 무슨 고기를 잡겠다는 뜻인지 알 수가 없어서 그냥 넘어가는 것을 상책(上策)으로 생각한다. 왜냐하면 여기에 대해서 무슨 글로 설명을 하더라도 점점 미궁(迷宮)으로 빠져 들어갈 뿐이라서 달리 생각을 해볼 방법이 없으니 그대로 남겨두고 구렁이처럼 살짝 넘어갈 뿐이다.

秀才不是塵凡子 淸氣還嫌官不起
수재불시진범자 청기환혐관불기

【直譯】

秀才不是塵凡子
공부만 하고 벼슬을 못하는 사람도 평범(平凡)하진 않으나

淸氣還嫌官不起
청기(淸氣)가 있어도 관성(官星)이 드러나지 않음이다.

【意譯】

「수재불시진범자(秀才不是塵凡子)」는 '공부만 하고 벼슬을 못하는 사람도 평범(平凡)하진 않다.'는 뜻이다. 머리가 허옇게 세어지도록 글만 읽는 사람을 수재(秀才)라고 존칭(尊稱)해 주는 말이다. 선비라고도 한다. 시골의 서당(書堂)에서 훈장(訓長) 노릇을 하는 사람을 떠올려 볼 수도 있겠다.

「청기환혐관불기(淸氣還嫌官不起)」는 '청기(淸氣)가 있어도 관성(官星)이 드러나지 않았기 때문이다.'라는 뜻이다. 관성이 없어서 벼슬길에 나가지 못한다는 말이다. 이것은 앞에서도 보았던 내용이다. 「하지장(何知章)」에서 '하지기인천(何知

其人賤) 관성환불견(官星還不見)'을 거론했으니 말이다. 한 사람이 쓴 글이라고 보기 어려운 이유도 이러한 부분 때문이다. 그래서 하나마나 한 소리라는 말을 듣게 되는 것이기도 하다. 왠지 글만 읽고 벼슬을 하지 못한 사람이 찾아와서 푸념을 하니까 위로하느라고 해 준 말을 써놓은 것인가 싶은 느낌도 든다. 여하튼 고려(考慮)를 할 가치는 전무(全無)하다.

【原文】

異路功名莫說輕 日干得氣遇財星
이로공명막설경 일간득기우재성

【直譯】

異路功名莫說輕
옆길로 출세하는 것도 가볍다고 말하지 말라.

日干得氣遇財星
일간(日干)이 득기(得氣)하고 재성(財星)을 만났다.

【意譯】

「이로공명막설경(異路功名莫說輕)」은 '옆길로 출세하는 것도 가볍다고 말하지 말라.'는 뜻이다. 과거를 봐서 벼슬길로 나가는 것은 정로(正路)라고 한다면 전쟁(戰爭)으로 공을 세우거나 돈을 많이 벌어서 벼슬을 사는 경우를 이로(異路)라고 하는 것 같다. 그리고 옆길로 출세한 사람들을 무시하는 경향(傾向)이 있었음을 느낄 수가 있는 것은 '가볍게 말하지 말라.'는 구절을 보면 공감이 된다.

「일간득기우재성(日干得氣遇財星)」은 '日干이 득기(得氣)하고 재성(財星)을 만났다.'는 뜻이다. 수재(秀才)보다 더 나은 느낌이 든다. 아무렇게나 출세(出世)를 하면 되는 것이니 독야청청(獨也靑靑)보다는 떵떵거리고 사는 것이 더 나은 대접을 받았으리라는 짐작을 해 본다. 이 항목은 「출신(出身)」편이다. 그리고 출신에 대한 상황의 설명은 사주를 통해서 특별히 기억(記憶)해야 할 내용은 보이지 않으니 그냥 항목 하나 넣어놓은 것으로 생각하면 되지 싶다.

27. 地位(지위)

臺閣勳勞百世傳 天然清氣發機權

兵權獬豸弁冠客 刃煞神清氣勢特

分藩司牧財官和 清純格局神氣多

便是諸司並首領 也從清濁分形影

【直譯】

地位
신분(身分)의 지위(地位)

【意譯】

「지위(地位)」는 '신분(身分)의 지위(地位)'를 뜻한다. 이것은 앞의 「출신(出身)」편과 연결이 되는 내용이기는 한데 이것이 명리서(命理書)에 자리잡고 있다는 것은 아무리 봐도 어색하기만 하다. 예전에 《滴天髓(적천수)》를 통으로 외울 적에도 이 두 대목은 정말로 정감(情感)이 가지 않았는데 지금 봐도 마찬가지이다. 속된 말로 '김이 새는 내용(內容)'들로 인해서 인가 싶기도 하다.

臺閣勳勞百世傳 天然淸氣發機權
대각훈로백세전 천연청기발기권

【直譯】

臺閣勳勞百世傳
나라에 공을 세워 백세를 전하는 것은

天然淸氣發機權
천연(天然)의 청기(淸氣)가 발하여 권세(權勢)를 잡는다.

【意譯】

「대각훈노백세전(臺閣勳勞百世傳)」은 '나라에 공을 세워 백
세를 전한다.'는 뜻이다. 인간으로 태어나서 뭔가 나라와 국민
을 위해서 의미가 있는 큰일을 하여 후세(後世)에 영예(榮譽)
로운 이름을 남기는 것이야 누군들 싫어할까 싶다.

「천연청기발기권(天然淸氣發機權)」은 '천연(天然)의 청기
(淸氣)가 발하여 권세(權勢)를 잡는다.'는 뜻이다. 그런데 내
용은 청탁(淸濁)으로 일관(一貫)하고 있는 것으로 느껴진다.
그래서 지루했던 것인지도 모를 일이다. '하지기인귀(何知其
人貴)'의 재탕에 지나지 않는 이야기로 가볍게 정리한다.

兵權獬豸弁冠客 刃煞神清氣勢特
병권해치변관객 인살신청기세특

【直譯】

兵權獬豸弁冠客
병권(兵權)으로 죄인(罪人)을 벌하여
벼슬아치들도 떨게 만드는 것은

刃煞神清氣勢特
양인(羊刃)과 칠살(七殺)의 정신(精神)이 맑고
기세(氣勢)가 기특(奇特)한 것이다.

【意譯】

「병권해치변관객(兵權獬豸弁冠客)」은 '병권(兵權)으로 죄
인(罪人)을 벌하여 벼슬아치들도 떨게 만드는 것은'이란 뜻이
니 감찰관(監察官)이나 암행어사(暗行御史)와 같은 역할(役
割)을 수행(遂行)하는 지위(地位)를 말하는 것이다. 참으로 어
려운 글자도 찾아다 썼다. 해치(獬豸)는 해태(獬豸)라고도 읽
는다. 해치는 전설(傳說)에 나오는 동물(動物)인데, 나쁜 사
람이 있으면 달려들어서 공격한다고 하여 올바른 기강(紀綱)
을 세운다는 의미로 사용된다. 광화문(光化門) 앞에 있는 해태

는 관악산(冠岳山)의 화기(火氣)를 잡아서 왕궁(王宮)을 보호 (保護)하는 역할을 한다고도 하는데 해치의 능력에는 화재를 진압(鎭壓)하는 능력도 있었던 모양이다.

「인살신청기세특(刃煞神淸氣勢特)」은 '양인(羊刃)과 칠살 (七殺)의 정신(精神)이 맑고 기세(氣勢)가 기특(奇特)한 것 이다.' 라는 뜻이다. 이러한 글로 인해서 후세(後世)의 학자(學 者)들은 양인과 칠살이 있으면 무과(武科)에서 출세(出世)한 다는 해석을 할 근거가 되기도 했을 법하다.

이렇게 사주를 통해서 어떻게 대입을 해야 할 것인지를 가늠 하기 어려운 이야기를 써놓으면 그것을 따라서 배우는 후학은 온갖 억측(臆測)이 난무(亂舞)하게 된다는 것을 왜 생각치 않 았는지 답답하기도 하지만 이미 그렇게 된 것을 어찌 할 수는 없으니 그냥 고개만 끄덕이고 넘어간다. 왜냐하면 여지없이 청 기(淸氣)에 대한 숭상(崇尙)만 하고 있으니 여기에서 무엇을 얻을 수가 있을 것인지에 대한 생각을 하다보면 시간이 아깝다 는 생각이 들어서이다.

아마도 《滴天髓(적천수)》에 덧붙인 사람은 대부분을 청기 (淸氣)와 탁기(濁氣)로 구분해서 좋은 것과 나쁜 것으로 적용 시키려고 한 것으로 보아 청탁(淸濁)의 이치에서 큰 깨달음이 있었던 것으로 짐작이 된다. 그러나 한 말을 또 하는 것인 줄도 몰랐을 까닭은 없을 것으로 봐서 뭔가 후학에게 좀 더 친절(親 切)하고 자상(仔詳)한 가르침을 남기고자 하는 열정(熱情)이 있었을 것으로 생각이 된다. 혹 앞의 청탁이나 관살에서 미처 깨닫지 못한 후학이라도 있으면 이렇게 부연설명을 통해서라도 깨닫게 될지도 모른다는 노파심(老婆心)도 있었을지도 모를 일이다.

그런데 이것을 젊은 혈기의 반자단(潘子端) 선생이 한 칼에 쳐버렸으니 보기에 따라서 경솔(輕率)하다고 할 수도 있고, 총명(聰明)하다고 할 수도 있겠는데 낭월은 후자(後者)의 입장(立場)임은 더 말할 필요도 없겠다. 비록 그렇지만 이렇게나마 글을 쓴 공로(公路)를 생각하여 직역(直譯)으로라도 풀이를 하는 것으로 낭월은 성의 표시를 하는 것이다.

分藩司牧財官和 清純格局神氣多
분번사목재관화 청순격국신기다

【直譯】

分藩司牧財官和
사목(司牧)이 되어서 관할(管轄)을 다스림은
재성(財星)과 정관(正官)의 화목(和睦)함이고

清純格局神氣多
순청(純淸)한 격국(格局)에 신기(神氣)가 많다.

【意譯】

「분번사목재관화(分藩司牧財官和)」는 '사목(司牧)이 되어서 관할(管轄)을 다스림은 재성(財星)과 정관(正官)의 화목함이다.'라는 뜻이다. 사목은 한 지역을 다스리는 것이니 목사(牧使)와 같은 직급(職級)으로 보면 되겠다. 이러한 지위를 누릴 수가 있는 것은 사주에서 재관(財官)의 화합(和合)이 있기 때문이란다. 이것은 '재관격(財官格)'이라는 의미로 봐도 되겠으니 정관(正官)의 항목에서 충분히 이해를 한 독자에게는 지루한 이야기가 되겠지만 혹 누군가에게는 이러한 이야기를 통해서나마 도움이 될 수도 있을 것이다. 글이란 제각기 인연

(因緣)에 따라서 깨닫는 곳도 다르기 때문이다.

「청순격국신기다(淸純格局神氣多)」는 '순청(純淸)한 격국(格局)에 신기(神氣)가 많다.'는 뜻이다. 이런 경우에 경상도 말로 하면, '말인둥~!'이 적절(適切)해 보인다. 그걸 말이라고 하느냐는 의미이다. 물론 무척이나 좋은 말이다. 격국(格局)이 청순(淸純)하다는데 어찌 나쁜 상황(狀況)을 생각이나 할 수 있겠느냔 말이다. 신기(神氣)는 겉으로 드러나서 발휘(發揮)하는 기운(氣運)이다. 정기(精氣)와 구별(區別)해서 강한 기운으로 지역을 다스리는 능력(能力)을 발휘하게 된다는 의미로 이해를 하면 무난할 것이다.

【原文】

便是諸司並首領 也從淸濁分形影
변시제사병수령 야종청탁분형영

【直譯】

便是諸司並首領
모든 관리(官吏)도 문득 수령(首領)이 될 수 있지만

也從淸濁分形影
또한 청탁(淸濁)으로 형체(形體)와 음영(陰影)을 나눈다.

【意譯】

「변시제사병수령(便是諸司並首領)」은 '모든 관리(官吏)도
문득 수령(首領)이 될 수 있다.'는 뜻이다. 공직(公職)에 종사
(從事)하다 보면 언젠가는 지위(地位)가 상승(上昇)하기도 하
고 좌천(左遷)하기도 한다.

「야종청탁분형영(也從淸濁分形影)」은 '또한 청탁(淸濁)으
로 형체(形體)와 음영(陰影)을 나눈다.'는 의미이다. 이미 독
자도 감(感)을 잡았겠지만 또다시 청탁이 나온다. 그래서 《滴
天髓(적천수)》를 보고 나면 다들 청탁에 대해서 만큼은 귀에
박히도록 기억하는가 싶기도 하니 그것도 공덕(功德)이다. 그

러니까 승진(昇進)과 좌천(左遷)도 모두 사주의 청탁을 살펴서 실체(實體)인지 그림자인지를 구분한다는 이야기인데 이것이 그렇게 말처럼 쉽진 않을 것으로 생각된다. 청탁만으로 그것을 구분할 수가 있을까 싶은 마음이 들어서이다.

여하튼 뭔가를 읽어내는 능력이 된다면 그것이야 더 말할 것도 없이 좋은 일이니 축하(祝賀)해야 할 것이다. 다만 이론적으로만 가능하고 실제로 그것을 구분하는 것이 어렵기 때문에 이것이 쓸데없는 군더더기라는 혐의(嫌疑)를 벗을 수가 없는 것이다.

그나저나 이렇게 우물쭈물 하면서 지위(地位)도 마쳤다. 특별히 추가할 이야기도 없어서 그냥 원문의 뜻 정도만 해석하였으니 '그런가 보다.' 하면서 넘어가는 것으로도 충분하겠다.

28. 歲運(세운)

休囚係乎運 尤係乎歲

戰沖視其孰降 和好視其孰切

何爲戰 何爲沖 何爲和 何爲好

【直譯】

歲運
매년(每年)의 운수(運數)

【意譯】

「세운(歲運)」은 '매년(每年)의 운수(運數)'를 말한다. 운세
(運勢)라고 해도 무방(無妨)하다. 특히 세운은 한 해의 운세를
말하니 통상적(通常的)으로 말하기는 '일년신수(一年身數)'
가 된다. 운을 이야기하면서 대운(大運)을 이야기 했음직도 한
데 어쩐 일로 세운(歲運)을 거론하고 있으니, 이것은 대운(大
運)의 허상(虛像)을 거론하지 않고, 세운으로 길흉(吉凶)을 살
펴야 한다는 암시이기도 하다.

休囚係乎運 尤係乎歲
휴수계호운 우계호세

【直譯】

休囚係乎運
잘 풀리지 않는 것은 운세(運勢)와 연계(聯係)하나

尤係乎歲
더욱 중요(重要)한 것은 세운(歲運)에 매여 있다.

【意譯】

「휴수계호운(休囚係乎運)」은 '잘 풀리지 않는 것은 운세(運勢)와 연계(聯係)한다.'는 뜻이다. 어쩐 일로 길흉(吉凶)을 논하지 않고 휴수(休囚)를 논했는지도 의아(疑訝)하다. 잘 풀리지 않은 것도 운세의 영향이라고 하는 의미로 생각하면 되겠는데 특별히 대운이라고 강조하지는 않았으니 그냥 운에 대한 의미로만 생각해도 될 것으로 본다.

「우계호세(尤係乎歲)」는 '더욱 중요(重要)한 것은 세운(歲運)에 매여 있다.'는 뜻이다. 이러한 구절이 있어서 앞의 운(運)은 대충 넘어가도 될 듯 싶다. 세운(歲運)이 무엇보다도 중요하다는 뜻이다. 그래서 일반적(一般的)으로는 대운(大運)을 반드시 거론해서 길흉(吉凶)을 판단하겠지만 그중에서도 특히 중요한 것은 세운이라고 하는 대목은 눈여겨 볼만 하다. 왜냐하면 실제로 작용하는 것도 세운을 위주로 진행되는 것으로 보이는 까닭이다.

그중에 그래도 쓸 만한 글이 있어서 다행이라는 생각도 해 본다. 어쩌면 마지막의 글은 또 다른 사람의 글이 추가되었을 수도 있지 않겠느냐는 생각도 짐짓 해 본다. 그 이유는 실무적(實務的)으로 상담(相談)을 하지 않았다면 이러한 글을 남기는 것은 쉽지 않았을 것이라는 생각이 들어서이다. 왜냐하면 일반적(一般的)으로 운을 이야기하면서 대운(大運)이라는 항목을 썼음직한데 그렇게 하지 않았다는 것에서 느껴지는 감정(感情)이라고 할 수 있다. 물론 현장(現場)에서 상담(相談)을 했더라도 대운의 존폐(存廢)에 대해서는 깊이 생각하지 않았을 수도 있을 것이다. 이에 대한 낭월의 소견은 졸저《운세(運勢)》편에 소상(昭詳)히 밝혔으니 관심(關心)있는 독자에게는 일독(一讀)을 권하지만, 결론은 '대운불용(大運不用)'이다.

【原文】

戰沖視其孰降 和好視其孰切
전충시기숙항 화호시기숙절

【直譯】

戰沖視其孰降
충극(沖剋)으로 전쟁(戰爭)이 나면
누가 항복(降伏)하는지를 보고

和好視其孰切
화목(和睦)하여 좋으면 누가 친절(親切)한지를 본다.

【意譯】

「전충시기숙항(戰沖視其孰降)」은 '沖剋으로 전쟁(戰爭)이
나면 누가 항복(降伏)하는지를 보아라.'는 뜻이다. 이것도 이
미 진작에 거론한 이야기들이다. '천전유자가(天戰猶自可), 지
전급여화(地戰急如火)'라는 이야기로 다 살펴본 나머지를 다
시 부록삼아 재론(再論)하고 있지만 그래도 뜻은 살펴 보자.
전쟁이 일어나면 누가 항복하는지를 보라는 이야기이다. 당연
한 이야기이지만 기본적으로는 剋을 받는 자가 항복(降伏)하
게 된다. 그리고 剋을 하더라도 중과부적(衆寡不敵)이 되어서
버틸 수가 없는 상황이 되면 또 항복을 하는 수밖에 없으니 이

러한 이치만 올바르게 알고 있다면 전쟁(戰爭)이 일어난 사주라고 해서 특별(特別)하게 생각해야 할 다른 이치는 없다고 봐도 될 것이다.

「화호시기숙절(和好視其孰切)」은 '화목(和睦)하여 사이가 좋으면 누가 친절(親切)한지를 보아라.'는 뜻이다. 때로는 生을 받는 자가 좋을 수도 있으니 그것은 힘이 약한데 生을 받았으니 좋아할 수밖에 없을 것이고 그래서 친절할 것이라는 논리(論理)가 가능하다. 또 때로는 生을 해 주는 자가 자신의 넘치는 기운을 받아 주는 식상(食傷)에게 기쁜 마음으로 친절할 수도 있다. 이러한 것을 모두 '화호(和好)'라고 할 수 있다. 그렇다면 生을 원하지 않는데 억지로 生해 주는 인성(印星)을 만나거나, 이와는 반대로 生을 해 줄 마음이 없는데 피 한 방울까지 쪽쪽 빨아가는 식상을 만난 경우라면 아마도 불화(不和)하게 될 조짐(兆朕)이라고 해야 할 것이니 이러한 정도의 生剋을 살피는 것으로 이 내용을 이해하기에 어려움이 없을 것이다.

특히 제목이 '세운(歲運)'이므로 운(運)에서 들어오는 글자에 대한 이야기라고 보면 되겠다. 예전에는 한해를 태세(太歲)라고 했는데 요즘은 이 말을 잘 사용하지 않는다. 또 세군(歲君)이라고도 하여 한 해의 길흉(吉凶)을 장악(掌握)하고 있는 제왕(帝王)과 같다는 의미가 포함된 것을 보면 역시 한해의 길흉이 운명론(運命論)의 중요(重要)한 포인트라는 것을 고인(古人)들도 알고 있었던 듯 싶다. 이렇게 운이 들어와서 沖이 되기도 하고, 剋이 되기도 한다. 당연(當然)히 生을 받기도 하고 生을 해 주기도 한다. 日干의 生剋과 심리상태(心理狀態)를 판단(判斷)하여 한 해 동안 어떤 마음으로 생활하게 될 것인지를 파악(把握)하고, 용신(用神)과 기신(忌神)의 生剋을 살펴서 마음먹은 일들이 원만(圓滿)하게 성취(成就)가 될 것인지, 아니면 고생(苦生)만 하고 불발(不發)로 끝나게 될 것인지를 살피게 되는 것이다.

한해에 들어오는 干支의 天干 글자는 원국의 天干에 있는 네 글자와 生剋의 관계(關係)를 대입(代入)하고, 地支의 글자도 원국의 地支에 있는 네 글자와 生剋의 관계를 대입하여 누가 生 하고, 누가 剋 받고, 누가 싸우고, 누가 기뻐하고, 누가 슬퍼하는지를 읽는 것이 세운(歲運)을 보는 법이다. 이렇게만 보면 되는데 여기에 다른 것을 추가하는 것은 또한 무리수(無理數)가 따르게 된다. 예를 들면 들어오는 해의 띠가 삼재(三災)에 해당되어서 흉하다는 해석을 한다거나, 연살(年殺)을 적용시켜서 상문(喪門)살이 들어서 초상이 난다거나, 조객(弔客)살이 들어서 문상(問喪)을 갈 일이 생긴다는 식의 해석은 생극제화(生剋制化)를 벗어난 것이므로 거론(擧論)하지 않는 것은 당연하다.

【原文】

何爲戰 何爲沖 何爲和 何爲好
하위전 하위충 하위화 하위호

【直譯】

何爲戰
무엇이 전쟁(戰爭)이고

何爲沖
무엇이 충돌(衝突)이며

何爲和
무엇이 화목(和睦)이고

何爲好
무엇이 호의(好意)인가.

【意譯】

「하위전(何爲戰)」은 '무엇이 전쟁(戰爭)인가?'라는 뜻이다. 앞에서 설명을 다 했으니 추가로 해야 할 이야기는 없다. 공격(攻擊)을 받고 공격을 하는 것이 전쟁이다. 그리고 전쟁이 일어나지 않았으면 좋겠지만, 어쩔 수 없이 전쟁의 소용돌이로 몰아갈 수도 있는 일이다. 그래서 전쟁이 일어나게 되었다면 누가 이겼는지, 혹은 누가 항복을 하는지를 살펴서 판단하면 되는 것이니 그것을 알아야 운(運)을 살필 수 있는 것이다.

「하위충(何爲沖)」은 '무엇이 충돌(衝突)인가?'라는 뜻이다. 충돌은 양대세력(兩大勢力)이 서로 버티고 있을 적에 해당하는 것이니 전쟁과 크게 다르진 않다. 다만 균형이 팽팽할 경우에 沖이라고 할 수 있고, 특히 天干에서는 전쟁(戰爭)이라고 하고 地支에서는 충돌이 일어나서 대치(對峙)하고 있는 경우에도 해당한다. 여기에서 승자(勝者)와 패자(敗者)를 판단하면 되는데 그 이치가 따로 있는 것이 아니라 生剋으로 살펴보면 되는 것이다.

「하위화(何爲和)」는 '무엇이 화목(和睦)인가?'라는 뜻이다. 화(和)는 화목(和睦)을 의미한다. 세운(歲運)과 원국(原局)이 화목하다면 기본적(基本的)으로는 좋은 것인데, 문제는 日干과 화목한 것인지 용신(用神)과 화목한 것인지도 살펴서 판단하면 되는 것이다. 때로는 용신을 약화(弱化)시킬 수도 있고, 日干을 딴 곳에 정신(精神)을 팔리게 할 수도 있는 것이니 그로 인한 결과(結果)가 어떻게 될 것인지를 살펴야 한다.

「하위호(何爲好)」는 '무엇이 호의(好意)인가?'라는 뜻이다. 좋아하는 것도 같은 의미이다. 좋아하는 것과 화목(和睦)한 것은 비슷하니 반드시 구분을 해야 할 필요는 없다. 다만 원문(原文)이 이렇게 구분을 했으므로 약간의 의미가 다른 점을 살펴보는 것이다. 그래서 호의(好意)라는 단어(單語)를 선택(選擇)했는데 호감(好感)도 같은 뜻이라고 하겠다. 세운(歲運)을 살피면서 이러한 점에 대해서 관찰(觀察)을 할 수가 있으면 만무일실(萬無一失)이라고 할 수 있다. 그렇게 살피는 과정에서 한해의 길흉화복(吉凶禍福)이 뚜렷하게 드러날 것이니 그 상황을 질문자와 더불어 대화(對話)하는 자료(資料)로 삼아서 풀이해 주게 되면 그것을 통변(通辯)이라고 하는 것이다.

29. 貞元(정원)

造化起於元 亦止於貞

再肇貞元之會 胚胎嗣續之機

【直譯】

貞元
정(貞)에서 원(元)으로 이어진다.

【意譯】

「정원(貞元)」은 '정(貞)에서 원(元)으로 이어진다.'는 뜻이
다. 《주역(周易)》에서 주로 언급되는 방식(方式)으로 원형이
정(元亨利貞)이 있는데 이것을 인용(引用)하여 제목(題目)으
로 삼은 것이다. '원형이정(元亨利貞)'의 뜻을 줄여서 정원(貞
元)으로 표현(表現)한 것으로 단절(斷絶)이 아니라 연속적(連
續的)이라는 의미이다.

【原文】

造化起於元 亦止於貞
조화기어원 역지어정

【直譯】

造化起於元
조화(造化)는 원(元)에서 일어나서

亦止於貞
또한 정(貞)에서 멈춘다.

【意譯】

「조화기어원(造化起於元)」은 '조화(造化)는 원(元)에서 일어난다.'는 뜻이다. 원(元)은 연주(年柱)가 되고 형(亨)은 월주(月柱), 이(利)는 일주(日主), 정(貞)은 시주(時柱)로 대입하기도 하는데 여기에서도 이러한 의미로 쓴 것이다.

「역지어정(亦止於貞)」은 '또한 정(貞)에서 멈춘다.'는 뜻이다. 그러니까 연주(年柱)에서 시작하여 시주(時柱)에서 멈춘다는 말은 낭월이 주운(柱運)과 대입하여 정리(整理)한다.

연주(年柱) : 초년운(初年運) 01세~20세 소년기(少年期)
월주(月柱) : 청년운(靑年運) 20세~40세 청년기(靑年期)
일주(日主) : 중년운(中年運) 40세~60세 중년기(中年期)
시주(時柱) : 말년운(末年運) 60세~임종 노년기(老年期)

　이와 같이 기준을 잡고서 원형이정(元亨利貞)의 흐름을 보는 과정으로 삼는데 이것은 사주를 시간적(時間的)으로 대입하여 판단하는 것이다. 특히 地支는 궁(宮)으로 대입하되 年支는 부모궁(父母宮 – 특히 母親宮), 月支는 형제궁(兄弟宮), 日支는 부부궁(夫婦宮), 時支는 자녀궁(子女宮)으로 대입하여 판단한다. 이것은 공간적(空間的)으로 주운(柱運)을 보는 방법이다. 원국(原局)을 놓고서 시간적으로도 보고 공간적으로도 본다는 것으로 이해를 하면 된다. 주운에 대한 자세한 설명은 졸저《운세(運勢)》를 참조 바란다.

再肇貞元之會 胚胎嗣續之機
재조정원지회 배태사속지기

【直譯】

再肇貞元之會
다시 정원(貞元)의 회합(會合)으로 이어지니

胚胎嗣續之機
대대로 이어지는 기틀이 잉태(孕胎)된다.

【意譯】

「재조정원지회(再肇貞元之會)」는 '다시 정원(貞元)의 회합(會合)으로 이어진다.'는 뜻이다. 이것이 난센스이다. 그야말로 상징적(象徵的)인 의미에서 자식이 다시 대를 잇는다는 정도로만 이해하면 충분(充分)하다.

「배태사속지기(胚胎嗣續之機)」는 '대대로 이어지는 기틀이 잉태(孕胎)된다.'는 뜻이다. 그래서 단절(斷絶)은 다시 새로운 삶으로 이어진다는 윤회(輪回)의 의미로 한 줄 써넣은 것으로 보이긴 하지만 이것은 명리학(命理學)에서 본다면 주제넘은 것이라고 해야 하지 않을까 싶다. 다만 철학(哲學)에서 논한다면 별다른 무리는 없는 것으로 봐도 될 것이다. 나름대로 마무리를 하는 입장에서 뭔가 멋진 글을 남기고 싶어서 그랬다면 이해를 못할 바는 없으니 그 정도로 마무리 짓는다.

■ 나가는 말

《滴天髓(적천수)》를 낭월의 관점에서 언젠가는 꼭 한번 써 봐야겠다는 생각을 오래전부터 하고 있었던 것을 이렇게나마 나름대로 정리를 한 다음에 비로소 나가는 말을 쓰게 되었으니 어찌 감동이 없으랴!

「소아장(小兒章)」까지는 흥이 겨워서 더 즐겁게 썼지만 그 이후(以後)로 있는 내용(內容)들은 흥미(興味)가 절반(折半) 이하로 감소(減少)하고, 또 더러는 언급(言及)하고 싶지 않은 내용(內容)도 있어서 조금 지루하기는 했지만 그럼에도 생략 (省略)을 할 수가 없어서 정리(整理)하다가 보니 또한 이렇게 끝을 낼 수가 있었다.

변변치 못한 글을 통해서 《滴天髓(적천수)》에 대한 의미를 조금이나마 깊이 통찰(洞察)할 힌트를 얻을 수가 있다면 더 바랄 것이 없겠다. 당연히 부족한 점은 다음에 눈이 열리는대로 보완 하기로 한다.

2015년 9월 9일 계룡감로에서 낭월 두손모음

부록

通神論　　　　통신론

1. 天道
欲識三元萬法宗
先觀帝載與神功

1. 천도
욕식삼원만법종
선관제재여신공

2. 地道
坤元合德機緘通
五氣偏全定吉凶

2. 지도
곤원합덕기함통
오기편전정길흉

3. 人道
戴天履地人爲貴
順則吉兮凶則悖

3. 인도
대천이지인위귀
순즉길혜흉즉패

4. 知命
要與人間開聾瞶
順逆之機須理會

4. 지명
요여인간개농외
순역지기수리회

5. 理氣
理乘氣行豈有常
進兮退兮宜抑揚

6. 配合
配合干支仔細詳
定人禍福與災祥

7. 天干
五陽皆陽丙爲最
五陰皆陰癸爲至
五陽從氣不從勢
五陰從勢無情義
甲木參天 脫胎要火
春不容金 秋不容土
火熾乘龍 水蕩騎虎
地潤天和 植立千古
乙木雖柔 刲羊解牛
懷丁抱丙 跨鳳乘猴
虛濕之地 騎馬亦憂
藤蘿繫甲 可春可秋
丙火猛烈 欺霜侮雪

5. 이기
이승기행기유상
진혜퇴혜의억양

6. 배합
배합간지자세상
정인화복여재상

7. 천간
오양개양병위최
오음개음계위지
오양종기부종세
오음종세무정의
갑목참천 탈태요화
춘불용금 추불용토
화치승룡 수탕기호
지윤천화 식립천고
을목수유 규양해우
회정포병 과봉승후
허습지지 기마역우
등라계갑 가춘가추
병화맹렬 기상모설

能煅庚金　逢辛反怯　　능단경금 봉신반겁
土衆成慈　水猖顯節　　토중성자 수창현절
虎馬犬鄉　甲來成滅　　호마견향 갑래성멸
丁火柔中　內性昭融　　정화유중 내성소융
抱乙而孝　合壬而忠　　포을이효 합임이충
旺而不烈　衰而不窮　　왕이불렬 쇠이불궁
如有嫡母　可秋可冬　　여유적모 가추가동
戊土固重　旣中且正　　무토고중 기중차정
靜翕動闢　萬物司命　　정흡동벽 만물사명
水潤物生　火燥物病　　수윤물생 화조물병
若在艮坤　怕沖宜靜　　약재간곤 파충의정
己土卑濕　中正蓄藏　　기토비습 중정축장
不愁木盛　不畏水狂　　불수목성 불외수광
火少火晦　金多金光　　화소화회 금다금광
若要物旺　宜助宜幫　　약요물왕 의조의방
庚金帶殺　剛健爲最　　경금대살 강건위최
得水而淸　得火而銳　　득수이청 득화이예
土潤則生　土乾則脆　　토윤즉생 토건즉취
能贏甲兄　輸於乙妹　　능영갑형 수어을매
辛金軟弱　溫潤而淸　　신금연약 온윤이청
畏土之疊　樂水之盈　　외토지첩 요수지영
能扶社稷　能救生靈　　능부사직 능구생령

熱則喜母 寒則喜丁　　열즉희모 한즉희정
壬水通河 能洩金氣　　임수통하 능설금기
剛中之德 周流不滯　　강중지덕 주류불체
通根透癸 沖天奔地　　통근투계 충천분지
化則有情 從則相濟　　화즉유정 종즉상제
癸水至弱 達於天津　　계수지약 달어천진
得龍而潤 功化斯神　　득룡이윤 공화사신
不愁火土 不論庚辛　　불수화토 불론경신
合戊見火 化象斯眞　　합무견화 화상사진

8. 地支　　8. 지지

陽支動且强 速達顯災祥　　양지동차강 속달현재상
陰支靜且專 否泰每經年　　음지정차전 비태매경년
生方怕動庫宜開　　생방파동고의개
敗地逢沖仔細推　　패지봉충자세추
支神只以沖爲重　　지신지이충위중
刑與穿兮動不動　　형여천혜동부동
暗沖暗會尤爲喜　　암충암회우위희
我沖彼沖皆沖起　　아충피충개충기
旺者沖衰衰者拔　　왕자충쇠쇠자발
衰神沖旺旺神發　　쇠신충왕왕신발

9. 干支總論　　　　　9. 간지총론
陰陽順逆之說　　　　음양순역지설
洛書流行之用　　　　낙서유행지용
其理信有之也　　　　기리신유지야
其法不可執一　　　　기법불가집일
故天地順遂而精粹者昌　고천지순수이정수자창
天地乖悖而混亂者亡　천지괴패이혼란자망
不論有根無根　　　　불론유근무근
俱要天覆地載　　　　구요천복지재
天全一氣　　　　　　천전일기
不可使地德莫之載　불가사지덕막지재
地全三物　　　　　　지전삼물
不可使天道莫之容　불가사천도막지용
陽乘陽位陽氣昌　　양승양위양기창
最要行程安頓　　　　최요행정안돈
陰乘陰位陰氣盛　　음승음위음기성
還須道路光亨　　　　환수도로광형
地生天者 天衰怕沖　지생천자 천쇠파충
天合地者 地旺喜靜　천합지자 지왕희정
甲申 戊寅 眞爲殺印相生　갑신 무인 진위살인상생
庚寅 癸丑 也坐兩神興旺　경인 계축 야좌양신흥왕
上下貴乎情協　　　상하귀호정협

左右貴乎同志　　　　좌우귀호동지
始其所始 終其所終　시기소시 종기소종
富貴福壽 永乎無窮　부귀복수 영호무궁

10. 形象　　　　　　10. 형상
兩氣合而成象　　　　양기합이성상
象不可破也　　　　　상불가파야
五氣聚而成形　　　　오기취이성형
形不可害也　　　　　형불가해야
獨象喜行化地　　　　독상희행화지
而化神要昌　　　　　이화신요창
全象喜行財地　　　　전상희행재지
而財神要旺　　　　　이재신요왕
形全者宜損其有餘　　형전자의손기유여
形缺者宜補其不足　　형결자의보기부족

11. 方局　　　　　　11. 방국
方是方兮局是局　　　방시방혜국시국
方要得方莫混局　　　방요득방막혼국
局混方兮有純疵　　　국혼방혜유순자
行運喜南或喜北　　　행운희남혹희북
若然方局一齊來　　　약연방국일제래

須是干頭無反覆　　　　　수시간두무반복
成方干透一元神　　　　　성방간투일원신
生地庫地皆非福　　　　　생지고지개비복
成局干透一官星　　　　　성국간투일관성
左邊右邊空磂磂　　　　　좌변우변공녹록

12. 八格

財官印綬分偏正　　　　　재관인수분편정
兼論食傷八格定　　　　　겸론식상팔격정
影響遙繫旣爲虛　　　　　영향요계기위허
雜氣財官不可拘　　　　　잡기재관불가구

13. 體用

道有體用 不可以一端論也　도유체용 불가이일단론야
要在扶之抑之得其宜　　　요재부지억지득기의

14. 精神

人有精神 不可以一偏求也　인유정신 불가이일편구야
要在損之益之得其中　　　요재손지익지득기중

15. 月令

月令乃提綱之府 譬之宅也　월령내제강지부 비지택야

人元爲用事之神
宅之定向也 不可以不卜

인원위용사지신
택지정향야 불가이불복

16. 生時
生時乃歸宿之地 譬之墓也
人元爲用事之神
墓之定方也 不可以不辨

16. 생시
생시내귀숙지지 비지묘야
인원위용사지신
묘지정방야 불가이불변

17. 衰旺
能知衰旺之眞機
其于三命之奧 思過半矣

17. 쇠왕
능지쇠왕지진기
기우삼명지오 사과반의

18. 中和
旣識中和之正理
而於五行之妙 有全能焉

18. 중화
기식중화지정리
이어오행지묘 유전능언

19. 源流
何處起根源 流到何方住
機括此中求 知來亦知去

19. 원류
하처기근원 유도하방주
기괄차중구 지래역지거

20. 通關
關內有織女 關外有牛郎

20. 통관
관내유직녀 관외유우랑

此關若通也 相邀入洞房　　차관약통야 상요입동방

21. 官殺
官殺混雜來問我
有可有不可

21. 관살
관살혼잡래문아
유가유불가

22. 傷官
傷官見官最難辨
可見不可見

22. 상관
상관견관최난변
가견불가견

23. 淸氣
一淸到底有精神
管取生平富貴眞
澄濁求淸淸得去
時來寒谷也回春

23. 청기
일청도저유정신
관취생평부귀진
징탁구청청득거
시래한곡야회춘

24. 濁氣
滿盤濁氣令人苦
一局淸枯也苦人
半濁半淸猶是可
多成多敗度晨昏

24. 탁기
만반탁기영인고
일국청고야고인
반탁반청유시가
다성다패도신혼

25. 眞神
令上尋眞聚得眞
假神休要亂眞神
眞神得用生平貴
用假終爲碌碌人

25. 진신
영상심진취득진
가신휴요난진신
진신득용생평귀
용가종위녹록인

26. 假神
眞假參差難辨論
不明不暗受迍邅
提綱不與眞神照
暗處尋眞也有眞

26. 가신
진가참차난변론
불명불암수둔전
제강불여진신조
암처심진야유진

27. 剛柔
剛柔不一也 不可制者
引其性情而已矣

27. 강유
강유불일야 불가제자
인기성정이이의

28. 順逆
順逆不齊也 不可逆者
順其氣勢而已矣

28. 순역
순역부제야 불가역자
순기기세이이의

29. 寒暖
天道有寒暖 生育萬物

29. 한난
천도유한난 생육만물

人道得之 不可過也　　　　인도득지 불가과야

30. 燥濕　　　　　　　　　30. 조습
地道有燥濕 生成品彙　　　지도유조습 생성품휘
人道得之 不可偏也　　　　인도득지 불가편야

31. 隱顯　　　　　　　　　31. 은현
吉神太露 起爭奪之風　　　길신태로 기쟁탈지풍
凶物深藏 成養虎之患　　　흉물심장 성양호지환

32. 衆寡　　　　　　　　　32. 중과
强衆而敵寡者 勢在去其寡　강중이적과자 세재거기과
强寡而敵衆者 勢在成乎衆　강과이적중자 세재성호중

33. 震兌　　　　　　　　　33. 진태
震兌主仁義之眞機　　　　진태주인의지진기
勢不兩立 而有相成者存　세불양립 이유상성자존

34. 坎離　　　　　　　　　34. 감리
坎離宰天地之中氣　　　　감리재천지지중기
成不獨成 而有相持者在　성불독성 이유상지자재

六親論　　　　육친론

1. 夫妻
夫妻因緣宿世來
喜神有意傍天財

1. 부처
부처인연숙세래
희신유의방천재

2. 子女
子女根枝一世傳
喜神看與殺相連

2. 자녀
자녀근지일세전
희신간여살상련

3. 父母
父母或隆與或替
歲月所關果非細

3. 부모
부모혹융여혹체
세월소관과비세

4. 兄弟
兄弟誰廢與誰興
提用財神看重輕

4. 형제
형제수폐여수흥
제용재신간중경

5. 何知章
何知其人富 財氣通門戶
何知其人貴 官星有理會

5. 하지장
하지기인부 재기통문호
하지기인귀 관성유리회

何知其人貧 財神反不眞　　　하지기인빈 재신반부진
何知其人賤 官星還不見　　　하지기인천 관성환불견
何知其人吉 喜神爲輔弼　　　하지기인길 희신위보필
何知其人凶 忌神輾轉攻　　　하지기인흉 기신전전공
何知其人壽 性定元神厚　　　하지기인수 성정원신후
何知其人夭 氣濁神枯了　　　하지기인요 기탁신고료

6. 女命章　　　　　　　　　6. 여명장
論夫論子要安詳　　　　　　논부론자요안상
氣靜平和婦道章　　　　　　기정평화부도장
三奇二德虛好語　　　　　　삼기이덕허호어
咸池驛馬半推詳　　　　　　함지역마반추상

7. 小兒　　　　　　　　　　7. 소아
論財論殺論精神　　　　　　논재논살논정신
四柱和平易養成　　　　　　사주화평이양성
氣勢攸長無斲喪　　　　　　기세유장무착상
殺關雖有不傷身　　　　　　살관수유불상신

8. 才德　　　　　　　　　　8. 재덕
德勝才者 局全君子之風　　　덕승재자 국전군자지풍
才勝德者 用顯多能之象　　　재승덕자 용현다능지상

9. 奮鬱
局中顯奮發之機者
神舒意暢
象內多沈埋之氣者
心鬱志灰

9. 분울
국중현분발지기자
신서의창
상내다침매지기자
심울지회

10. 恩怨
兩意情通中有媒
雖然遙立意尋追
有情卻被人離間
怨起恩中死不灰

10. 은원
양의정통중유매
수연요립의심추
유정각피인이간
원기은중사불회

11. 閑神
一二閑神用去麼
不用何妨莫動他
半局閑神任閑着
要緊之場作自家
絆神
出門要向天涯游
何事裙釵恣意留
不管白雲與明月
任君策馬朝天闕

11. 한신
일이한신용거마
불용하방막동타
반국한신임한착
요긴지장작자가
반신
출문요향천애유
하사군차자의류
불관백운여명월
임군책마조천궐

12. 從象
從得眞者只論從
從神又有吉和凶

13. 化象
化得眞者只論化
化神還有幾般話

14. 假從
眞從之象有幾人
假從亦可發其身

15. 假化
假化之人亦多貴
孤兒異姓能出類

16. 順局
一出門來只見兒
吾兒成氣構門閭
從兒不管身强弱
只要吾兒又得兒

12. 종상
종득진자지론종
종신우유길화흉

13. 화상
화득진자지론화
화신환유기반화

14. 가종
진종지상유기인
가종역가발기신

15. 가화
가화지인역다귀
고아이성능출류

16. 순국
일출문래지견아
오아성기구문려
종아불관신강약
지요오아우득아

17. 反局
君賴臣生理最微
兒能救母洩天機
母慈滅子關頭異
夫健何爲又怕妻

17. 반국
군뢰신생이최미
아능구모설천기
모자멸자관두이
부건하위우파처

18. 戰局
天戰猶自可 地戰急如火

18. 전국
천전유자가 지전급여화

19. 合局
合有宜不宜 合多不爲奇

19. 합국
합유의불의 합다불위기

20. 君象
君不可抗也
貴乎損上以益下

20. 군상
군불가항야
귀호손상이익하

21. 臣象
臣不可過也
貴乎損下而益上

21. 신상
신불가과야
귀호손하이익상

22. 母象
知慈母恤孤之道

22. 모상
지자모휼고지도

始有瓜瓞無疆之慶　　　시유과질무강지경

23. 子象　　　　　　　23. 자상
知孝子奉親之方　　　지효자봉친지방
始克諧成大順之風　　시극해성대순지풍

24. 性情　　　　　　　24. 성정
五氣不戾 性情中和　　오기불려 성정중화
濁亂偏枯 性情乖逆　　탁란편고 성정괴역
火烈而性燥者　　　　화열이성조자
遇金水之激　　　　　우금수지격
水奔而性柔者　　　　수분이성유자
全金木之神　　　　　전금목지신
木奔南而軟怯　　　　목분남이연겁
金見水以流通　　　　금견수이유통
最拗者西水還南　　　최요자서수환남
至剛者東火轉北　　　지강자동화전북
順生之機 遇擊神而抗　순생지기 우격신이항
逆生之序 見閑神而狂　역생지서 견한신이광
陽明遇金 鬱而多煩　　양명우금 울이다번
陰濁藏火 包而多滯　　음탁장화 포이다체
羊刃局　　　　　　　　양인국

戰則逞威 弱則怕事　　전즉영위 약즉파사
傷官格　　　　　　　상관격
淸則謙和 濁則剛猛　　청즉겸화탁즉강맹
用神多者 性情不常　　용신다자 성정불상
時支枯者 虎頭蛇尾　　시지고자 호두사미

25. 疾病　　　　25. 질병

五行和者 一世無災　　오행화자 일세무재
血氣亂者 平生多疾　　혈기난자 평생다질
忌神入五臟而病凶　　기신입오장이병흉
客神遊六經而災小　　객신유육경이재소
木不受水者血病　　　목불수수자혈병
土不受火者氣傷　　　토불수화자기상
金水傷官 寒則冷嗽　　금수상관 한즉냉수
熱則痰火　　　　　　열즉담화
火土印綬 熱則風痰　　화토인수 열즉풍담
燥則皮癢　　　　　　조즉피양
論痰多木火 生毒鬱火金　논담다목화 생독울화금
金水枯傷而腎經虛　　금수고상이신경허
水木相勝而脾胃泄　　수목상승이비위설

26. 出身

巍巍科第邁等倫
一個元機暗裏存
淸得盡時黃榜客
雖存濁氣亦中式
秀才不是塵凡子
淸氣還嫌官不起
異路功名莫說輕
日干得氣遇財星

26. 출신

외외과제매등륜
일개원기암리존
청득진시황방객
수존탁기역중식
수재불시진범자
청기환혐관불기
이로공명막설경
일간득기우재성

27. 地位

臺閣勳勞百世傳
天然淸氣發機權
兵權獬豸弁冠客
刃煞神淸氣勢特
分藩司牧財官和
淸純格局神氣多
便是諸司並首領
也從淸濁分形影

27. 지위

대각훈로백세전
천연청기발기권
병권해치변관객
인살신청기세특
분번사목재관화
청순격국신기다
변시제사병수령
야종청탁분형영

28. 歲運

休囚係乎運 尤係乎歲

28. 세운

휴수계호운 우계호세

戰沖視其孰降
和好視其孰切
何爲戰 何爲沖
何爲和 何爲好

29. 貞元
造化起於元 亦止於貞
再肇貞元之會
胚胎嗣續之機

전충시기숙항
화호시기숙절
하위전 하위충
하위화 하위호

29. 정원
조화기어원 역지어정
재조정원지회
배태사속지기

■ 부록-2 《滴天髓徵義(적천수징의)》의 目次(목차)

■ 부록-3《滴天髓輯要(적천수집요)》의 目次(목차)

■ 부록-4 《滴天髓新註(적천수신주)》의 目次(목차)